JN273335

実践 | TOEIC® TEST対応

英文法
ビジュアルNAVI

松岡浩史

朝日出版社

はじめに

　長い期間英語を勉強しているのに、なかなか話せるようにならない。TOEICのスコアが伸びない……。そういった悩みをよく耳にします。確かに、一生懸命頑張っているのに、なかなか成果が表れないと心が折れそうになりますよね。

　でも実は、このような「伸び悩み」は英語力が向上していく上で必ず経験する、必要不可欠なプロセスなのです。英語の学習の成果はコンスタントに右肩上がり、というわけにはいきません。ひたすら低空飛行を続けながら、ある点で急上昇し、パッと視界が広がる。そしてまた横ばいになる。この繰り返しなんですね。

　言い換えれば、英語学習はジグソーパズルのピースを埋めていく作業に似ています。1つひとつのピースをバラバラに眺めても全体像は見えてきません。でも、丁寧に1ピースずつ適切な場所に並べていくと、あるとき突然「絵」が見えてくる。単なる黒塗りのピースに過ぎないと思っていたものが、実は女性の瞳の一部だったことが分かる……。英語の学習でも、点が線となり、「絵」が見える瞬間が何度となく訪れます。本書は、こうした体験を実際にしていただくためのガイド（＝道案内）です。

　英語は非常にロジカルで「幾何学的」な言語なので、完成する「絵」は輪郭のしっかりとした、クリアな世界です。しかし、ピースの置き方を間違えると、なかなか点が線になりません。

　そこで本書では、英語のビジュアル（＝構造）にこだわった、ユニット・

リーディングというメソッドで、適切なピースの置き方をナビゲートしていきます。図解を用いながら、3×3（スリー・バイ・スリー）のシンプルな枠組みに1つずつ文法を落とし込んでいき、これまで別々にとらえていた文法情報を一枚の「絵」にしていきます。そして、身につけた「文法力」を実際のTOEICでハイスコアを出せる「得点力」へと導くために、実践問題とボキャブラリーを連動させてトレーニングしていきます。

「木を見て森を見ず」という警句がありますが、英語学習に関して言えば、まず「木」をしっかりと分析することなしに、「森」が見えることはありません。いやむしろ、漠然と「森」を見るから膨大に見えてしまうのであって、「幹」となる構造に着目していけば、英語の世界は意外なほどシンプルなカタチをしていることに気づくはずです。

さあ、本書を「ナビ」として、もう一度、木の幹や枝葉、そして花をしっかりと眺めていきましょう。その先にはきっと美しい森が広がっているはずです。

本書の刊行にあたり、筆者の抱くイメージを適格に再構成し、視覚化してくださった朝日出版社の谷岡美佐子氏、企画段階から二人三脚で本書の刊行に尽力くださったトランスワールド イングリッシュスクールの谷口弓氏に感謝申し上げます。

                   2013年春　筆者

本書の使い方

本書は、大きくは基礎編、実践編、
Power Words 1000 の3部構成になっています。

1. PART 1〜PART 7［基礎編］

　基礎編は、英語の〈カタチ〉を丁寧に見ていきます。前半のPART 1〜PART 4では、英語をシンプルに理解するために必要不可欠な「3×3のユニット」について、後半のPART 5〜PART 7では、この「ユニット」という考え方をベースに、英語の「幹」を作るその他の文法事項について詳しく学んでいきます。忙しくて時間がない方は、「もくじ」で★印を付した「特に重要な項目」から学習してみてください。

　それぞれの項目には、基礎文法を確認するBasic Quizが設けられていますので、まずは問題を解いてみて、解説を丁寧に読んでください。このとき、英文の〈意味〉を考えるのではなく、〈カタチ〉でとらえるように心がけましょう。

　学習したポイントは、それぞれの項目のデータベースである「完全攻略ナビ」にまとめられています。特にTOEICで狙われやすい語句は太字にしてありますので、時間のない人は、まずは太字の語句だけ押さえていけば十分です。

2. 実践！ TOEIC英文法模擬テスト［実践編］

　TOEICのPart 5「短文穴埋め問題」の実践問題にトライします。長い文章（TOEICのPart 6、Part 7）も結局は1つひとつのセンテンスの積み重なりですので、まずはPart 5の短い英文をしっかりと〈カタチ〉でとらえられる基礎体力を身につけることが重要です。

　TEST 1〜TEST 3はそれぞれ、実際のTOEIC Part 5と同じ40問で構成されています。制限時間は各20分。時間を意識しながら取り組みましょう。そして、テストを受けた後には解説を丁寧に読んでください。正答を確認するだけでなく、なぜ正答なのか、なぜ誤答なのかをしっかり理解することが大切です。

　解説では、適宜「完全攻略ナビ」の参照番号が示されていますので、基礎編に戻ってポイントの確認をしながら、知識を定着させていきましょう。

　全120問の中に、TOEICの文法問題を解く際に必要となるポイントは、ほとんど網羅されています。最初は難しく感じるかもしれませんが、TEST 1〜TEST 3をそれぞれ、少なくとも3回は解いてみてください。

3. 厳選！TOEIC重要単語 Power Words 1000

TOEIC頻出の重要ボキャブラリー1000語がリストアップされています。TOEICを攻略するのに必要な語彙数はおよそ6000語。いわゆる大学受験英語で用いられる語彙が5000語程度ですから、プラス1000語、TOEICならではのビジネス・ボキャブラリーをマスターしなければなりません。

このPower Wordsをマスターすることで、TOEICの英語は格段に読みやすくなります。また、TOEICでは本文と設問で単語が言い換えられる（「パラフレーズ」といいます）ため、できる限り類義語を示しました。

何度も目を通して、単語の意味と、類義語を確認するようにしてください。ジャンル別になっているので、意味のネットワークの中で記憶が定着するように作られています。また、Power Words 1000の多くは基礎編、実践編とリンクしていますので、同時に進めていくと効果的です。1日に40語ずつ、25日で学習し終わるように構成されています。忙しくて時間のない方は、星印★のついている重要語句からマスターしていきましょう。

本書で使われている主な記号

☞	基礎編の項目および「完全攻略ナビ」の参照番号を示します。
do	動詞の原形（be動詞であればbe）が入ることを表します。
doing	動詞の〜ing形が入ることを表します。
done	動詞の過去分詞形が入ることを表します。
( )	英文中の（ ）は、SVOC以外の修飾語句であることを表します。
〈 〉	英文中の to do / doing / done のユニット、および接続詞・関係詞・疑問詞のユニットは〈 〉でくくって示します。
SVO	主節の主語、動詞、目的語を表します。
S' V' O'	従節の主語、動詞、目的語を表します。
v' o'	準動詞を表します。

Contents

はじめに ……………………………………… 003
本書の使い方 ……………………………… 005
ユニット・リーディングの世界へようこそ ……… 011

PART 1
英文の骨組みとなるパターン
──動詞が文のカタチを決める

Sサイズユニットの「世界地図」…………… 014

lesson 01 動詞が文のカタチを決める …… 016
- ★ 1. 最もシンプルな英文のカタチ
  SV：自動詞 …………………………… 016
- ★ 2. 補語 (C) は「主語 (S) の言い換え」と考える！
  SVC：補語をとる動詞 (S＝C) ……… 018
- ★ 3. 「〜を」と言えれば他動詞？
  SVO：他動詞 (S≠O) ………………… 019
- ★ 4. 目的語が2つなら、「〈人〉に〈もの〉を与える」
  SVO₁O₂：目的語を2つとる動詞 (O₁≠O₂) …… 021
- ★ 5. 補語 (C) は「目的語 (O) の言い換え」と考える！
  SVOC：(O＝C) ……………………… 023

PART 2
3大品詞の世界
──3大品詞のSサイズ＝単語としての用法

Sサイズユニットの「語」としての用法 ……… 026

lesson 02 名詞は1人4役の働き者！
──主語・目的語・補語・前置詞の目的語 … 027
- ★ 6. 数えられる名詞、数えられない名詞
  重要不可算名詞 ……………………… 028
- 7. 「水」はグラスに移して数えよう
  不可算名詞の「数え方」 ……………… 030
- 8. グループを表す名詞は「3タイプ」
  グループ名詞 ………………………… 032
  A. police（警察）タイプ
  B. furniture（家具一式）タイプ
  C. family（家族）タイプ
- 9. 〈数〉ではなく〈大きさ〉で表す名詞
  特定の形容詞をとる名詞 …………… 035

■ 動詞に関係する項目
■ 名詞ユニット／名詞まわりの要素
■ 形容詞ユニット
■ 副詞ユニット
★ 特に重要な項目

lesson 03 代名詞は「名詞の代わり」………… 037
- 10. （主語自身に）再び帰ってくる代名詞
  再帰代名詞 …………………………… 037
- 11. It を使って「頭でっかち」を防ぐ
  It を主語にする重要表現 …………… 039
- 12. 代名詞を使って「繰り返し」を防ぐ
  名詞の反復を避ける代名詞 ………… 040
- ★ 13. 特定のものを指さない代名詞
  不定代名詞 …………………………… 042
- ★ 14. 2つのもの専用の代名詞
  both／either／neither ……………… 043
- ★ 15. 「2つのもの」に続く動詞
  SVの一致 …………………………… 045
- 16. 代名詞を使ったイディオム ………… 046

lesson 04 形容詞は名詞を飾って説明する
「アシスト役」………………………………… 047
- ★ 17. 接尾語によって意味が変わる形容詞 … 047
- ★ 18. 人が主語にならない形容詞 ………… 049
- 19. 補語にならない形容詞 ……………… 050
- 20. 名詞を修飾できない形容詞は
  「a-」が多い …………………………… 051

lesson 05 副詞は名詞以外を修飾！………… 052
- ★ 21. 「-ly」の有無で、意味が大きく異なる
  副詞 …………………………………… 052
- ★ 22. 〈頻度・否定〉の副詞は語順に注意！ … 054
- ★ 23. 前の文との関係を表す副詞
  接続副詞 ……………………………… 055
- 24. 名詞と間違えやすい副詞 …………… 056
- 25. 文全体を修飾する副詞 ……………… 058
- 26. 相手への同意を表す副詞 …………… 059

PART 3
to do/doing/done の世界
──3大品詞のMサイズ＝句としての用法

Mサイズユニットの「世界地図」･････ 062

lesson
06 「これから～する」未来を表す to do
　　　── 不定詞 ･････ 064

- ★ **27.** to do を目的語にとる動詞
「これから～する」
SV + to do ･････ 065
- ★ **28.** to do が作る「不確定な」未来
不定詞の副詞ユニット ･････ 067
- **29.** 不定詞の意味上の主語 ･････ 068
- ★ **30.** 「誰か」に「何か」をさせる〈促進型〉
SVO + to do ･････ 069
- ★ **31.** SVO + to do のカタチを
とれそうでとれない動詞 ･････ 070

lesson
07 「実際に～する」〈現実型〉の doing ･････ 072

- ★ **32.** 動名詞を目的語にとる動詞
（実際に～する）**SV + doing** ･････ 073
- **33.** 不定詞、動名詞で意味が変わる動詞
SV + to do / doing ･････ 075
- ★ **34.** doing/done のユニットが〈形容詞の働き〉
をするとき **分詞の問題の頻出動詞** ･････ 076
- ★ **35.** doing/done のユニットが〈副詞の働き〉
をするとき **分詞構文** ･････ 079

PART 4
大きな名詞・形容詞・副詞の世界
──3大品詞のLサイズ＝節としての用法

Lサイズユニットの「世界地図」･････ 084

lesson
08 名詞ユニットは時制を合わせる！ ･････ 088

- ★ **36.** ほかの文の一部になった疑問文
間接疑問文 ･････ 089
- **37.** 主節と従節の時間軸をそろえる
時制の一致 ･････ 091
- **38.** 「歴史的事実」はすべて過去形
時制の一致の例外 ･････ 093
- ★ **39.** 名詞ユニットを作る what
関係代名詞・疑問詞 ･････ 095
- ★ **40.** 名詞ユニットを作る how
関係副詞・疑問詞 ･････ 096

lesson
09 〈関係代名詞〉は、原則として
形容詞ユニットを作る！ ･････ 097
　　　── 関係代名詞の後ろは〈不完全なカタチ〉

- ★ **41.** 接続詞と代名詞の2役を担う
〈関係代名詞〉 ･････ 098
・which, who/whom, whose,
that の用法

lesson
10 〈関係副詞〉も、
形容詞ユニットを作る！ ･････ 104
　　　── 関係副詞の後ろは〈完全なカタチ〉

- ★ **42.** 接続詞的に使われる関係副詞 ･････ 104
・when, where, why の用法
- ★ **43.** 関係代名詞と関係副詞の区別 ･････ 108

lesson
11 副詞ユニットを作る接続詞① ･････ 110
　　　── 目的・理由・譲歩

- ★ **44.** 目的・理由・譲歩を表す接続詞 ･････ 111
・as, while の用法
- **45.** -ever の用法 ･････ 115
・whoever/whomever, whichever,
whatever, whenever, wherever,
however の用法

lesson
12 副詞ユニットを作る接続詞② ･････ 121
　　　── 時・条件

- ★ **46.** 時・条件を表す接続詞 ･････ 122
・if, whether, as long as/as far as,
since の用法

PART 5
名詞まわりのアクセサリー
── 前置詞と冠詞

lesson 13 冠詞は、名詞に付けて「限定」する　130

47. 「共通の認識」の有無がポイント
　　　冠詞　131
　　　・the を用いるイディオム
　　　・a[an] を用いるイディオム
　　　・無冠詞のイディオム

lesson 14 最も基本的な前置詞　136
　　　── at/in/on/with

48. 前置詞の用法 1　136
　　　接続詞と前置詞を区別せよ！　137
　　　・「at」── 〈点〉でとらえる！　138
　　　・「on」── 〈接触〉　140
　　　・「in」── 〈包括〉　142
　　　・「with」── 〈共存〉　144

lesson 15 使用頻度の高い前置詞　145
　　　── against/by/for/from/of/through/to

49. 前置詞の用法 2　145
　　　・「by」── 〈限定〉　147
　　　・「against」── 〈対立〉　148
　　　・「of」── 〈関連〉　149
　　　・「for」── 〈包括〉　151
　　　・「from」── 〈起点〉　152
　　　・「to」── 〈着点〉　153
　　　・「through」── 〈貫通〉　154

lesson 16 覚えておきたい前置詞　155
　　　── about/across/after/beyond/into/out of/
　　　　　over/under

50. 前置詞の用法 3　155
　　　・「across」── 〈横断〉　156
　　　・「about」── 〈周辺〉　157
　　　・「after」── 〈後ろに〉　158
　　　・「into」── 〈外から中へ〉　158
　　　・「out of」── 〈中から外へ〉　159
　　　・「beyond」── 〈向こう側に〉　160
　　　・「over」── 〈覆って〉　161
　　　・「under」── 〈覆われて〉　162

PART 6
動詞に関係する項目

lesson 17 「〜する」側か、「〜される」側か　164
　　　── 動詞の〈態〉

★51. 「昇進する」のではなく「昇進させられる」
　　　受動態で表す動詞　164
52. 「人づてに」聞いたのか、
　　　「直接」聞いたのか　知覚動詞　165
53. 自分でやったのか、第三者にやって
　　　もらったのか　使役動詞　167
54. 混同しやすい動詞は要注意！　169
55. 〈原因〉と〈結果〉をつなぐ動詞　170

lesson 18 「〜したはず」と「〜すべきだったのに」　172
　　　── 助動詞は動詞のアシスト役

★56. 助動詞が表す意味は2つ
　　　〈推量〉と〈義務〉　172
★57. 〈助動詞+完了形〉で、
　　　時間が過去に向かう！　175
58. 助動詞を用いた頻出イディオム　177

lesson 19 過去・現在・未来を軸に広がる　179
　　　── 3つの基本時制

★59. 10秒後にやめられるか、やめられないか
　　　〈状態〉を表す動詞　179
★60. 〈過去〉を〈現在〉の視点でとらえる
　　　現在完了形　182

lesson 20 仮定法は〈妄想〉の世界　186

61. 現在と過去の「妄想」　187
62. 「万が一」の世界　仮定法未来　189
63. 話し手の主観も「仮定」の話
　　　仮定法現在　191
64. 仮定法の慣用表現　193

lesson 21 句動詞の世界 1 ········· 195
── break/bring/give/put/take/turn

65. 句動詞 1 ········· 195
- 「put」── 〈置く・押す〉········· 196
- 「take」── 〈主体的につかみ取る〉··· 197
- 「bring」── 〈着点に持ってくる〉···· 198
- 「turn」── 〈回転させる〉········· 199
- 「give」── 〈与える〉········· 200
- 「break」── 〈連続性を断つ〉······· 200

lesson 22 句動詞の世界 2 ········· 201
── call/have/let/run/stand/work

66. 句動詞 2 ········· 201
- 「stand」── 〈縦長のものが立つ〉·· 202
- 「let」── 〈解放する〉············ 202
- 「run」── 〈連続して動く〉········ 203
- 「have」── 〈物や状態を持っている〉········· 204
- 「call」── 〈大声で叫ぶ〉········ 205
- 「work」── 〈効果的に機能する≒働く〉········· 205

lesson 23 句動詞の世界 3 ········· 206
── come/do/get/go/keep/look/make/place/see

67. 句動詞 3 ········· 206
- 「place」── 〈特定の位置・状態に置く〉········· 207
- 「do」── 〈目的をもって行動する〉··· 207
- 「look/see」── 〈目を向ける／目に見える〉········· 208
- 「keep」── 〈意識的に持ち続ける〉 209
- 「get」── 〈手に入れる・受け取る〉 210
- 「make」── 〈別のものを作り出す〉 211
- 「go/come」── 〈起点から離れる／着点への到達〉········· 212

lesson 24 前置詞で動詞の意味が推測できる！
──〈動詞＋A＋前置詞＋B〉のパターン ········· 213

68. 動詞+A+ 前置詞+B ········· 213
- 動詞+A as B ── A を B と考える（言う）········· 214
- 動詞+A of B ① ── A に B を知らせる········· 215
- 動詞+A of B ② ── A から B を奪い取る········· 215
- 動詞+A from B ── A を B から妨げる········· 216
- 動詞+A with B ── A に B を付与する········· 217
- 動詞+A to B ── A を B の状態にする········· 218
- 動詞+A for B ── A を B のために～する········· 219
- 動詞+A on B ── A を B に置く········· 220
- 動詞+A into B ── A を B に変える··· 220

PART 7
比較と倒置
── 英語ならではの文のカタチ

lesson 25 比較と倒置 ········· 222
──〈同じカタチを繰り返す比較〉と〈否定の倒置〉

69. 比較のポイントは〈同じカタチの繰り返し〉········· 222
70. 最上級は〈3つ以上の中〉でトップを決める表現········· 225
★ **71.** 〈原級、比較級、最上級〉を強調する副詞········· 227
72. 否定語による〈倒置〉表現········· 228

実践！
TOEIC 英文法
模擬テスト ········· 231

TEST 1 ········· 232
TEST 1 解説 ········· 236
TEST 2 ········· 244
TEST 2 解説 ········· 248
TEST 3 ········· 256
TEST 3 解説 ········· 260

厳選！
TOEIC 重要単語
Power Words 1000 ········· 267

INDEX ········· 318

ユニット・リーディングの世界へようこそ

本書でマスターしていただく**「ユニット・リーディング」**とは、品詞を中心として"カタマリ（＝ユニット）"で英語をとらえる考え方です。ルールはいたってシンプルで、使う品詞はたったの3つ、**名詞・形容詞・副詞**だけです。まずはこの3つの品詞について確認しておきましょう。次の例文を見てください。

　　Steve always makes an impressive presentation.
　　スティーブはいつも印象的なプレゼンをする。

Steve（スティーブ）やpresentation（プレゼン）のように人やもの（ごと）を表すものを〈**名詞**〉といいます。impressive（印象的な）のように、名詞の状態や性質を説明するものが〈**形容詞**〉。そしてalways（いつも）のように動詞などを説明して細かいニュアンスを付け加えるものが〈**副詞**〉です。後で詳しく解説しますが、これらの3つの品詞が、司令塔である**動詞**（上の例文ではmakes）によって、文の中で決まった〈働き〉を与えられて、英文を構成していきます。

そして重要なことは、名詞・形容詞・副詞は1語だけではなく、**ユニット**としても存在するということです。それぞれ、**単語のレベル**、**句のレベル**、**節のレベル**があるのですが、ドリンクのS・M・Lサイズをイメージしてください。たとえば、名詞ユニットを見てみましょう。

I know 私は知っている	\<the company\>. **Sサイズ**	その会社を
	\<how to get to the company\>. **Mサイズ**	その会社への 行き方を
	\<that the company was founded 20 years ago\>. **Lサイズ**	その会社が20年前に 設立されたことを

上の例文では、いずれも〈　〉の部分が名詞の"カタマリ"になっていることがお分かりでしょうか？　いったん〈　〉の中身を無視して〈★〉に置き換えてみると、上の文はすべて、

I know 〈★〉.

という構造になっていますね。このように、ユニット・リーディングではサイズの異なる3つの名詞・名詞句・名詞節を、すべて同じ〈**名詞ユニット**〉として扱います。どんなに長い文もいったんユニット〈★〉に置き換えると、英語は非常にシンプルに見えてきます。これから本書で説明していきますが、ユニットには**名詞、形容詞、副詞**の3種類、そしてそれぞれ、**Sサイズ、Mサイズ、Lサイズ**の3サイズしかありません。この3×3（スリー・バイ・スリー）のユニットが英語の世界を作っているんです。

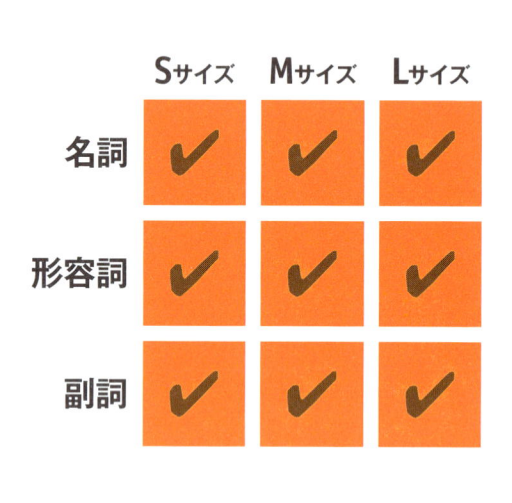

	Sサイズ	Mサイズ	Lサイズ
名詞	✔	✔	✔
形容詞	✔	✔	✔
副詞	✔	✔	✔

　英語を勉強していくと、点が線になって立体的に世界が開ける瞬間を何度か経験しますが、そのひとつが、上の例文で挙げた3つのユニットが同じ〈**名詞ユニット**〉なんだな、と思えた瞬間なのです。それではさっそくLesson 01から、ユニット・リーディングで英語の世界を攻略していきましょう。

PART

1

英文の骨組みとなるパターン
動詞が文のカタチを決める

Sサイズユニットの「世界地図」

　英語が3つの品詞のユニットで構成されていることは前述しましたが、それぞれの品詞には〈働き〉があります。まずは、〈品詞〉と〈働き〉をしっかりと区別しましょう。名詞や形容詞、副詞といった〈品詞〉は、**「肩書き」**だと考えてください。会社にたとえるなら、〈品詞〉は社長、部長、課長といった「役職、ポスト」に当たります。一方で、〈働き〉とは、それぞれの品詞が文中で果たす**「仕事」**のこと。会社のそれぞれのポストには与えられた任務があるように、名詞・形容詞・副詞という〈品詞〉は、右図のように主語（S）、目的語（O）、補語（C）といった仕事が与えられます。

　この3つの品詞の働きが、まさに英語のエッセンスです。一度に覚える必要はありません。毎回ここに立ち戻って、それぞれの品詞の働きを確認するようにしていきましょう。そして、これらの**品詞の働きを決定するのが動詞**です。動詞は3つの品詞のユニットの「フォーメーション」を決める"司令塔"の働きをします。

　さて、次の問題を見てみましょう。

We finally reached a ----------.
(A) decide　　　(B) decisive　　　(C) decidedly　　　(D) decision

　文を読むときの基本は、**誰が**（＝主語）、**何をしたのか**（＝動詞）を把握すること。最初に出てくる名詞 We（我々）が主語で、reach（～に達する）が動詞です。間に置かれている副詞 finally（ついに）は動詞を修飾（説明）しています。

　ここで、reach が後ろにとるフォーメーションを確認しておきましょう。感覚でなんとなく解けた方も、もう一度基本に立ち返って、カタチに注目してください。**reachは後ろに目的語を1つ**とります。動詞によっては、**目的語をとれない**もの、**補語をとる**もの、**目的語と補語の両方をとる**ものなどがありますので、動詞ごとにその使い方をしっかり押さえていく必要があります。

　さて、右のリストを見ると、**目的語になれる品詞は名詞**だけですね。したがって、正解は名詞の（D）decision（決定）です。（A）の decide（～を決める）は動詞。（B）の decisive（決定的な）は形容詞、（C）の decidedly（きっぱりと）は副詞なので、**目的語の〈働き〉**はありません。reach a decision で「決断を下す」という意味になります。

PART 1 英文の骨組みとなるパターン

完全攻略ナビ | #A 〈3大品詞〉とその〈働き〉

品詞	働き
名詞	S（主語）／O（目的語）／C（補語）／前置詞の目的語
形容詞	名詞を修飾／C（補語）
副詞	名詞以外を修飾（Cになれない！）

● 肩書き（品詞）と仕事（SOVC）

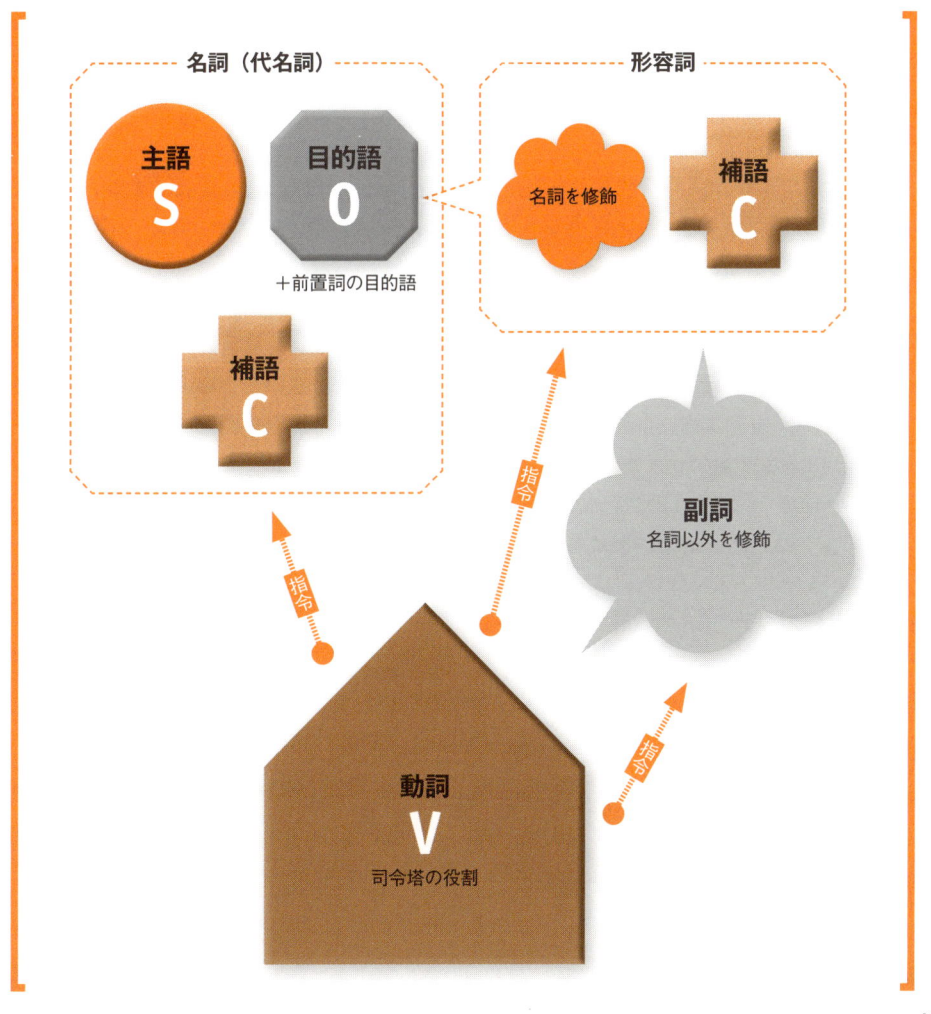

名詞（代名詞）
- 主語 S
- 目的語 O ＋前置詞の目的語
- 補語 C

形容詞
- 名詞を修飾
- 補語 C

副詞
名詞以外を修飾

動詞 V
司令塔の役割

指令 → S／O／C（名詞）
指令 → 補語C（形容詞）
指令 → 副詞

015

▶ Lesson 01
動詞が文のカタチを決める

1. 最もシンプルな英文のカタチ　SV：自動詞

● Basic Quiz

> Hugh Grant ---------- Oxford University in 1982.
> (A) was graduated from　(B) graduated from　(C) graduated　(D) graduating from

　繰り返しますが、英語を読むときの基本は**主語（S）**と**動詞（V）**を確認すること。今回は、Hugh Grant（ヒュー・グラント）が主語。空欄には、動詞graduate（卒業する）の適切なカタチが入ります。

　英語の動詞には、**後ろにダイレクトに目的語（O）をとることができる〈他動詞〉**と、**目的語をとることができない〈自動詞〉**があります。graduateは自動詞なので目的語をダイレクトにとることはできません。「大学を卒業する」と言いたい場合には、graduate from Universityのように前置詞 fromをワンクッション入れる必要があります。したがって（B） graduated fromが正解です。後述しますが（☞ p.62）、（D）のgraduatingは「準動詞」といって動詞ではないため、ここでは使えません。**自動詞は受動態にできない**ため、（A） was graduated fromも不正解です。

● S＋Vのカタチ

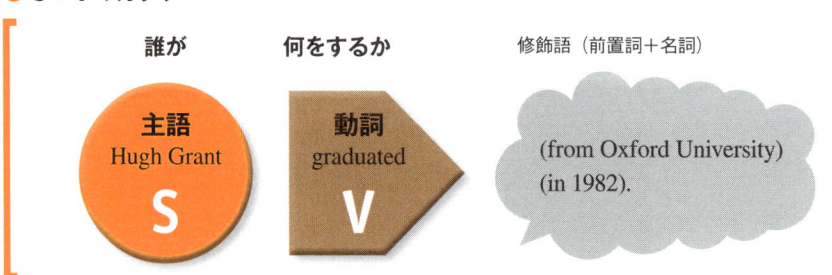

誰が	何をするか	修飾語（前置詞＋名詞）
主語 Hugh Grant **S**	動詞 graduated **V**	(from Oxford University) (in 1982).

正解（B）：ヒュー・グラントは1982年にオックスフォード大学を卒業した。

この、自動詞と他動詞の区別は「難しい」「覚えるのが大変だ」と感じる方が多い項目です。でも、基本的な考え方さえ押さえておけば、意外にシンプルに整理できます。

基本的に他動詞は日本語で考えたときに、**「～を」と言えるもの**だと考えましょう。たとえば、「会社を訪問する」と言えるので「訪問する（visit）」は**他動詞**。ところが「会社を行く」とは言えないので「行く（go）」は**自動詞**です。

He visits the company.　　　　彼はその会社を訪問する。　　　→visitは〈他動詞〉
S　V　　　　O

He goes (to the company).　　彼はその会社に行く。　　　　　→goは〈自動詞〉
S　V

ただし、「～を」と言えるかどうかで自動詞と他動詞の区別ができないものもあります（日本語と英語では言語が違うわけですから、当然と言えば当然ですね）。Basic Quizに出てきたgraduate（卒業する）がその典型で、日本語では「～を卒業する」と言えるので他動詞に思えますが、英語では自動詞なので、graduate from（～を卒業する）となります。graduateのように、一見、**他動詞と間違えやすい自動詞**には、specialize in（～を専門にする）、proceed with（～を進める）、subscribe to（～を予約購読する）などがあります。その他の**重要な自動詞**と一緒に、**前置詞とセット**で覚えておきましょう。

完全攻略ナビ｜#01　自動詞は前置詞とセットで覚えるべし！

My parents still won't **consent to** our marriage.
両親はいまだに私たちの結婚を許してくれない。

● 単独で覚える自動詞
☐ lie（横になる）　☐ rise（上がる）　☐ sit（座る）

● 他動詞と間違えやすい自動詞
☐ **graduate from**（～を卒業する）　☐ **major in**（～を専攻する）
☐ **specialize in**（～を専門にする）　☐ **subscribe to**（～を予約購読する）
☐ **proceed with**（～を進める）

● 前置詞とセットで覚える自動詞
☐ **apologize to...for**（～のことで…に謝る）
☐ **complain to...about [of]**（～について…に不平を言う）　☐ **object to**（～に反対する）
☐ **arrive at [in]**（～に着く）　☐ **consent to**（～に同意する）　☐ **refer to**（～に言及する）
☐ **reply to**（～に返事をする）　☐ **respond to**（～に返答する）

2. 補語(C)は「主語(S)の言い換え」と考える！　SVC:補語をとる動詞(S=C)

● Basic Quiz

The new president ---------- silent in the meeting from the beginning to the end.
(A) tried　　　(B) remained　　　(C) had　　　(D) created

　主語はThe new president（新社長）。空欄には動詞が入り、後ろにはsilent（静かな）という形容詞が置かれていますね。**完全攻略ナビ#A**（p.15）をもう一度見てみましょう。形容詞の仕事は（1）名詞を修飾する、（2）補語になる、のどちらかですね。ここではsilentの後ろに修飾される名詞はないので、補語として使われていることが分かります。
　さて、選択肢に目を通すと、後ろに補語をとる動詞は選択肢の中でremain（〜のまま だ）だけです。補語は**「主語の言い換え」**と考えましょう。**主語と補語はイコール関係（S＝C）を作ります。**

● S＋V＋Cのカタチ

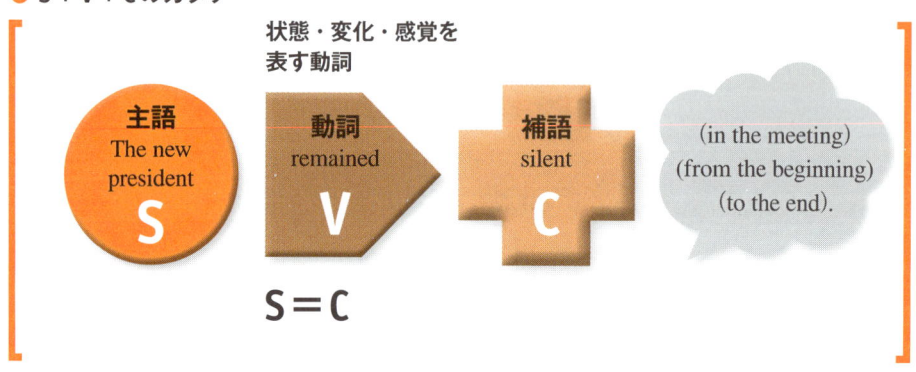

状態・変化・感覚を表す動詞

主語　The new president　S
動詞　remained　V
補語　silent　C
(in the meeting)
(from the beginning)
(to the end).

S＝C

正解（B）：新社長は、会議の最初から最後まで黙っていた。

　The new president（新社長）＝silent（黙っている）の関係がありますね。**S＝Cの関係を作る動詞は、〈状態〉を表すもの、〈変化〉を表すもの、〈感覚〉を表すものがあります。**
　〈変化〉を表す動詞の**come**は基本的に**プラス思考**で、たとえばMy dream came true.（私の夢は実現した）のように、良いものに変化する場合に使われます。一方で、**go**は**マイナス思考**でThe egg went bad.（その卵は腐ってしまった）のように、悪いものに変化する場合に使われることの多い動詞です（☞ #02）。

PART 1 英文の骨組みとなるパターン

Lesson 01

完全攻略ナビ | #02　補語をとる動詞

Stay hungry, **stay** foolish.
ハングリーであれ。愚かであれ。[スティーブ・ジョブズのスピーチより]

● 【状態】を表す動詞
☐ **remain** / ☐ keep / ☐ lie / ☐ stay（〜のままである）
☐ be（〜である）

● 【変化】を表す動詞
☐ **come**（＋になる）　☐ **go**（－になる）
☐ **become** / ☐ fall / ☐ get / ☐ grow / ☐ make / ☐ run / ☐ turn（〜になる）

● 【感覚】を表す動詞
☐ **appear** / ☐ **look**（〜のように見える）　☐ **prove** / ☐ turn out（〜であると分かる）
☐ feel（〜と感じる）　☐ seem（〜のように思える）　☐ smell（〜の匂いがする）
☐ sound（〜のように聞こえる）　☐ taste（〜の味がする）

3.「〜を」と言えれば他動詞？　　SVO：他動詞（S≠O）

● **Basic Quiz**

> Jack wanted to ---------- Rose but she turned down his proposal.
> (A) marry　　(B) marry with　　(C) marry to　　(D) get married

　主語はJack（ジャック）。空欄には動詞が入り、後ろには名詞Roseが置かれていますね。名詞の働きは、(1) 主語、(2) 目的語、(3) 補語、(4) 前置詞の目的語。問題文ではすでに主語（Jack）はあるので、Roseは目的語か補語になっているはずです。補語は前ページで説明しましたが、主語とイコール関係を作るんでしたね？ここでは、Jack＝Roseではおかしいので、**Roseは目的語**だと判断できます。**主語と目的語は必ず別のモノ**（**S≠O**）、と覚えておきましょう。

　さて、marryは日本語では「〜と結婚する」という意味なので、前置詞のwithやtoをつけたくなりますが、実はダイレクトに目的語をとれる**他動詞**なんです。したがって、前置詞を伴わない（A）marry が正解。ただし、受動態では、be [get] married to となるので注意しましょう。

She got married to a billionaire.
彼女は億万長者と結婚した。

019

● S＋V＋O のカタチ

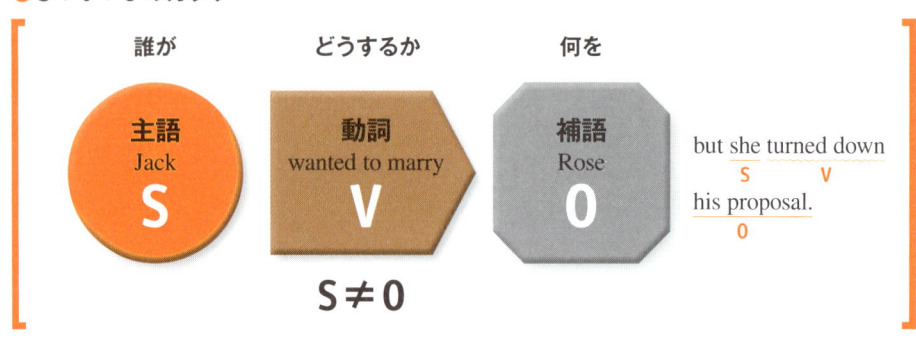

誰が	どうするか	何を	
主語 Jack **S**	**動詞** wanted to marry **V**	**補語** Rose **O**	but she turned down 　　　　　S　　　　V his proposal. 　　　O

S ≠ O

正解（A）：ジャックはローズと結婚したかったが、彼女は彼の申し出を断った。

　すでに述べた通り、自動詞と他動詞の区別は「～を」と言えるかどうかが基本ですが、日本語で「～を」と言えない他動詞もたくさんあります。このように自動詞と間違えやすい他動詞には以下のようなものがあります。

完全攻略ナビ｜#03　自動詞と間違えやすい他動詞

You can **contact** me at this email address.
このメルアドで私と連絡がとれますよ。

● 自動詞と間違えやすい他動詞
☐ **accompany**（～に伴う）　☐ **approach**（～に近づく）　☐ **attend**（～に出席する）
☐ **contact**（～と連絡をとる）　☐ **discuss**（～について議論する）
☐ **marry**（～と結婚する）　☐ **mention**（～に言及する）　☐ **oppose**（～に反対する）
☐ **reach**（～に達する）　☐ **resemble**（～に似ている）
☐ **address**（～に話しかける）　☐ **answer**（～に答える）　☐ **await**（～を待つ）
☐ **deny**（～を否定する）　☐ **enter**（～の中に入る）　☐ **inhabit**（～に住む）
☐ **join**（～に参加する）　☐ **lay**（～を横にする）　☐ **leave**（～を出発する）
☐ **obey**（～に従う）　☐ **raise**（～を上げる）　☐ **seat**（～を座らせる）

PART 1 英文の骨組みとなるパターン

Lesson 01

4. 目的語が2つなら、「〈人〉に〈もの〉を与える」
SVO_1O_2：目的語を2つとる動詞（$O_1 \neq O_2$）

● **Basic Quiz**

> Would you ---------- me the way to the company headquarters?
> (A) go　　(B) show　　(C) explain　　(D) teach

　今回は疑問文です。you（あなた）が主語で、空欄にはやはり動詞が入ります。後ろのカタチに注目すると、me / the way と**2つの名詞**が続いていることが分かりますね。選択肢の中で、目的語を2つとれる動詞は show と teach です。どちらも「教える」という意味がありますが、teach は「（専門的内容を）教える」という場合に用いる動詞。道順や名前などを伝える場合には tell や show が用いられます。したがって、(B) show（〜を見せる、教える）が正解。

　　Would you show me the way (to the company headquarters)?
　　　　　 S　 V　 O_1　 O_2

正解（B）：本社への行き方を教えてくれますか。

　英語の**動詞は、文のカタチ（＝文型）によって意味が決まる**という特徴を持っています。**SVOO** のタイプ、すなわち目的語を2つとる動詞の意味は、基本的に**「〈人〉に〈物〉を与える」**という意味。だから、仮に動詞の意味を知らないとしても、

● **S＋V＋O_1＋O_2 のカタチ**

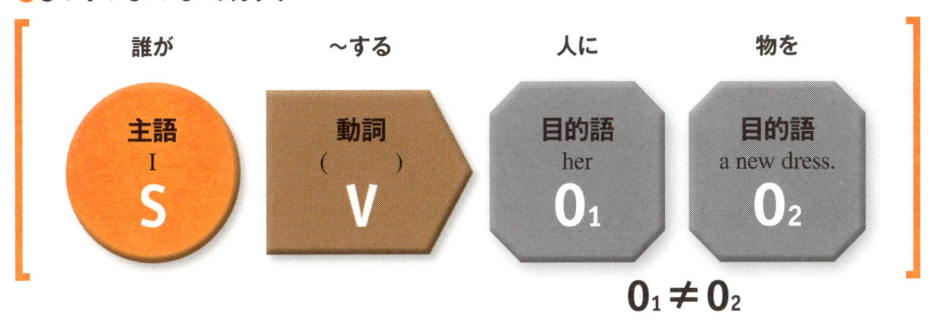

誰が	〜する	人に	物を
主語 I **S**	動詞 （　） **V**	目的語 her **O_1**	目的語 a new dress. **O_2**

$O_1 \neq O_2$

とくれば、「彼女に新しいドレスを与えた」んだな、と類推できるわけです。ちなみに、Basic Quiz の (C) explain は「説明する」という意味で、一見すると「人にものごとを説明してあげる」というニュアンスで目的語を2つとれそうですが、explain＋to〈人〉＋

〈何か〉というパターンをとるので注意しましょう（☞#31）。

　目的語を2つとる動詞には以下のようなものがあります。〈人〉〈物〉の順番が基本ですが、〈物〉が先に置かれる場合は、I got a new dress **for** her. のように、〈人〉の前には**前置詞が必要**になります。前置詞 **to** / **for** / **of** は、このように〈物〉が先に置かれた場合に必要となる前置詞です。ofをとるものは限られていますね。toとforの使い分けは簡単。次の（a）（b）のうち、不自然なのはどちらでしょうか。

（a）I gave a CD.（私はCDを与えた）
（b）I bought a CD.（私はCDを買った）

　正解は（a）。giveは「〈人〉に〈物〉を与える」という意味で、「誰に与えたのか」を言わないと意味が成立しません。このような動詞の場合にtoを用います。
　一方で（b）のbuyは、「誰に与えたのか」を言わなくても意味が成立しますね。このような動詞の場合にforを用いるんです。

完全攻略ナビ | #04　目的語を2つとる動詞

Would you **pass** me the pepper?（Would you **pass** the pepper **to** me?）
コショウを回してもらえますか。

● 【to】が必要となる動詞
□**give**（与える）　□**lend**（貸す）　□**offer**（提供する）　□**pay**（払う）
□allow（与える）　□do（〈利益・損害などを〉与える）　□deny（与えない）
□hand（手渡す）　□pass（回す）　□promise（約束する）　□sell（売り込む）
□send（送る）　□show（見せる）　□teach（教える）　□tell（伝える）

● 【for】が必要となる動詞
□**order**（注文する）
□buy（買ってやる）　□call（呼ぶ）　□cook（料理してやる）
□find（見つけてやる）　□get（手に入れる）　□make（作る）
□prepare（〈料理などを〉こしらえる）　□save（とっておく）　□sing（歌う）
□spare（割く）

● 【of】が必要となる動詞
□ask / □demand（頼む）

● 【語順入れ替え不可】
□**cost**（金・犠牲がかかる）　□**take**（時間がかかる）
□envy（うらやむ）　□spare（〈苦労を〉かけない）

5. 補語 (C) は「目的語 (O) の言い換え」と考える！　　SVOC：(O=C)

Lesson 01

● Basic Quiz

> If you worry too much about financial difficulties, you might ---------- yourself mad.
> (A) drive　　(B) give　　(C) run　　(D) let

　Ifからdifficultiesまでは〈　〉に入れて、いったん無視しましょう。後述しますが(☞ #46)、この部分は**大きな副詞ユニット**になっています。さて、文の主語はyou（あなた）。might（〜かもしれない）は**助動詞**なので空欄には**動詞の原形**が入ります。空欄の後ろに注目すると、yourself（名詞）、mad（形容詞）と２つの要素が置かれていますね。yourselfは目的語です。madはどうでしょうか。形容詞の働きは（1）名詞を修飾する、（2）補語になる、のどちらかです（☞ #A, p.15）。 ここではmad person（発狂した人）のように後ろに名詞がないので、**madは補語として使われていると判断できます**。空欄には、**O＋Cのパターンをとる動詞が必要**ですね。選択肢の中ではdriveだけです。**drive O＋C**で「**OをCに駆り立てる**」という意味。

● S＋V＋O₁＋O₂のカタチ

If you worry (too much) (about financial difficulties),
　　S'　V'

[
　主語　　動詞　　　　目的語　　補語
　you　might drive　yourself　mad.
　S　　**V**　　　　**O**　　　**C**

　　　　　　　　　　　　　　O＝C
]

正解 (A)：資金難について心配しすぎると、あなたは発狂してしまうかもしれないよ。

　さて、**SVOO**の文と、**SVOC**の文はどちらも動詞の後ろに２つ要素をとるので紛らわしいことがあります。次の例文で区別しましょう。

(a) I made her some tea.　　　私は彼女に紅茶を淹れてあげた。(O₁ ≠ O₂)
　　S V　O₁　　O₂

(b) <u>I</u> <u>made</u> <u>her</u> <u>my secretary</u>.　私は彼女を私の秘書にした。**(O＝C)**
　　S　V　O　　C

　目的語を2つとると、意味は基本的に「与える」という意味でしたね。(a) の文は「紅茶を淹れてあげた」ということ。当然 her ≠ some tea です。一方、(b) では同じく made が使われていますが、「彼女に私の秘書を作ってあげた」では文意がヘンですね。ここでは、her＝my secretary の関係があります。make は **O C の文型**をとると、**「O を C にする」**といった意味になるんです。(b) は「私は彼女を秘書にした」という意味ですね。**SVOC** の文では **O＝C** の関係が成り立つことを覚えておきましょう。
　SVOC のパターンをとる動詞は、このように〈状態・変化〉の意味を持つものと、I found her efficient.(私は彼女が有能だと思った) のように〈認識〉を表すものがあります。

完全攻略ナビ | #05　目的語＋補語をとる動詞

The news **made** me sad.
そのニュースは私を悲しませた。

●【状態・変化】を表す動詞
☐**keep**(〜にしておく)　☐**leave**(〜のままにしておく)　☐**make**(〜にする)
☐appoint(任命する)　☐elect(選ぶ)　☐paint(塗る)
☐drive / ☐get / ☐lay / ☐let / ☐render / ☐set(〜の状態にする)

●【認識】を表す動詞
☐**find**(分かる)
☐declare(宣言する)　☐vote(認める)
☐believe / ☐consider / ☐think(思う)

PART 2

Lesson 02
Lesson 03
Lesson 04
Lesson 05

3大品詞の世界
3大品詞のSサイズ＝単語としての用法

Sサイズユニットの「語」としての用法

　PART 1で見てきたように、英語の文の構造（文型）を構成するのが**名詞、形容詞、副詞**の〈**3大品詞**〉でした。それぞれが**司令塔である動詞**によって、主語（S）や目的語（O）、補語（C）としての〈**働き**〉を持つのでしたね（副詞はつねに修飾語なのでS、O、Cにはなりません）。PART 2では、**Sサイズのユニット**、すなわち、これらの**3つの品詞**の「**語」としての用法**をマスターしていきます。

　実はTOEICの文法問題で一番頻出するのが、この**品詞に関する問題**です。そしてそのほとんどは、名詞、形容詞、副詞の働きを問うもので、単語の意味を知らなくても、品詞が分かれば正解を選べる場合が多いのです。たとえば、次の問題で空欄に入る適切な語句を考えてみましょう。

Mr. Turner ---------- pressed the delete key on his computer.
(A) inadvertently　　(B) inadvertence　　(C) inadvertent　　(D) advert

---

　いかがですか？ 選択肢の単語の意味を知らなくても絶望する必要はありません。空欄に入る語句は、直後の動詞pressedを修飾しています。**名詞以外を修飾するのは副詞**の働きでしたね？ 選択肢には似たようなスペリングの単語が並んでいますが、「**-lyで終わる語には副詞が多い**」ということを知っていれば、（A）inadvertentlyが正解だと分かります。「ターナー氏は、自分のコンピューターの削除キーを、うっかり押してしまった」という意味。inadvertently（うっかりと）の意味を知らなくても、品詞とその働きを知っていれば、正解を選べるわけです。

　このように、**英語のカタチ**を判断する材料となるのが名詞・形容詞・副詞という3つの品詞の用法です。PART 3で扱う**Mサイズのユニット**、PART 4で扱う**Lサイズのユニット**を理解するうえでベースとなる考え方ですから、まずは**単語のレベル**でしっかりその働きをマスターしましょう。

PART 2 3大品詞の世界

▶ Lesson 02
名詞は1人4役の働き者！
―― 主語・目的語・補語・前置詞の目的語

	Sサイズ	Mサイズ	Lサイズ
名詞	✓		
形容詞			
副詞			

3大品詞のなかで、最も「働き者」なのが**名詞**です。名詞には必ず仕事があって、文の中で（1）**主語**、（2）**目的語**、（3）**補語**、（4）**前置詞の目的語**のいずれかの仕事をします。名詞を見かけたら、このうちのどの働きをしているのかを考えるクセをつけてください。以下の例文における名詞、Lady Gaga（レディー・ガガ）の働きを確認してください。

Lady Gaga released many hit albums. 　S　　　　　V　　　　　O レディー・ガガは多くのヒットアルバムをリリースした。	主語
She worships Lady Gaga. 　S　　V　　　　O 彼女はレディー・ガガを崇拝している。	目的語
Her favorite singer is Lady Gaga. 　　　　S　　　　　V　　C 彼女の最も好きな歌手はレディー・ガガだ。	補語
She wrote a fan letter (to Lady Gaga). 　S　　V　　　O　　　　前置詞+O 彼女はレディー・ガガにファンレターを書いた。	前置詞の目的語

●名詞の仕事

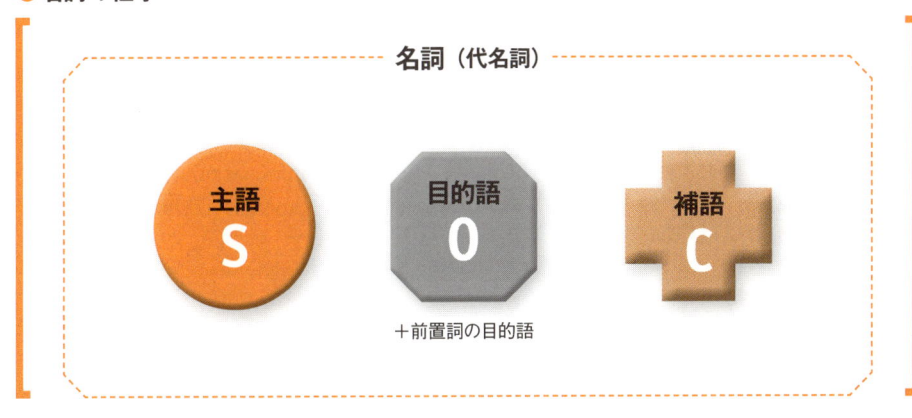

― 名詞（代名詞）―

主語 S　　**目的語 O**　　**補語 C**
　　　　　　＋前置詞の目的語

027

6. 数えられる名詞、数えられない名詞　重要不可算名詞

● Basic Quiz

[1] Jacqueline gave me ---------- about the project.
 (A) some useful advices　　　(B) many useful advices
 (C) some useful advice　　　(D) a useful advice
[2] Politics ---------- a reoccurring theme in his series of lectures.
 (A) have been　(B) are　(C) has　(D) is

　英語の名詞には、**数えられるもの**（＝可算名詞）と**数えられないもの**（＝不可算名詞）があります。しかし、すべての名詞がきれいに〈可算〉、〈不可算〉に分けられるわけではありません。たとえば、accidentという名詞は、「偶然」という意味では〈不可算〉ですが、意味が具体的になり、「事故」という意味になると〈可算〉なのです。紛らわしく思えるかもしれませんが、TOEICで出題されるものはある程度限られているので、リストに挙がっているものをまずは覚えましょう。

[1]　Jacqueline gave me **some useful advice** (about the project).
　　　　S　　　V　　O₁　　　O₂

正解(C)：ジャクリーヌがそのプロジェクトに関して私にいくつか有益な助言をくれた。

　advice（助言）は不可算名詞です。**不可算名詞**は **a[an]を付けることができない**し、複数形もありません。**some**は**可算名詞、不可算名詞**のどちらも修飾できます。

● 「ニュース」や「宿題」は数えられない！

× a[an]
○ some

数えられない名詞
- advice（助言）
- homework（宿題）
- news（ニュース）
- work（業務）
- damage（被害）
- information（情報）
- progress（進歩）

[2] <u>Politics</u> <u>is</u> <u>a reoccurring theme</u> (in his series of lectures).
　　　S　　V　　　　C

正解（D）：政治は彼の連続講演において繰り返し扱われているテーマだ。

politics（政治[学]）は -s で終わる単語ですが、単数扱いです。**〈学問は単数扱い〉** と覚えましょう。例）economics（経済学）、mathematics（数学）、statistics（統計学）

● **学問は -s でも単数扱い**

---- -s で終わる学問 ----

politic**s**（政治学）
economic**s**（経済学）
mathematic**s**（数学）
statistic**s**（統計学）

完全攻略ナビ | #06　数えられない（重要不可算）名詞

Where can I get **information** about the seminar?
セミナーに関する情報はどこで手に入れることができますか。

☐**advice**（助言）　☐**damage**（被害）　☐**homework**（宿題）　☐**information**（情報）
☐**news**（ニュース）　☐**progress**（進歩）　☐**work**（業務）
☐aid（援助）　☐anger（怒り）　☐applause（拍手）　☐assistance（援助）
☐behaviour（ふるまい）　☐breakfast（朝食）　☐conduct（行い）　☐courage（勇気）
☐evidence（証拠）　☐fun（楽しみ）　☐happiness（幸福）　☐harm（害）
☐laughter（笑い）　☐leisure（余暇）　☐music（音楽）　☐permission（許可）
☐traffic（交通量）　☐weather（天気）

✎**note**
advices（通知）、damages（損害賠償）という意味では s がつく。

7.「水」はグラスに移して数えよう　不可算名詞の「数え方」

● Basic Quiz

You will need ---------- paper to write down what he will suggest at the meeting.
(A) a grain of　　(B) a jar of　　(C) a sheet of　　(D) a loaf of

paper（紙）は〈**物質**〉と見なされるため、**不可算名詞**です。紙はsheet（1枚）単位で数えますので、a sheet of paper（1枚の紙）が正解。他の数え方についても右のリストで確認しておきましょう。

You will need **a sheet of** paper <to write down <what he will suggest at the meeting>>.
　　S　　　V　　　　O

正解(C)：彼が会議で提案することを書きとめるための紙が1枚必要になるでしょう。

さて、〈**物質**〉を表す名詞って少し分かりづらいかもしれませんね。water（水）で考えてみましょう。waterが不可算名詞であることはご存じだと思います。水は〈物質〉ですから、どんなに小さく区切っても水は水。数えるためには、**グラスなどに移し替えなければなりません。**a glass of water（コップ1杯の水）のように、グラス単位では数えることができるわけです。meat（肉）もそうですね。どんなにミンチしても、肉という性質に変わりありません。数えるためには、a piece of meat（肉ひとかけら）のようにpiece（かけら）単位でカウントします。不可算名詞を「数える」というとなんだか矛盾しているようですが、**glass（コップ）やpiece（かけら）**など、**容器や別の単位**を借りてカウントするということです。

● 「水」はグラスに移し、「肉」はかけらに切る！

物質を表す名詞
water（水）
meat（肉）

glass　　　　　　　　　　　　　piece
水はグラスに移す　　　　　　　　肉はかけらに切る

完全攻略ナビ | #07　不可算名詞の「数え方」

I need **a sheet of** paper right now.
今すぐに紙が1枚必要だ。

● 【形状】で数える
- **a sheet of** paper [glass / ice / metal]（1枚の）
- **a cake** of soap [chocolate / wax / tofu]（1個の）
- **a cube** of sugar [ice / plastic]（立方体1個分の）
- **a drop** of water [blood / oil / rain / milk]（1滴の）
- **a grain** of rice [salt（話半分）/ sand / truth]（1粒の）
- **a loaf** of bread [cheese]（ひとかたまりの）
- **a piece** of cheese [cake（朝飯前）/ meat / advice]（ひとかけらの）
- **a pinch** of salt [sugar / cinnamon]（ひとつまみの）

● 【容器】に移して数える
- **a cup of coffee** [tea / milk / cocoa]（カップ1杯の）
- **a glass of water** [wine / milk / brandy / whisky]（グラス1杯の）
- **a bottle** of milk [wine / champagne]（ボトル1本の）
- **a jar** of jam [honey / marmalade]（ひと瓶の）
- **a spoonful** of sugar [jam / medicine / milk / olive oil / knowledge（わずかな知識）]（スプーン1杯の）

● 【計量単位】で数える
- a **centimeter** [inch / meter / mile / yard] of 〈長さ〉
- a **square meter** [hectare / acre / inch / mile / yard] of 〈面積〉

　　　　　　　　　　　　　　　　　　　　　　※後ろ3つはsquareがつく。

- a **gram** [kilogram / grain / ounce / pound / ton] of 〈重さ〉
- a **pint** [quart / gallon] of 〈量〉

✎note　修飾に使える形容詞（句）

〈可算〉……………… few / many / a large number of
〈不可算〉…………… little / much / a large amount of [a great deal of]
〈可算・不可算〉……… some / a lot of / plenty of

8. グループを表す名詞は「3タイプ」　グループ名詞

● Basic Quiz

> [A] The police ---------- cracking down on illegally parked cars on a busy street in Soho.
>   (A) were　　　(B) had　　　(C) was　　　(D) has
> [B] We need ---------- for our branch office in Seoul.
>   (A) some new furnitures　　　(B) a new furniture
>   (C) many new furniture　　　(D) some new furniture
> [C] There were more than ---------- at his lecture on Peter F. Drucker.
>   (A) 200 people in the audience　(B) 200 audience　(C) 200 audiences　(D) 200 peoples

英語には**グループを表す名詞**が3種類あります。[A] police タイプ、[B] furniture タイプ、[C] family タイプです。それぞれ見ていきましょう。

— **A. police（警察）タイプ** —

police（警察）タイプは**常に複数扱いする名詞**です。警察官一人ひとりは、a police officer と言います。police は警察官の集合体だと考えてください。

　The police **were** cracking down on illegally parked cars (on a busy street)(in Soho).
　　S　　　 V　　　　　　　　　　O

　正解 (A)：ソーホー地区の繁華街で、警察が駐車違反の取り締まりをしていた。

複数扱いなので be 動詞は were となりますね。このように必ず複数扱いになる名詞は実は数が少なくて、まずは **police と people（人々）を覚えておけば OK！**

— **B. furniture（家具一式）タイプ** —

furniture（家具一式）タイプは**不可算名詞**です。家具が数えられないのは不思議な感じがしますね。table（テーブル）や chair（椅子）などは「モノ」として存在するので、a table（テーブル1つ）、two chairs（椅子2つ）のように数えますが、furniture はそれら家具一式を表すため、抽象的になり数えられないんです。a piece of furniture（家具1点）のように、piece 単位で数える必要があるんですね。

furniture（家具一式）のように**集合体を表す不可算名詞**としては、luggage / baggage（手荷物）、clothing（衣類）、machinery（機械類）、equipment（設備）などが TOEIC 頻出です。

PART 2 3 大品詞の世界

We need **some new furniture** (for our branch office) (in Seoul).
　S　V　　　　O

正解（D）：わが社のソウル支店には、新しい家具が必要だ。

Lesson 02

many（多くの）は可算名詞につける形容詞。**some**（いくつかの）は可算・不可算の両方の名詞につけることができます。

━ C. family（家族）タイプ ━

　familyタイプの名詞は、**グループについて言及する**場合は**単数扱い**、**1人ひとりのメンバーについて言及する**場合は**複数扱い**をする名詞です。たとえば、"My family **is** a large one."といえば、「私の家族は大家族だ」という意味で単数扱いであるのに対し、"My family **are** all busy."では、「私の家族は皆、忙しい」で複数扱いです。

(There) were (more than) **200 people (in the audience)** (at his lecture on Peter F. Drucker).
　　　　　V　　　　　　　　　　　S

正解（A）：ピーター・F・ドラッカーに関する彼の講演には200人を超える聴衆が集まった。

　audience（聴衆）もそれ自体が人の〈**集合体**〉を表す名詞。200 audiencesとすると、聴衆が200組いた、という意味になってしまいます。「聴衆のなかに200人の人々がいた」という発想ですね。

police は複数扱い
police ＝警察官の集合体
a police officer
（警察官一人ひとり）

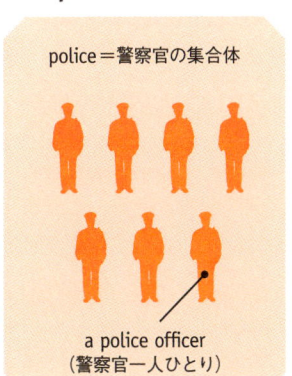

furniture は数えられない
furniture ＝家具一式を表す
a table
（テーブル）
a chair
（椅子）

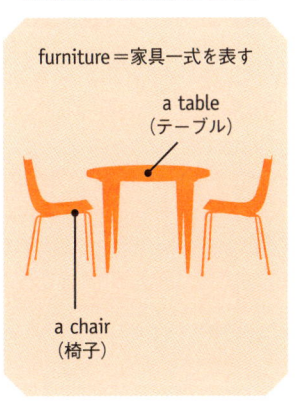

family はグループとメンバー
family ＝○○家／家族全員
鈴木家

完全攻略ナビ #08

A. police タイプ →複数扱い

The **police** are now investigating the murder case.
警察は今、その殺人事件を調査中だ。

- □ **people**（人々） □ **personnel**（全職員） □ **police**（警察）
- □ **cattle**（家畜） □ **clergy**（牧師） □ **poultry**（家禽類） □ **vermin**（害虫）
- □ **the＋形容詞**（the poor） □ **those (who〜)**（〜の人々）

B. furniture タイプは不可算 →単数扱い

We bought some new **furniture** for the room.
私たちはその部屋のために新しい家具を買った。

- □ **clothing**（衣類） □ **equipment**（設備） □ **furniture**（家具）
- □ **luggage / baggage**（手荷物） □ **machinery**（機械類） □ **merchandise**（商品）
- □ **fiction**（小説） □ **foliage**（葉） □ **food**（食品） □ **game**（獲物）
- □ **jewelry**（宝石類） □ **mail**（郵便物） □ **poetry**（詩） □ **scenery**（風景）

✎note　区別しておきたい単語

clothes（衣服）/ a machine（機械）/ a novel（小説）/ a leaf（葉）/ a game（試合）/ a jewel（宝石）/ a poem（詩）/ a scene（景色）

C. family タイプは「グループ」→単数扱い「メンバー」→複数扱い

My **family is** a large one.　私の家族は大家族だ。
My **family are** all busy.　私の家族は皆、忙しい。

- □ **audience**（聴衆） □ **committee**（委員会） □ **crew**（乗組員） □ **family**（家族）
- □ **nation**（国民） □ **press**（マスコミ） □ **staff**（スタッフ）
- □ **army**（軍隊） □ **association**（協会） □ **band**（一団） □ **board**（委員会）
- □ **cabinet**（内閣） □ **class**（クラスの生徒） □ **club**（クラブ） □ **community**（共同体）
- □ **company**（一団） □ **council**（評議） □ **crowd**（群集） □ **enemy**（敵軍）
- □ **flock**（群れ） □ **gang**（一団） □ **government**（政府） □ **jury**（陪審員）
- □ **majority**（大多数） □ **minority**（少数） □ **navy**（海軍） □ **population**（住民）
- □ **public**（大衆） □ **team**（チーム）

9. 〈数〉ではなく〈大きさ〉で表す名詞　特定の形容詞をとる名詞

● **Basic Quiz**

> An increasing number of people are considering changing jobs to receive a ---------- salary.
> (A) many　(B) more expensive　(C) higher　(D) heavier

　日本語と英語では、同じ意味の単語でも**とらえ方のニュアンス**が異なる場合があります。たとえば、audience（聴衆）は日本語では「多い／少ない」と発想しますが、英語では many / few ではなく、large / small をつけます。つまり、**〈数〉ではなく〈大きさ〉**でとらえるわけですね。population（人口）もしかり。日本語では人口は「多い」と言いますが、英語では large population、つまり「大きな」人口となるわけです。salary（給料）はどうでしょうか？

An increasing number of people are considering changing jobs <to receive a **higher** salary>.
　　　　　　　S　　　　　　　　　　V　　　　　　　　O　　　　　　　　v'　　　　　　o'

正解（C）：ますます多くの人が、より高い給料をもらうために転職を検討している。

　salary（給料）は **high（高い）⇔ low（低い）** で表します。expensive は「物の価格が高い」という意味なので、salary には使いません。

例）This watch was very expensive.
　　　この時計はとても高かった。

● 「聴衆」や「人口」は、大きい！

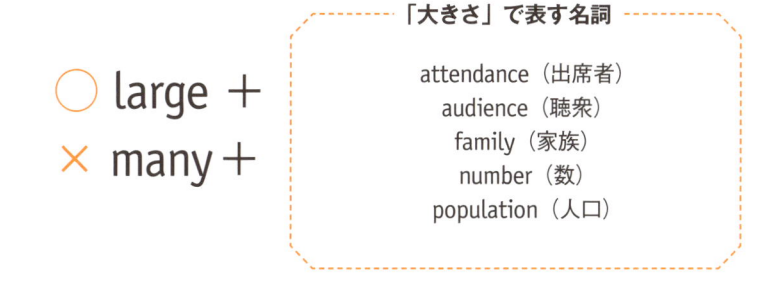

○ large +
× many +

「大きさ」で表す名詞
attendance（出席者）
audience（聴衆）
family（家族）
number（数）
population（人口）

完全攻略ナビ | #09　特定の形容詞をとる名詞

Our company sent a **large number** of employees overseas last year.
わが社は去年、多くの従業員を海外に派遣した。

● 【large/small】で表す
☐ **attendance**（出席者）　☐ **audience**（聴衆）　☐ **family**（家族）　☐ **number**（数）
☐ **population**（人口）　☐ **salary**（給料）
☐ amount（量）　☐ expense（費用）　☐ fortune（財産）　☐ income（収入）
☐ quantity（量）　☐ sum（金額）

● 【high/low】で表す
☐ **price**（価格）　☐ **salary**（給料）
☐ demand（需要）　☐ income（収入）　☐ standard（基準）

● 【heavy/light】で表す
☐ breakfast（朝食）　☐ meal（食事）　☐ traffic（交通量）　☐ workload（仕事量）

● 【strong/weak】で表す
☐ coffee（コーヒー）　☐ tea（紅茶）　☐ will（意思）

📝 note
salaryとincomeは、【large/small】【high/low】の両方を使う。

PART 2 3大品詞の世界

▶ Lesson 03
代名詞は「名詞の代わり」

	Sサイズ	Mサイズ	Lサイズ
名詞	✓		
形容詞			
副詞			

英語は**同じ単語の繰り返し**を嫌います。同じ名詞の反復を避けるために用いるのが**代名詞**です。Lesson 03 では、いろいろな代名詞を使った表現をマスターしましょう。

10.（主語自身に）再び帰ってくる代名詞　再帰代名詞

● Basic Quiz

> Mr. Carlyle abandoned ---------- to alcohol after he lost his job.
> (A) him　　(B) himself　　(C) oneself　　(D) by himself

oneselfのカタチのことを**「再帰代名詞」**と言いますが、どのような場合に使うのでしょうか。次の例文を見てください。

a) He killed him.
b) He killed himself.

さて、a）と b）のうち、「彼は自殺をした」という意味になるのはどちらでしょうか？正解は b）です。19ページで解説したように、**SVO**の文型では、必ず**S≠Oの関係**が成立します。つまり、a）の文では「彼が彼を殺した」という意味ですが、2人の「彼」は別人であるということになります。ところが、b）の文では、**SVO**の文型であるにもかかわらず、He＝himselfの関係が成立しています。このような場合に〈再帰代名詞〉oneselfは用いられるわけですね。

> Mr. Carlyle abandoned **himself** (to alcohol) <after he lost his job>.
> 　　　　S　　　　V　　　　　O

正解（B）：カーライル氏は仕事を失ってから酒におぼれるようになった。

abandonは「捨てる」という意味。「自分を捨てて〜に向かう」というニュアンスから、abandon oneself toで「〜にふける」という意味になります。このように、**oneselfを用いたイディオム**は多いので、出てきたものをチェックしていくようにしましょう。

完全攻略ナビ｜#10　oneselfを使った重要表現を覚える！

I still can't believe the novelist killed **himself**.
あの小説家が自殺したなんて、いまだに信じられない。

☐ **behave oneself**（行儀よくする）　☐ **enjoy oneself**（楽しむ）
☐ **introduce oneself**（自己紹介する）　☐ **kill oneself**（自殺する）
☐ absent oneself（欠席する）　☐ bear oneself（ふるまう）　☐ dress oneself（服を着る）
☐ ease oneself（体を楽にする）　☐ excuse oneself（言い訳をする）
☐ exert oneself（努力する）　☐ express oneself（自己表現する）
☐ feed oneself（自力で食べる、満足する）　☐ flatter oneself（うぬぼれる）
☐ hurt oneself（けがをする）　☐ lay oneself（横になる）　☐ lose oneself（道に迷う）
☐ persuade oneself（信じる）　☐ present [show] oneself（現れる）
☐ respect oneself（自尊心を持つ）　☐ seat oneself（座る）
☐ support oneself（自活する）　☐ surrender oneself（自首する）
☐ take care of oneself（体に気をつける）　☐ throw oneself（身を投げる）
☐ warm oneself（暖まる）
● 【V＋oneself＋前置詞】
☐ **make oneself at home**（くつろぐ）　☐ **pride oneself on**（〜を自慢する）
☐ abandon oneself to（〜にふける）　☐ adjust [adapt] oneself to（〜に順応する）
☐ assure [convince] oneself of（〜を確かめる）　☐ avail oneself of（〜を利用する）
☐ bring oneself to（〜する気になる）　☐ devote [apply] oneself to（〜に専念する）
☐ help oneself to（〜を自由にとって食べる）
● 【前置詞＋oneself】
☐ **by oneself**（ひとりで）
☐ beside oneself with（〜で我を忘れて）　☐ between ourselves（ここだけの話だが）
☐ for oneself（独力で、自分のために）　cf) oneself（自分で・本人が）
☐ in itself（それ自体）　☐ in spite of oneself（思わず）

11. Itを使って「頭でっかち」を防ぐ　Itを主語にする重要表現

● Basic Quiz

It won't be long ---------- he completes the translation work.
(A) that　　　(B) when　　　(C) after　　　(D) before

　Itを主語とする表現でまず重要なのは、いわゆる**「形式主語」**の文です。次の文を見てください。

It is impossible <to finish this work in a week>.　　この仕事を1週間で終えるのは不可能だ。
S V　　C

　英語は**「頭でっかち」**を嫌うので、長い主語を**いったんItで置き換えて、**その中身（to do / that **SV**）を後ろに置くことがあります。これを「形式主語」と言うわけですね。

● 形式主語で置き換える

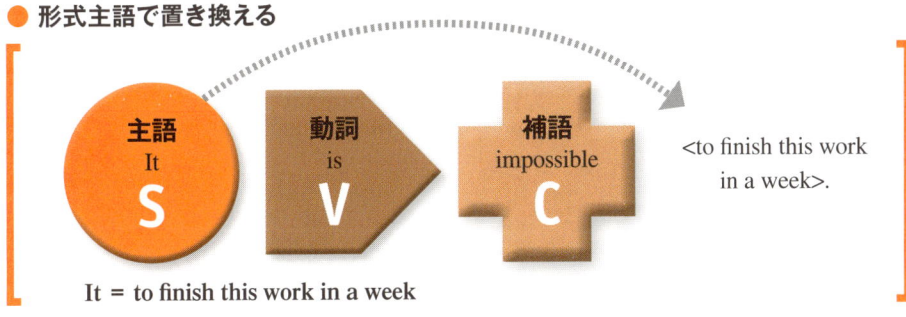

主語 It **S**　　動詞 is **V**　　補語 impossible **C**　　<to finish this work in a week>.

It = to finish this work in a week

　他にも、**Itを主語とする重要表現**には、It is not long before～（まもなく～する）、It is not until...that **SV**（…になって初めて**S**は**V**する）などがあります。

It won't be long <**before** he completes the translation work>.
S　　V　　　　C

正解 (D)：まもなく彼はその翻訳業務を終えます。

　It is not long beforeは、文字通り解釈すれば「～の前は長くない」ということ。そこから、「まもなく～する」という意味になるわけですね。問題文のように**未来形で使う**ことも多い表現です。

完全攻略ナビ | #11 It を主語にする重要表現

It was not until yesterday **that** I began to read the book.
昨日になって初めて、私はその本を読み始めた。

It will not be long before he becomes president.
彼はまもなく社長になるだろう。

- **It is not until...that SV**（…になって初めてSはVする）
- **It will not be long before SV**（まもなくSはVするだろう）

✏ note
※ **Not until** yesterday **did I begin** to read the book.（☞ #72）
※ It goes without saying that（〜は言うまでもない）

---

12. 代名詞を使って「繰り返し」を防ぐ　名詞の反復を避ける代名詞

● Basic Quiz

Modern electric appliances are totally different from ---------- of the past.
(A) that　　(B) it　　(C) some　　(D) those

　英語は同じ名詞の繰り返しを嫌うので、2回目以降は**代名詞**で言い換えます。さて、ここでクイズ。次の例文では it と one のどちらがいいでしょうか？

　I'll buy an ice cream. Do you want to have [**one** / **it**], too?
　アイスを買うけど、君も食べる？

　正解は one。**it は、〈the＋名詞〉で置き換えられ**、前に述べたものと〈同一〉のものを指すので、上の例だと「私が買ったアイスを一緒に食べる？」という意味になってしまいます。**one は、〈a＋名詞〉で置き換えられ**、前に述べたものと〈同種〉のものを指すため、「あなたもアイスを食べる？」という意味になります。どちらも文法的には正しいですが、one の方が自然ですね。

PART 2　3大品詞の世界

● 代名詞のoneとitの使い分け

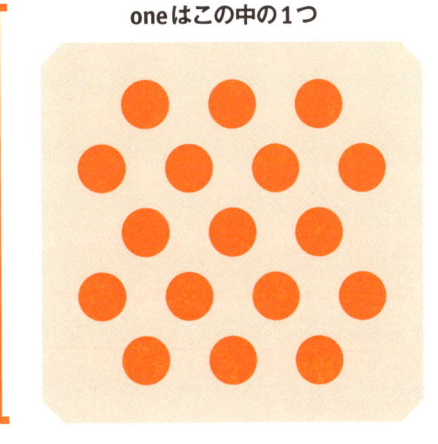

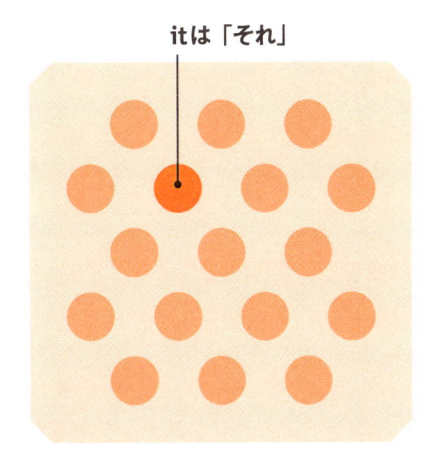

oneはこの中の1つ　　　　　　　itは「それ」

さて、Basic Quizの問題文のように〈of＋名詞〉のような修飾語を伴う場合、代名詞はthat（単数）、those（複数）を使います。itやthemは使えないので注意しましょう。

Modern electric appliances are (totally) different (from those) (of the past).
　　　　S　　　　　　　V　　　　　C

正解 (D)：現代の電化製品は、過去のものとはまったく違う。

完全攻略ナビ | #12　oneはたくさんある中の1つ、itは特定の「それ」

Though I bought the watch only yesterday, I've lost it already. So I have to buy **one** again.
昨日時計を買ったばかりなのに、もうなくしてしまった。だから、また1つ買わなければならない。

Though I bought the watch only yesterday, I've lost it already. But I hope **it**'ll be found somewhere.
昨日時計を買ったばかりなのに、もうなくしてしまった。だが、どこかで見つかることを期待している。

the＋単数名詞	→ it	※後に修飾語（of～）がつく場合は that
the＋複数名詞	→ they [them]	※後に修飾語（of～）がつく場合は those
a＋単数名詞	(1)不特定のまま受ける → one	(2)特定のものとして受ける → it

13. 特定のものを指さない代名詞　不定代名詞

● Basic Quiz

Some analysts say the economy is picking up; ---------- say it's getting worse.
(A) other　　(B) the other　　(C) others　　(D) another

　不特定のものを指す代名詞のことを**「不定代名詞」**といいます。other（他のもの）もそのひとつですが、可算名詞なので、冠詞（a/the）をつけるか、複数形にしないと使えません。**「otherは裸では使わない」**と覚えておきましょう。
　otherを用いる際には、(1) 単数を指しているか、複数を指しているか、(2) 特定のものか、不特定のものかの**2ステップで適切なカタチを決めます**。

● otherの変化形は、(1) 単数か複数か、(2) 特定か不特定かで決まる

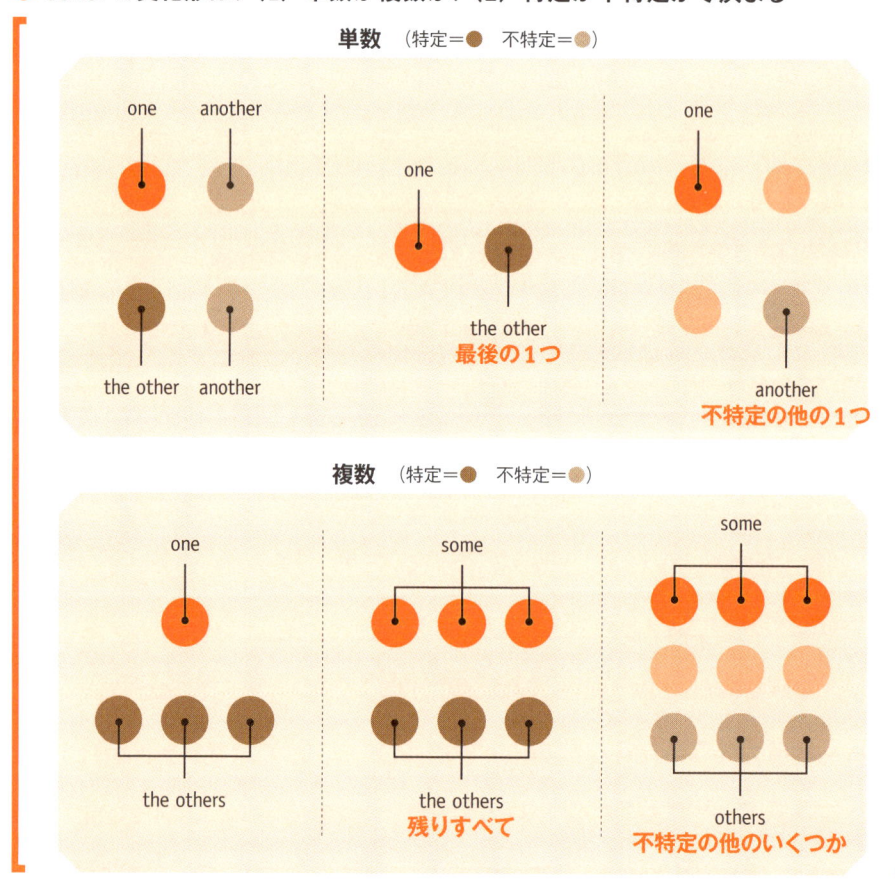

単数　（特定＝● 不特定＝●）

- one / another
- the other / another
- one ... the other　**最後の1つ**
- one ... another　**不特定の他の1つ**

複数　（特定＝● 不特定＝●）

- one ... the others
- some ... the others　**残りすべて**
- some ... others　**不特定の他のいくつか**

Some analysts say <the economy is picking up>; others say <it's getting worse>.
　　S　　　　V　　　　　　O　　　　　　　　　S　　　V　　　　O

正解(C)：景気が良くなっていると言うアナリストもいれば、悪くなっていると言うアナリストもいる。

　動詞sayが複数扱いとなっているので、複数を指すothersが正解。**someとothersはセット**で「〜のものもあれば、…のものもある」という意味を表します。otherは裸では使えないので(A)は×。the otherは「最後の1つ」、anotherは「別の1つ」という意味で、ここでは不適切ですね。

完全攻略ナビ | #13　otherの変化形は4パターン！

Some employees like business trips and **others** don't.
出張が好きな従業員もいれば、そうでない従業員もいる。

	特定（他に選択肢がない）	**不特定**（他に選択肢が残っている）
単数	☐the other（最後の1つ）	☐another（不特定の他の1つ）
複数	☐the others（残りすべて）	☐others（不特定の他のいくつか）

14. 2つのもの専用の代名詞　both / either / neither

● Basic Quiz

The sales representative couldn't answer ---------- of the two questions that were asked.
(A) nothing　　(B) either　　(C) every　　(D) any

　bothは「2つとも」、**either**は「2つのうちどちらか」、**neither**は「2つのうち、どちらも〜ない」という意味ですが、**必ず2つのもの**について使う代名詞です。**3つ以上のもの**についてはそれぞれ**all**（すべて）、**any**（どれでも）、**none**（1つも〜ない）を用います。

● 「2つもの」の代名詞

both	either	neither
2つとも	2つのどちらか	2つのどちらでもない
and	or	× ×

The sales representative couldn't answer **either** (of the two questions) <that were asked>.
　　　　　　S　　　　　　　　V　　　　　　　O

正解 (B): その販売員は、尋ねられた2つの質問のどちらにも答えることができなかった。

　問題文では、母集団が2つ (two questions) ですね。anyは3つ以上のものについて述べるときに使う代名詞なので×。**not...eitherでneither（どちらも〜ない）と同じ意味**になります。every（すべての）は形容詞、後ろには単数形の名詞が来ます。名詞の用法はないので注意しましょう。すでにcouldn'tで否定しているのでnothing（何も〜ない）は不適切です。

完全攻略ナビ | #14　both / either / neitherは2つのもの専用！

I met **two** engineers at the convention. **Both** of them were graduates of MIT.
私は2人のエンジニアと会議で会ったが、彼らは2人ともMITの卒業生だった。

I met **three** engineers at the convention. **All** of them were graduates of MIT.
私は3人のエンジニアと会議で会ったが、彼らは3人ともMITの卒業生だった。

2つ	☐ **both**（両方とも）	☐ **either**（どちらか／どちらでも）	☐ **neither**（どちらも〜ない）
3つ以上	☐ **all**（すべて）	☐ **every / any**（すべての／どれでも）	☐ **none**（どれも〜ない）

15.「2つのもの」に続く動詞　SVの一致

● Basic Quiz

Neither interviews nor written examinations ---------- required at the job examination.
(A) were　　(B) was　　(C) have　　(D) had

英語を読む際の基本は、主語（S）と動詞（V）を見抜く、つまり、**誰（何）が、何をする**のかを把握することでしたね。次の文ではis / areのどちらが正しいでしょうか。

The prices of the furniture sold in this outlet mall [is / **are**] very reasonable.
このアウトレットで売られている家具の価格はとても手ごろだ。

furniture（家具）や outlet mall（アウトレット）に目がいった方は単数のisを選んだかもしれませんが、この文の主語は prices（価格）です。複数のareが正解ですね。このように、(of the furniture) や <sold in this outlet mall> などの**修飾語句をカッコに入れて**いったん無視すると、**主語をピンポイントに見抜く**ことができます。**SVの一致**はTOEICでもよく問われるポイントですが、いくつか覚えておくべきパターンがあります。Basic Quizはその例のひとつです。

(Neither) interviews (nor) written examinations **were** required (at the job examination).
　　　　　　　　　　　　　　S　　　　　　　　　　　　　　V

正解（A）：その就職試験では面接も筆記試験も要求されなかった。

Neither A nor B（AでもBでもない）が主語になった場合は、**動詞はBに一致させます**。ここでは examinations が複数形なので were が正解ですね。

完全攻略ナビ | #15　SVを一致させる！

Either Noel **or** Liam is at fault.　ノエルかリアムのどちらかが間違っている。

- □ **both A and B**（AもBも）→ **複数扱い**
- □ **either A or B**（AかBのいずれか）→ **Bに一致**
- □ **neither A nor B**（AでもBでもない）→ **Bに一致**

- □ **not only A but also B**（AだけでなくBも）→ **Bに一致**
- □ **A as well as B**（B同様Aも）→ **Aに一致**

16. 代名詞を使ったイディオム

● Basic Quiz

> Future Project Inc. will launch a new eco-business ----------.
> (A) these days　　(B) in those days　　(C) one of these days　　(D) nowadays

one や **other** などの**代名詞を使ったイディオム**も TOEIC ではよく出題されます。これらは**そのまま覚えてしまいましょう**。

Future Project Inc. will launch a new eco-business (**one of these days**).
　　　　S　　　　　　　V　　　　　　　　O

正解 (C): フューチャー・プロジェクト社は近いうちに、新しい環境ビジネスを始めるだろう。

one of these days（いずれそのうち）、**these days**（最近）、**in those days**（当時は）、**nowadays**（最近）はいずれも重要な表現です。

完全攻略ナビ | #16　代名詞を使ったイディオムは、そのまま覚える！

The typhoons came **one after another**.
台風が次々にやって来た。

- □ **above all**（とりわけ）　□ **after all**（結局）　□ **every other**（1つおきの）
- □ **in those days**（当時は）　□ **one after another**（次々と）　□ **one another**（お互いに）
- □ **one of these days**（いずれそのうち）　□ **the other day**（先日）
- □ **A is one thing, B is another**（AとBは別物である）　□ **every now and then**（時々）
- □ **if any**（たとえあったとしても）　□ **in all**（全部で）
- □ **It's none of your business.**（あなたの知ったことではない）
- □ **one by one**（1つずつ）　□ **one way or another**（何とかして）
- □ **second to none**（何ものにも劣らない）　□ **speak ill of others**（他人の悪口を言う）

✎ **note**
anything but（決して…でない＝not...at all）　⇔　**nothing but**（〜に過ぎない＝only）

PART 2 3大品詞の世界

▶ Lesson 04
形容詞は名詞を飾って説明する「アシスト役」

	Sサイズ	Mサイズ	Lサイズ
名詞			
形容詞	✓		
副詞			

　形容詞の働きは（1）**名詞を修飾**、または（2）**Cになる**、の2つであることは最初に確認しましたね。

　busy（忙しい）という形容詞を例にとると、（1) a busy man（忙しい男）のように名詞 man を修飾するか、（2) The man is busy.（その男は忙しい）のように補語として用いて、名詞を飾り説明する働きを持ちます。いずれにせよ、**形容詞は名詞を飾る「アシスト役」**だと考えましょう。Lesson 04 では、形容詞の重要な用法をマスターします。

● 形容詞の仕事

名詞（代名詞）: man

形容詞: busy
- 名詞を修飾
- 補語 C

17. 接尾語によって意味が変わる形容詞

● Basic Quiz

Mr. Thacker must be up for promotion because he is a very ---------- worker.
(A) industrial　(B) industry　(C) industries　(D) industrious

名詞の語尾に -ish, -like, -able, -tive, -full, -ous などの**接尾語がつくと形容詞になりますが**、接尾語によって意味が変わってきます。TOEIC で狙われるものはある程度決まっていますので、まずは下のリストに挙がっているものをチェックしていきましょう。

Mr. Thacker must be up (for promotion)[because he is a very **industrious** worker].
　S　　V　　C　　　　　　　　　　　　　　S' V'　　　　　　C'

正解 (D)：非常に仕事熱心なので、タッカー氏が昇進の候補に挙がるに違いない。

industrious（勤勉な）と、**industrial**（産業の）を区別しましょう。industry は名詞で「産業」という意味です。

完全攻略ナビ | #17　紛らわしい形容詞に注意する！

There's something **childish** about him.
彼はどこか子どもじみている。

Michael was so **childlike** that everyone loved him.
マイケルは無邪気な人で、誰からも愛された。

- ☐ **comparable**（比較できる、同等の）/ comparative（比較による）
- ☐ **considerable**（相当な）/ **considerate**（思いやりのある）
- ☐ **economic**（経済の）/ **economical**（倹約の）
- ☐ **industrial**（産業の）/ **industrious**（勤勉な）
- ☐ **respectable**（尊敬すべき）/ **respectful**（丁重な）/ **respective**（それぞれの）
- ☐ **sensible**（分別のある）/ **sensitive**（敏感な）/ sensuous（官能的な）
- ☐ childlike（子供のような）/ childish（子供じみた）
- ☐ contemptible（卑しむべき）/ contemptuous（軽蔑的な）
- ☐ continual（頻繁な）/ continuous（絶え間ない）
- ☐ desirous（〈〜を〉望んで）/ desirable（望ましい）
- ☐ healthy（健康な）/ healthful（健康に良い）
- ☐ historic（歴史上有名な）/ historical（歴史の）
- ☐ imaginary（架空の）/ imaginative（想像力に富む）/ imaginable（想像し得る）
- ☐ memorable（忘れられない）/ memorial（記念の）
- ☐ momentary（瞬間的な）/ momentous（重大な）

PART 2　3 大品詞の世界

18. 人が主語にならない形容詞

● Basic Quiz

> I wonder if ---------- to see our client next weekend.
> (A) you're convenient　　(B) you're convenience
> (C) it's convenient for you　　(D) that's convenient for you

Lesson 04

「日曜日、都合いい？」と言うときに、ついつい間違ってしまう表現が、✗ Are you convenient on Sunday? です。convenient（都合のよい）は基本的に**〈物事〉について述べる形容詞**なので人について使うと、「あなたって、日曜日は便利な人？」という意味になってしまうので要注意！この場合は、Is Sunday convenient for you? が正しい言い方です。

I wonder [if **it's convenient** (for you) < to see our client (next weekend)>].
S　 V　　 O:S'V'　　 C'　　　　　　　 v'　　 o'

正解（C）：次の週末にあなたが顧客と会うのは都合がよろしいかと思いまして。

ここでも、都合がいいのは「あなた」ではなく、「次の週末に顧客と会うこと」ですね？ 主語が長いので**形式主語の it** を使っている例です（☞ #11）。他にも、基本的に**人を主語にしない形容詞**として、以下のものを押さえておきましょう。

完全攻略ナビ | #18　人を主語にしない形容詞

It is **dangerous** for you to invest in the company.　その企業に投資するのは危険だ。
（✗ You are dangerous to invest in the company.）

☐ **possible**（可能な）⇔ **impossible**（不可能な）
☐ easy（易しい）⇔ difficult / hard（難しい）　☐ safe（安全な）⇔ dangerous（危険な）
☐ pleasant（楽しい）⇔ unpleasant（不快な）

● 【It is convenient that SV】のパターンにできるもの
☐ **convenient**（便利な）　☐ **inconvenient**（不便な）
☐ natural（当然の）　☐ important（重要な）　☐ necessary（必要な）

✎ note
You are **dangerous**.（あなたは危険だ）は OK。

19. 補語にならない形容詞

● Basic Quiz

> Dixon's is the ---------- shop on this street that sells battery chargers.
> (A) alone　　(B) few　　(C) once　　(D) only

　形容詞の働きは（1）名詞を修飾（a **busy** man）、（2）補語になる（The man is **busy.**）の2つでしたね。ほとんどの形容詞はbusyと同様、どちらの働きもできますが、中には**どちらかの働きしかしない形容詞**もあるんです。

> Dixon's is the **only** shop (on this street) <that sells battery chargers>.
> 　S　 V　　　 C　　　　　　　　　　　　　 S'　V'　　 C'

正解（D）：ディクソンズがこの通りで充電器を売っている唯一の店です。

　only（唯一の）は必ず**直後の名詞を修飾**します。**補語として使うことはできません**。逆にalone（独りで）は補語にしかなれない形容詞なので、ここでは使えません。

完全攻略ナビ｜#19　「常に名詞を修飾する」と覚える！

I understood the **main** points in his explanation.
彼の説明の主要な点は分かった。

☐**daily**（毎日の）　☐**elder**（年上の）　☐**joint**（共同の）　☐**live** [laiv]（生きた）
☐**main**（主な）　☐**only**（唯一の）
☐chief（主な）　☐forcible（強制的な）　☐former（以前の）
☐indoor/outdoor（室内／屋外の）　☐inner（内側の）
☐inside/outside（内側／外側の）　☐latter（後半の）　☐lone（孤立した）
☐mere（ほんの）　☐nationwide（全国的な）　☐principal（主な）
☐sheer / utter（全くの）　☐sole（唯一の）　☐total（全体の）　☐outer（外の）
☐upper（上の）　☐utmost（最大限の）

20. 名詞を修飾できない形容詞は「a-」が多い

● Basic Quiz

> The management of Sliman Co. is ---------- of being acquired by its rival manufacturer.
> (A) frightening　　(B) afraid　　(C) fright　　(D) frighten

空欄には動詞 is の**補語**となる語が入ります。補語になれる品詞は**名詞か形容詞**（☞ #A, p.15）ですが、選択肢には形容詞が並んでいますね。前ページでは補語になれない形容詞を紹介しましたが、逆に、**常に補語として用いる**（＝名詞を修飾できない）形容詞もあるんです。このタイプの形容詞には、ある共通点があります。下のリストを見れば明らかですが、**ほとんどの形容詞がaで始まって**いますね。**名詞を修飾できない**ものとして覚えておきましょう。

The management (of Sliman Co.) is **afraid** (of being acquired)(by its rival manufacturer).
　　S　　　　　　　　　　　　　 V　 C

正解（B）：スリマン社の経営陣は競合のメーカーに買収されることを恐れている。

afraid（恐れている）は補語にしかなれない形容詞。✗ an afraid man（恐れている男）のように使うことはできません。「怖がっている男」は、a frightened manといいます。

完全攻略ナビ | #20 「常に補語として用いる」と覚える！

I'm **ashamed** of my lack of knowledge.
自分の知識不足が恥ずかしい。

- □ **afraid**（恐れている）　□ **alike**（似ている）　□ **alive**（生きている）
- □ **alone**（ひとりで）　□ **ashamed**（恥じている）　□ **asleep**（眠っている）
- □ **aware**（気づいている）　□ **worth**（価値のある）
- □ afloat（浮かんでいる）　□ aghast（仰天して）　□ ajar（半開きの）
- □ akin（同類の）　□ alert（警戒した）　□ alight（燃えている）
- □ amiss（間違った）　□ astir（ざわめいて）　□ averse（反対して）
- □ awake（目覚めている）　□ content（満足した）　□ unable（～できない）

▶ Lesson 05
副詞は名詞以外を修飾！

	Sサイズ	Mサイズ	Lサイズ
名詞			
形容詞			
副詞	✓		

　英語には**修飾語はたったの2つ**しかありません。形容詞と副詞だけです。形容詞は「名詞を修飾する」のでしたね。では、副詞は何を修飾するのでしょうか？　**副詞の働き**は**「名詞以外を修飾する」**です。具体的には動詞、副詞、形容詞、分詞、動名詞、文全体、前置詞句など、さまざまなものを修飾しますが、TOEICに関して言うと**「名詞以外を修飾」**、と覚えておけば十分です。

● 副詞の仕事

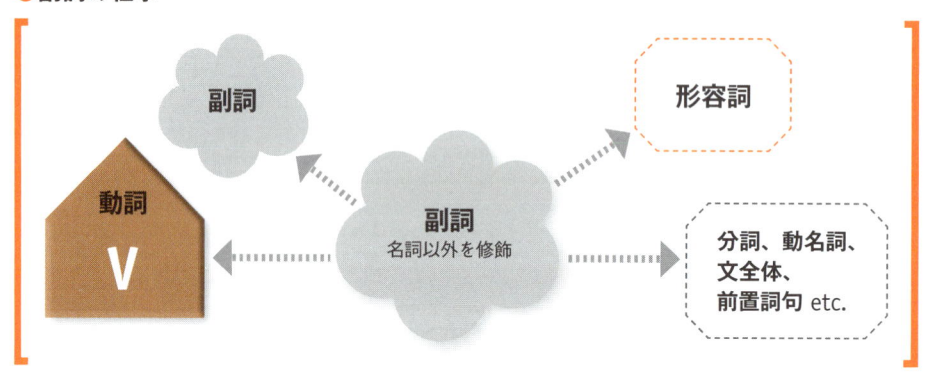

（図：副詞は「動詞 V」「副詞」「形容詞」「分詞、動名詞、文全体、前置詞句 etc.」を修飾する／名詞以外を修飾）

21.「-ly」の有無で、意味が大きく異なる副詞

● Basic Quiz

We could ---------- understand why he had quit the company so soon.
(A) hard　　(B) more hard　　(C) hardly　　(D) hardness

PART 2 3大品詞の世界

さて、以下の例文a)、b) のうち、彼が「働き者」なのはどちらでしょうか？

a) He works hard.
b) He hardly works.

　正解はa) です。**hard** は形容詞だと「難しい、固い」といった意味がありますが、副詞だと「熱心に、一生懸命」という意味。したがって、a) は「彼は熱心に働く」ですね。一方、b) のhardlyは、「ほとんど～ない」という意味の**否定の副詞**。「彼はほとんど働かない」という意味になります。-lyの有無でずいぶん意味が変わりますね！

> We could (**hardly**) understand \<why he had quit the company (so soon)\>.
> 　S　　　　　V　　　　　　　　O:　　S'　　V'　　C'

正解 (C)：彼がなぜこんなに早く会社を辞めたのか、私たちはほとんど理解できなかった。

　hardly（ほとんど～ない）は否定の副詞。hard（熱心に）と区別しましょう。**-lyの有無で意味の異なる副詞**は重要ポイントです。ほかにも、short（短く）— shortly（まもなく）、sharp（時間ちょうどに）— sharply（鋭く）などはTOEICでも頻出です。

完全攻略ナビ | #21 「-ly」がつくと、意味が違ってくる副詞

We have a meeting with Mr. Baker at 2:00 P.M. **sharp** today.
我々は今日2時ちょうどにベーカーさんと会うことになっている。

He turned the car **sharply** to the right at the intersection.
彼は交差点で急に右へ車を方向転換させた。

☐ **hard**（熱心に）— **hardly**（ほとんど～ない）　☐ **high**（高く）— **highly**（大いに）
☐ **sharp**（きっかりに）— **sharply**（鋭く）　☐ **short**（短く）— **shortly**（まもなく）
☐ late（遅く）— lately（最近）　☐ most（最も）— mostly（たいていは）
☐ near（近くに）— nearly（ほとんど）

Lesson 05

22. 〈頻度・否定〉の副詞は語順に注意！

● Basic Quiz

> Robert is a big fan of football, but he ---------- the chance to go to the stadium.
> (A) rarely get　(B) seldom gets　(C) gets seldom　(D) gets rarely

まずは、以下の文の適切な位置に、副詞 always（いつも）を入れてみてください。

　Stephanie will be praised by her boss.
　ステファニーは上司に褒められるだろう。

正解は、Stephanie will **always** be praised by her boss.（ステファニーはいつも上司に褒められるだろう）です。**always**のような〈頻度〉を表す副詞や、**hardly**などの〈否定〉を表す副詞は、否定文にしたときに**notが入る位置**に置きます。be動詞の後、一般動詞の前と覚えてしまうと、上のクイズのような例で間違えてしまうので、**頻度・否定の副詞はnotの位置！** と覚えておきましょう。

● 頻度・否定の副詞の入る位置

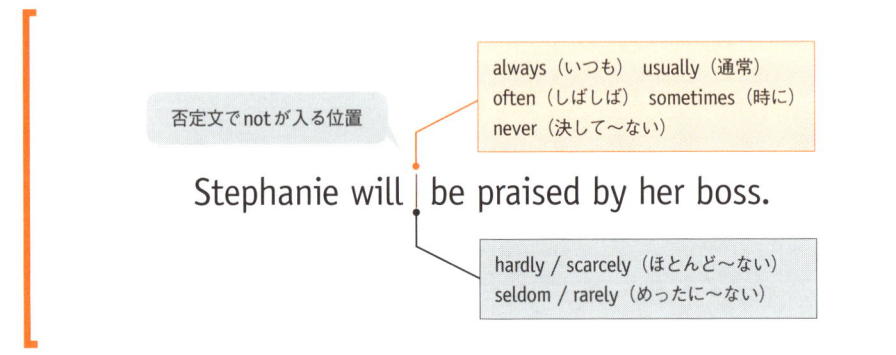

否定文でnotが入る位置

always（いつも）　usually（通常）
often（しばしば）　sometimes（時に）
never（決して〜ない）

Stephanie will | be praised by her boss.

hardly / scarcely（ほとんど〜ない）
seldom / rarely（めったに〜ない）

Robert is a big fan (of football), but he (**seldom**) **gets** the chance <to go to the stadium>.
　S　V　C　　　　　　　　　　　S　　　　V　　O

正解（B）：ロバートはサッカーの大ファンだが、スタジアムに行く機会はめったにない。

seldomは「めったに〜ない」という意味の〈否定の副詞〉。notの位置に置きます。問題文を否定文にすると、He does**n't** get the chance... ですね？ seldom getsの語順になります。

完全攻略ナビ | #22 〈頻度・否定〉の副詞 →「notの位置」に置く！

I **hardly** got any sleep because the baby was crying.
赤ちゃんが泣いていたので、ほとんど眠れなかった。

● 【頻度】を表す
☐ **always**（いつも） ☐ **never**（決して〜ない） ☐ **often**（しばしば）
☐ **sometimes**（時に） ☐ **usually**（通常）

● 【否定】を表す
☐ **hardly** / ☐ **scarcely**（ほとんど〜ない） ☐ **seldom** / ☐ **rarely**（めったに〜ない）

✎ note　はっきりした頻度を表す副詞は、文頭・文末に置く。
twice a week（週に2回）　every morning（毎朝）
annually（年1回）　biannually（年2回）

Lesson 05

23. 前の文との関係を表す副詞　接続副詞

● Basic Quiz

> Yuki studied really hard at law school and ---------- entered the legal profession.
> (A) for example　(B) consequently　(C) furthermore　(D) nevertheless

「接続副詞」は、**前の文との関係を表す**副詞です。「接続副詞」という名前はちょっと紛らわしいですが、要は「副詞」なので、**SV**と**SV**をつなぐ場合には、別に接続詞を用いるか、セミコロン（;）が必要になります。

● SVとSVをつなぐ場合

I am so tired **; nevertheless,** I must finish this paper by Friday.
　SV　　　　　　　　　　　　　　　SV

（別に接続詞を用いるか、セミコロン（;）が必要）

Yuki studied (really)(hard)(at law school) and (**consequently**) entered the legal profession.
S　V　　　　　　　　　　　　　　　　　　　　　　　　　　　　　V　　　　　O

正解（B）：ユウキはロースクールで熱心に勉強して、その結果、法曹界に入った。

選択肢はすべて接続副詞。文意から、consequently（その結果）が正解です。

完全攻略ナビ │ #23　接続副詞という名前でも、要は「副詞」！

I am so tired; **nevertheless**, I must finish this paper by Friday.
私はとても疲れているが、それでもこの論文を金曜までに仕上げなければならない。

● 【順接（それゆえに）】
☐**consequently** / ☐**therefore** / ☐accordingly / ☐as a result / ☐hence / ☐thus
● 【例示（たとえば）】
☐**for example** / ☐for instance
● 【逆接（しかし）】
☐**however** / ☐**nevertheless** / ☐nonetheless / ☐still
● 【同義（つまり）】
☐**namely** / ☐that is（to say）
● 【追加（さらに）】
☐**moreover** / ☐also / ☐besides / ☐furthermore / ☐in addition

✎note
接続詞ではなくあくまで副詞なので、SVとSVを結ぶ場合は接続詞か「;」（セミコロン）が必要。

---

24. 名詞と間違えやすい副詞

● Basic Quiz

People in this city don't have to go ---------- to buy that sort of medicine.
(A) downtown　　(B) in downtown　　(C) to downtown　　(D) downtowns

前置詞は名詞の前に置く詞（ことば）で、**冠詞**は名詞にかぶせる冠（かんむり）です。前置詞や冠詞の後には必ず名詞が来ます。一方でabroad（外国へ）、home（家へ）、nextdoor（隣へ）などは、**副詞の用法**が基本なので、**前置詞や冠詞は不要**です。

● 副詞の場合は、前置詞は不要！

go to school　学校へ行く
前置詞＋名詞

前置詞や冠詞は不要

go abroad　外国へ行く
副詞

People (in this city) don't have to go (**downtown**) <to buy that sort (of medicine)>.
　S　　　　　　　　　　V　　　　　　　　　　　　v'　　　　o'

正解（A）：この都市の住人は、その種の薬品を買うのに繁華街まで行く必要はない。

downtown も「繁華街へ」という意味の副詞。「〜へ」という意味はすでに含まれているので、go to downtown とは言いません。ただし、「繁華街から」という場合は from downtown のように from が必要ですから注意しましょう。

完全攻略ナビ | #24　名詞と間違えやすい副詞 → 冠詞や前置詞は不要！

She was saving money to study **abroad**.
彼女は留学するためにお金をためていた。

go ＋
- □ **abroad** / overseas （外国へ行く）
- □ **downtown** （繁華街へ行く）
- □ **home** （家に帰る）
- □ **nextdoor** （隣へ行く）
- □ downstairs （階下へ降りる）
- □ stateside （アメリカへ行く）
- □ upstairs （2階へ上がる）

✎ **note**
stay indoors （家にいる）　play outdoors （外で遊ぶ）

25. 文全体を修飾する副詞

● Basic Quiz

> Keira was well qualified for the position she applied for, but ---------- it had already been filled.
> (A) although　　(B) furthermore　　(C) in addition　　(D) unfortunately

　　副詞の働きは、〈名詞以外を修飾〉ですね。次の2つの文のニュアンスの違いが分かりますか？

a) He died happily.
b) Happily, he died.

　　a) の文は、happilyは動詞diedを修飾しているので、「彼は幸せな死に方をした」という意味です。ところが、b) の文はHappilyが文頭に置かれているので、文全体を修飾し、「幸運にも、彼は死んでくれた」という意味になります。このb) のhappilyのように文全体を修飾している場合に〈文修飾の副詞〉と言って、**話し手（書き手）の判断**を表します。

● 文修飾の副詞は、話し手の判断を表す

　　　　　　　　　　　　動詞を修飾
a)　He died happily.

　　　　　　　　　　　　文全体を修飾
b)　Happily, he died.

Keira was (well) qualified (for the position) <she applied for>, but (**unfortunately**) it
　S　　V　　　　　　　　　　　　　　　　　　　　S'　V'　　　　　　　　　　　　　　S
had (already) been filled.
　　　　　　　V

正解 (D)：キーラは応募したポストにつく十分な資格があったが、残念ながらそのポストはすでに埋まっていた。

　　SVと**SV**が接続詞butによって結ばれているので、接続詞であるalthoughは選べません。furthermore（さらに）、in addition（加えて）、unfortunately（残念ながら）はすべて副詞。

ここでは文意からunfortunatelyが正解です。but以下の文全体を修飾しているので、〈**文修飾の副詞**〉です。

完全攻略ナビ | #25　文修飾の副詞

Luckily, I've never gone through any kind of operation.
幸いにも、私は今までに一度もいかなる手術も受けたことがない。

- □ **allegedly**（申し立てによると）　□ **apparently** / □ seemingly（見たところ）
- □ **certainly**（確かに）　□ **obviously** / □ clearly / □ evidently（明らかなことに）
- □ **probably**（おそらく）　□ **unfortunately** / □ regrettably（残念なことに）
- □ frankly（率直に）　□ luckily / □ fortunately（幸運にも）
- □ naturally / □ rightly / □ justly（当然なことに）　□ purportedly（うわさによれば）
- □ safely（〜しても差し支えない）

---

26. 相手への同意を表す副詞

● Basic Quiz

> I don't want to attend this weekend's luncheon meeting ----------.
> (A) neither　　(B) either　　(C) too　　(D) so

　相手が "I like Jazz."（私、ジャズが好き）と言ったとき、「僕も好きだよ」と答える場合は、"I like it, too." と言うか、"So do I." のように言います。注意が必要なのは**否定のバージョン**で、"I don't like Jazz."（ジャズは好きじゃないんだ）と言う人に対して、「僕も好きじゃないな」と同意する場合は "I don't like it, either." あるいは、"Neither do I." となります。**否定文の場合はtooではなく、eitherを使う**点に気をつけてください。

> I don't want to attend this weekend's luncheon meeting (**either**).
> S　　V　　　　　　　　　　　O
>
> **正解** (B)：私も今週末の昼食会議に出席したくない。

　否定文で「…もまた〜ない」という場合は、tooではなく、eitherですね。肯定の場合は、I want to attend the luncheon meeting, too.（私も昼食会議に出席したい）となります。

完全攻略ナビ | #26　相手への同意を表す言い回し

● 【肯定文】の場合
A: I like Jazz.
（ジャズが好き）

B: ☐ I like it, **too**. / ☐ **So** do I.
（私も好きです）

● 【否定文】の場合
A: I don't like Jazz.
（ジャズは好きじゃない）

B: ☐ I don't like it, **either**. / ☐ **Neither** do I.
（私も好きではありません）

PART

3

Lesson 06
Lesson 07

to do / doing / done の世界
3大品詞のMサイズ＝句としての用法

Mサイズユニットの「世界地図」

to do / doing / doneのカタチを**「準動詞」**と言います。いわゆる、「不定詞」「動名詞」「分詞」として学校などで教わるものです。準動詞というのは、「動詞に準ずるもの」ということで、動詞ではありません。準動詞は文の中で、**名詞・形容詞・副詞のユニットを作ります**。PART 2で見てきた単語（Sサイズ）より大きなサイズで、to do / doing / doneのカタチを含むユニットを、本書では**Mサイズのユニット**として説明していきます。Mサイズユニットとは、複数の単語から成り立っている**「句」**で、そのなかに**S（主語）V（動詞）を含まないカタチ**のことです。本書の冒頭でも述べましたが、S・M・Lサイズはそれぞれ、語・句・節としてのカタマリを意味しています。

the Internet （インターネット）	語〈Sサイズ〉
surfing the Internet （ネットサーフィンをすること）	句〈Mサイズ〉
that he is addicted to the Internet （彼がインターネットに依存していること）	節〈Lサイズ〉

PART 3では、この真ん中のMサイズについて詳しく見ていきます。まずは右ページの例文で全体像を把握しておきましょう。

例文ではto do / doing / doneのそれぞれが、名詞・形容詞・副詞のユニットを作っていますね（doneは名詞ユニットを作りません）。〈**to do＋α**〉のユニット、つまり**「不定詞」**が、文の中で名詞・形容詞・副詞の働きをするということは、きっと学校などで教わったと思います。ところが日本の英語教育では、〈**doing＋α**〉のカタチを、「動名詞」「分詞」「分詞構文」という異なる文法事項として扱うため、全体像を見失ってしまう学習者が多いのです。そこでまずは、〈**doing＋α**〉も〈**to do＋α**〉と同じように**3つの働き**があるんだ、と考えてください。

そして文の中で**名詞**として働いているときに**動名詞**、**形容詞**として働いているときに**分詞**、**副詞**として働いているときに**分詞構文**と呼びます。ネイティブは**この3つを品詞の違い**としかとらえていません。

たとえば、右のリストの〈**doing＋α**〉のユニットを見てみると、例文はすべて〈drinkig beer〉が使われていますね。この〈drinking beer〉のパーツだけを見て、これが「動名詞」であるのか、「分詞」であるのか、それとも「分詞構文」であるのかを判断

することはでません。文の中でどの品詞の働きをしているかによって**呼び名が変わる**だけなのです。

〈**done** + α〉も同様です。例文では、いずれも〈written in French〉とパーツは同じですね。**形容詞**として働いている場合に**分詞**、**副詞**として働いている場合に**分詞構文**と呼び名が変わります。

PART 3 では、これら to do / doing / done のそれぞれの働きを見ていきます。

完全攻略ナビ | #B　Mサイズユニットの「世界地図」

<to do + α>

名　詞	I want <**to study abrord**>. 私は留学したい。
形容詞	I need some money <**to study abroad**>. 私は留学するためのお金が必要だ。
副　詞	I'm workimg hard <**to study abroad**>. 私は留学するために一生懸命働いている。

<doing + α>

名　詞 （動名詞）	I like <**drinking beer**>. 私はビールを飲むのが好きだ。
形容詞 （現在分詞）	The man <**drinking beer**> is my boss. ビールを飲んでいるその男性は私の上司だ。
副　詞 （分詞構文）	He talked to me, <**drinking beer**>. 彼はビールを飲みながら、私に話しかけた。

<done + α>

形容詞 （過去分詞）	I received a letter <**written in French**>. 私はフランス語で書かれた手紙を受け取った。
副　詞 （分詞構文）	<**Written in French**>, the letter was difficult to read. フランス語で書かれていたため、その手紙は読むのが難しかった。

▶ Lesson 06
「これから〜する」未来を表す to do ——不定詞

	Sサイズ	Mサイズ	Lサイズ
名詞		✔	
形容詞		✔	
副詞		✔	

不定詞（to do のカタチ）は、名詞ユニット、形容詞ユニット、副詞ユニットを作りますが、基本的に**「これから〜する」という〈未来〉のニュアンス**を持っています。次の例文を見てください。

a) He wants <**to study abroad**>.
彼は留学したがっている。

b) He wants money <**to study abroad**>.
彼は留学するためのお金を欲しがっている。

c) He is working hard <**to study abroad**>.
彼は留学するために一生懸命働いている。

a)、b)、c) のそれぞれの文において、〈to study abroad〉が**不定詞のユニット**です。いずれも「これから留学する」という未来のニュアンスが込められていますね。ここで、〈 〉の部分を〈★〉に置き換えると、不定詞の**品詞**が見えてきます。

a) He wants 〈★〉.
何が欲しいの？
→ 〈★〉は目的語になる**名詞ユニット**のはず！

b) He wants money 〈★〉.
どんな「お金」？
→ 〈★〉は名詞 money を修飾する**形容詞ユニット**のはず！

c) He is working hard 〈★〉.
なぜ「働いている」の？
→ 〈★〉は動詞 is working を修飾する**副詞ユニット**のはず！

このように、不定詞のユニット〈★〉には、文の中で必要とされる品詞が入るわけですね。

PART 3 to do / doing / done の世界

● to do の名詞・形容詞・副詞ユニット

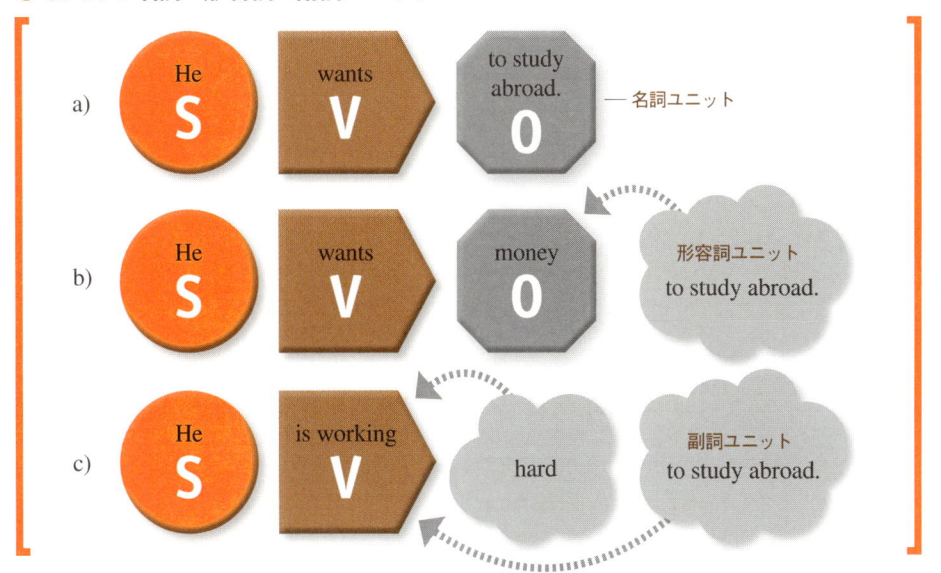

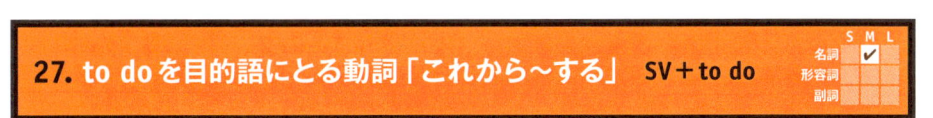

a) He(S) wants(V) to study abroad.(O) —— 名詞ユニット

b) He(S) wants(V) money(O) 〔形容詞ユニット to study abroad.〕

c) He(S) is working(V) hard 〔副詞ユニット to study abroad.〕

---

27. to do を目的語にとる動詞「これから〜する」　SV + to do

● Basic Quiz

> Despite a month of negotiations, they ---------- to sign the contract.
> (A) denied　　(B) avoided　　(C) refused　　(D) resisted

　空欄に入るべき動詞は、to sign the contract（契約書にサインすること）という**不定詞のユニット**を目的語にとっています。不定詞は基本的に〈未来型〉で、「これから〜する」という意味を表すので、〈未来型〉の意味を持つ、refuse（これから〜することを拒む）の過去形（C）refused が正解です。

　deny は「〜を否定する」という意味ですが、まだ起こっていないことは否定できませんよね。後ろには動名詞を目的語にとり、they denied signing the contract（彼らは契約書にサインしたことを否定した）となります。同様に avoid（避ける）、resist（抵抗する）も、動名詞を目的語にとる動詞です。

　このように、**to do（不定詞）**を目的語にとる動詞は〈未来型〉、**doing（動名詞）**を目的語にとる動詞は〈現実型〉（☞ #32）と覚えましょう。

(Despite a month) (of negotiations), they **refused** <to sign the contract>.
　　　　　　　　　　　　　　　　　　　S　　V　　　　　　O

正解（C）：1カ月にわたる交渉にもかかわらず、彼らは契約書にサインすることを拒んだ。

● **to do は〈未来型〉、doing は〈現実型〉**

they **refused** <to sign the contract>.　彼らは契約書にサインすることを拒んだ。

to do（不定詞）を目的語にとる動詞
- afford（〜する余裕がある）　agree（同意する）
- manage（何とかして〜する）　offer（申し出る）
- want（〜したいと思う）

they **denied** <signing the contract>.　彼らは契約書にサインしたことを否定した。

doing（動名詞）を目的語にとる動詞
- avoid（避ける）
- resist（抵抗する）

完全攻略ナビ | #27　不定詞を目的語にとる動詞

She **refused** to answer my question.
彼女は私の質問に答えるのを拒んだ。

- ☐**afford**（〜する余裕がある）　☐**agree**（同意する）　☐**manage**（何とかして〜する）
- ☐**offer**（申し出る）　☐**refuse**（拒否する）
- ☐**want** / ☐wish / ☐hope / ☐desire（〜したいと思う）
- ☐attempt（企てる）　☐come / ☐get / ☐learn（〜するようになる）
- ☐decide / ☐determine / ☐resolve（決心する）　☐decline（断る）　☐fail（〜しない）
- ☐incline（〜したがる）　☐intend / ☐expect / ☐mean（〜するつもりである）
- ☐pretend（ふりをする）　☐promise（〜することを約束する）
- ☐propose（提案する）　☐seek / ☐endeavor（しようと努める）
- ☐plan / ☐scheme（計画する）　☐tend（〜する傾向がある）

PART 3 to do / doing / done の世界

28. to doが作る「不確定な」未来　不定詞の副詞ユニット

● Basic Quiz

---------- George talk, you would think that he is the world's greatest lawyer.
(A) To hear　　(B) Hearing　　(C) In order to hear　　(D) Heard

主節より前には**必ず副詞要素が来る**ので、空欄で始まるユニットは副詞ユニットでなければなりません。不定詞の副詞ユニットは、文の動詞や形容詞、副詞を修飾して、〈**目的**〉〈**感情の原因**〉〈**結果**〉〈**判断の根拠**〉〈**条件**〉など、いろいろな意味を表しますが、基本的には「これから〜する」という〈**未来**〉**のニュアンス**で押さえておけばOK。問題文では、「もし（これから）聞くならば…」と〈条件〉を表していますね。(B) Hearing（〜を聞きながら）、(C) In order to hear（〜を聞くために）(D) Heard（聞かれて）は、ここでは意味の上でも不適切です。

<To hear George talk>, you would think <that he is the world's greatest lawyer>.
　　v'　　o'　do　　S　　V　　　　　　　　　　O
　　副詞ユニット　　　　　　　　　　主節

正解（A）：ジョージが話すのを聞けば、あなたは彼が世界で最も偉大な弁護士だと思うことでしょう。

完全攻略ナビ | #28　to doの副詞ユニットが表す意味

● **【目的】**
He is working hard <**to study abroad**>.
彼は留学するために一生懸命働いている。

● **【感情の原因】**
I am glad <**to know your promotion**>.
あなたの昇進を知って、私はとてもうれしい。

● **【結果】**
He grew up <**to be a lawyer**>.
彼は成長して弁護士になった。

● **【判断の根拠】**
He was stupid <**to quit the company**>.
会社を辞めるなんて、彼は愚かだった。

● **【条件】**
<**To hear him speak English**>, you would think him British.
彼が英語を話すのを聞けば、あなたは彼をイギリス人だと思うだろう。

29. 不定詞の意味上の主語

● Basic Quiz

It was thoughtful ---------- to send a retirement gift to Ms. Harrison.
(A) for you　　(B) your　　(C) of you　　(D) on you

　不定詞の意味上の主語は通常、**文の主語と同じ**ものです。たとえば、I want to work abroad.（私は海外で働きたい）という文において、不定詞〈to work abroad〉の動作の主体は、文の主語であるI（私）ですね。ところが、以下のようなケースがあります。

　It is kind of you <to help me>.　　私を手伝ってくれるなんてあなたは親切ですね。
　It is good for you <to work overseas>.　　海外で働くのはあなたにとっていいことです。

　例文ではいずれも不定詞の主語はyouです。このように**文の主語と不定詞の主語が違う**場合には、**不定詞の直前にfor〜かof〜**を置いて表します。直前の形容詞が〈人の性質〉を表す形容詞の場合はofを、それ以外の形容詞あるいは名詞の場合はforを使います。

● 不定詞の前にfor / ofを置く

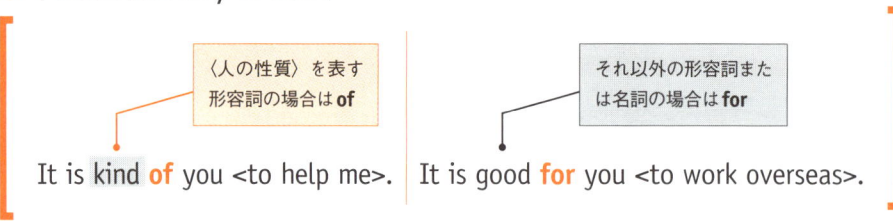

〈人の性質〉を表す形容詞の場合は **of**

It is kind **of** you <to help me>.

それ以外の形容詞または名詞の場合は **for**

It is good **for** you <to work overseas>.

It was thoughtful **of you** <to send a retirement gift to Ms. Harrison>.
S　V　　　　　　C

正解（C）：ハリソンさんに退職の記念品を贈るなんて、あなたはとても優しいんですね。

完全攻略ナビ｜#29　直前の形容詞が〈人の性質〉を表す場合はof、それ以外はfor

1. **It is 形容詞（人の性質）of〈人〉to do**　　〜するなんて〈人〉は…だ。
2. **It is 形容詞（性質以外）for〈人〉to do**　　〈人〉が〜することは…だ。

PART 3 to do / doing / done の世界

30.「誰か」に「何か」をさせる〈促進型〉　SVO + to do

● Basic Quiz

> Their colleague's early death ------ everybody to think about the importance of health.
> (A) caused　　(B) made　　(C) demanded　　(D) suggested

前ページで示したように、I want to work abroad.（私は海外で働きたい）という文では、不定詞to workの主語は、文の主語であるI（私）です。一方、「私はあなたに海外で働いてほしい」という場合は、以下のように表します。

I want **you** to work abroad.

このように、**V + O + to do**というカタチでは、**O**の部分が**不定詞の主語**になるわけですね。このカタチをとる動詞は限られていて、その多くは「Oに働きかけて〜させる」といった〈促進型〉の意味を持ちます。

● Oに働きかけて〜させる

　　　　　　　　　Oの部分が**不定詞の主語**になる

I want **you** <to work abroad>.　私はあなたに海外で働いてほしい。
S　V　 O

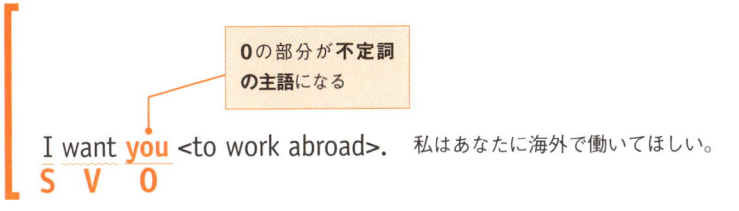

Their colleague's early death **caused** everybody <to think about the importance of health>.
　　　　　　S　　　　　　　　　　V　　　　O　　　　　to do

正解 (A)：同僚の早すぎる死は皆に健康の重要性について考えさせた。

cause + O + to doで「Oに（結果的に）〜させる」という意味。やはり〈促進型〉ですね。demand（要求する）やsuggest（提案する）は、意外にこのパターンをとりません（☞ #31）。makeは、make + O + do（原形）のパターンをとる使役動詞です（☞ #53）。

完全攻略ナビ | #30 〈SVO＋to do〉のカタチをとる促進型の動詞

He **convinced** me **to** buy the stock.
彼はその株を私に購入させようと説得した。

☐**allow** / ☐**permit**（許す）　☐**cause**（結果的に〜させる）
☐**convince** / ☐**persuade**（説得する）　☐**enable**（可能にする）　☐**encourage**（促す）
☐**expect** / ☐**want** / ☐**like**（望む）　☐**remind**（気付かせる）
☐**advise**（忠告する）　☐**ask**（頼む）　☐**drive**（駆り立てる）
☐**get**（させる）　☐**help**（助ける）　☐**instruct**（指示する）　☐**leave**（任せる）
☐**request** / ☐**require**（要求する）　☐**teach**（教える）　☐**urge**（促す）
☐**warn**（警告する）　☐**command** / ☐**order** / ☐**tell**（命じる）
☐**force** / ☐**compel** / ☐**oblige**（強制的に〜させる）

31. SVO＋to do のカタチをとれそうでとれない動詞

● Basic Quiz

> The branch manager explained very clearly to him ---------- be late for morning meetings.
> (A) not to　　(B) never　　(C) to　　(D) that he shouldn't

　前ページで解説したように、**SVO＋to do** のパターンをとる動詞は「**O に働きかけて〜させる**」という意味が基本。ところが、日本語で考えるとまったく違和感のない表現でも、英語では成立しない場合があります。

　たとえば、suggest（提案する）という動詞を例に考えてみましょう。日本語では、「私は彼に転職するよう提案した」と言えますが、英語で ✗ I suggested him to change jobs. とは言えないんです。つまり、**suggest は〈促進型〉の動詞ではない**ということ。正しくは、I suggested to him that he change jobs. となります。

　このように、**SVO＋to do** のパターンをとれそうでとれない動詞の代表格としては、**suggest**（提案する）、**explain**（説明する）、**demand**（要求する）などがあります。

PART 3 to do / doing / done の世界

● 紛らわしい動詞に注意！

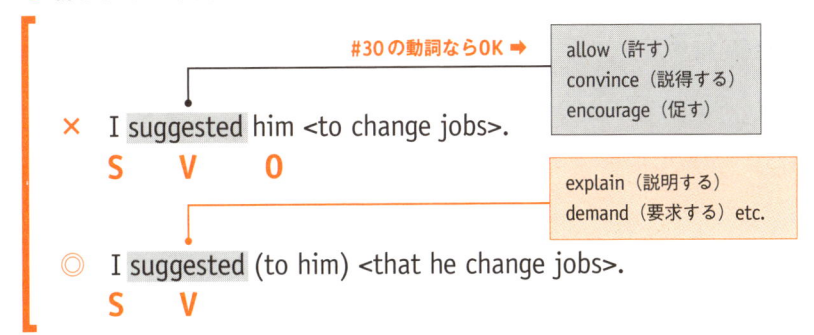

#30の動詞ならOK ➡ allow（許す） / convince（説得する） / encourage（促す）

× I **suggested** him <to change jobs>.
　　S　　V　　　O

explain（説明する） / demand（要求する）etc.

◎ I **suggested** (to him) <that he change jobs>.
　　S　　V

The branch manager explained (very clearly) (to him) <**that he shouldn't** be late for
　　　S　　　　　　　V　　　　　　　　　　　　　　　　　　　　　　　　　　　　O
morning meetings>.

正解（D）：支店長は彼に、朝の会議に遅刻しないようはっきりと説明した。

explainは、**explain (to sb) sth**（〈人〉に〈物事〉について説明する）というパターンをとる動詞です。× explain＋O＋to do（Oに〜するよう説明する）というパターンをとれそうでとれないので気をつけましょう。

完全攻略ナビ｜#31 〈SVO＋to do〉のカタチをとれない動詞

He **suggested** to her that they go together in his car.
彼は自分の車で一緒に行こうと彼女に提案した。

● 【hope for〈人〉to do】タイプ
☐**arrange**（取り計らう）
☐hope（望む）　☐wait（待つ）

● 【suggest (to [of]〈人〉) that〜】タイプ
☐**demand** / ☐insist（要求する）　☐**explain**（説明する）
☐**suggest** / ☐propose（提案する）
☐confess（告白する）　☐say / ☐mention（言う）

▶ Lesson 07
「実際に〜する」〈現実型〉の doing

	Sサイズ	Mサイズ	Lサイズ
名詞		✔	
形容詞		✔	
副詞		✔	

〈doing＋α〉のカタチが文の中で **〈名詞の働き〉** をしているときに、**「動名詞」** といいます。名詞のユニットですから、文の中で（1）主語、（2）目的語、（3）補語、（4）前置詞の目的語、の働きをします（☞ #A, p.15）。

(1) <Traveling abroad> makes me excited.　〈海外を旅行すること〉は私をわくわくさせる。
　　　　　S　　　　　　V　　O　　C

(2) I like <traveling abroad>.　私は〈海外を旅行すること〉が好きだ。
　　S V　　　　O

(3) One of my favorite activities is <traveling abroad>.　私の趣味のひとつは〈海外を旅行すること〉だ。
　　　　　　　S　　　　　　　V　　　　　C

(4) I'm excited about <traveling abroad>.　私は〈海外を旅行すること〉にわくわくしている。
　　SV　　C　　　　　**前置詞のO**

（1）〜（4）の例文の中で〈　〉の部分はすべて**名詞の働き**をしていますね。このように、動名詞は「（実際に）〜すること」という意味で、**話し手が〈現実的〉にとらえている動作**を表します。たとえば、（2）の例文は不定詞を使った表現に置き換えることは可能ですが、ニュアンスが変わります。

I like <to travel abroad>.　私は（これから）海外旅行に行きたい。

このように、**不定詞（to do）** は **〈未来型〉** なので、「これから〜する」というニュアンスになるわけですね。これに対し**動名詞（doing）** は **〈現実型〉** と考えてください。上の（1）〜（4）の例文はすべて、実際に「海外旅行に行っている姿」をありありとイメージしている感じです。

PART 3 to do / doing / done の世界

32. 動名詞を目的語にとる動詞（実際に~する）　SV + doing

● Basic Quiz

> He has put off ---------- a thank-you note to his business partner.
> (A) to write　　(B) to have written　　(C) for writing　　(D) writing

　不定詞（to do）が〈未来型〉であるのに対し、動名詞（doing）は〈現実型〉でしたね。put off（=postpone）は「延期する」という意味で、後ろには動名詞を目的語にとります。

> He has put off <**writing** a thank-you note to his business partner>.
> 　S　　V　　　　　　　　　　　O
>
> 正解（D）：彼はビジネスパートナーに礼状を書くのを延期してきている。

　ここでは、「礼状を書く（writing a thank-you note）」という動作を、目の前に立ちはだかることとして「現実的」にとらえていることが分かります。ちなみに、〈反復〉（practice：繰り返し練習する）や、〈中断〉（give up：あきらめる）、〈逃避〉（avoid：避ける）を表す動詞は**動名詞を目的語にとることが多い**、と覚えておくと便利です。

●〈反復・中断・逃避〉の動詞

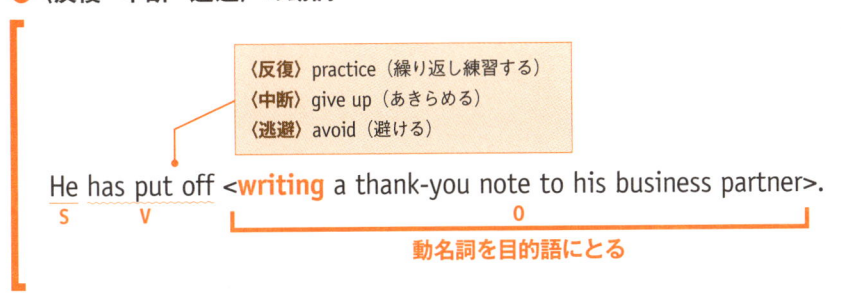

〈反復〉practice（繰り返し練習する）
〈中断〉give up（あきらめる）
〈逃避〉avoid（避ける）

He has put off <**writing** a thank-you note to his business partner>.
　S　　V　　　　　　　　　　　O
　　　　　　　　　　　動名詞を目的語にとる

　ここで確認のクイズ。次の文で、正しいカタチはどちらでしょうか。

I am busy [to write / writing] my report.　私はレポートを書くのに忙しい。

　正解は動名詞の writing です。もともとは be busy in doing（~するのに忙しい）のin が省略されたカタチですが、「忙しい」というのは、「今、目の前にある事柄が忙しい」

のであって、「これから〜するのに忙しい」はヘンですよね？　これが〈現実型〉のニュアンスです。

完全攻略ナビ | #32　動名詞を目的語にとる動詞

We **postponed** making a trip.
私たちは旅行に行くのを延期した。

☐**appreciate**（感謝する）　☐**consider** / ☐think of（〜を検討する）
☐**suggest**（提案する）
☐admit / ☐acknowledge（認める）　☐advocate / ☐insist on（主張する）
☐anticipate（予想する）　☐deny（否定する）　☐enjoy / ☐relish（楽しむ）
☐fancy（想像する）　☐feel like（〜したい気がする）　☐involve（伴う）
☐recall / ☐recollect（思い出す）　☐recommend（勧める）
☐resume（再開する）　☐risk（危険を冒す）

●【反復】
☐**practice**（練習する）
●【中断】
☐**finish**（終える）　☐**discontinue**（やめる）　☐**give up**（あきらめる）
☐**stop** / ☐**quit**（やめる）　☐**postpone** / ☐**put off**（〜を延期する）
●【逃避】
☐**avoid**（避ける）　☐**escape**（免れる）
☐**mind**（嫌がる）　☐**miss**（逃す、しそこなう）　☐**resist**（抵抗する）

●【動名詞を使ったイディオム】
☐be used to **doing**（〜するのに慣れている）
☐look forward to **doing**（〜するのを楽しみにする）
☐object to **doing**（〜するのに反対する）
☐What do you say to **doing**?（〜するのはいかがですか）
☐when it comes to **doing**（〜することに関しては）
☐with a view to **doing**（〜する目的で）
☐It is no use **doing**（〜しても無駄だ）

PART 3 to do / doing / done の世界

33. 不定詞、動名詞で意味が変わる動詞　SV + to do / doing

● Basic Quiz

[1] Don't forget ---------- the fax to the department head tomorrow morning.
　　(A) sending　　(B) being sent　　(C) to be sent　　(D) to send
[2] This copier doesn't work; I think it needs ----------.
　　(A) for repairing　　(B) repairing　　(C) to repair　　(D) to repair it

　動詞の中には、不定詞（to do）と動名詞（doing）の両方を目的語にとれるものがあって、その代表格は **forget**（忘れる）です。**不定詞**を目的語にとると、未来志向で「**(これから) ～することを忘れる**」という意味になり、**動名詞**を目的語にとると、過去志向で「**(実際に) ～したことを忘れる**」という意味になります。このように、「**表す時間**」に注目すれば、区別は簡単ですね。

● to do は未来志向、doing は過去志向

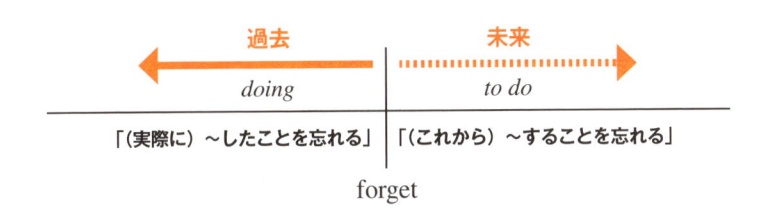

```
           過去                  未来
      ←──────────      ·····················→
          doing                 to do
   ─────────────────────────────────────────
   「(実際に) ～したことを忘れる」│「(これから) ～することを忘れる」
                    forget
```

[1] Don't forget <**to send** the fax to the department head tomorrow morning>.
　　　 V　　　　　　　　　　　　　O

正解 (D)：明日の朝、部長にファックスを送るのを忘れないように。

　問題文では、「(これから) ファックスを送ることを忘れないように」と未来志向なので不定詞 to send が正解。sending だと、「ファックスを送ったことを忘れないように」となってしまいます。

[2] This copier doesn't work; I think <it needs **repairing**>.
　　　 S　　　　　　　V　　　　 S　V　O:S'　V'　　O'

正解 (B)：このコピー機は動きません。修理が必要だと思います。

needは不定詞を目的語にとると、「〜する必要がある」という意味になります。しかし、問題文では「コピー機」は**「修理される」側**なので、不定詞を使う場合はit needs to be repairedのように受動態にしなければなりません。実は、needは**動名詞を目的語にとる**と、**need doing**で**「〜される必要がある」**という**受動態の意味**を表すんです。このような動詞としてはneedのほかに、want、requireを覚えておきましょう。

完全攻略ナビ | #33　to do / doingで意味が変わるもの

Don't **forget** to meet him.　彼と会うのを忘れないように。
Don't **forget** meeting him.　彼と会ったことを忘れないように。

● 【to do（未来）/ doing（過去・現実）】
□ **forget to do**（〜すべきことを忘れる）/ □ **forget doing**（〜したことを忘れる）
□ **regret to do**（残念ながら〜する）/ □ **regret doing**（〜したことを後悔する）
□ **remember to do**（忘れずに〜する）/ □ **remember doing**（〜したことを覚えている）
□ **stop to do**（〜するために立ち止まる）/ □ **stop doing**（〜することをやめる）
□ **try to do**（〜しようと努める）/ □ **try doing**（試しに〜してみる）
□ **mean to do**（〜するつもりだ）/ □ **mean doing**（〜することを意味する）

● 【doingが受身の意味】になるもの
□ **need to do**（〜する必要がある）/ □ **need doing**（〜される必要がある）
□ **require to do**（〜する必要がある）/ □ **require doing**（〜される必要がある）
□ **want to do**（〜したいと思う）/ □ **want doing**（〜される必要がある）

34.　doing / doneのユニットが〈形容詞の働き〉をするとき
分詞の問題の頻出動詞

● **Basic Quiz**

[1]　Most of the people ---------- the seminar were top executives.
　　(A) attend　　(B) attending　　(C) attended　　(D) attendance
[2]　An ---------- audience waited for the lecturer to arrive.
　　(A) excitedly　　(B) exciting　　(C) excited　　(D) excitement

PART 3 to do / doing / done の世界

〈doing / done＋α〉のユニットが **〈形容詞の働き〉** をしているときに、それぞれ「現在分詞（doing）」、「過去分詞（done）」と呼びます。しかし、**現在分詞・過去分詞の区別**は「時間」ではありません。分詞は必ず名詞と関係を持ち、その名詞が **「〜する」** 側の場合に **doing** を、名詞が **「〜される」** 側の場合に **done** を選びます。

　[1] の問題文では attend（出席する）という動詞と、直前の people（人々）という名詞の関係を考えましょう。「人々」はセミナーに「出席する」側ですね？ 現在分詞の attending をが正解です。出席したのが「過去」の話だから、ということで attended を選ばないように注意！

● 「〜する側」の場合は doing

> people は「出席する」側
> ➡ 現在分詞（doing）

[1] Most of the people <attending the seminar> were top executives.
　　　　S　　　　　　　　　　　　　　　　　　　　　　　V　　C

後ろから名詞を修飾

正解（B）：そのセミナーに出席していた人のほとんどは、最高幹部たちだった。

　[1] の英文のように、分詞のユニットが〈doing / done＋α〉のように「＋α」を伴う場合は、**後ろから名詞を修飾**しますが、a dancing girl（踊っている少女）や、a broken glass（割れたコップ）のように分詞が１語の場合は、**前から名詞を修飾**します。

　[2] の問題文では、名詞 audience（観客）と動詞 excite の関係がポイント。excite は「興奮する」ではなく、「(人を) 興奮させる」という意味の他動詞です。観客は「興奮させられる」側なので、過去分詞の excited が正解。
　このように、英語では**感情を表す動詞**はすべて **「〈原因〉が人に感情を与える」** という発想になるので注意が必要です。

Lesson 07

● 「~される側」の場合はdone

> audienceは「興奮させられる」側
> ➡ 過去分詞 (done)

[2] An **excited** audience waited for the lecturer to arrive.
　　　　　　　　S　　　　　V

前から名詞を修飾

正解 (C)：興奮した聴衆は、講演者が現れるのを待った。

完全攻略ナビ | #34　分詞の問題の頻出動詞

That movie was really **disappointing**.
その映画は本当にがっかりさせるものだった。
I was really **disappointed** by that movie.
私はその映画には本当にがっかりさせられた。

☐ **bore**（退屈させる）　☐ **disappoint**（がっかりさせる）　☐ **excite**（興奮させる）
☐ **please**（喜ばせる）　☐ **surprise**（驚かす）
☐ amuse / ☐ entertain（楽しませる）　☐ exhaust（くたくたにさせる）
☐ interest（興味を持たせる）　☐ puzzle（困惑させる）　☐ satisfy（満足させる）
☐ tire（疲れさせる）　☐ seat（座らせる）

✏️ note
名詞と能動（~する）関係　➡　**doing**
名詞と受動（~される）関係　➡　**done**

PART 3 to do / doing / done の世界

35. doing / done のユニットが〈副詞の働き〉をするとき
分詞構文

● Basic Quiz

[1] Not ---------- that he had been fired several months before, I invited him to the company outing.
   (A) knowing   (B) known   (C) to know   (D) being known

[2] ---------- as a whole, the project was a complete success.
   (A) Viewing   (B) Having viewed   (C) Viewed   (D) The view

[3] ---------- from work two years ago, he's been living an easy life in Hawaii.
   (A) Retired   (B) Having been retired   (C) Having retired   (D) Retiring

[4] He began the congratulatory speech, his right hand ---------- a champagne glass.
   (A) hold   (B) held   (C) holding   (D) by holding

[5] The manager sat lost in thought with his arms ----------.
   (A) to fold   (B) folded   (C) folding   (D) fold

doing / done のユニットが文の中で〈副詞の働き〉をしているとき、「分詞構文」と呼びます。doing / done の区別は前の項目（☞ #34）と同様、**文の主語との関係**で決めます。文の主語が「～する」側の場合に doing を、文の主語が「～される」側の場合にdone を使います。

● 文の主語との関係で、doing / done が決まる

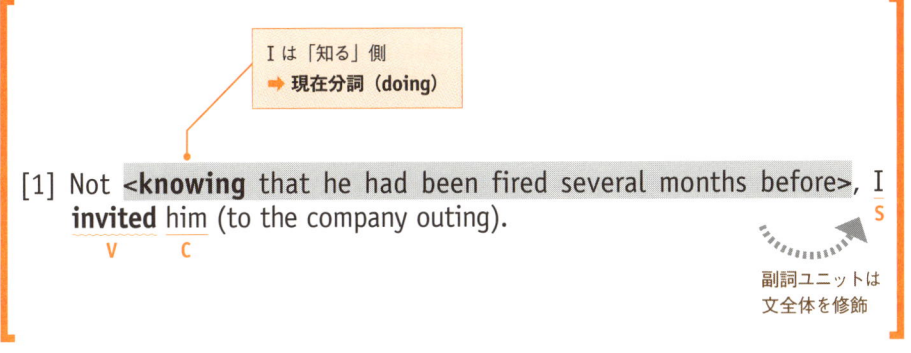

I は「知る」側
➡ 現在分詞（doing）

[1] Not **<knowing** that he had been fired several months before>, I **invited** him (to the company outing).
         V   C   S

副詞ユニットは文全体を修飾

正解（A）：彼が数カ月前に解雇されたことを知らずに、私は彼を社員旅行に招待してしまった。

問題文では、文の主語である私（I）はthat以下の内容を**「知る（know）」側**なので、knowingが正解。否定の場合は直前にnotを置きます。

● **主語が「される」場合**

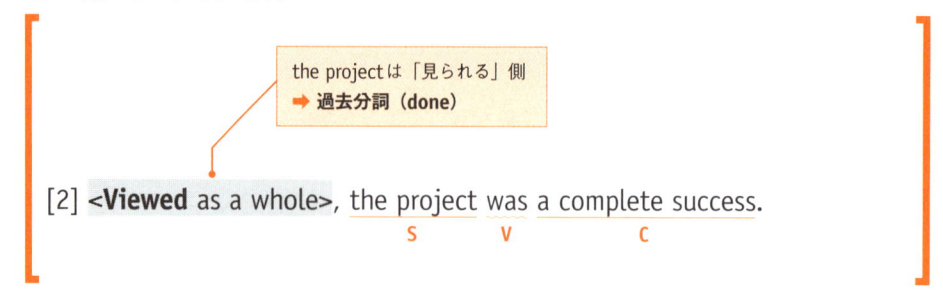

> the projectは「見られる」側
> ➡ **過去分詞（done）**

[2] <**Viewed** as a whole>, the project was a complete success.
　　　　　　　　　　　　　　 S　　　V　　 C

正解（C）：全体的に見て、そのプロジェクトは完全に成功だった。

日本語では「全体的に見ると」と表現しますが、あくまで、文の主語であるプロジェクト（the project）は**「見られる」側**ですね。過去分詞のViewedが正解です。

● **時差を強調する場合は完了形**

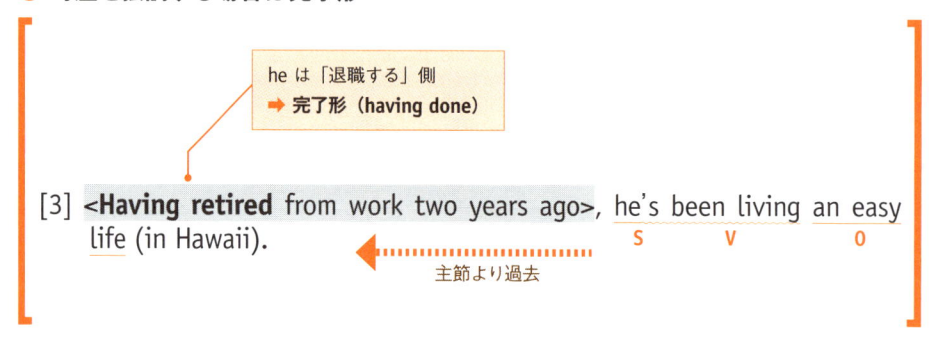

> heは「退職する」側
> ➡ **完了形（having done）**

[3] <**Having retired** from work two years ago>, he's been living an easy life (in Hawaii).
　　　　　　　　　　　　　　　　　　　　　　　　　 S　　　V　　　 O
　　　　　　　　　　　主節より過去

正解（C）：2年前に退職して、彼はハワイで安楽な生活を送っている。

文の主語である彼（he）は**「退職（retire）する」側**です。主節の動詞has been living（安楽に生活している）の時点より、「退職した」時点の方が先（過去）に起こることですね。このように**分詞と主節の動詞**の表す時制に**時差**が意識される場合は**完了形**にします。Having retiredが正解です。

PART 3 to do / doing / done の世界

● **主語が違う場合は、直前に置く**

[4] He began the congratulatory speech, his right hand <holding a champagne glass>.
　　S　V　　　　　　O

his right hand は「持つ側」
→ 現在分詞（doing）

分詞の主語が文の主語と違う場合は、分詞の前に置く。

正解（C）：彼は右手にシャンパングラスを持ったまま、お祝いのスピーチを始めた。

　文の主語と、分詞の主語が違う場合は**分詞の前に置きます**。分詞の主語である彼の右手（his right hand）は彼（He）の一部ですが、同じものではないので分詞の直前に置かれています。そして、右手はグラスを**「持つ（hold）」側**ですね？ 現在分詞holdingが正解です。

● **意味上の主語の直前にwith**

[5] The manager sat lost (in thought) (with his arms <folded>).
　　　S　　　　V　 C

his arms は「組まれる」側
→ 過去分詞（done）

意味上の主語の直前にwithがくる場合もある。

正解（B）：部長は腕を組んで、座ってじっと考え事をしていた。

　この問題も、過去分詞foldedの意味上の主語は、文の主語である部長（The manager）ではなく彼の腕（his arms）なので、分詞の直前に置かれています。腕とfold（たたむ、組む）の関係を考えると、腕は**「組まれる」側**なので、過去分詞folded（組まれた）が正解です。問題文のように、**分詞の意味上の主語と文の主語が異なる**場合に、**意味上の主語の直前にwith**を用いることがあります。

Lesson 07

完全攻略ナビ | #35　分詞構文；「～する」doing、「～される」done

<**Seeing** a policeman>, he ran away. →「～する」側
警官を見ると、彼は逃げた。

<**Seen** from a distance>, he looks young. →「～される」側
離れて見ると、彼は若く見える。

<**Having seen** the monvie before>, he knew the story. →「～する」側〈完了形〉
以前に映画を見ていたので、彼は話を知っていた。

<**Having been seen** as a leader for ages>, he was proud of himself.
ずっとリーダーと見なされていたので、彼は自分に誇りをもっていた。
　　　　　　　　　　　　　　　　　　　　　→「～される」側〈完了形〉

● 【分詞構文を使ったイディオム】
□**considering**～（～を考えると）　□**given**～（～を考えると）
□**strictly [frankly / generally / roughly] speaking**（厳密に［率直に／一般的に／おおまかに］言えば）
□assuming **SV**（～するとしたら）　□granting that **SV**（～するとしても）
□judging from（～から判断すると）　□seeing (that)～（～だから）
□supposing [provided] (that)～（もし～ならば）
□taking...into consideration（…を考慮に入れれば）
□talking of /　□speaking of（～と言えば）

✎note　分詞構文の意味は基本的に「～して」でOK！
文の主語が「～する」側（**能動関係**）　➡　doing / having done
文の主語が「～される」側（**受動関係**）　➡　done / having been done

PART 4

Lesson 08
Lesson 09
Lesson 10
Lesson 11
Lesson 12

大きな名詞・形容詞・副詞の世界
3大品詞のLサイズ=節としての用法

Lサイズユニットの「世界地図」

PART 2では名詞・形容詞・副詞という単語レベルのSサイズのユニット、PART 3では to do / doing / done が作るMサイズのユニットを見てきました。PART 4では、最も大きな**Lサイズのユニット**を取り上げます。Lサイズのユニットとは、ユニットの中に**主語（S）と動詞（V）の構造を持つカタマリ**のことです。とらえ方は〈Sサイズ〉〈Mサイズ〉と全く同じ。文の中で名詞・形容詞・副詞の働きをします。

以下の例文の**when**のように、Lサイズのユニットを作る語のことを**「機能語」**と呼びます。機能語とは、それ自身は特定の意味を持たずに**文と文をつなぎ合わせる"接着剤"**のようなものです。具体的には、疑問詞、関係詞、接続詞がありますが、もちろんネイティブはそのような文法用語を意識して使い分けているわけではありません。彼らの頭の中には、**名詞ユニット、形容詞ユニット、副詞ユニット**という感覚があるだけです。ですから、本書では"接着剤"としての機能を持ったこれらの語を「機能語」としてひとまとめにしてとらえていきます。たとえば、〈when he became the president〉というユニットを考えてみましょう。

名詞ユニット	a) I don't know <**when** he became the president>. 　S　V　　　　　　O 私は彼がいつ社長になったのか知らない。	→疑問詞
形容詞ユニット	b) I remember the day <**when** he became the president>. 　S　　V　　　　O 私は彼が社長になった日を覚えている。	→関係副詞
副詞ユニット	c) I got jealous <**when** he became the president>. 　S　V　　C 私は彼が社長になった時に嫉妬した。	→接続詞

3つの文において、〈when he became the president〉というパーツはすべて同じですね。〈　〉の部分を〈★〉に置き換えてみましょう。

a) I don't know 〈★〉.
　　何を知らないの？
　　➡ 〈★〉は目的語になる
　　〈名詞ユニット〉のはず！

b) I remember the day 〈★〉.
　　どんな日を覚えているの？
　　➡ 〈★〉は目的語になる
　　〈形容詞ユニット〉のはず！

c) I got jealous 〈★〉.
いつ、なぜ、どこで嫉妬したの？

➡ 〈★〉は〈副詞ユニット〉のはず！

　このように、〈★〉の役割は、文の中で決まってきます。つまり、疑問詞、関係副詞、接続詞などの文法用語が先にあるのではなくて、このパーツが文の中で**どう使われているか**によって呼び名が変わるだけ。

　つまり、名詞、形容詞、副詞の〈働き〉さえ押さえられていれば、文法用語にとらわれることなく、LサイズユニットもこれまでのSサイズ、Mサイズとまったく同じようにとらえることができるということです。

　次ページのリストは**機能語**を使った、いわば**Lサイズユニットの「世界地図」**。学習を進めながら現在位置を確認するのに役立ててください。その際に**見るべきポイント**は、(1) それぞれの機能語が、**名詞・形容詞・副詞のどのユニットを作る**のかということと、(2) ユニットの中で機能語の後ろに続く形が〈**完全**〉**であるのか、**〈**不完全**〉**であるのか**、ということの2点です。

　「後ろが〈完全〉である」とは、機能語の後ろに主語や目的語、補語など必要な要素がそろっているということ。「後ろが〈不完全〉である」とは、機能語の後ろにそれらの要素が欠けているということを意味します。もちろん、主語はいかなる文にも必要ですが、目的語や補語に関しては、PART 1で学習したように、動詞ごとに決まっているので注意が必要です。次の例文で確認しておきましょう。

● **不完全なカタチ**

　　　　　　　　　　　(1) 名詞ユニット

Do you know <**who** wrote this report>?

　　　　　　　　　　→ (2) 主語のない〈不完全なカタチ〉

誰がこの報告書を書いたか知ってる？

　例文では、who は (1) 名詞ユニットを作り、(2) 後ろには〈不完全なカタチ〉が来ています。(☞ #41-c)

完全攻略ナビ｜#C　Lサイズユニットを作る機能語

●＝完全なカタチ　◐＝不完全なカタチ

	名詞 (疑問詞)	形容詞 (関係詞)	副詞 (接続詞)
who(m)	誰が(を)〜するか ＋◐	〈〜する〉人 ＋◐	✕
which	どちらが(を)〜するか ＋◐	〈〜する〉もの ＋◐	✕
whose	誰の〜か ＋冠詞のない名詞	〈その…が〜する〉 人・もの ＋冠詞のない名詞	✕
what	何が(を)〜するか ＋◐	✕	✕
when	いつ〜するか ＋●	〈〜する〉時 ＋●	〜する時に ＋●
where	どこで〜するか ＋●	〈〜する〉場所 ＋●	〜する場所に ＋●
why	なぜ〜するか ＋●	〈〜する〉理由 ＋●	✕
how	どのように[程度]〜するか ＋●	✕	✕

	名詞 (接続詞)	形容詞 (関係詞)	副詞 (接続詞)
that	〜ということ ＋●	〈〜する〉人・もの ＋◐	〜して ＋●
if	〜かどうか ＋●	✕	もし〜なら たとえ〜でも ＋●

PART 4 大きな名詞・形容詞・副詞の世界

機能語が作るユニットの品詞一覧です。what, how は関係詞として説明されることもありますが、本書では名詞ユニットを作る機能語として疑問詞と一緒に整理しています。

	whether	〜かどうか +●	×	〜だろうとなかろうと +●
	as	×	〈〜するような〉人・もの +◐	〜するので etc. +●
	while	×	×	〜する間、〜する一方で +●
	since	×	×	〜して以来、〜なので +●
	as long as	×	×	〜さえすれば 〜する限り +●
	as far as	×	×	〜する範囲では +●
-ever（接続詞）	who(m)ever	〜する人は誰でも +◐	×	誰が(を)〜しようとも +◐
	whichever	〜するものはどちらでも +◐	×	どちらが〜しようとも +●
	whatever	〜するものは何でも +◐	×	何が(を)〜しようとも +●
	whenever	×	×	たとえいつ〜しても 〜する時はいつでも +●
	wherever	×	×	たとえどこで〜しても 〜する場所はどこでも +●
	however	×	×	たとえどんなに〜しても たとえどんな方法で〜しても +●

▶ Lesson 08
名詞ユニットは時制を合わせる！

	Sサイズ	Mサイズ	Lサイズ
名詞			✔
形容詞			
副詞			

　Lesson 08では、名詞の**Lサイズのユニット**を学習します。名詞の文中での働きをもう一度確認しておくと、(1) 主語、(2) 目的語、(3) 補語、(4) 前置詞の目的語の4つですね。たとえば、whatは「～すること、～するもの」という意味を表す機能語ですが、必ず名詞ユニットを作ります。下の例で確認しましょう。

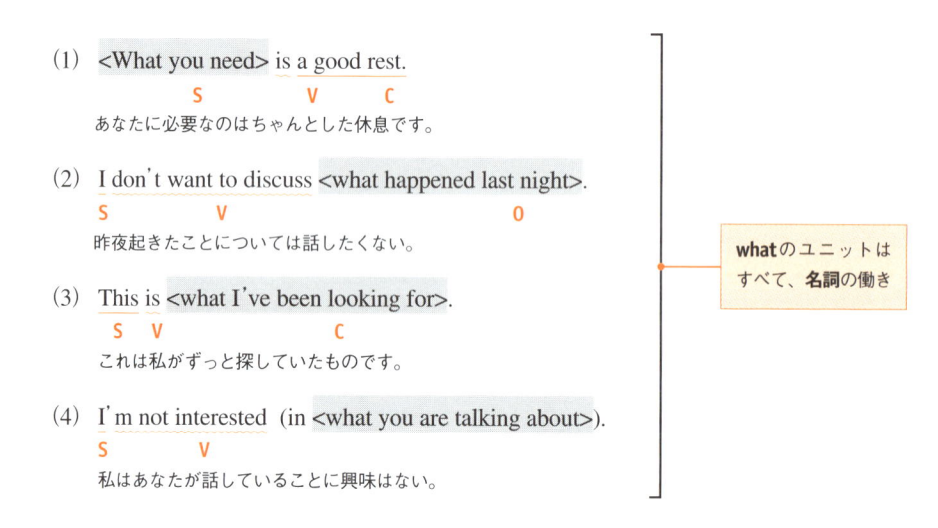

(1) <What you need> is a good rest.
　　　　S　　　　　V　　C
　あなたに必要なのはちゃんとした休息です。

(2) I don't want to discuss <what happened last night>.
　　S　　V　　　　　　　　　　　　　　　　　　　　O
　昨夜起きたことについては話したくない。

(3) This is <what I've been looking for>.
　　S　 V　　　　　　C
　これは私がずっと探していたものです。

(4) I'm not interested (in <what you are talking about>).
　　S　　V
　私はあなたが話していることに興味はない。

> **what**のユニットはすべて、**名詞の働き**

　このように、**what**のユニットはすべて〈**名詞の働き**〉をします。サイズが大きくなっただけで、Sサイズ、Mサイズととらえ方は同じです。
　名詞ユニットを作る**機能語**には、whatの他に、when / where / who / why / how / that / if / whether などがあります（☞ #C, p.86）。

36. ほかの文の一部になった疑問文　間接疑問文

● Basic Quiz

[1] I checked the car navigation system to locate ----------.
　　(A) where Kilburn Street is　　(B) is where Kilburn Street
　　(C) Kilburn Street is where　　(D) where is Kilburn Street
[2] I understand ---------- difficult it would be to rearrange your schedules at this date.
　　(A) however　　(B) since　　(C) how　　(D) what

Where is Kilburn Street?　キルバーン通りはどこですか？

上の例文は、話し手が聞き手に対して、「直接」尋ねる表現なので〈**直接疑問文**〉といいます。要するに、普通の疑問文のことですね。このような〈直接疑問文〉が、他の文の一部になった場合に、〈**間接疑問文**〉といいます。語順は〈**疑問詞＋S＋V**〉となり、必ず**名詞ユニット**を作ります。それでは Basic Quiz を見ていきましょう。

　　　　　　　　　　　　　　　　　　　疑問詞＋S＋V

[1] I checked the car navigation system <to locate <**where Kilburn Street is**>>.
　　S　V　　　　　　O　　　　　　　　　V'　　O'　　S'　　　　　V'

正解（A）：キルバーン通りがどこにあるか調べるために、私はカーナビを確認した。

空欄には locate（〜の位置を突き止める）の目的語となる名詞ユニットが必要です。間接疑問文の語順〈疑問詞＋S＋V〉になっている、(A) where Kilburn Street is が正解です。このように、間接疑問文は〈**疑問詞＋S＋V**〉のカタチ基本ですが、次のような例に注意しましょう。

I don't know <**who wrote** this report>.　私は誰がこのレポートを書いたのか知らない。
　　　　　　　疑問詞 (S) ＋V

「誰がこのレポートを書いたの？」と直接尋ねる場合も、"Who wrote this report?" ですから、**疑問詞が主語になる場合は、直接疑問文と間接疑問文が同じカタチ**になるわけです。

[2] I understand <**how** difficult it would be <to rearrange your schedules at this date>>.
　　S　V　　　　　　O:　　　C'　S'　　V'

正解（C）：現時点で予定を変更することがいかに難しいかは、承知いたしております。

〈 〉の部分は、understandの目的語になっているので**名詞ユニット**。since, however は**副詞ユニット**しか作れないため（☞ #C, p.86）、ここでは外れます。howとwhatはどちらも**名詞ユニット**を作りますが、ユニットの中での働きが異なります。以下の例文を見てください。

● **名詞ユニットの中でのhowとwhatの働き**

I don't know <how busy you are>.　私はあなたがどの程度忙しいか知らない。
　　　　　　　副詞　形容詞

I don't know <what plan you have>.　私はあなたがどんなプランを持っているのか知らない。
　　　　　　　形容詞　名詞

howは、**名詞ユニット**を作りますが、ユニットの中では〈副詞の働き〉をするので、直後には名詞以外が置かれます（上の例では形容詞busy）。一方、**what**は**名詞ユニット**を作り、ユニットの中では〈形容詞の働き〉をして直後の名詞を修飾するか、〈名詞の働き〉をして主語や目的語になります。Basic Quizでは直後に形容詞difficultが置かれているので、副詞のhowが正解ですね。

このように、〈疑問詞＋S＋V〉の疑問詞の部分は、1語だけとは限りません。how much（どのくらいの量）、how far（どのくらいの距離）、what kind of（どんな種類の）など、疑問詞が他の語と結びついて**疑問詞のカタマリ**を作る場合もあります。ここでは、how difficult（どのくらい難しいか）が疑問詞のカタマリとなっていますね。

完全攻略ナビ | #36　間接疑問文は名詞ユニット！

Where is the station?〈直接疑問文〉
駅はどこですか？

I don't know <where the station is>.〈間接疑問文〉
　　　　　　　疑問詞　＋　S　＋　V
私は駅がどこだか知らない。

I don't know <who wrote this report>.〈間接疑問文〉
　　　　　　　疑問詞　(S) ＋ V
私は誰がこの報告書を書いたのか知らない。

PART 4 大きな名詞・形容詞・副詞の世界

37. 主節と従節の時間軸をそろえる　時制の一致

● Basic Quiz

> Everybody earnestly hoped that the new CEO ---------- a positive corporate culture.
> (A) will build　　(B) builds　　(C) would build　　(D) is building

次の例文を見てください。

　　Rachel says <that the movie is boring>.　レイチェルはその映画がつまらないと言っている。
　　　S　　　V　　　　　　S'　　　V'　C'

上の例文で、Rachel says のパートを「主節」、that the movie is boring のパートを「従節」といいます。主節と従節の区別は簡単で、**直前に機能語**（疑問詞・関係詞・接続詞）**がついていないSVが主節**です。the movie is... の前には接続詞 that が置かれているので従節、Rachel の前には機能語はないので主節と判断できます。

　さて、ここで重要なルールがあります。「主節の動詞が過去形の場合は、**従節の動詞も過去形に一致させる**」。このことを〈**時制の一致**〉といいます。

　さて、なぜこのような一致が起こるのでしょうか？ 下の時間軸を見てください。

● 主節と従節の時間軸

Rachel **says** <that the movie **is** boring>.　レイチェルはその映画がつまらないと言っている。
　S　　V　　O:　　　S'　　V'　　C'

①主節の動詞を過去形にすると…

　同時　said　　　　　　　　　　　　　　　　　says　同時
　時間軸 ●────────────────────────────●────→
　　　　the movie **was** boring　　　　　　　the movie **is** boring

②従節の動詞も１つ過去にシフトする

Rachel **said** <that the movie **was** boring>.　レイチェルはその映画がつまらないと言った。
　S　　V　　O:　　　S'　　V'　　C'

レイチェルが「言う（says）」時点と、「つまらない（is boring）」という時点は時差のない、同時の出来事ですよね。したがって、〈主節の動詞〉が過去形になりsaidとなった場合には、**同時性をキープする**ために、〈従節の動詞〉もwas boringと過去形に合わせる必要があるわけです。では、以下の例文のように、もともと〈従節の動詞〉が過去形で、主節が表す時点との間に**時差がある**ような場合はどうでしょうか？

● 時差がある場合

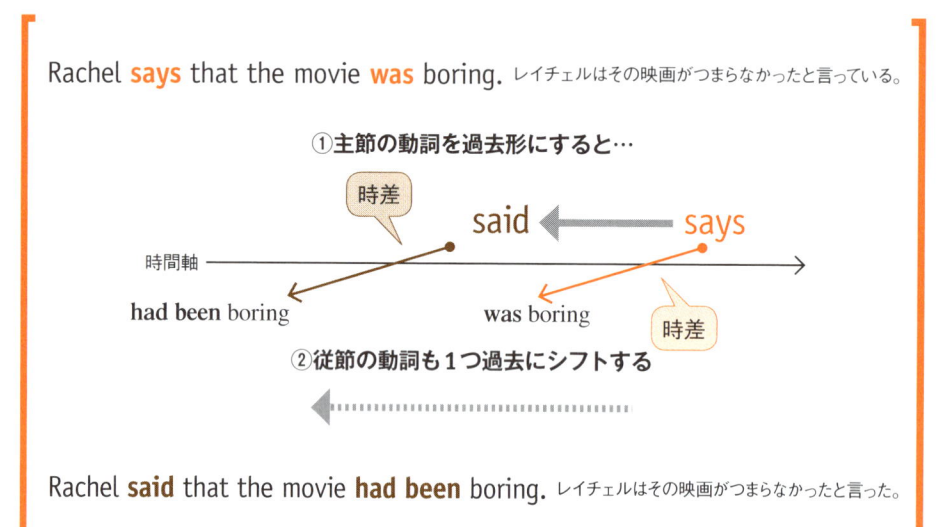

Rachel **says** that the movie **was** boring. レイチェルはその映画がつまらなかったと言っている。

①主節の動詞を過去形にすると…

時差　said ← says

時間軸

had been boring　　was boring　時差

②従節の動詞も1つ過去にシフトする

Rachel **said** that the movie **had been** boring. レイチェルはその映画がつまらなかったと言った。

このように、もともと時差がある場合は、その**時差をキープする**ために、過去形（was）を過去完了形（had been）にします。

さて、Basic Quizでは〈主節の動詞〉が過去形であることに注目しましょう。

Everybody (earnestly) hoped <that the new CEO **would build** a positive corporate culture>.
　　　　S　　　　　　　　V　　　　　　S'　　　　　V'　　　　　　O'

正解（C）：新しいCEO（最高経営責任者）が積極的な社風を築くことを皆が心から願っていた。

〈主節の動詞〉hopedが過去形なので、〈従節の動詞〉は過去形（あるいは過去完了形）のはず。willの過去形wouldが使われている（C）would buildが正解です。

PART 4 大きな名詞・形容詞・副詞の世界

完全攻略ナビ | #37　時制を一致させるべし！

Rachel **says** <that the movie **is** boring>.
レイチェルはその映画がつまらないと言っている。

Rachel **said** <that the movie **was** boring>.
レイチェルはその映画がつまらないと言った。

📝 note
主節＝直前に**機能語**（疑問詞・関係詞・接続詞）がないSV
従節＝直前に**機能語**があるSV

Lesson 08

38. 「歴史的事実」はすべて過去形　時制の一致の例外

● Basic Quiz

Why didn't you tell our client that our headquarters ---------- in Hong Kong?
(A) located　　(B) was locating　　(C) is located　　(D) will locate

まずは次の例文から。

He learned that Columbus discovered America.
彼はコロンブスがアメリカを発見したことを学んだ。

「彼が学んだ」時点よりも、「コロンブスがアメリカを発見した」時点の方が先に起きていることなので、前のページで説明した〈時制の一致〉に従うなら、従節の時間を1つ過去にずらして、Columbus had discovered... とすべきですが、ここは過去形 discoveredのままが正しいカタチです。下の時間軸を見てください。

● 「歴史的事実」は過去形でOK

```
              discovered                              learned
時間軸  ———————+——————————————————————————+———→
              過去                                    現在
```

093

長い時間のスパンで見れば、learnedの時点よりもdiscoveredの時点の方が先に起きていることは当たり前のこと。わざわざ過去完了形を用いて時差を表す必要はないわけです。この例のように必ずしも大昔の事実でなくとも、**〈歴史的事実〉**として見なされていることはすべて**過去形でOK**です。また、現在においても変わらない**事実や習慣的なこと**についても、**時制の一致**を行いません。たとえば、Light travels faster than sound.（光は音よりも速く伝わる）というような例も、過去も、現在も、未来も変わらない事実ですから、常に現在形で表します。

Why didn't you tell our client <that our headquarters **is located** (in Hong Kong)>?
　　S　V　　O₁　　　O₂：　　　　S'　　　　V'

正解（C）：うちの本社が香港にあるということを、どうして顧客に伝えなかったの？

「本社が香港にあること」は明日も、明後日も変わらない**習慣的な事実**ですね。〈時制の一致〉の例外なので、現在形（is located）のままでOKです。

完全攻略ナビ｜#38　〈時制の一致〉にも例外がある！

● **【現在の事実】**
He didn't know <that our head offic **is** in London>.
彼はうちの本社がロンドンにあることを知らなかった。

● **【歴史的事実】**
He knew <that Shakespeare **wrote** "Hamlet">.
彼はシェイクスピアが『ハムレット』を書いたことを知っていた。

● **【不変の真理】**
They learned <that the earth **goes** around the sun>.
彼らは地球が太陽の周りを回っていることを習った。

● **【実現していない未来】**
The company announced <that they **will** set up a new branch in London>.
その会社はロンドンに新しい支店を作ることを発表した。

PART 4 大きな名詞・形容詞・副詞の世界

39. 名詞ユニットを作る what　関係代名詞・疑問詞

● Basic Quiz

---------- the applicant wanted to know was the pay scale at our company.
(A) When　　(B) How　　(C) What　　(D) Where

問題文は次のような構造になっています。

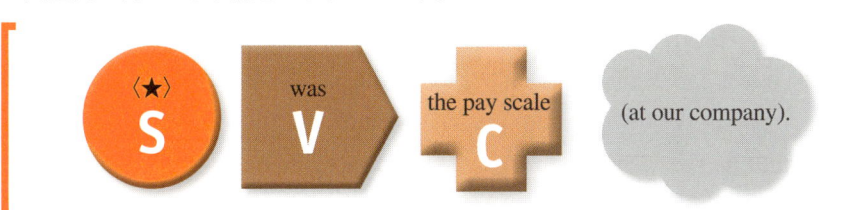

[S〈★〉 　was(V)　 the pay scale(C)　 (at our company).]

〈★〉の部分は主語の働きをしているので、**名詞ユニット**です。次のLesson 09で見ていく関係代名詞は**形容詞ユニット**を作り、直前の名詞（先行詞）を修飾する働きをしますが（☞#41）、ここでは「〜するもの／こと」という意味の**名詞ユニット**を作る機能語whatが正解です。

<**What** the applicant wanted to know> was the pay scale (at our company).
S:　O'　　　S'　　　　V'　　　　V　　C

正解（C）：その応募者が知りたかったのは、わが社の給与体系だった。

whatは、ユニットの中でも**名詞**の働きをするので、後ろには〈**不完全なカタチ**〉が続きます。上の例ではwanted to knowの目的語がありませんね。how / where / whenは後ろに〈完全なカタチ〉をとり、ここでは意味の上でも不適切ですね。

完全攻略ナビ | #39　whatは名詞ユニットを作り、後ろは〈不完全なカタチ〉

「何が(を)〜するか」	That is <**what** I want to know>.
（関係代名詞）	それが私の知りたいことです。
（疑問詞）	Do you know <**what** day it was>?
	それが何曜日だったか知っていますか。

40. 名詞ユニットを作る how　関係副詞・疑問詞

● **Basic Quiz**

> This is ---------- Steve Jobs became one of the world's most reputable innovators.
> (A) the way　(B) whom　(C) as long as　(D) what

　まずは空欄に必要な品詞を見極めましょう。This is の後に続いているので、空欄には is の補語となる**名詞ユニット**が必要です。選択肢の中で、**名詞ユニット**を作ることができるのは the way（＝ how）と what。ここでは、〈方法〉を表す関係副詞の the way が正解です。as long as（～する限り）は 副詞ユニットを、whom は形容詞ユニットを作ります。

> This is <**the way** Steve Jobs became one (of the world's most reputable innovators)>.
> 　S　V　　　　　　　　S'　　　V'　　　C'

正解（A）：こうやってスティーブ・ジョブズは世界でも名だたるイノベーターのひとりになりました。

　the way と how はどちらかを用い、the way how... のように並べて使うことはできないので注意。さて、what は名詞ユニットを作るので、一見すると正解になれそうですね。ユニットの中のカタチに注目しましょう。Steve Jobs（S）became（V）one（C）のように、空欄の後ろには〈**完全なカタチ**〉が来ています。what はそれ自体が主語や目的語（補語）になるため、後ろにはそれらの要素が欠けた〈**不完全なカタチ**〉が来ます。よってここでは使えません。
　ちなみに、how は必ず〈名詞ユニット〉を作るので、90ページで学習した疑問詞の how とカタチの上で区別する必要はありません。how の直後に**形容詞**や**副詞**が置かれていれば〈程度〉の意味。今回のように直後に SV のカタチが来ていれば〈方法〉の意味になります。

完全攻略ナビ | #40　how は必ず名詞ユニットを作る！

【方法】 （関係副詞）	Tell me <**how** you solved the problem>. どのようにしてその問題を解いたか教えてください。
【程度】 （疑問詞）	I don't care <**how** busy you are>. あなたがどれくらい忙しいかはどうでもよい。

✎ **note**
SV を修飾していれば〈方法〉の意味。形容詞・副詞を修飾していれば〈程度〉の意味。

PART 4 大きな名詞・形容詞・副詞の世界

▶ Lesson 09
〈関係代名詞〉は、原則として形容詞ユニットを作る！
—— 関係代名詞の後ろは〈不完全なカタチ〉

	Sサイズ	Mサイズ	Lサイズ
名詞			
形容詞			✔
副詞			

　形容詞の働きをもう一度確認しておきましょう（☞#A, p.15）。形容詞は、(1) 名詞を修飾、あるいは (2) 補語になる、でしたね。

　下の例文で〈　〉の部分は、すべて名詞restaurantを修飾して、「どんなレストランなのか」を説明しています。Sサイズは形容詞（fashionable）、Mサイズは現在分詞（overlooking）、そしてLサイズは関係代名詞（which）が**大きな形容詞ユニット**を作っている文です。

Sサイズ	Jamie runs a <**fashionable**> restaurant. ジェイミーは**おしゃれな**レストランを経営している。	→形容詞
Mサイズ	Jamie runs a restaurant <**overlooking the ocean**>. ジェイミーは**海を見渡せる**レストランを経営している。	→現在分詞
Lサイズ	Jamie runs a restaurant <**which serves original dishes**>. ジェイミーは**創作料理を出す**レストランを経営している。	→関係代名詞

Lesson 09では、Lサイズの形容詞ユニットを作る**「関係代名詞」**について学習していきます。

41. 接続詞と代名詞の2役を担う〈関係代名詞〉

● Basic Quiz

[1] Generally speaking, restaurants ---------- overlook a night scene cost more.
　　(A) what　　　(B) where　　　(C) which　　　(D) whose
[2] We live in a society ---------- we must think of global environment.
　　(A) that　　　(B) in which　　(C) which　　　(D) there
[3] 　Mr. Simon, ---------- you met at the trade show, has been my golf mate for ages.
　　(A) which　　(B) whom　　　(C) for whom　　(D) that
[4] Max, ---------- contract expires next year, will have to find another firm to work for.
　　(A) whose　　(B) whom　　　(C) who　　　　(D) with whom
[5] Many of the proposals ---------- we submitted last month have been turned down.
　　(A) that　　　(B) whom　　　(C) on which　　(D) with that
[6] One of the factory workers didn't turn up, ---------- made the manager even angrier.
　　(A) that　　　(B) which　　　(C) what　　　　(D) whose

関係代名詞とは、簡単に言うと、接続詞と代名詞の**2つの機能**を兼ね備えているものです。接着剤の働きをして2つの文を接続しますが、必ず直前の名詞を説明するという点が接続詞との違いです。

〈関係代名詞〉は、大きな**形容詞のユニット**を作り、直前の名詞（**先行詞**といいます）を修飾します。そしてユニットの中では、〈関係代名詞〉は**名詞の働き**をするので、後ろには主語や目的語の欠けた〈**不完全なカタチ**〉が続きます。所有格 whose の直後には〈冠詞のない名詞〉が続きます。

● 関係代名詞 ＋〈不完全なカタチ〉

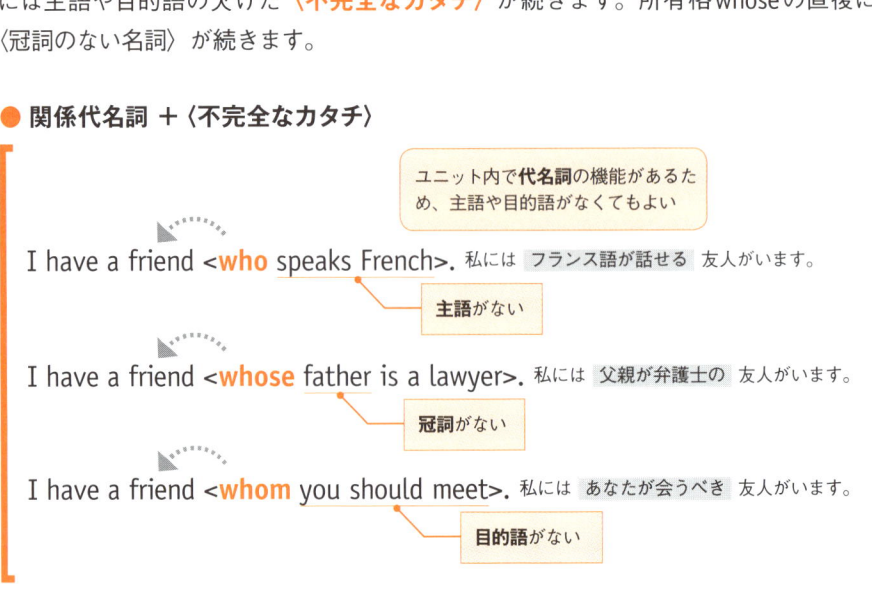

I have a friend <who speaks French>. 私には フランス語が話せる 友人がいます。
　　（ユニット内で**代名詞**の機能があるため、主語や目的語がなくてもよい／**主語**がない）

I have a friend <whose father is a lawyer>. 私には 父親が弁護士の 友人がいます。
　　（**冠詞**がない）

I have a friend <whom you should meet>. 私には あなたが会うべき 友人がいます。
　　（**目的語**がない）

〈関係代名詞〉がユニットの中で**主語**の働きをする場合にwho / whichを、**所有格**の働きをして直後の名詞を修飾する場合にwhoseを、**目的語**の働きをする場合にwhom / whichを用います。つまり、適切な〈関係代名詞〉を決める際には、「**空欄の後ろに何が足りないか？**」を判断すればいいわけです。

完全攻略ナビ | #41-a　関係代名詞は、これだけ押さえておく！

先行詞	主格	所有格	目的格
人	who [that]	whose	whom [that]
物・動物	which [that]	whose / of which	which [that]

✎note
thatはカンマ（,）と前置詞の後に置けない。

　それではBasic Quizを見ていきましょう。

[1] \<Generally speaking\>, restaurants \<**which** overlook a night scene\> cost more.
　　　　　　　　　　　　　　S　　　　S'　　　　　V'　　　　　　O'　　　　V　　O

正解（C）：一般的に言って、夜景を見渡せるレストランはそれだけ高くつく。

　空欄の後ろにはoverlook（見渡す）という動詞が来ており、主語のない〈**不完全なカタチ**〉が続いていますね。先行詞はrestaurants（レストラン）で〈**人以外**〉なので、主格の〈関係代名詞〉**whichが正解**です。whatは名詞ユニットを作りrestaurantsと結びつかなくなるため✕。whereは後述しますが（☞#42-c）、後ろには〈**完全なカタチ**〉が来るんです。whoseは直後に〈冠詞のない名詞〉が置かれるのでしたね。

[2] We live (in a society) \<**in which** we must think of global environment\>.
　　S　V　　　　　　　　　　　　　　　　　　　S'　　　V'　　　　　O'

正解（B）：我々は地球環境を考えなければならない社会に生きている。

　〈　〉の部分は直前の名詞（先行詞）a societyを修飾する形容詞ユニット。〈　〉の中に先行詞a societyを入れて文を組み立てなおしてみると、空欄に必要な語が見えてきます。

We must think of global environment **in** this society.
この社会では、我々は地球環境を考えなければならない。

　問題文の空欄に入るべき要素は、in this society の部分。前置詞の in を省略することはできないため、**in which が正解**となります。there は副詞なので2つの SV をつなぐことはできません。

[3] Mr. Simon, <**whom** you met (at the trade show)>, has been my golf mate (for ages).
　　　S　　　　　O'　　S' V'　　　　　　　　　　　V　　　O

正解（B）：サイモン氏は、見本市であなたがお会いした人ですが、私の長年のゴルフ友達です。

　〈　〉の部分は Mr. Simon を後ろから説明しています。空欄の後ろには met の目的語がない、**〈不完全なカタチ〉**が来ていますね。目的格の **whom が正解**です。which は修飾する名詞（先行詞）が〈人〉以外の場合に使います。関係代名詞の that はカンマ（,）と前置詞の後に置けません（☞ #41-a）。

[4] Max, <**whose** contract expires (next year)>, will have to find another firm <to work for>.
　　S　　　　S'　　　　V'　　　　　　　　　　　　V　　　　　　　O

正解（A）：マックスの契約は来年切れるのですが、彼は勤務するほかの会社を探さなくてはならないでしょう。

　直後に**〈冠詞のない名詞〉**contract（契約書）が来ていることに注目してください。contract は数えられる名詞。**数えられる名詞は「裸」では使えません**。複数形にするか、あるいは**冠詞**に相当する語句（「限定詞」といいます）をつける必要があります。選択肢の中で、冠詞と同じ働きができるのは**所有格の whose** だけです。〈　〉のユニットは Max を後ろから説明しています。

[5] Many of the proposals <**that** we submitted last month> have been turned down.
　　　　　　S　　　　　　　　　　　　　　　　　　　　　　　V

正解（A）：我々が先月出した提案書の多くは却下されている。

　〈　〉の部分は直前の名詞（先行詞）proposals を修飾する形容詞ユニットです。〈　〉の中を見てみると、

PART 4 大きな名詞・形容詞・副詞の世界

< ----- we submitted (last month)>
　　　　S'　　V'

submit（提出する）は「他動詞」なのに、後ろには目的語のない〈不完全なカタチ〉が来ていますね。目的格の〈関係代名詞〉として使える**that**が正解です。whomは先行詞が〈人〉の場合に使います。

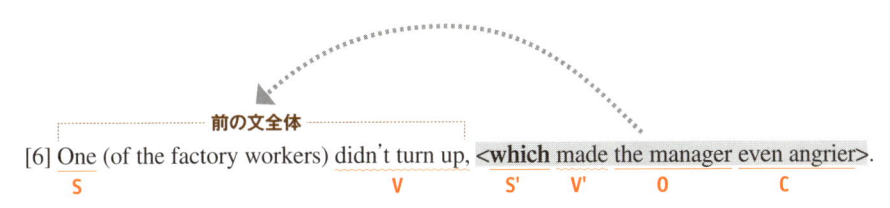

　　　　　　　　　　　　　前の文全体
[6] One (of the factory workers) didn't turn up, <which made the manager even angrier>.
　　S　　　　　　　　　　　　　　V　　　　　　　　S'　　V'　　　O　　　　　C

正解（B）：工場作業員の1人が来なかったことが、マネージャーをよりいっそう怒らせた。

Lesson 09

〈　〉の中のカタチを見ると、動詞madeに対する主語がありません。まずは直後に〈冠詞のない名詞〉を必要とするwhoseが消せますね。**thatはカンマ（,）と前置詞の直後には置けません**。whatは〈名詞ユニット〉を作るので、ユニット自体が文の中で主語、目的語、補語の働きをしなければなりませんが、ここでは空欄の前でOne（S）didn't turn up（V）のように〈完全なカタチ〉が完成しているので使えません。

　正解は〈関係代名詞〉の主格**which**。whichは**形容詞のユニット**を作って直前の名詞（先行詞）を修飾するのが一般的ですが、ここでは、whichの先行詞は、前の文全体（工場作業員の1人が来なかったこと）です。このように、**関係詞が前の文全体を受ける**こともあるんですね。

　これまで説明してきたように、〈関係代名詞〉は**形容詞ユニット**を作りますが、同じwhichでも〈疑問詞〉として使われる場合は**名詞ユニット**を作ります。thatの場合は、〈接続詞〉の用法もあるので注意しましょう。次ページにまとめましたので、参考にしてください（☞ #41-b〜#41-e）。

完全攻略ナビ | #41-b　whichの用法

形容詞ユニット （関係代名詞） 〈～する〉もの	Mr. Yamamoto works for a compamy <**which** has plants in Dalian>. 山本氏は大連に工場を持つ企業に勤めている。
名詞ユニット （疑問詞） どちらが（を）～するか	I wonder <**which** of them will win>. 彼らのうちのどちらが勝つのかなあ。 I don't know <**which** doctor she meant>. 彼女がどちらの医者のことを指して言ったのか分からない。

完全攻略ナビ | #41-c　who / whomの用法

形容詞ユニット （関係代名詞） 〈～する〉人	We will employ people <**who** speak English>. わが社は英語を話せる人を雇います。 Ken is a cartoonist <(**whom**) I met in Hambourg>. ケンは私がハンブルグで出会った漫画家です。
名詞ユニット （疑問詞） 誰が（を）～するか	I don't know <**who** that man is>. あの男が誰だか分からない。 I don't know <**whom** you want to see.>. 君が誰に会いたいのか分からない。

完全攻略ナビ | #41-d　whoseの直後には「冠詞のない名詞」

形容詞ユニット （関係代名詞） 〈その…が～する〉人・もの	That is the girl <**whose** father is a politician>. あれは政治家を父に持つ女の子です。
名詞ユニット （疑問詞） 誰の～か	Tell me <**whose** cellphone this is>. これが誰の携帯電話か教えてください。

完全攻略ナビ | #41-e　thatの用法

形容詞ユニット （関係代名詞） 〈〜する〉人・もの	She tried to conceal the fact <**that** she found that night>. 彼女はその夜知った事実を隠そうとした。
名詞ユニット （接続詞） 〜ということ	The trouble is <**that** he has lost his job>. 困ったことに彼は失業してしまった。 He made a decision <**that** he would be a lawyer>. 彼は弁護士になるという決意をした。〈同格（言い換え）〉
副詞ユニット （接続詞） 〜して	● 1.【目的】 He worked hard <so **that** his family might live comfortably>. 彼は家族に安楽な生活をさせるために一心に働いた。 ● 2.【結果】 The car broke down, <so **that** they had to walk>. 車が故障したので、彼らは歩かねばならなかった。 ● 3.【程度】 He was so tired <**that** he could not walk further>. 彼はひどく疲れていてそれ以上歩けなかった。 ● 4.【判断の根拠】 Are you mad <**that** you should do such a foolish thing>? そんな馬鹿なことをするとは、おまえは気でも狂ったか。 ● 5.【感情の原因】 He is glad <**that** you are able to come>. あなたが来られることを彼は喜んでいます。

✎ **note**
名詞ユニットの2番目の例文は、dicision（決意）の内容をthat以下で言い換えている。

Lesson 10
<関係副詞>も、形容詞ユニットを作る!
――関係副詞の後ろは<完全なカタチ>

	Sサイズ	Mサイズ	Lサイズ
名詞			
形容詞			✓
副詞			

「**関係副詞**」は、接続詞と副詞の**2つの機能**を兼ね備えているものです。

〈関係副詞〉は、大きな**形容詞のユニット**を作り、直前の名詞(**先行詞**)を修飾します。そしてユニットの中では、〈関係副詞〉は**副詞**の働きをするので、〈関係代名詞〉と違って、後ろには**〈完全なカタチ〉**が続きます。〈関係副詞〉は when、where、why、how の4つだけ。修飾される名詞(先行詞)は、**時間**(when)、**場所**(where)、**理由**(why)を表す名詞です。ただし、方法を表す how だけは〈名詞ユニット〉を作り、先行詞がないので疑問詞の項(☞ #40)で解説しています。

42. 接続詞的に使われる〈関係副詞〉

● **Basic Quiz**

[1] In general, August is the month ---------- books don't sell well.
   (A) on which   (B) when   (C) which   (D) in when
[2] I would recommend the seaside city ---------- we spent our summer vacation last year.
   (A) which   (B) how   (C) in where   (D) where
[3] Quentin has liked movies since birth; that's ---------- he became a movie director.
   (A) how   (B) when   (C) why   (D) what

次の例文で、**関係副詞**の基本構造を確認しておきましょう。

● **関係副詞 +〈完全なカタチ〉**

This is the gym <where | I always go after work>.   → 完全なカタチ
ここは私がいつも仕事の後に行くジムです。

〈where...〉のユニットは直前の名詞（先行詞）the gym を修飾しているので**形容詞ユニット**ですね。ユニットの中では where は副詞の働きで、後ろには〈**完全なカタチ**〉が来ています（go は自動詞なので、そもそも目的語は不要です）。

完全攻略ナビ | #42-a　関係副詞は、これだけ押さえておく！

● 【the time（時間）】＋ when
I still remember the day <when I first met you>.
私はあなたと初めて会った日をいまだに覚えている。

● 【the place（場所）】＋ where
This is the gym <where I always go after work>.
ここは私がいつも仕事の後に行くジムです。

● 【the reason（理由）】＋ why
Do you know the reason <why she quit the company>?
あなたは彼女が会社を辞めた理由を知っていますか。

✎note
【先行詞なし】＋ the way / how
Please tell me <how I should write the report>. ── 名詞ユニットを作る（☞ #40）。
そのレポートを書く方法を教えてください。

それでは Basic Quiz です。ユニットをカッコでくくりながら、文の構造を確認していきましょう。

[1] (In general), August is the month <when books don't sell (well)>.
　　　　　　　　　S　　V　　C　　　　　　 S'　　　V'

正解（B）：一般に、8月は本があまり売れない月だ。

〈　〉の部分は直前の名詞（**先行詞**）the month を修飾する**形容詞ユニット**です。〈　〉の中で文を組み立てなおしてみると、

Books don't sell (well) (in the month).
　S　　　V

本はその月にはあまり売れない。

という文が見えてきますね。空欄に入るべきパーツは in the month の部分です。〈関係代名詞〉を用いて in which とすることもできますが、これを1語で表す〈関係副詞〉**when が正解**です。先行詞が**〈時〉を表す**場合、関係副詞は when を選びます。

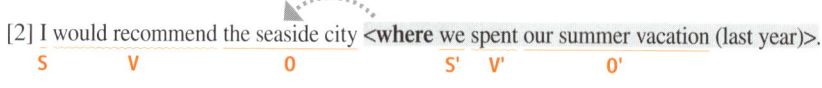

[2] I would recommend the seaside city <**where** we spent our summer vacation (last year)>.
　　S　　V　　　　　O　　　　　　　　　　　　S'　V'　　　　O'

正解（D）：去年私たちが夏休みを過ごした海辺の町はおすすめだよ。

〈 〉の部分は、直前の名詞 the seaside city を修飾する**形容詞ユニット**。〈 〉の中で文を組み立てなおすと、

We spent our summer vacation (**in** the seaside city) (last year).
S　V　　　O

去年私たちはその海辺の町で夏休みを過ごした。

となります。〈前置詞句〉in the seaside city を受けるのは〈関係副詞〉**where** です（in which でも OK）。念のため〈where…〉のユニットの中を見てみると、where の後ろは we（主語）、spent（動詞）、our summer vacation（目的語）のように、SVO の**〈完全なカタチ〉**が来ていますね。which（関係代名詞）の後ろは主語や目的語の欠けた〈不完全なカタチ〉が来るので✕（☞ #41-b）。how は〈名詞ユニット〉を作るので、直前の名詞 vacation を修飾することはできませんね（☞ #40）。名詞は文の中で必ず S、O、C のいずれかの働きをしなければなりません（☞ #A, p.15）。

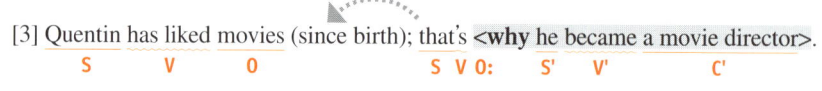

[3] Quentin has liked movies (since birth); that's <**why** he became a movie director>.
　　S　　V　　　O　　　　　　　　　　　S　V　O:　S'　V'　　　C'

正解（C）：クエンティンは生まれてからこのかた映画好きだ。だから彼は映画監督になったんだよ。

空欄の直前に**先行詞**に当たる名詞がないので how を選んだ方もいるでしょう。ところが that's how… は「このようにして…する」という意味で、ここでは意味が不自然になってしまいます。**正解は why**。**that's why…** は**「だから…だ」**という意味の**定型表現**として覚えておくと便利です。that is the reason why… の省略形なんですね。このように、〈関係副詞〉のユニットが修飾する名詞（先行詞）は、省略されることがあるので注意しましょう。

これまで説明してきたように、〈関係副詞〉は**形容詞ユニット**を作りますが、同じ when / where / why でも〈疑問詞〉や〈接続詞〉として使われる場合は、〈名詞ユニット〉や〈副詞ユニット〉を作ります。右ページにまとめましたので、参考にしてください。

PART 4 大きな名詞・形容詞・副詞の世界

完全攻略ナビ | #42-b　whenの用法

形容詞ユニット （関係副詞） 〈～する〉時	The day <**when** we arrived> was a holiday. 私たちが着いた日は休日だった。
名詞ユニット （疑問詞） いつ～か	Ask her <**when** she will come back>. 彼女にいつ帰って来るのか聞いてごらん。
副詞ユニット （接続詞） ～する時に	Give her this letter <**when** she comes>. 彼女が来たらこの手紙を渡してください。

完全攻略ナビ | #42-c　whereの用法

形容詞ユニット （関係副詞） 〈～する〉場所	The room <**where** we had a meeting> was dirty. 私たちが会議をした部屋は汚れていた。
名詞ユニット （疑問詞） どこで～か	Ask him <**where** the party will be held>. 彼にどこでパーティーが行われるか聞いてごらん。
副詞ユニット （接続詞） ～する場所に	Put back the CD <**where** you found it>. そのCDを元あった場所に戻しなさい。

完全攻略ナビ | #42-d　whyの用法

形容詞ユニット （関係副詞） 〈～する〉理由	The reason <**why** she did it> is unknown. 彼女がそれをした理由は不明だ。
名詞ユニット （疑問詞） なぜ～か	I can't explain <**why** he is a genius>. なぜ彼が天才なのか説明できない。

Lesson 10

43. 関係代名詞と関係副詞の区別

● **Basic Quiz**

> This is the art museum ---------- the poet often visited when he felt depressed.
> (A) which　　　(B) where　　　(C) to which　　　(D) on which

　関係代名詞と**関係副詞**を区別する際には、それぞれの共通点と相違点をしっかり押さえてください。
　〈関係代名詞〉と〈関係副詞〉の**共通点**は、どちらも**形容詞ユニット**を作り、**直前の名詞（先行詞）を修飾する**、ということです。**相違点**は、ユニットの中で〈関係代名詞〉は名詞の働きをし（例文 a）、〈関係副詞〉は副詞の働きをする（例文 b）、ということ。

● **共通点と相違点**

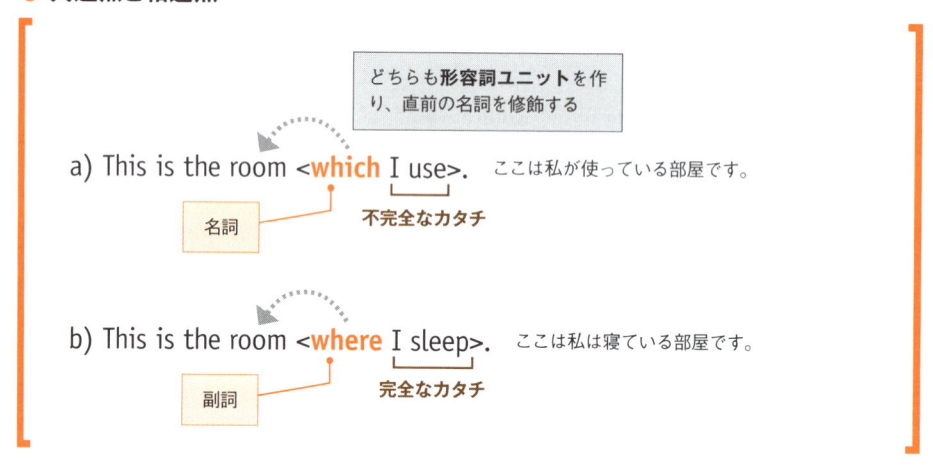

どちらも**形容詞ユニット**を作り、直前の名詞を修飾する

a) This is the room <**which** I use>.　ここは私が使っている部屋です。
　　　　　　　　　名詞　　不完全なカタチ

b) This is the room <**where** I sleep>.　ここは私は寝ている部屋です。
　　　　　　　　　副詞　　完全なカタチ

　〈関係代名詞〉はユニットの中で必ず主語や目的語の働きをするため、後ろには〈**不完全なカタチ**〉が来ます。一方、〈関係副詞〉の後ろには〈**完全なカタチ**〉が来ます。Basic Quiz の例文を見てみましょう。

This is the art museum <**which** the poet (often) visited <when he felt depressed>>.
　S　V　　　C　　　　　　　　　　S'　　　　　V'

正解（A）：ここは、その詩人が落ち込んだ時によく訪れた美術館です。

PART 4 大きな名詞・形容詞・副詞の世界

　〈　〉の部分は直前の名詞the art museum（その美術館）を修飾する**形容詞ユニット**です。選択肢を見ると、**形容詞ユニット**を作るwhere（関係副詞）とwhich（関係代名詞）が候補に挙がりますね。後ろのカタチに注目してみると、〈他動詞〉visitの目的語がない**〈不完全なカタチ〉**が続いています。したがって、目的格の〈関係代名詞〉**which**が正解です。念のために〈　〉の中にthe art museumを入れて文を組み立てなおしてみましょう。

　The poet often visited the art museum when he felt depressed.
　その詩人は落ち込んだ時によくその美術館を訪れた。

　先行詞が場所を表すからといって、必ずしも〈関係詞〉がwhereになるわけではないので注意しましょう。

完全攻略ナビ | #43　関係代名詞＋不完全な文、関係副詞＋完全な文

関係代名詞	This is the room <which I use>. ＜関係代名詞＋不完全な文＞ 📝note useは他動詞なので目的語が必要。
関係副詞	This is the room <where I sleep>. ＜関係副詞＋完全な文＞ 📝note sleepは自動詞なので目的語は不要。

	形容詞ユニット	名詞ユニット
関係代名詞	名詞〈which [who] ＋α（不完全）〉	〈what ＋α（不完全）〉
関係副詞	名詞〈when [where / why] ＋α（完全）〉	〈how ＋α（完全）〉

Lesson 10

▶ Lesson 11
副詞ユニットを作る接続詞①
―― 目的・理由・譲歩

	Sサイズ	Mサイズ	Lサイズ
名詞			
形容詞			
副詞			✓

　名詞・形容詞・副詞の3大品詞と、SMLの3サイズの英語の世界は見えてきましたか？ここからは、いよいよその締めくくりとなる、**Lサイズの副詞ユニット**です。SVとSVをつなぐ**「接続詞」**と呼ばれる機能語が主役です。〈接続詞〉は**SVとSVを結ぶ接着剤**です。結び方には以下の2通りしかありません。

a）SV＋接続詞＋SV

　例）He failed to pass the exam **though** he worked hard.
　　　S　V　　　　　　　　　　　　　　　S　　V

　　彼はその試験に失敗した。一生懸命頑張ったのだが。

b）接続詞＋SV, SV

　例）**Though** he worked hard, he failed to pass the exam.
　　　　　　　S　　V　　　　　S　　V

　　彼は一生懸命頑張ったが、その試験に失敗した。

　a）のように前後のSVを結ぶ場合と、b）のように文頭に置いて続く2つのSVを結ぶ場合があります。TOEICでは、**接続詞、（接続）副詞、前置詞**などの**「つなぎことば」**の選択問題が多いので、次の「公式」を知っておくと便利です。

V（動詞）の数 －1＝接続詞の数

　たとえば、動詞が3つあったら接続詞が2つ必要だということですね。**1つの文に動詞は1つ！**ということをよく覚えておきましょう。

　Lesson 11では、〈目的〉〈理由〉〈譲歩〉などの意味を表す接続詞を見ていきます。

PART 4 大きな名詞・形容詞・副詞の世界

44. 目的・理由・譲歩を表す接続詞

● Basic Quiz

[1] ---------- you will be transferred to the New York office, we need to make some adjustments in the department.
(A) What　　(B) As　　(C) In which　　(D) Until

[2] ---------- stock market risks are high, you can expect big returns if things go well.
(A) When　　(B) How　　(C) Whatever　　(D) While

[3] I'm not going to stay home from work just ---------- I feel a little sick.
(A) so that　　(B) since　　(C) because　　(D) although

[4] Ms. Nixon felt very anxious ---------- the deadline is only two weeks off.
(A) about　　(B) although　　(C) now that　　(D) which

[5] Could you give us time ---------- we can investigate why the negotiations are dragging out?
(A) in order to　　(B) though　　(C) for　　(D) so that

[6] ---------- he left hospital last week, he is still undergoing rehabilitation.
(A) Despite　　(B) Because　　(C) Nevertheless　　(D) Even though

目的・理由・譲歩の意味を表す接続詞には、以下のようなものがあります。これらの接続詞は必ず**副詞ユニット**を作ります。

完全攻略ナビ │ #44-a　目的・理由・譲歩の接続詞

The manager spoke slowly **so that** everyone could understand his explanation.
マネージャーは、みんなが彼の説明を理解できるようにゆっくりと話した。

● 【目的】
□ **so that**（〜できるように）
● 【理由】
□ **because** / □ **as [since]**（〜なので）　□ **now that**（今や〜なので）
● 【譲歩】
□ **although** / □ **though** / □ **even though** / □ **as much as**（〜だが）

それでは、Basic Quiz を見ていきましょう。

[1] <As you will be transferred (to the New York office)>, we need to make some
     S'   V'   S   V
adjustments (in the department).
    O

正解(B)：あなたがニューヨーク支店に異動になるので、部内で仕事の調整がいくらか必要です。

　まず、**主節より前は必ず副詞要素**なので、〈　〉の部分は**副詞ユニット**となります。〈名詞ユニット〉を作るwhatは最初に候補から外せますね。in whichは前置詞＋関係代名詞で〈形容詞ユニット〉を作るため、やはりここでは×。untilは〈副詞ユニット〉を作りますが、「～までずっと」という意味で不適切。ここでは、「～なので」という〈理由〉の意味を表す**asが正解です**。asは**副詞ユニット**を作る接続詞で、〈同時〉〈理由〉〈比例〉〈様態〉などの意味がありますが、基本的に**イコール（＝）のイメージ**で押さえておけばOKです。

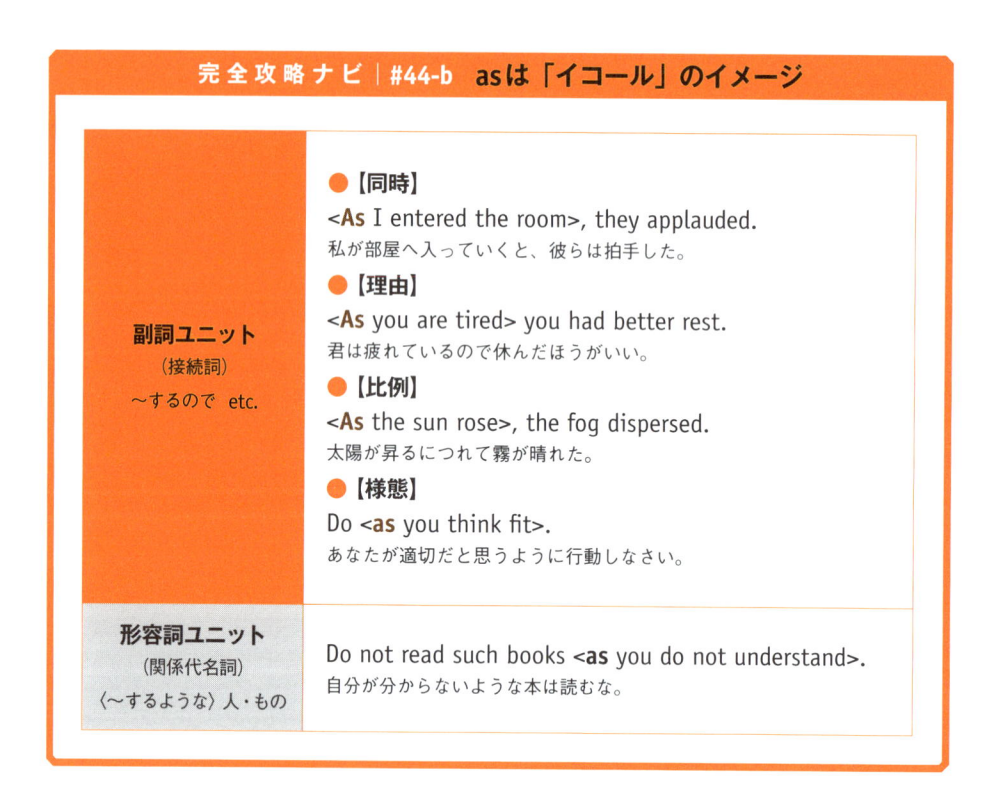

完全攻略ナビ | #44-b　asは「イコール」のイメージ

副詞ユニット （接続詞） ～するので　etc.	●【同時】 <As I entered the room>, they applauded. 私が部屋へ入っていくと、彼らは拍手した。 ●【理由】 <As you are tired> you had better rest. 君は疲れているので休んだほうがいい。 ●【比例】 <As the sun rose>, the fog dispersed. 太陽が昇るにつれて霧が晴れた。 ●【様態】 Do <as you think fit>. あなたが適切だと思うように行動しなさい。
形容詞ユニット （関係代名詞） 〈～するような〉人・もの	Do not read such books <as you do not understand>. 自分が分からないような本は読むな。

---

[2] <While stock market risks are high>, you can expect big returns <if things go (well)>.
         S'   V'   C'   S   V   O   S'   V'

正解(D)：株取引はリスクは高いが、もし事がうまく運べば、大きな利益を期待できる。

PART 4 大きな名詞・形容詞・副詞の世界

〈 〉の部分は、主節より前なので**副詞ユニット**。howは〈名詞ユニット〉を作るので候補から消えますね（☞ #40）。whatever「〜するものはなんでも、何が〜しようとも」は〈副詞ユニット〉をとれますが、後ろには主語や目的語の欠けた〈**不完全なカタチ**〉が来なければなりません。ここでは、主語（stock market risks）、動詞（are）、補語（high）の〈**完全なカタチ**〉が来ているので、まずカタチの上でアウト。

正解はwhileです。whileは「〜する間」という〈期間〉の意味だけでなく、「〜する一方で、〜だが」という〈対照〉〈譲歩〉のニュアンスを表すこともあるので注意しましょう。whenには〈譲歩〉の意味はありません。

完全攻略ナビ | #44-c　whileには「〜する一方で、〜だが」という意味も！

副詞ユニット （接続詞） 〜する間 〜する一方で	●【期間】 <While (I was) listening to the radio>, I fell asleep. 私はラジオを聞いているうちに眠り込んでしまった。 ●【対照・譲歩】 He loves football, <while his wife hates it>. 彼はサッカーを愛しているが、妻の方はそれを嫌っている。

Lesson 11

---

[3] I'm not going to stay (home)(from work) <just **because** I feel a little sick>.
　　S　　　V　　　　　　　　　　　　　　　　　　　　S'　V'　　　C'

正解（C）：少しくらい気分が悪いというだけで私は仕事を休んで家にいるつもりはない。

空欄直前の副詞、just（ただ〜）とつなげて使うことができるのは選択肢の中ではbecauseだけです。**just [only] because 〜**で「〜という理由だけで」という意味。sinceも〈理由〉を表すことはできますが、just sinceという言い方はしません。

[4] Ms. Nixon felt very anxious <**now that** the deadline is only two weeks off>.
　　S　　　　V　　　C　　　　　　　　　　　S'　　　　　V'　　　C'

正解（C）：締め切りまでたったの2週間となったので、ニクソンさんは焦りを感じ始めた。

feel anxious about（〜を心配する）はよく使う表現ですが、aboutは前置詞なので後ろには**名詞**を1つしかとれません。問題文では、the deadlineの後ろに動詞isがありますから、**SVのカタチ**が続いていると判断できます。(D) whichは〈名詞ユニット〉か〈形容詞ユニット〉を作ります（☞ #C, p.86）。問題文は、Mr. Nixon (S) felt (V) very anxious（C）のように、空欄より前でSVCの文型が完成しているため、この後に〈名詞ユニット〉は来られません。また、〈形容詞ユニット〉の場合は直前に先行詞となる名詞が必要。anxious（心配している）は**形容詞**なので先行詞になれませんね。前後の内容から**〈理由〉**を表す接続詞**now that**（今や～なので）が正解です。

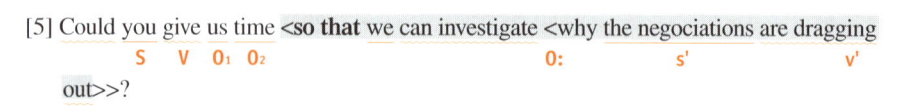

[5] Could you give us time <so that we can investigate <why the negociations are dragging out>>?
　　　　S　V　O₁　O₂　　　　　　　　　　　　　　　　O:　　　　　　s'　　　　　　v'

正解（D）：交渉が長引いている理由を調査するために、少しお時間をいただけますか。

前後の2つの**SVを結ぶ接続詞**が必要なので、〈不定詞〉であるin order to（～するために）や前置詞forは使えませんね。though（～だが）は〈譲歩〉を表す接続詞。ここでは「交渉が長引いている理由を調査する」ことが**〈目的〉**なので、内容から**so that**（～できるように）を選びましょう。このように**so that**は〈助動詞〉のcan [may]と一緒に使うことが多い接続詞です。

[6] <**Even though** he left hospital (last week)>, he is (still) undergoing rehabilitation.
　　　　　　　　　　S'　V'　　O'　　　　　　　　　　　　S　　V　　　　　　　　　　O

正解（D）：彼は先月退院したが、まだリハビリ中だ。

2つのSVを結んでいるので、空欄には接続詞が必要です。（A）Despite（～にもかかわらず）は前置詞、（C）Nevertheless（それにもかかわらず）は副詞なので、SVとSVを結ぶことはできません。前後の内容から、**〈譲歩〉**を表す**even though**（実際に～だが）が正解です。

PART 4 大きな名詞・形容詞・副詞の世界

45. -everの用法

● Basic Quiz

[1] ---------- wishes to join the marketing strategy workshop, please submit an application form.
(A) A person (B) Whoever (C) Everyone (D) Whomever

[2] ---------- option you choose, you have to pay an extra charge.
(A) Whoever (B) Whichever (C) Whenever (D) However

[3] ---------- countries you may visit, you should respect their culture.
(A))However (B) Wherever (C) Whatever (D) What

[4] Mr. Mingus always makes a face ---------- his colleague asks him to do anything.
(A) whenever (B) whatever (C) whomever (D) whichever

[5] ---------- you choose to live, there are always going to be disadvantages.
(A) Why (B) Wherever (C) What (D) Whatever

[6] I'd like to run my own business, ---------- small it may be.
(A) however (B) how (C) even if (D) whatever

Lesson 11

　ここからは、**-ever**のシリーズです。-everは名詞や副詞のユニットを作る接続詞で、「**誰［何］が、どこで、いつ、どうやって～しても**」といった〈譲歩〉の意味を表します。

　正確には**複合関係詞**と呼ばれ、関係詞と接続詞の**中間的な存在**です。文法的には**関係詞**、意味的には**接続詞**と解釈できますが、本書では、〈譲歩〉の意味を作る「機能語」として、接続詞とともに整理をしています。このように接続詞や関係詞を「機能語」としてユニット単位でとらえることによって、英語はグッとシンプルに見えてきます。

● -everは中間的な存在

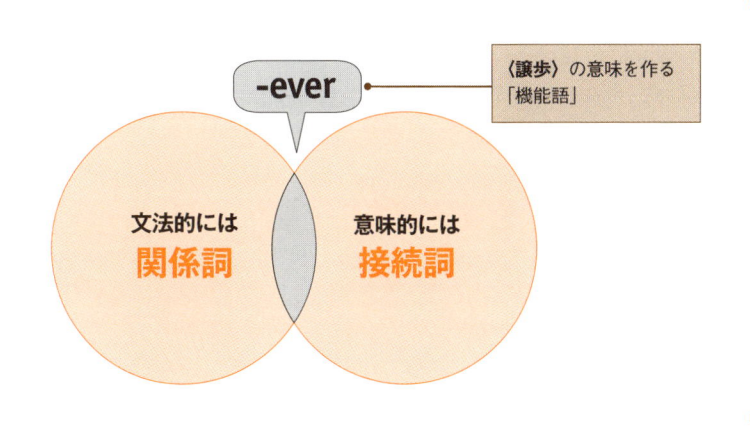

-ever — 〈譲歩〉の意味を作る「機能語」

文法的には **関係詞**　　意味的には **接続詞**

まず最初に押さえておかなければならないのは、**-everは形容詞ユニットをとらない**、ということ（☞ #C, p.87）。

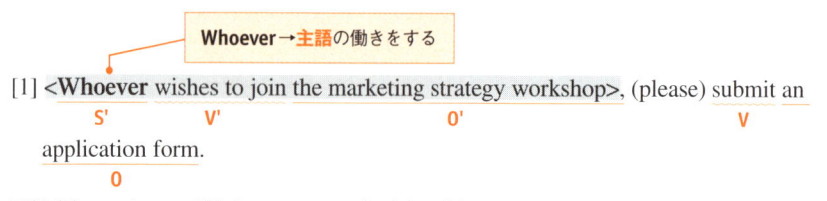

> Whoever→**主語**の働きをする

[1] <**Whoever** wishes to join the marketing strategy workshop>, (please) submit an application form.
　　　　S'　　V'　　　　　　　　　　　O'　　　　　　　　　　　　V　　　　　　　　O

正解（B）：マーケティング戦略のワークショップに参加を希望する人は誰でも、申し込み用紙を提出してください。

〈　〉の部分は、**主節より前**にあるので**副詞ユニット**です。a person（1人の人物）やeveryone（誰でも）はwishesの主語にはなれますが、2つの文をつなぐことはできません。〈　〉の中を見てみると、空欄の後には主語がないですね？〈　〉の中で**主語の働き**をする**whoever**（〜する人は誰でも）が正解。whomever（誰を〜しても）は〈　〉の中では目的語の働きをします。

whoever / whomever（誰でも）は**副詞ユニット**（または名詞ユニット）を作り、whoeverは〈**主語の代わり**〉、whomeverは〈**目的語の代わり**〉になります。

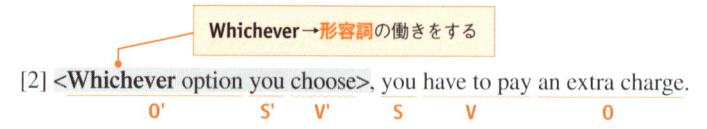

> Whichever→**形容詞**の働きをする

[2] <**Whichever** option you choose>, you have to pay an extra charge.
　　　　　O'　　　S'　V'　　　S　　V　　　　　　O

正解（B）：どちらのオプションを選ぼうとも、あなたは追加料金を支払わなければならない。

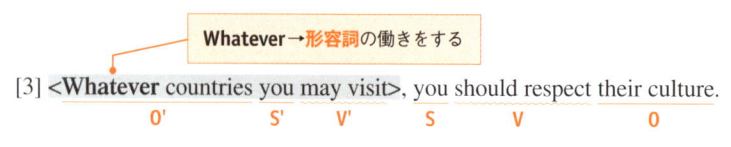

〈　〉の部分は主節より前にあるので**副詞ユニット**。〈　〉の中を見ると、主語（you）、動詞（choose）、目的語（option）と、SVOのそろった〈**完全なカタチ**〉が来ています。目的語のoptionが主語の前に置かれているので、空欄に入る語とセットで1語になっていると判断できます。したがって、ここでは**形容詞の働き**をすることができる**whichever**が正解。whoeverは後ろに主語のない〈不完全なカタチ〉をとり、whenever、howeverは後ろに〈完全なカタチ〉をとります（☞ #C, p.86）。いずれも直後の名詞を修飾することはできないため、ここでは使えません。

> Whatever→**形容詞**の働きをする

[3] <**Whatever** countries you may visit>, you should respect their culture.
　　　　　O'　　　　　S'　　V'　　　　S　　V　　　　　　　O

正解（C）：どんな国をあなたが訪問しようとも、その国の文化を尊重するべきだ。

〈　〉は主節より前にあるので**副詞ユニット**です。whatは名詞ユニットを作るので、

PART 4 大きな名詞・形容詞・副詞の世界

最初に候補から消えますね（☞ #39）。次に〈 〉の中を見ると、空欄の後ろには冠詞のない可算名詞 countries が来ています。however、wherever は〈 〉の中では副詞として機能するので、名詞を修飾することはできません。ユニットの中で**形容詞の働き**をすることができる **whatever** が正解。問題文では countries（国々）という名詞を修飾していますね。whichever は **「選択肢が明らかな場合」** に使うのに対して、whatever は **「選択肢が漠然としている場合」** に使います。

　whichever（どちらが〜しようとも）と whatever も、**副詞ユニット**（または名詞ユニット）を作ります。ユニットの中では**形容詞の働き**をして直後の名詞を修飾するか、あるいは**名詞の働き**をして主語や目的語になります。

完全攻略ナビ | #45-a　who(m)ever は主語（目的語）の働きをする！

副詞ユニット 誰が（を）〜しようとも	\<**Whoever** comes\>, I won't open the door. 誰が来てもドアは開けないよ。 \<**Whomever** she invites\>, she is kind to them. 彼女は誰を招待しても、その相手に対して親切だ。
名詞ユニット 〜する人は誰でも	She got angry with \<**whoever** opposed her\>. 彼女は自分に反対する誰にでも腹を立てた。 He spoke to \<**whomever** he met\>. 彼は会う人ごとに話しかけた。

完全攻略ナビ | #45-b　whichever は「選択肢が明らかな場合」

副詞ユニット どちらが〜しようとも	\<**Whichever** wins\>, I'll be happy. どちらが勝っても私はうれしい。 \<**Whichever team** wins\>, I'll be happy. どちらのチームが勝っても私はうれしい。
名詞ユニット 〜するものはどちらでも	Take \<**whichever** you like\>. 欲しいものをどちらでも取りなさい。 Take \<**whichever cake** you like\>. どちらのケーキでも好きな方を取りなさい。

Lesson 11

完全攻略ナビ | #45-c　whateverは「選択肢が漠然としている場合」

副詞ユニット 何が(を)〜しようとも	\<**Whatever** the reason (was)\>, they did not marry. 理由は何であったにせよ、彼らは結婚しなかった。 \<**Whatever language** you study\>, you cannot master it in a short time. どんな言語を学ぶにしても、短時間では習得できない。
名詞ユニット 〜するものは何でも	I'll give you \<**whatever** I have\>. 持っている物は何でも君にあげよう。 She gave me \<**whatever help** I needed\>. 彼女は私が必要とする援助はどんなことでもしてくれた。

[4] Mr. Mingus (always) makes a face \<**whenever** his colleague asks him \<to do anything\>\>.
　　　S　　　　　　　　　　V　　　O　　　　　　　　　S'　　　　V'　O'

正解(A)：同僚が何か頼み事をするといつも、ミンガス氏はしかめ面をする。

まず問題文の構造を確認しておきましょう。

　　　　　　　　　　　　　　　　\<------ his colleague asks him \<to do anything\>\>.
　　　　　　　　　　　　　　　　　　　　　　S'　　　V'　O'　　v'　　o'

Mr. Mingus (always) makes a face 〈★〉.
　　S　　　　　　　　　V　　　　O

make a faceで「しかめ面をする」という意味の熟語です。つまり、SVOがそろっているので、〈★〉**は修飾語**（=副詞ユニット）だと判断できます。選択肢を見てみると、すべて副詞ユニットをとれる単語ばかりですね。次に、〈★〉の中を見てみましょう。ask sb + to do（〈人〉に〜するように頼む）は〈**促進型**〉のパターン（☞ #30）。ここではto doは目的語anythingをとっているので、空欄の後ろは〈**完全なカタチ**〉が来ていると判断できます。後ろに〈**完全なカタチ**〉ととることができるのは選択肢の中で**whenever**（〜する時はいつでも）だけです。

[5] \<**Wherever** you choose to live\>, there are (always) going to be disadvantages.
　　　　　　　　　S'　　　V'　　　　　　　　　　　V　　　　　　　　　　　S

正解(B)：どこに住むことを決めようとも、常に不都合な点は出てくるものです。

PART 4 大きな名詞・形容詞・副詞の世界

〈 〉の部分は主節より前にあるので、**副詞ユニット**です。what、whyは副詞ユニットをとれないのでここでは使えませんね（☞#C, P.86）。次に〈 〉の中を見てみましょう。

<------ you choose to live>
           S'   V'

live（住む）は**自動詞**なので後ろに目的語は不要です。よって、後ろは〈**完全なカタチ**〉。whateverは主語や目的語の役割を果たすので、ここでは使えませんね（☞#45-c）。後ろに〈**完全なカタチ**〉をとる接続詞の**wherever**（どこで〜しても）が正解です。

whenever（いつでも）と**wherever**（どこでも）は、必ず**副詞ユニット**を作り、後ろには〈**完全なカタチ**〉が続きます。

完全攻略ナビ | #45-d　wheneverの用法

副詞ユニット
1. たとえいつ〜しても
2. 〜する時はいつでも

1. You will find him home <**whenever** you (may) call>.
いつ電話しても彼は家にいるよ。
2. Come and see me <**whenever** you want to>.
いつでも好きな時に遊びに来て下さい。

完全攻略ナビ | #45-e　whereverの用法

副詞ユニット
1. 〜する場所はどこでも
2. たとえどこで〜しても

1. Sit <**wherever** you like>.
どこでも好きな所にすわりなさい。
2. <**Wherever** you (may) go>, I will follow you.
君がどこへ行こうとも、私はついていく。

---

[6] I'd like to run my own business, <**however** small it may be>.
    S   V   O   C'   S'   V'

正解（A）：それがどんなに小さなものであれ、私は自分の会社を経営したい。

Lesson 11

問題文の構造を見ておきましょう。

I'd like to run my own business, 〈★〉　　　〈------ small it may be〉
S　V　　　　　O

〈★〉の部分の前で、SVOの文が完成しているので、〈★〉は修飾語です。名詞ユニットを作るhowが候補から外せますね。次に〈★〉の中を見てみると、後ろにsmall（小さい）という形容詞が来ているので、空欄にはそれを修飾する**副詞**が必要。〈　〉の中で副詞の働きをするhoweverが正解です。ここでは〈程度〉の意味ですね。whatever、even if（たとえ〜でも）は、副詞ユニットを作りますが、直後の形容詞（small）を修飾できません。

however（どんなに〜でも、どんな方法でも）は必ず**副詞ユニット**を作り、ユニットの中でも副詞であるため、後ろには〈完全なカタチ〉が続きます。

直後に置かれた名詞以外の要素（形容詞や副詞など）を修飾している場合には「どんなに〜でも」という〈程度〉の意味となり、後ろに続くSV全体を修飾している場合には「どんな方法で〜でも」という〈方法〉の意味となります。

完全攻略ナビ | #45-f　howeverの用法

副詞ユニット 1. たとえどんなに〜しても 2. たとえどんな方法で〜しても	●【程度】 1. <**However busy** you are>, you must do it. 　どんなに忙しかろうが、あなたはそれをやらねばならない。 ●【方法】 2. <**However** you do it>, just do your best. 　どのようにやるとしても、ベストを尽くしなさい。
（接続）副詞 しかし	Air travel is fast; **however**, sea travel is restful. 　空の旅は速いが、船旅は落ち着く。

PART 4 **大きな名詞・形容詞・副詞の世界**

▶ Lesson 12
副詞ユニットを作る接続詞②
――時・条件

	Sサイズ	Mサイズ	Lサイズ
名詞			
形容詞			
副詞			✔

　Lesson 11で学習した〈接続詞〉は、副詞ユニットを作るものがメインでした。Lesson 12では、〈時〉や〈条件〉の意味を表す**接続詞**を見ていきますが、ユニットの品詞によって、その中の**動詞のカタチ**が変わってくる場合があるので注意が必要です。まずは腕試し。以下の文の空欄にcome（来る）を適切なカタチにして入れてみてください。

a) I don't know whether he (　　) tomorrow or not.
b) I have to go whether he (　　) tomorrow or not.

　whetherから始まるユニットをカッコでくくってみると、下のような文の構造が見えてきます。

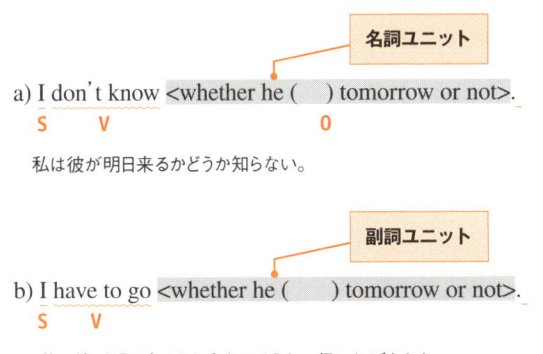

　　　　　　　　　　　　　　　　名詞ユニット
a) I don't know <whether he (　　) tomorrow or not>.
   S   V   O

　私は彼が明日来るかどうか知らない。

　　　　　　　　　　　　　　　　副詞ユニット
b) I have to go <whether he (　　) tomorrow or not>.
   S   V

　私は彼が明日来ようと来なかろうと、行かねばならない。

　a) の文の〈whether...〉はknowの目的語になっているので、**名詞ユニット**ですね。一方、b) の文の動詞goは**自動詞**なので、目的語をとりません。よって、〈whether...〉は文全体を修飾する**副詞ユニット**だと判断できます。ユニットの品詞を知ることがなぜ重要かというと、それは、次のようなルールがあるからです。

　　〈時・条件〉を表す**副詞ユニット**では、**未来のことは現在形で表す**！

したがって、b）では、「彼が来る」のは未来のことですが、現在形の **comes** が適切なカタチです。一方、名詞ユニットの中では未来のことはそのまま未来形で表せるので、a）は **will come** が正解です。

46. 時・条件を表す接続詞

● **Basic Quiz**

[1] Unless we ---------- your remittance by the due date, we will have to take legal action.
　　(A) received　　(B) receive　　(C) will receive　　(D) had received
[2] I'm expecting a visitor at 2 o'clock. Please page me in the restaurant when she ----------.
　　(A) will arrive　　(B) is arrived　　(C) arrives　　(D) will be arrived
[3] You never know when lifesaving devices ---------- needed in the future.
　　(A) will be　　(B) are　　(C) were　　(D) had been
[4] If you ---------- my computer for me, I won't have to go all the way to the repair shop.
　　(A) fix　　(B) fixed　　(C) had fixed　　(D) will fix
[5] I wonder ---------- they understood my explanation of our company's situation.
　　(A) what　　(B) unless　　(C) if　　(D) though
[6] ---------- we abolish nuclear plants or not, the issue of energy resources remains wide open.
　　(A) If　　(B) That　　(C) Whether　　(D) How
[7] I'll lend you the money, ---------- you pay me back within a week.
　　(A) as long as　　(B) as many as　　(C) as far as　　(D) as soon as
[8] ---------- I know, she was born in China and grew up in Vietnam.
　　(A) As soon as　　(B) As long as　　(C) As much as　　(D) As far as
[9] ---------- the company installed new equipment, their productivity has dramatically improved.
　　(A) When　　(B) Because of　　(C) Since　　(D) During

■ **A. 未来のことも現在形！**

それでは Basic Quiz を見ていきましょう。

　　　　　　　　　　　　　未来のことだが、現在形で表す

[1] <Unless we **receive** your remittance (by the due date)>, we will have to take legal action.
　　　　S'　　V'　　　O'　　　　　　　　　　　　　　　　S　　V　　　O

正解（B）：期限までにあなたの送金を受け取らない限り、我々は法的措置を取らざるを得ません。

PART 4 **大きな名詞・形容詞・副詞の世界**

後半部で未来形（will have to）が使われているので全体は未来の話だと推測できますね。**unless**は「〜しない限り」という〈**条件**〉を表す**副詞ユニット**を作ります。したがって、「送金を受け取る（receive）」時点は未来のことですが、現在形で表します。

[2] I'm expecting a visitor (at 2 o'clock). Please page me (in the restaurant) <when she arrives>.
　S　V　　　O　　　　　　　　　　　　　V　　O　　　　　　　　　　　　　　　　S'
　　　V'

正解（C）：2時に来客を予定しています。彼女が着いたら、レストランで私を呼び出してください。

whenは名詞、形容詞、副詞のすべてのユニットを作れるマルチプレーヤーです（☞ #42-b）。文の構造を確認して、品詞を決定しましょう。whenのユニットを〈★〉に置き換えて考えてみると、以下のカタチが見えてきます。

　　　　　　　　　　　　　　　　restaurantを修飾する**形容詞**
　　　　　　　　　　　　　　　　ユニット or **副詞ユニット**

(Please) page me (in the restaurant) 〈★〉.
　　　　　V　　O

page（〜を呼び出す）は目的語を1つとる他動詞で、上の文ではすでに目的語meをとっていますから、ここで文型が終了しています。だとすると、〈★〉の部分は、直前のrestaurant（レストラン）を修飾する〈形容詞ユニット〉か、〈副詞ユニット〉でなければなりません。ただし、whenが〈形容詞ユニット〉を作る場合、修飾される名詞はday（日）、week（週）など〈**時**〉**を表す名詞**に限られるため（☞#42-b)、〈★〉は**副詞ユニット**であると判断できます。したがって、ここでは現在形のarrivesが正解です。

　　　　　　　　　　　　　　　名詞ユニットは、**未来**のことは**未来形**

[3] You (never) know <when lifesaving devices **will be** needed (in the future)>.
　　S　　　　V　　O:　　　　　S'　　　　　　　　　V'

正解（A）：今後、いつ救命設備が必要になるか分かりません。

whenのユニットの時制は、「今後（in the future)」とあるので、未来の話ですね。「whenは時を表すから、未来のことは現在形だな」と思われた方は「ちょっと待った」です。問題文の構造を確認してみると、〈　〉の部分はknowの目的語になっているので、**名詞ユニット**が来ます。先ほど紹介したルールは、〈**時・条件**〉を表す**副詞ユニット**では、**未来のことは現在形で表す**、というものでした。**名詞ユニット**にはこのルールが適用されません。したがって、未来のことは**未来形**（will be）で表現します。

123

〈時・条件〉のユニットを作る接続詞は以下のようなものがあります。これらの接続詞が**副詞ユニット**を作る場合は、未来のことは**現在形**で表します。

完全攻略ナビ | #46-a　時・条件の副詞ユニットは、未来のことは現在形で表す！

If it rains tomorrow, I will stay home.
もし明日雨が降ったら、私は家にいます。

● 【時】を表す接続詞
☐ **after**（〜する後で）　☐ **as soon as**（〜するとすぐに）　☐ **before**（〜する前に）
☐ **by the time**（〜する時までには）　☐ **until**（〜するまでずっと）
☐ **when**（〜する時）　☐ **while**（〜する間）

● 【条件】を表す接続詞
☐ **as long as**（〜する限り）　☐ **if**（もし〜なら）
☐ **unless**（〜しない限り）　☐ **whether**（〜だろうとなかろうと）
☐ **as far as**（〜する範囲では）　☐ **in case**（〜するといけないので）

✎ **note**
immediately、the moment（〜するとすぐに）なども接続詞として〈時の副詞節〉を作ることがある。

B. 副詞ユニットのifは条件

副詞ユニットの**if**は〈条件〉を表す

[4] <If you **fix** my computer (for me)>, I won't have to go (all the way)(to the repair shop).
　　　 S'　V'　　 O'　　　　　　　　　　S　　V

正解（A）：あなたが私のためにパソコンを修理してくれるなら、私は修理店までわざわざ行かなくてもすむ。

主節より前にあるので、〈　〉の部分は**副詞ユニット**です。**if**は〈副詞ユニット〉の場合「もし〜なら」という〈**条件**〉を表します。〈時・条件〉の**副詞ユニット**の中では、**未来のことは現在形**ですね。なお、〈**妄想**〉を表す**仮定法**ではifが使われることが多いですが、逆にifが使われているからといって、必ずしも仮定法になるわけではありません。この問題文のように、現実的に**条件を提示**する場合は、仮定法ではないので注意が必要です。

PART 4 大きな名詞・形容詞・副詞の世界

> S+V+Oの〈完全なカタチ〉

[5] I wonder <if they understood my explanation (of our company's situation)>.
　　S　V　　O: S'　　　V'　　　　O'

正解 (C)：彼らはわが社の状況についての私の説明を理解しただろうか。

〈　〉の部分は、wonderの目的語になっていますね。選択肢の中で、**名詞ユニット**となれるのはwhatとifです。whatは後ろに主語や目的語の欠けた〈不完全なカタチ〉が来るのに対し、ifは主語や目的語の代わりにはなれないため、後ろには〈完全なカタチ〉が来ます（☞ #C, p.86）。問題文では、they（S）understood（V）my explanation（O）のようにSVOのそろった〈完全なカタチ〉が来ているため、if（〜かどうか）が正解。ここでは [4] と違い、条件の〈副詞ユニット〉ではないので注意しましょう。unless（〜しない限り）、though（〜だが）は、ここでは意味の上でも不適切ですね。

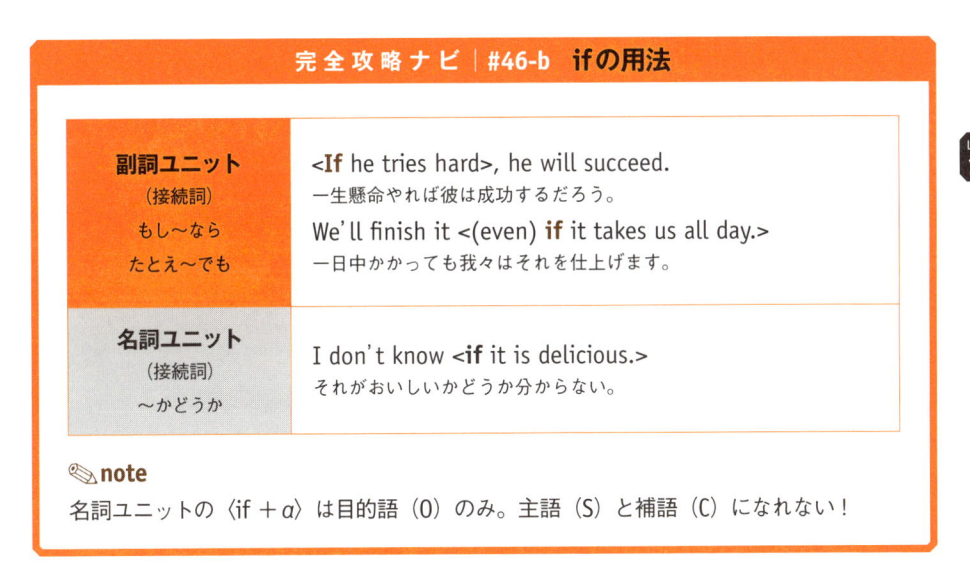

完全攻略ナビ | #46-b　ifの用法

副詞ユニット（接続詞） もし〜なら たとえ〜でも	<If he tries hard>, he will succeed. 一生懸命やれば彼は成功するだろう。 We'll finish it <(even) if it takes us all day.> 一日中かかっても我々は仕上げます。
名詞ユニット（接続詞） 〜かどうか	I don't know <if it is delicious.> それがおいしいかどうか分からない。

✎note
名詞ユニットの〈if + α〉は目的語（O）のみ。主語（S）と補語（C）になれない！

C. whetherは選択的な内容

[6] <Whether we abolish nuclear plants or not>, the issue (of energy resources) remains
　　　　　　　S'　　V'　　　　O'　　　　　　S　　　　　　　　　　　　　　V
wide open.
C

正解 (C)：我々が原発を廃止しようとしまいと、エネルギー資源の問題は広く残る。

主節より前は必ず副詞要素なので、選択肢には**副詞ユニット**をとれる接続詞が必要で

す。(D) How（～する方法）は名詞ユニットを作るため✕。that は「～ということ」という〈確定的な内容〉になり、or not（～かどうか）をつけることはできません。〈選択的な内容〉をとれる接続詞は if か whether です。ただし、if は〈副詞ユニット〉の場合、「もし～なら」という〈条件〉を表し（☞ #46-b）、or not を伴うことができないためここでは選べません。したがって、ここでは **whether が正解**。whether は**副詞ユニット**では「～だろうとなかろうと」という〈条件〉を、名詞ユニットでは「～かどうか」という〈選択的内容〉を表す接続詞です。

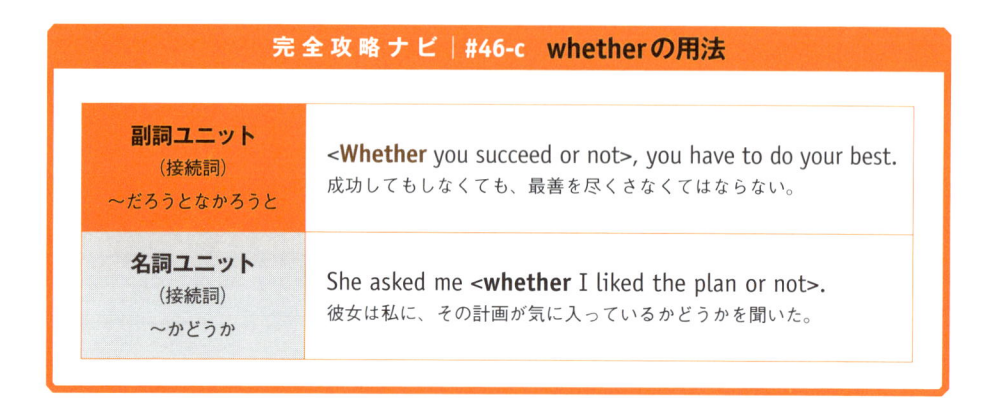

完全攻略ナビ｜#46-c　whether の用法

副詞ユニット （接続詞） ～だろうとなかろうと	\<**Whether** you succeed or not\>, you have to do your best. 成功してもしなくても、最善を尽くさなくてはならない。
名詞ユニット （接続詞） ～かどうか	She asked me \<**whether** I liked the plan or not\>. 彼女は私に、その計画が気に入っているかどうかを聞いた。

■ D. as long as は条件、as far as は範囲

> as long as は〈条件〉を表す

[7] I'll lend you the money, \<**as long as** you pay me (back)(within a week)\>.
　　S　V　　O₁　　　O₂　　　　　　　　　S'　V'　O'

正解（A）：あなたが1週間以内に返してくれるなら、そのお金を貸してあげましょう。

as long as は「～する限り」という〈条件〉を表し、**as far as** は「～する範囲では」という〈範囲〉を表します。どちらも辞書などでは「～する限り」のように同じ訳語が載っていることが多いので、しっかり区別しましょう。as soon as（～するとすぐに）、as many as（数が～もの）も重要な表現です。

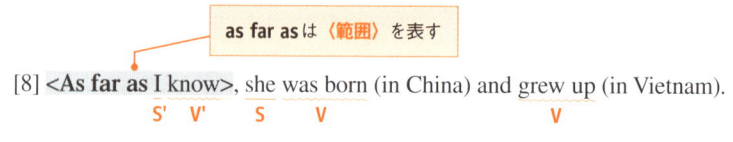

> as far as は〈範囲〉を表す

[8] \<**As far as** I know\>, she was born (in China) and grew up (in Vietnam).
　　　　　　S'　V'　　S　　V　　　　　　　　V

正解（D）：私の知る限りでは、彼女は中国で生まれ、ベトナムで育った。

PART 4 大きな名詞・形容詞・副詞の世界

　「私の知っている範囲では」と、〈範囲〉を限定する意味なので **as far as** が正解です。as much as（量が〜もの）は接続詞の用法として「〜だけれども（＝although）」の用法もあるので注意。

完全攻略ナビ | #46-d

as long as は「〜する限り」

副詞ユニット （接続詞） 〜する間は 〜さえすれば	I want to continue working <**as long as** I live>. 私は生きている間はずっと働き続けたい。→〈時間〉 I don't care <**as long as** you are happy>. 君が幸せでありさえすれば私はかまわない。→〈条件〉
副詞 〜もの長い間	This laptop PC can work **as long as** 10 hours when powered by internal battery. このノートパソコンは内蔵バッテリで10時間も作動する。

as far as は「〜する〈範囲〉では」

副詞ユニット （接続詞） 〜する範囲では	<**As far as** I know>, he is reliable. 私の知っている限りでは、彼は信頼できる。→〈範囲〉
副詞 〜まで	We walked **as far as** the British Museum. 私たちは大英博物館まで歩いた。

Lesson 12

■ E. since が提示するのは、旧情報

「新しい機材を導入」したことは、前提となる情報

[9] <**Since** the company installed new equipment>, their productivity has (dramatically) improved.
　　　　S'　　　　　V'　　　　　O'　　　　　　　　S　　　　　　V

正解（C）：その企業は新しい機材を導入して以来、生産性が劇的に向上している。

　since は必ず**副詞ユニット**を作り、「〜以来」という〈**時の起点**〉や、「〜なので」という〈**理由**〉を表す接続詞です。because が基本的に〈新情報〉を提示するのに対し、**since** や **as** などは〈**旧情報**〉、あるいは**前提となっている情報**を理由として提示します。"why...?" に対する応えが必ず "because..." なのは、聞き手が知らない〈新情報〉を提示するからですね。
　〈　〉の部分は主節より前なので**副詞ユニット**です。〈　〉の中を見てみると、後ろには主語（the company）、動詞（installed）のように SV が続いているので、空欄には**接続詞**が必要だと分かります。when を用いると「導入した時」という過去の時点を示すことになりますが、〈現在完了形〉は過去を明示するフレーズと一緒に使うことはできないのでここでは使えません（☞ #60）。「〜以来」という意味を表す **since が正解**ですね。because of（〜なので）、during（〜の間）は前置詞なので、後ろには名詞1つしかとれません（☞ #48-a）。

完全攻略ナビ｜#46-e　since の用法

副詞ユニット （接続詞） 1. 時（〜して以来） 2. 理由（〜なので）	1. She has worked <**since** she left school>. 彼女は学校を出て以来働いている。 2. <**Since** you don't trust her>, you should not employ her. 彼女を信頼できない以上、雇うべきではない。
前置詞 〜以来	I have been here in London <**since** 1997>. 私は1997年からずっとここロンドンにいる。

PART 5

名詞まわりのアクセサリー
前置詞と冠詞

Lesson 13
Lesson 14
Lesson 15
Lesson 16

▶ Lesson 13
冠詞は、名詞に付けて「限定」する

	Sサイズ	Mサイズ	Lサイズ
名詞	✓		
形容詞			
副詞			

　ご存じのように、冠詞にはthe（定冠詞）とa[an]（不定冠詞）がありますが、日本人にとって使い分けが難しい項目のひとつです。冠詞とは、**名詞がかぶる帽子**（＝冠）のこと。皆さんは、学校などで冠詞の使い分けをどのように教わりましたか？ おそらく、「特定」のものには"the"を、「不特定」のものには"a"をつける、というように教わったのではないでしょうか。それはそれで間違いではないのですが、**くせ者なのがこの「特定」というコトバ**。たとえば、「私は車を1台買った」ということを相手に伝える場合には、"I bought a car."と言います。あれ？ 自分が買った車が「不特定」なんてことがあるでしょうか？ 自分にとっては、世界でたった1台の「特定の」車を買ったはずです。このあたりに、"a"と"the"を区別するヒントがありそうですね。

　theは話し手と聞き手の間に**「共通認識」がある名詞**につけます。自分にとっては唯一無二の「特定」のものであっても、相手が知らないことであれば、不定冠詞a[an]を使わなければいけません。もっと分かりやすい例で説明すると、moonはもともと「衛星」という意味ですが、the moonとなると「私とあなたが知っている衛星」ということで「月」となるわけです。

● a moonは「衛星」、the moonは「月」

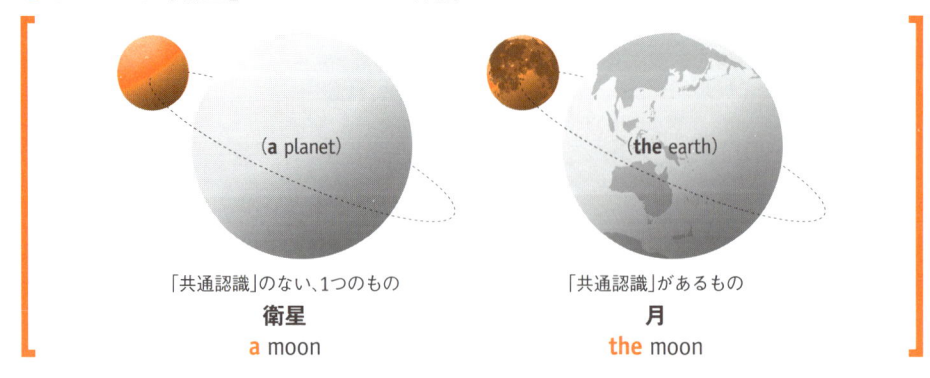

(**a** planet)　　　　　　　　　　(**the** earth)

「共通認識」のない、1つのもの　　　　「共通認識」があるもの
衛星　　　　　　　　　　　　　　　　　**月**
a moon　　　　　　　　　　　　　　the moon

　一方で、a[an] は話し手と聞き手の間に**「共通認識」のない、1つのもの**につけます。相手が知らない情報を初めて伝える際は、たとえば、I know **a** good French restaurant in Aoyama.（青山にいいフレンチレストランを知ってるよ）のようにaをつけますが、2度目に触れる場合は相手と「共通の認識」が生まれているので、Would you like to go to **the** restaurant?（そのレストラン、行ってみたい？）となるわけです。

では、次のクイズでは a / the のどちらが適切でしょうか？

I want to get [a / the] ticket for tonight's concert.　今夜のコンサートのチケットが1枚欲しい。

　正解は"a"。「今夜のコンサートのチケットだから特定だ」と考えて"the"を選んだ方がいるかもしれません。でもよく考えてみると、1枚しかチケットを発行しないコンサートなんてないわけですから、何千枚か発行されるチケットの**（不特定の）**1枚が欲しい、ということですよね。the を使うと、「そのコンサートの**（特定の）**1枚が欲しい」という意味になり、たとえば「最前列のAの4番」とか、「特別招待のチケット」のように、さらにどのチケットかを特定する情報があることが前提となります。私たち日本人はよく「the を使い過ぎる」とネイティブに指摘されますが、それはこのようなケースで使ってしまうからです。
　冠詞にはイディオムも多いので、少しずつチェックを入れていきましょう。

Lesson 13

47. 「共通の認識」の有無がポイント　冠詞

● Basic Quiz

[1] Before BizTop hires people, they conduct a series of interviews with ----------.
　　(A) some candidates　　(B) a candidate　　(C) candidate　　(D) the candidate
[2] West Venture Trust is famous for completing their work ----------.
　　(A) by book　　(B) by the book　　(C) in book　　(D) on the book
[3] We need ---------- who has good people and communication skills.
　　(A) the coordinator　　(B) a coordinator　　(C) the coordinators　　(D) coordinators
[4] Mr. Gurr makes it ---------- not to get involved in other people's problems.
　　(A) the rule　　(B) a rule　　(C) the point　　(D) point
[5] Because of high demand for Internet shopping, InnerBeauty Co. is searching for ----------.
　　(A) the experienced IT professional　　(B) experienced IT professionals
　　(C) experienced IT professional　　(D) the experienced IT professionals
[6] The customer was required to reimburse the restaurant ---------- for the damaged plates.
　　(A) on cash　　(B) by the cash　　(C) in cashes　　(D) in cash

それでは Basic Quiz を順番に見ていきましょう。

[1] <Before BizTop hires people>, they conduct a series of interviews (with **the candidate**).
　　　　　　S'　　V'　　O'　　　S　　V　　　　　　O

正解（D）：ビズトップ社では、人を採用する前に何度も候補者と面接をする。

candidate（候補者）は**数えられる名詞**なので、「裸」では使えません。単数形の場合は必ず**冠詞相当語句（a / the / my など）**が必要です。この候補者がスミスさんなのかキムさんなのか聞き手（読み手）は知りませんが、ここでは、前半部で hires people（人を雇用する）と言っており、**ビズトップ社の面接を受ける候補者**であることが状況から明らかですね。the candidate が正解。a candidate（不特定の1人の候補者）、some candidates（何人かの不特定の候補者たち）では不自然です。

[2] West Venture Trust is famous (for completing their work) (**by the book**).
　　　　　　S　　　　　　V　　C

正解（B）：ウェストベンチャートラスト社はすべての仕事を定石通りに仕上げることで有名だ。

by the book（規則通りに）は **the を用いるイディオム**です。このまま覚えましょう。

完全攻略ナビ | #47-a　**the を用いるイディオム**

Charlie always **plays the fool** to make others laugh.
人を笑わせるために、チャーリーはいつもおどける。

☐ **at the moment**（今のところ）　☐ **by the book**（規則通りに）
☐ **in the end**（最後には）
☐ all the same（それにもかかわらず）　☐ all the way（はるばる）
☐ have the courage to do（大胆にも〜する）　☐ have the luck to do（幸運にも〜する）
☐ in the dark/light（暗い／明るいところに）　☐ in the distance（遠くで）
☐ in the long run（結局は）　☐ in the way（邪魔になって）
☐ in the morning/afternoon/evening（朝／午後／夕方に）
☐ off the point / ☐ beside the mark / ☐ wide of the mark（的外れな）
☐ play the fool（ばかなまねをする）

✎ **note**
the flu（インフルエンザ）　　the Obamas（オバマ一家）

[3] We need a coordinator <who has good people and communication skills>.
　　　S　V　　O　　　　　　　S'　V'　　　　　　　　　　　O'

正解（B）：当社には、優れた対人能力とコミュニケーション能力を持ったコーディネーターが必要だ。

　先に〈関係代名詞〉whoが作るユニットの中を見てみると、動詞（has）が**単数扱い**になっていますね。関係代名詞ユニットの中の動詞は就職される名詞（先行詞）に一致するので、空欄には**単数形の名詞**が入ります。さて、必要な冠詞はaでしょうか、theでしょうか。一見すると、関係代名詞以下によって「特定」されたコーディネーター（coorninator）と思えるかもしれませんが、あくまでtheは**「共通の認識」**があるものにつけます。「対人能力とコミュニケーション能力がある」人は世の中にたくさんいますから、そういった人の1人が必要なだけですね。**不定冠詞のa**が正解です。

[4] Mr. Gurr makes it a rule <not to get involved in other people's problems>.
　　　S　　　　V　 O　 C

正解（B）：ガー氏は他人の問題にかかわらないようにしている。

make it a rule to do（～するのを決まりにしている）は、「1つのルールにしている」という感覚で、**aを用いるイディオム**です。問題文のようにto以下が**否定形**になることもあります。

　不定冠詞**a[an]**を使ったイディオムも、リストにチェックを入れながら覚えていきましょう。

完全攻略ナビ | #47-b　a[an]を用いるイディオム

All of a sudden, a bee flew in through the window.　突然ハチが窓から飛び込んできた。

- ☐ **as a result**（結果として）　☐ **as a whole**（全体として）
- ☐ **make it a rule to do**（～するのを決まりにしている）
- ☐ all of a sudden（突然）　☐ as a rule（概して）　☐ as a way of（～の手段として）
- ☐ for a moment（しばらくの間）　☐ in a way（ある意味では）
- ☐ it's a shame [pity]（～は残念なことだ）　☐ it's a mercy（ありがたい）
- ☐ it's a wonder（不思議だ）　☐ jump to a conclusion（早合点をする）
- ☐ once upon a time（昔々）

✎ **note**
a SONY（ソニーの製品）　a cold / headache（風邪／頭痛）
a Mr. Obama（オバマさんとかいう人）

[5] (Because of high demand)(for Internet shopping), InnerBeauty Co. is searching (for experienced IT professionals).
　　　　　　　　　　　　　　　　　　　　　　　　　　　　S　　　　　　　V

正解（B）：インターネットショッピングの需要が高まっているため、インナービューティー社は経験を積んだIT専門家を探している。

　professionalは「専門家」という意味の名詞で、人ですから当然数えられますね。前述の通り、可算名詞は単数形の場合、「裸」では使えないので、**冠詞相当語句**をつける必要があります。よって、(C) experienced IT professionalは✕です。experienced（経験を積んだ）は形容詞なので、professionalはまだ「裸」のまま。冠詞をつけるか、複数形にしなければなりません。「経験を積んだIT専門家」はたくさんいるわけですから、ここでは**共通の認識**のある専門家ではありません。したがって、theを用いている (A)、(D) は不適切。無冠詞の (B) experienced IT professionals が正解です。

[6] The customer was required to reimburse the restaurant (**in cash**)(for the damaged plates).
　　　　S　　　　　　V　　　　　　　　　　　　　O

正解（D）：その客は、レストランに損傷した皿について現金で弁償することを要求された。

　可算名詞は単数形の場合、必ず冠詞に相当する語をつけなければなりません。**単数形なのに冠詞がない**場合、それは〈不可算名詞〉だと判断できます。右のリストに挙がっているようなイディオムは、頻繁に使われるうちに慣用的な表現となった例です。
　in cash（現金で）は**無冠詞のイディオム**。by credit card（クレジットカードで）、by train（電車で）も冠詞を用いない重要表現です。

完全攻略ナビ | #47-c 無冠詞のイディオム

Their project finally **bore fruit**.
彼らのプロジェクトがやっと実を結んだ。

● 【動詞＋名詞】タイプ
□ **lay stress on**（～を強調する）　□ **lose sight of**（～を見失う）
□ bear fruit（実をつける）　□ beg (one's) pardon（許しを乞う）
□ break silence（沈黙を破る）　□ declare war（宣戦を布告する）
□ go to pieces（粉々になる）　□ lose courage（がっかりする）
□ send word（伝言する）　□ set sail（出帆する）

● 【go to bed】タイプ
□ **be at work**（仕事中だ）
□ appear in court（出廷する）　□ be at school（学校にいる）
□ be at sea（乗船している）　□ be at table（食事中である）
□ be at church（礼拝中である）
□ be in bed（寝ている）　□ be in class（授業中である）
□ send to prison（刑務所に送る）

● 【前置詞＋名詞】タイプ
□ **after school/work**（放課後／仕事後）　□ **by accident**（偶然に）
□ **by misrtake**（間違えて）　□ **by credit card**（クレジットカードで）
□ **by train/car/plane/ship**（電車／車／飛行機／船で）　□ **in cash**（現金で）
□ by wire（電報で）

▶ Lesson 14
最も基本的な前置詞
—— at/in/on/with

	Sサイズ	Mサイズ	Lサイズ
名詞	✓		
形容詞			
副詞			

　前置詞（preposition）は、文字通り**「前に置く詞（コトバ）」**ですが、より正確なネーミングをするなら「名詞の前置詞」です。**前置詞の後ろには必ず名詞が1つ置かれます。**前置詞は**モノとモノとの位置関係**を表すので、それぞれの前置詞の〈視覚的なイメージ〉をつかんでおくことが重要です。Lesson 14では、前置詞の中でも特に使用頻度の高い、基本的な前置詞を学習します。

48. 前置詞の用法 1

● Basic Quiz

[1] ---------- his advanced age, Mr. Sokol goes to the gym everyday before work.
　　(A) Unless　　(B) Despite　　(C) Although　　(D) Because of
[2] The manager gave us an office party ---------- his own expense.
　　(A) by　　(B) with　　(C) at　　(D) on
[3] The French restaurant "Bon Appetit" installed a propeller style fan ---------- the ceiling.
　　(A) against　　(B) beyond　　(C) to　　(D) on
[4] We will ship half of your order now and the rest ---------- a few weeks.
　　(A) in　　(B) on　　(C) at　　(D) for
[5] ---------- the economy so bad, employees can't expect a big bonus.
　　(A) To　　(B) As　　(C) Because　　(D) With

それではBasic Quizを順番に見ていきましょう。

　[1] (**Despite** his advanced age), Mr. Sokol goes (to the gym)(everyday)(before work).
　　　　　　　　　　　　　　　　　　　　S　　　V

　正解（B）：高齢にもかかわらず、ソコル氏は毎日仕事の前にジムに通っている。

PART 5 名詞まわりのアクセサリー

　この問題では、**前置詞と接続詞の働きの区別**が重要です。前置詞の後には必ず名詞が1つ置かれるのでしたね。一方で接続詞はSVとSVを結ぶのが基本。接続詞の後ろにはS（主語）V（動詞）のカタチが来ます。

● 前置詞の後ろには名詞！

前置詞＋ **名詞** 　前置詞の後には必ず名詞が1つ置かれる。

　問題文では、後ろにhis advanced ageという名詞しか来ていないので、空欄には前置詞が必要です。Despite（〜にもかかわらず）が正解ですね。このような〈**接続詞vs前置詞**〉の区別はTOEICでも頻出で、以下の**5パターン**しかありませんからぜひ得点源にしてください。

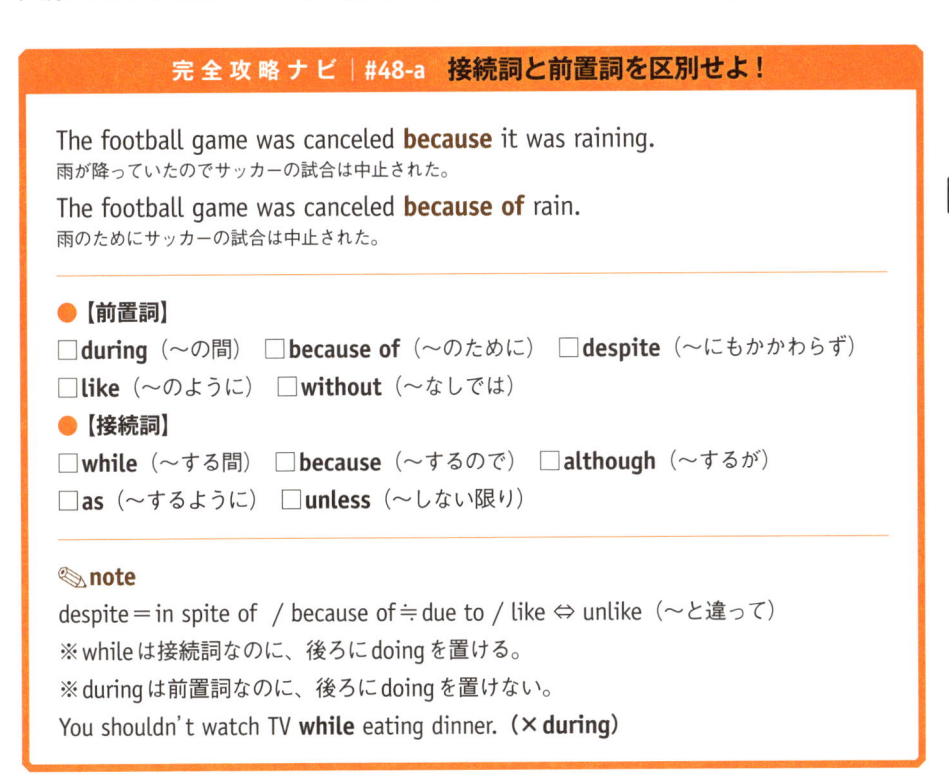

完全攻略ナビ | #48-a　接続詞と前置詞を区別せよ！

The football game was canceled **because** it was raining.
雨が降っていたのでサッカーの試合は中止された。
The football game was canceled **because of** rain.
雨のためにサッカーの試合は中止された。

● 【前置詞】
□ **during**（〜の間）　□ **because of**（〜のために）　□ **despite**（〜にもかかわらず）
□ **like**（〜のように）　□ **without**（〜なしでは）

● 【接続詞】
□ **while**（〜する間）　□ **because**（〜するので）　□ **although**（〜するが）
□ **as**（〜するように）　□ **unless**（〜しない限り）

✏️ note
despite ＝ in spite of ／ because of ≒ due to ／ like ⇔ unlike（〜と違って）
※ whileは接続詞なのに、後ろにdoingを置ける。
※ duringは前置詞なのに、後ろにdoingを置けない。
You shouldn't watch TV **while** eating dinner.（× during）

Lesson 14

[2] The manager gave us an office party (**at** his own expense).
　　　S　　　V　　O₁　　　O₂

正解（C）：マネージャーが自分の出費で私たちのために社内パーティーを開いてくれた。

atは**対象を〈点〉でとらえる**前置詞。たとえば、We arrived at Tokyo Staion.（私たちは東京駅に着いた）という場合、東京駅を〈地点〉としてとらえているわけです。また、We arrived at 3 o'clock.（私たちは3時に着いた）のように、atは〈時の一点〉としての時刻を表します。

また、問題文のように**〈地点〉〈時刻〉**のほかにも、**費用**（expense/cost）や**比率**（rate）につける**前置詞はat**と覚えておきましょう。

完全攻略ナビ｜#48-b　atは〈点〉でとらえる！

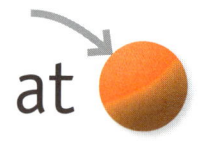

at

- **1.【地点】**　They arrived **at** Tokyo Station.
  彼らは東京駅に到着した。
- **2.【時刻】**　The shop opens **at** 9:00.
  その店は9時に開店する。
- **3.【目標】**　They shot **at** the target.
  彼らは的をめがけて撃った。
- **4.【原因】**　He was surprised **at** the news of his promotion.
  彼は自らの昇進の知らせに驚いた。
- **5.【速度】**　The train was going **at** 100 miles an hour.
  列車は時速100マイルで走っていた。
- **6.【比率】**　It's dangerous for you to borrow money **at** such high rates.
  こんなに高利の金を借りるのは、君にとって危険だ。
- **7.【費用】**　You can now be on line twenty-four hours a day **at** a low cost.
  今では安い料金で24時間インターネットに接続できる。

PART 5 名詞まわりのアクセサリー

● **atのイディオム**
☐ **at all costs**（何としても）　☐ **at all times**（いつも）
☐ **at any rate / at all events**（ともかく）　☐ **at hand**（手元に）
☐ **at one's disposal**（〈人〉の裁量で）
☐ **at one's earliest convenience**（〈人〉の都合がつき次第）
☐ **at present**（現在）　☐ **at the cost/expense of**（〜を犠牲にして）
☐ **at the last minute**（土壇場で）　☐ **at the rate of**（〜の比率で）
☐ **at a breath/stretch**（一気に）　☐ **at a distance**（離れて）
☐ **at a glance**（ちらっと見て）　☐ **at a later date**（後日）
☐ **at a loss**（途方にくれて）　☐ **at a time**（一度に）
☐ **at fault**（間違って）　☐ **at first hand**（直接に）
☐ **at intervals/times**（時々）　☐ **at issue**（論争中で）
☐ **at need**（まさかのときに）　☐ **at one's best**（最高の状態で）
☐ **at random**（でたらめに）　☐ **at rest**（休息して）
☐ **at the end of the day**（結局）　☐ **at the mercy of**（〜のなすがままに）
☐ **at the risk of**（〜の危険をおかして）　☐ **at the sight of**（〜を見て）

✎ **note**
at best（せいぜい）⇔ at least（少なくとも）
at first（最初は）⇔ at last/length（とうとう）
at the moment（今のところ）⇔ for a moment（しばらくの間）

---

[3] The French restaurant "Bon Appetit" installed a propeller style fan (on the ceiling).
　　　　　　　　S　　　　　　　　　　　　　V　　　　　　　O

正解（D）：フランス料理店「ボナペティ」は天井にプロペラ式のファンを設置した。

onというと「〜の上に」と覚えている方も多いと思いますが、onの**中心的なイメージ**は〈接触〉です。問題文のように、天井（ceiling）の下にあっても、〈接触〉していればon the ceilingとなります。時間については、〈接触〉している時間は〈日付〉だと考えてください。on July 10th（7月10日に）やon Monday（月曜に）のように、〈日付〉には**onを用います。**

Lesson **14**

完全攻略ナビ │ #48-c　onは〈接触〉

on

- **1.【接触】** There's a spider's web up **on** the ceiling.
  天井にクモの巣が張っている。
- **2.【近接】** London stands **on** the Thames.
  ロンドンはテムズ川のほとりに位置している。
- **3.【日付】** He died **on** the morning of the tenth of March.
  彼は3月10日の朝に亡くなった。
- **4.【即時】** **On** arriving at the door, he opened it soundlessly.
  ドアに着くとすぐに彼はそれをそっと開けた。
- **5.【根拠】** **On** what ground do you say I'm a liar?
  どういう根拠で君は私が嘘つきだと言うんだい？
- **6.【依存】** He depends **on** his parents.
  彼は両親に依存している。
- **7.【継続】** They have been **on** strike for nearly two weeks.
  彼らはほぼ2週間ストライキを行っている。
- **8.【関連】** I bought a book **on** Shakespeare.
  私はシェイクスピア関連の本を買った。

● **onのイディオム**

☐ **on a...basis**（…ベースで）　☐ **on account of**（～の理由で）
☐ **on (an) average**（平均して）　☐ **on behalf of**（～のために）
☐ **on business**（商用で）　☐ **on board**（〈飛行機などに〉乗って）
☐ **on condition that**（～という条件で）　☐ **on end**（直立して／引き続いて）
☐ **on hand**（手元に）　☐ **on purpose**（わざと）　☐ **on receipt**（受領時に）
☐ **on strike**（ストライキ中で）　☐ **on the basis of**（～に基づいて）
☐ **on the contrary**（それどころか）　☐ **on the rise**（上昇中で）
☐ **on time**（時間通りに／ローンで）
☐ **on the increase/decrease**（増加して／減少して）

PART 5 名詞まわりのアクセサリー

- □ on a diet（ダイエット中で）　□ on balance（すべてを考慮すると）
- □ on deposit（預金して）　□ on foot（徒歩で）　□ on occasion（時々）
- □ on one's own（独力で）　□ on second thought（考え直してみて）
- □ on the air（放送中で）　□ on the grounds of（〜という理由で）
- □ on the one/other hand（一方で／他方で）　□ on the part of（〜の側では）
- □ on the side of（〜に味方して）　□ on the sly（ひそかに）　□ on the spot（即座に）
- □ on the verge of（今にも〜しようとして）　□ on top of（〜に加えて）
- □ on trial（裁判にかけられて）

📝 note
on a regular basis ＝ regularly［定期的に］
on the line（電話で）⇔ on line（オンラインで）
on (the) charge of（〜の罪で）⇔ in charge of（〜の責任があって）
on duty（勤務時間中で）⇔ off duty（非番で）

---

[4] We will ship half (of your order)(now) and the rest (**in** a few weeks).
　　　S　V　　O　　　　　　　　　　　　　　　　　　O

正解（A）：ご注文の品の半分を今、残りを数週間後に発送いたします。

Lesson 14

　in は〈**内包**〉、つまり「中に含まれている状態」を表します。**「〜の中に」**というイメージです。空間的には文字通り「〜の中に」ある状態を表します。時間的に用いると、at が〈時刻〉、on が〈日付〉を表すのに対し、in は最も長い時間として**〈年／月〉**を表します。
　例）in 2012（2012年に）、in July（7月に）
　また、「一定の時間を含んで」というイメージから、in 3 hours（3時間後に）のように時間的**〈経過〉**を表します。
　問題文も、**〈経過〉を表す in** ですね。in a few weeks で「2、3週間後に」という意味。for a few weeks だと〈期間〉を表すため、「2、3週間の間」という意味で、ここでは不適切です。

完全攻略ナビ | #48-d inは〈包括〉

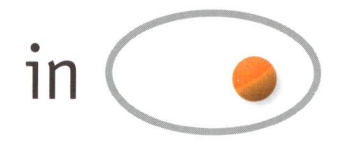

in

- **1.【場所】** He arrived **in** Tokyo this morning.
  彼は今朝、東京に到着した。
- **2.【経過】** Call me back **in** an hour.
  1時間後に私に電話をかけ直してください。
- **3.【機会】** You should be careful **in** crossing the street.
  その通りを横断する際には気をつけなさい。
- **4.【着用】** She looks charming **in** her red dress.
  彼女は赤のドレスを着てチャーミングに見える。
- **5.【言語】** She made a speech **in** Chinese.
  彼女は中国語でスピーチをした。
- **6.【経験】** **In** my experience, optimism is the best method.
  私の経験では楽観主義がベストな方法だ。
- **7.【意見】** **In** my opinion, Oasis is the best rock band ever.
  私の意見ではオアシスが過去最高のロックバンドだ。

● inのイディオム

☐ **in a row**（連続して）　☐ **in accordance with**（〜に従って）
☐ **in addition**（加えて）　☐ **in advance**（事前に＝beforehand）
☐ **in cash**（現金で）　☐ **in charge of**（〜の責任を負って）
☐ **in comparison**（比較して）　☐ **in detail**（詳細に）　☐ **in effect**（事実上）
☐ **in fact** [reality]（実際は）　☐ **in fashion**（流行して）
☐ **in favor of**（〜に賛成して）　☐ **in front of**（〜の前に）
☐ **in honor of**（〜に敬意を表して）　☐ **in other words**（言い換えると）
☐ **in person**（本人自ら）　☐ **in question**（問題の）
☐ **in regard to**（〜について）　☐ **in terms of**（〜の点で）
☐ **in the meantime**（その間に）　☐ **in time**（間に合って）　☐ **in vain**（無駄に）
☐ **in stock**（在庫がある）⇔ **out of stock**（在庫がない）

☐ **in a body**（一団となって）　☐ **in a good temper**（上機嫌で）
☐ **in a moment / in no time**（直ちに）　☐ **in all**（全体で）

PART 5 名詞まわりのアクセサリー

- □ in all directions（四方八方に）　□ in all respects（あらゆる面で）
- □ in any case（いずれにせよ）　□ in breadth（幅で）
- □ in case of / in the event of（〜の場合には）　□ in common（共通して）
- □ in conclusion（結論として）　□ in consideration of（〜を考慮して、〜の報酬として）
- □ in contact with（〜と連絡して）　□ in course [process] of time / in due course（やがて）
- □ in danger（危機に瀕して）　□ in exchange for（〜と交換に）
- □ in face of（〜に直面して）　□ in force（効力をもって）
- □ in (the) future（これから先）　□ in general（概して）
- □ in haste [a hurry]（急いで）　□ in itself（それ自体は）　□ in name（名義上）
- □ in need（困って）　□ in number（数は）　□ in office（在職して）
- □ in order（整然とした）　□ in pain（苦しんで）　□ in particular（特に）
- □ in place（決まったところに）　□ in place of（〜の代わりに）
- □ in power（権力を握って）　□ in print（出版されて）
- □ in practice（実際上）⇔ in theory（理論上）　□ in principle（原則として）
- □ in progress [process]（進行中で）　□ in proportion to（〜と比例して）
- □ in reply [response] to（〜に応えて）　□ in relation [respect] to（〜に関して）
- □ in respect of（〜の点において）　□ in return（お返しに）
- □ in secret（秘密に）　□ in shape（調子が良い）　□ in service（勤めて）
- □ in short [a word]（要するに）　□ in sight（見えるところに）
- □ in some degree（ある程度）　□ in the extreme（極端に）
- □ in the light of（〜に照らして）　□ in the right/wrong（正しい／間違っている）
- □ in trouble（困って）　□ in turn（順番に）
- □ in use（使われて）　□ in writing（書面で）

Lesson 14

[5] (**With** the economy so bad), employees can't expect a big bonus.
　　　　　　A　　　　　　B　　　　　S　　　　　　V　　　　　　　O

正解（D）：景気が非常に悪いので、従業員は良いボーナスを期待できない。

　withの基本イメージは〈共存〉。AとBが「伴う」感じです。withは前置詞の中で唯一、後ろに2つ要素をとることができ、**with＋A＋B**で「AがBの状態で」という〈付帯状況〉の意味を表します。問題文では、**A**（the economy）が**B**（so bad）の状態で、つまり「景気が悪くて」という意味ですね。また、withは後ろに**抽象的な意味の名詞**を伴って、〈副詞の働き〉をすることがあります。たとえばwith careでcarefully（注意深く）という副詞の意味を持ちます。イディオムの欄をチェックしておきましょう。

完全攻略ナビ | #48-e　with は〈共存〉

with

- **1.【付帯状況】**　Listen to me **with** your book closed.
  　　　　　　　　本を閉じて私が言うことを聞きなさい。
- **2.【比例】**　Many wines improve **with** age.
  　　　　　　　多くのワインは年とともに良くなる。
- **3.【道具】**　He cut meat **with** a knife.
  　　　　　　　彼はナイフで肉を切った。
- **4.【様態】**　He works **with** diligence.
  　　　　　　　彼は熱心に働く。
- **5.【関連】**　What's wrong **with** her?
  　　　　　　　彼女、どうしたの？
- **6.【原因】**　She was shivering **with** cold.
  　　　　　　　彼女は寒さで震えていた。

● with のイディオム
- □ **with care**（注意深く＝carefully）　□ **with regard to**（～に関しては）
- □ with a view to doing（～するために）　□ with a will（本気で）
- □ with caution（慎重に）　□ with difficulty（かろうじて＝barely）
- □ with diligence（勤勉に＝diligently）　□ with ease（容易に）
- □ with energy（精力的に）　□ with kindness（親切に）
- □ with patience（辛抱強く）　□ with rapidity（速く）
- □ with vigor（勢いよく）　□ with zest（熱心に）

✎ note
with＋抽象名詞＝副詞

PART 5 名詞まわりのアクセサリー

▶ Lesson 15
使用頻度の高い前置詞
——against/by/for/from/of/through/to

	Sサイズ	Mサイズ	Lサイズ
名詞	✓		
形容詞			
副詞			

　今回は**前置詞**の2回目です。やはり基本となるのは前置詞が表す〈**時間**〉と〈**空間**〉のニュアンス。そこから発展して、「締め切り」「意見」「感情」「支払い」など、日常生活でも使用頻度の高い、定番表現ばかりです。前置詞の表す中心的な意味を視覚的にイメージしながらマスターしていきましょう。

49. 前置詞の用法 2

● Basic Quiz

[1] Mr. Borrell worked as hard as he could to finish the sales report --------- the deadline.
　(A) on　　(B) for　　(C) by　　(D) until

[2] If possible, we would like to delay payment ---------- next month.
　(A) at　　(B) by　　(C) in　　(D) until

[3] The whole concept of 'human cloning' is ---------- the law in that country.
　(A) against　　(B) to　　(C) as　　(D) in

[4] It's a matter ---------- importance that everybody attend the upcoming meeting.
　(A) at　　(B) in　　(C) of　　(D) with

[5] Edvard Munch's "The Scream" was bought ---------- more than 100 million dollars at an auction in London.
　(A) for　　(B) at　　(C) on　　(D) by

[6] ---------- a marketing standpoint, their business practice might be behind the times.
　(A) To　　(B) From　　(C) On　　(D) By

[7] ---------- everybody's disappointment, Mr. Olimer's retirement party was called off.
　(A) To　　(B) For　　(C) In　　(D) At

[8] Sales were strong ---------- July, showing a nearly 10 percent increase over the year before.
　(A) by　　(B) through　　(C) at　　(D) on

[1] Mr. Borrell worked (as hard) <as he could><to finish the sales report (**by** the deadline)>.
　　　S　　　　V

正解（C）：ボーレル氏は締め切りまでに営業報告書を仕上げるために、できる限り一生懸命働いた。

　byの中心的な意味は**対象の切り取りによる〈限定〉**。そこから時間的限定として「〜までには」という〈締め切り〉を表したり、〈動作主〉や〈手段〉を限定して「〜によって」という意味を表したりします。
　by（〜までには）は〈締め切り〉を表します。until（〜までずっと）と区別しましょう。

[2] <If possible>, we would like to delay payment (**until** next month).
　　　　　　　　　S　　　V　　　　　　O

正解（D）：可能であれば、支払いを来月まで延期したいのです。

　来月までずっと、「支払わない状態」が続くのでここでは**until（〜までずっと）**が正解ですね。

[3] The whole concept (of 'human cloning') is **against** the law (in that country).
　　　　S　　　　　　　　　　　　　　V　　　　C

正解（A）：「クローン人間の作成」という考え自体がその国では違法である。

　ゴルフをやる方はご存じたと思いますが、「向かい風」のことをアゲインストと言います。**against**の基本イメージは〈**対立**〉。まさに向かい風が吹いてくるイメージでとらえてください。against the lawで「違法の」という意味になります。法律に「対立」するイメージですね。

PART 5 名詞まわりのアクセサリー

完全攻略ナビ | #49-a　byは〈限定〉

by

- 1.【期限】　Finish your report **by** seven.
  7時までにレポートを終わらせなさい。
- 2.【差異】　I missed my train **by** ten minutes.
  私はあと10分のところで電車に乗り遅れた。
- 3.【単位】　They sell eggs **by** the dozen.
  彼らは卵をダース売りしている。
- 4.【基準】　Don't judge people **by** their appearance.
  人を外見で判断するな。
- 5.【手段】　He went there **by** plane.
  彼はそこへ飛行機で行った。
  She passed the bar exam **by** working hard.
  彼女は熱心に勉強して司法試験に合格した。

● **byのイディオム**
☐ **by accident [chance]**（偶然に）　☐ **by all means**（是非とも）
☐ **by means of**（〜によって）　☐ **by mistake**（誤って）　☐ **by way of**（〜経由で）
☐ by any chance（ひょっとして）　☐ by degrees（しだいに）　☐ by election（選挙で）
☐ by [in] error（誤って）　☐ by force（力ずくで）　☐ by hand（手で）
☐ by heart（暗記して）　☐ by name（名前で）　☐ by nature（生まれつき）
☐ by stealth（こっそりと）　☐ by the way（ところで）　☐ by trade（職業は）
☐ by turns（交代で）　☐ by virtue of（〜の力で）　☐ one by one（ひとつずつ）

✎note　**区別しておきたいイディオム**

I had to finish it **by** 5 o'clock.
私は5時までにそれを終えなければならなかった。〈期限〉
I stayed in my office **until** 5 o'clock.
私は5時までずっと事務所にいた。〈継続〉

Lesson 15

完全攻略ナビ | #49-b　againstは〈対立〉

against

- **1.【接触】** Please stand your umbrella **against** the door.
  カサはドアに立てかけてください。
- **2.【背景】** The church stood out **against** the blue sky.
  その教会は青空を背景にしてくっきりとそびえていた。
- **3.【反対】** Are you for or **against** the plan?
  あなたはその計画に賛成ですか、それとも反対ですか。
- **4.【照合】** Please check the contents **against** the invoice.
  内容物を送り状と照合してください。
- **5.【対立】** What's the current rate of the yen **against** the dollar?
  現在の円のドルに対する相場はいくらですか。

● againstのイディオム
☐**against one's will [intention]**（意に反して）　☐**against the law**（違法で）
☐against a rainy day（万が一に備えて）　☐against one's conscience（良心に逆らって）
☐against time（期限までに仕上げようと）

---

[4] It's a matter (**of** importance) <that everybody attend the upcoming meeting>.
　　 S V　　C　　　　　　　　　　　　　　　　　S'　　　V'　　　　　O'

正解（C）：全員が次回の会議に出席することが重要だ。

of の中心的な意味は**対象の〈関連〉**。典型的な用法は **A of B** で「A は B の一部」という意味を表すパターンです。たとえば、a member of the team で「そのチームの一員」となりますが、その場合、a member ≦ the team の関係がありますね。このように、**A of B** は A と B という**2つの要素**をリンクさせる働きがあります。そこから、a man of honesty（誠実な男）なんて言い方も生まれるわけです。

問題文では、of importance で形容詞 important（重要な）という意味。重要性とリンクさせるわけですね。このように、**of＋抽象名詞**で〈形容詞の働き〉になります。

完全攻略ナビ | #49-c　of は〈関連〉

of A ⇒ B

- **1.【性質】** This matter is **of** no importance.
  この問題は重要ではない。
- **2.【部分】** Three **of** the workers were late this morning.
  作業員のうち3人が今朝遅刻した。
- **3.【関連】** What has the manager spoken **of**?
  マネージャーは何について話したのですか。
- **4.【主格】** They were awaiting the arrival **of** the President.
  彼らは大統領の到着を待っていた。
- **5.【目的格】** He has always had a love **of** learning.
  彼は常に学ぶことを愛してきた。
- **6.【同格】** Swimming is an ideal way **of** spending a hot summer.
  水泳は暑い夏の理想的な過ごし方だ。
- **7.【分離】** They robbed me **of** my passport.
  彼らは私のパスポートを奪った。
- **8.【材料】** This bridge is made **of** stone.
  この橋は石でできている。

● of のイディオム
- □ **of help [assistance]**（役に立つ＝helpful）　□ **of importance**（重要な＝important）
- □ **of use [service]**（役に立つ＝useful）
- □ of courage（勇気のある＝courageous）　□ of culture（教養のある＝cultured）
- □ of learning（学識のある＝learned）　□ of promise（前途有望な＝promising）
- □ of sense（分別のある＝sensible）　□ of value（価値のある＝valuable）
- □ of worth（価値ある＝worthy）

📝 note
of＋抽象名詞＝形容詞
【主格】…of の後ろに動作の「主体」が置かれる。
【目的格】…of の後ろに動作の「対象」が置かれる。
【同格】…of の後ろに直前の名詞の「言い換え」が置かれる。

[5] Edvard Munch's "The Scream" was bought (**for** more than 100 million dollars)(at an auction)(in London).
　　　　　S　　　　　　　　　　V

正解（A）：エドヴァルド・ムンクの「叫び」がロンドンのオークションで、1億ドル以上で落札された。

for は**対象の〈包括〉**。対象に意識が向かっていくイメージです。そこから、**〈観点〉〈交換〉〈目的〉**などのニュアンスに発展します。時間を〈包括〉すると**〈期間〉**を表し、for 3 weeks（3週間の間）となるわけですね。
　問題文では、〈交換〉を表すforが正解。「1億ドル」と「叫び」を交換するわけですね。ちなみにシェイクスピアのお芝居『リチャード3世』の中で、戦闘で追い詰められた王リチャード3世は最後に"My kingdom for a horse!"（馬をくれれば王国をやるぞ！）と叫んで死にますが、これぞ〈交換〉のforの最もダイナミックな用法ですね。

[6] (**From** a marketing standpoint), their business practice might be behind the times.
　　　　　　　　　　　　　　　　　　S　　　　　V　　　　　C

正解（B）：マーケティングの観点から言うと、彼らのビジネス手法は時代遅れかもしれない。

from は**「～から」という意味で、〈起点〉**を表します。from the station（駅から）というような空間的な意味だけでなく、from 9 to 5（9時から5時まで）のように時間的な意味でも使用可能。その他、152ページのリストにある**〈原料〉〈原因〉〈妨害〉**などもすべて、〈起点〉のイメージで把握できます。
　問題文では、a marketing standpoint（マーケティングの観点）を起点としていますね。**from...'s standpoint [viewpoint / point of view]**（…の視点から）はよく使うフレーズです。

[7] (**To** everybody's disappointment), Mr. Olimer's retirement party was called off.
　　　　　　　　　　　　　　　　　　　　S　　　　　　　　　　　　V

正解（A）：皆が落胆したことに、オリマー氏の退職パーティは中止になった。

to は from の逆で**〈着点〉**を表します。実は不定詞のtoも、もともとは前置詞のtoから生まれたもの。toは**右へ向かう矢印（⇒）のイメージ**で押さえましょう。
　感情の〈着点〉として、to one's disappointment（〈人〉ががっかりしたことには）という意味になります。もうひとつ、toを用いる重要表現として、**to my knowledge**（私の知る限り）も重要です。

PART 5 名詞まわりのアクセサリー

完全攻略ナビ | #49-d　**for**は〈包括〉

for

- **1.【賛成】** We are all **for** his proposal.
  我々は皆、彼の提案に賛成である。
- **2.【目的】** What is this used **for**?
  これは何のために使われるものですか。
- **3.【観点】** **For** a foreigner, he speaks Japanese well.
  外国人の割には、彼は上手に日本語を話す。
- **4.【目的地】** The train **for** Paris leaves in 20 minutes.
  パリ行きの列車は20分後に発車します。
- **5.【交換】** He bought the pen **for** a pound.
  彼はそのペンを1ポンドで購入した。
- **6.【不特定期間】** I have been here **for** six weeks.
  私はここに6週間います。
- **7.【不定詞の主語】** It is important **for** him to attend the seminar.
  彼がセミナーに参加することは重要だ。

● **forのイディオム**

☐ **for a change**（気分転換に）　☐ **for a while**（しばらくの間）
☐ **for example [instance]**（たとえば）　☐ **for free [nothing]**（無料で）
☐ for a minute（少しの間）　☐ for a rainy day（万一の場合に備えて）
☐ for a song（格安で）　☐ for anything（絶対に）　☐ for fear of（〜することを恐れて）
☐ for good（永遠に）　☐ for lack [want] of（〜が不足して）
☐ for one's part（〜としては）　☐ for short（略して）　☐ for sure（確実に）
☐ for the asking（欲しいというだけで）　☐ for the better/worse（良いほうへ／悪いほうへ）
☐ for the good [sake] of（〜のために）　☐ for the life of me（どうしても）
☐ for the moment [time being]（さしあたり）
☐ for the porpose of doing（〜するために）

✎ **note**　区別しておきたいイディオム
I stayed in London **for** a week.　私は1週間ロンドンにいた。〈不特定期間〉
I visited London **during** the week.　私はその週にロンドンを訪れた。〈特定期間〉

Lesson 15

完全攻略ナビ | #49-e　fromは〈起点〉

from

- **1.【起点】**　I work **from** Monday to Friday.
  私は月曜から金曜まで働く。
- **2.【出身】**　What state do you come **from**?
  何州のご出身ですか。
- **3.【原料】**　Wine is made **from** grapes.
  ワインはぶどうから作られる。
- **4.【原因】**　She is tired **from** overwork.
  彼女は働きすぎで疲れている。
- **5.【妨害】**　Illness prevented me **from** traveling.
  病気のせいで私は旅行ができなかった。

● **fromのイディオム**
☐ **from a...viewpoint**（…の観点から）
☐ **from scratch /** from the bottom up（最初から）　☐ **from time to time**（ときどき）
☐ from hand to mouth（その日暮しで）　☐ from now on（今後は）
☐ from one's heart（心の底から）　☐ from place to place（あちらこちらに）
☐ from soup to nuts（一部始終）　☐ from strength（強い立場から）

完全攻略ナビ | #49-f　to は〈着点〉

to →　●

- **1.【到達】** The tree fell **to** the ground.
  その木は地面に向かって倒れた。
- **2.【結果】** **To** our surprise, Richard wasn't promoted.
  我々が驚いたことに、リチャードは昇進しなかった。
- **3.【調和】** They danced **to** the music.
  彼らは音楽に合わせて踊った。
- **4.【対照】** Our team won by a score of nine **to** five.
  我々のチームは9対5のスコアで勝った。

● **toのイディオム**

☐ **to date**（現在まで）　☐ **to (the best of) my knowledge**（私の知る限りでは）
☐ **to one's surprise [astonishment]**（驚いたことには）　☐ **to some extent**（ある程度は）
☐ to a certain degree（ある程度は）　☐ to a great extent（大いに）
☐ to and fro（行ったり来たり）　☐ to be frank（率直に言えば）
☐ to excess（過度に）　☐ to no purpose（無駄に）　☐ to the contrary（それと反対に）
☐ to the full（十分に）　☐ to the point（的を射た）　☐ to the last（最後まで）
☐ to the letter（文字通りに）　☐ to the life（実物通りに）
☐ to the maximum（最大限に）　☐ to the minute（時間きっかりに）
☐ to the purpose（要領を得た）　☐ to the tune of（金額が〜もの）

Lesson 15

[8] Sales were strong (**through** July), <showing a nearly 10 percent increase (over the year before)>.
　　S　V　　C　　　　　　　　　　　　　v'　　　　　　o'

正解（B）：売り上げは7月を通して好調であり、前年比でおよそ10パーセントの増加を示した。

　throughは「～を通して」という意味で、〈貫通〉を表します。トンネルを抜けるイメージですね。時間的には、「その期間を通してずっと」という意味。また、物事を最後まで〈貫通〉してやり遂げる、ということから**動作の〈完了〉**を表すこともあります。
　Basic Quizでは、7月という1カ月間を〈貫通〉するイメージ。throughはほかにも〈手段〉の意味も表せます。例）through the Internet（インターネットを通じて）

完全攻略ナビ | #49-g　throughは〈貫通〉

through ━━▶

- **1.【貫通】**　I pushed my way **through** the crowd.
　　　　　　　私は群集をかき分けて通って行った。
- **2.【完了】**　Is he **through** the university yet?
　　　　　　　彼はもう大学を卒業したのですか。
- **3.【手段】**　I made the reservation **through** the Internet.
　　　　　　　私はインターネットで予約を取った。

● **throughのイディオム**
- □**through ability**（実力で）　□**through a written notice**（書面により）
- □**through the Internet**（インターネットを通じて）
- □through all seasons（四季を通じて）
- □through linkage with（～との関連を通じて）
- □through the courtesy of（～の厚意によって）
- □through thick and thin（状況の良いときも悪いときも）

PART 5 名詞まわりのアクセサリー

Lesson 16
覚えておきたい前置詞
—about/across/after/beyond/into/out of/over/under

	Sサイズ	Mサイズ	Lサイズ
名詞	✓		
形容詞			
副詞			

さあ、いよいよ**前置詞**の最終回です。ここまでの解説でもお分かりのように、前置詞は**必ず名詞とワンセット**で（　　）に入れてとらえていきます。〈前置詞＋名詞〉のユニットは**修飾語**で、文中で形容詞か副詞の働きをします。副詞の場合は文型には入りませんが、形容詞の場合には補語になることがありますので気をつけましょう。

● 〈前置詞＋名詞〉のユニットは修飾語

前置詞＋ 名詞 ＝ 修飾語（形容詞／副詞の働き）

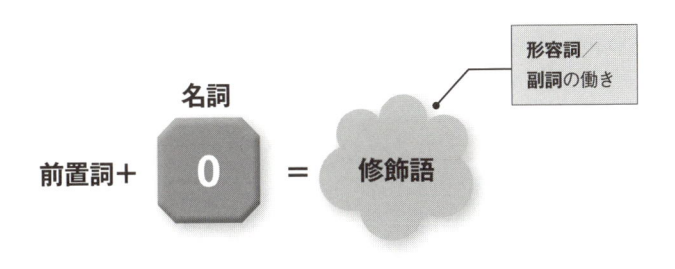

50. 前置詞の用法 3

● Basic Quiz

[1] TransMart has decided to raise their prices 10% ---------- the board effective September 1.
　　(A) at　　　(B) on　　　(C) in　　　(D) across

[2] Many IT-related companies are worried ---------- damage from computer viruses.
　　(A) about　　　(B) to　　　(C) on　　　(D) for

[3] Despite our new product failures, we were able to meet our sales quotas ---------- a fashion.
　　(A) after　　　(B) up to　　　(C) into　　　(D) of

[4] The controversial airport construction will eventually translate ---------- more jobs.
　　(A) for　　　(B) against　　　(C) into　　　(D) by

[5] We accepted their proposal for merger ---------- necessity.
(A) out of   (B) in   (C) to   (D) at
[6] Persuading him to step down from this project is ---------- my ability.
(A) above   (B) beyond   (C) over   (D) up
[7] What plans do you have for expanding our business overseas ---------- the next five years?
(A) in   (B) until   (C) by   (D) over
[8] The question of who will lead the next symposium is still ---------- consideration.
(A) over   (B) under   (C) on   (D) at

[1] TransMart has decided to raise their prices (10%)(**across** the board)(effective September 1).
　　　　S　　　　　　V　　　　　O

正解（D）：トランスマートは9月1日から価格を一律10%値上げすることに決めている。

acrossは**「～を横切って」という〈横断〉**が基本的な意味です。動詞cross（横切る）の前置詞のバージョンですから、**川や道路を横断するイメージ**で押さえましょう。
across the board（一律に）は重要なイディオムです。

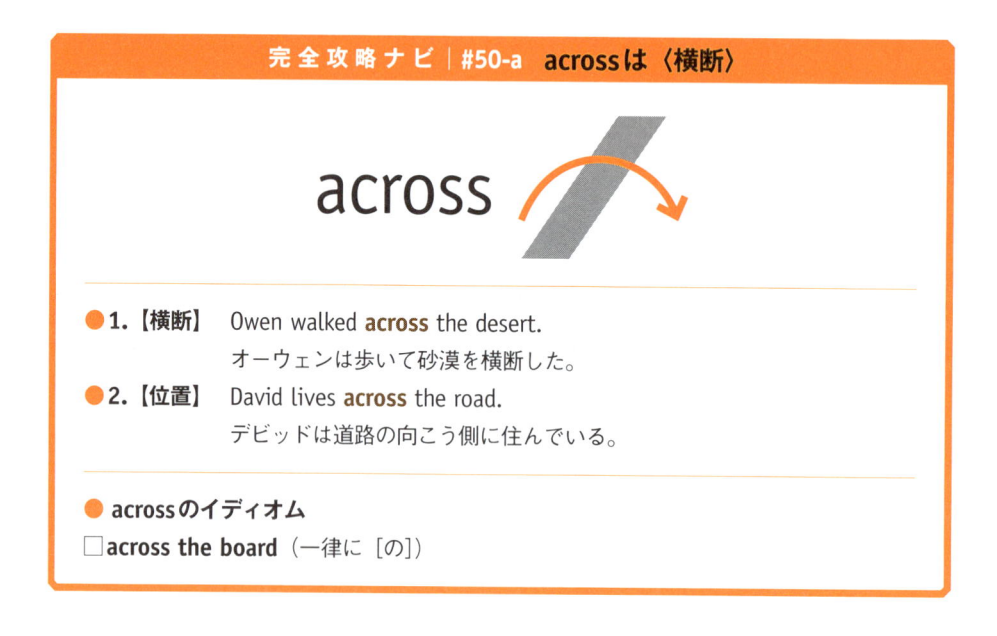

完全攻略ナビ | #50-a　acrossは〈横断〉

● 1.【横断】　Owen walked **across** the desert.
　　　　　　オーウェンは歩いて砂漠を横断した。
● 2.【位置】　David lives **across** the road.
　　　　　　デビッドは道路の向こう側に住んでいる。

● acrossのイディオム
□ **across the board**（一律に［の］）

[2] Many IT-related companies are worried (**about** damage)(from computer viruses).
　　　　　　S　　　　　　　　　V

正解（A）：多くのIT関連企業は、コンピューターウイルスによる被害を心配している。

aboutは**あるものの**〈**周辺**〉を表します。たとえば、walk aboutと言えば、「～を歩き回る」という意味。物事の核心ではなく、その周辺というところから「およそ～、約～」という〈**近似**〉の意味も生まれてきます。あるテーマの〈周辺〉ということになると、「～について」という〈**関連**〉の意味を表します。

damage from computer viruses（コンピューターウイルスによる被害）の〈周辺〉をbe worried（心配する）イメージですね。

完全攻略ナビ | #50-b　**about**は〈周辺〉

about ◉

- **1.【付随】** There is something **about** him that I can't believe.
  彼にはどこか信じられないところがある。
- **2.【関連】** They made a film **about** dolphins.
  彼らはイルカに関する映画を作った。
- **3.【従事】** What is he **about**?
  彼は何をしているのですか。
- **4.【近似】** It's **about** eight o'clock.
  今だいたい8時くらいです。

---

[3] (Despite our new product failures), we were able to meet our sales quotas (**after** a fashion).
　　　　　　　　　　　　　　　　　　　S　　　　V　　　　　　　　O

正解（A）：新製品の失敗にもかかわらず、私たちはなんとかして販売ノルマを達成できた。

afterは〈**後ろ**〉**が基本イメージ**。look afterが「～の世話する」という意味を表すのも、「後ろから見る」というイメージがもとになっています。

after a fashion（かろうじて）はイディオムです。fashionはもともとは「方法」という意味。「手段を講じた後で」→「かろうじて」という成り立ちです。

完全攻略ナビ │ #50-c　**after**は〈後ろに〉

after

- **1.【場所・時間の後】**　**After** you, madam.　マダム、どうぞお先に。
- **2.【追求】**　The police are **after** the criminal.　警察はその犯罪者を追っている。
- **3.【模倣】**　He was named Ewan **after** his uncle.
  　　　　　　彼は叔父の名をとってユアンと名づけられた。

● **afterのイディオム**
☐ **after a fashion**（かろうじて）　☐ **after all**（結局）
☐ **after dark**（日が暮れて）　☐ **ever after**（それからずっと）

---

[4] The controversial airport construction will (eventually) translate (**into** more jobs).
　　　　　　　　　　S　　　　　　　　　　　　　　　　V

正解（C）：異論の多い空港建設は、結果としてより多くの雇用を生むだろう。

まず、箱を思い浮かべてください。その**箱の中に何かを入れる**イメージ。これがまさに **into**（〜の中へ）の中心的なイメージです。この〈**外から中へ**〉というイメージから、物事の〈**変化**〉の意味を表すことがあります。

into は〈外から中へ〉というイメージ。**translate into**（〜に翻訳する、結果として〜になる）はやはり変化のイメージがありますね。

完全攻略ナビ │ #50-d　**into** は〈外から中へ〉

into

- **1.【中へ】**　He was well **into** his sixties.　彼は60歳をかなり超えていた。
- **2.【変化】**　The rain will change **into** snow late at night.
　　　　　　雨は夜更け過ぎに雪へと変わるだろう。

[5] We accepted their proposal (for merger)(**out of** necessity).
　　S　　V　　　　O

正解（A）：我々はやむなく彼らの合併の提案を受け入れた。

out ofは〈**中から外へ**〉。into とは逆で、**箱の中から何かを取り出す**イメージです。そこから物事の〈**原因**〉や〈**動機**〉を表すことがあります。**out of necessity**（必要から、やむなく）も、必要性（necessity）が内的な動機となるイメージですね。

完全攻略ナビ | #50-e　out ofは〈中から外へ〉

out of

- **1.【外へ】**　Three bears came **out of** the forest.
　　　　　　3頭の熊が森から出てきた。
- **2.【範囲外】**　His plane got **out of** sight.
　　　　　　彼の乗った飛行機は見えなくなった。
- **3.【欠如】**　I have run **out of** business cards.
　　　　　　私は名刺を切らしている。
- **4.【動機】**　We did it **out of** necessity.
　　　　　　我々は必要に迫られてそれをやった。

● out of のイディオム

☐ **out of business**（破産して）　☐ **out of control**（制御不可能で）
☐ **out of necessity**（必要に迫られて）　☐ **out of order**（故障して）
☐ **out of stock**（在庫切れで）　☐ **out of the question**（問題外で、不可能で）
☐ **out of work**（失業して）
☐ out of breath（息切れして）　☐ out of danger（危険を脱して）
☐ out of date [fashion]（時代遅れの）　☐ out of favour（人気がない）
☐ out of hand（すぐに）　☐ out of one's senses（正気を失って）
☐ out of sight（見えなくなって）　☐ out of touch（時勢にうとい）

Lesson 16

[6] <Persuading him to step down from this project> is (**beyond** my ability).
　　　　S　　　　　　　　　　　　　　　　　　　　V　　　C

正解（B）：彼にこのプロジェクトから下りてもらうよう説得するのは私の手に余ります。

beyondは「対象の向こう側に超えていく」イメージ。そこから「〜を超えて」という〈超越〉を表すことができます。TOEIC is beyond me.（TOEICは私には歯が立たない）なんてことのないようにしましょう！

問題文のbeyond one's abilityは、自分の能力（ability）を超えている、ということですね。

完全攻略ナビ｜#50-f　beyondは〈向こう側に〉

beyond

● **1.【位置】**　The ship disappeared **beyond** the horizon.
　　　　　　　　船は水平線の向こうに姿を消した。
● **2.【超越】**　The Scottish countryside is beautiful **beyond** description.
　　　　　　　　スコットランドの田舎は美しくて筆舌に尽くしがたい。

● **beyondのイディオム**
□**beyond comparison**（比較できないくらい）　□**beyond control**（手に負えない）
□**beyond repair**（修理不能の）
□beyond description（筆舌に尽くしがたい）　□beyond doubt [question]（間違いなく）
□beyond one's means（収入以上の）　□beyond one's power（能力以上の）
□beyond one's reach（手の届かない）

PART 5 名詞まわりのアクセサリー

[7] What plans do you have (for expanding our business overseas)(**over** the next five years)?
　　　　O　　V　　S

正解（D）：次の5年間で我々の事業を海外に発展させるために、どのようなプランをお持ちですか。

overは〈覆って〉が基本的なイメージ。時間を覆うことから、「〜の間」という〈期間〉を表すことがあります。beyondが単に「〜を超える」のに対し、over は**対象を覆いながら着点まで到達する**イメージ。overを副詞として用いると、The war is over.（戦争は終わった）のように、〈完了〉の意味も表します。

5年間を「覆う」ことから、「5年間ずっと」という〈期間〉を表すわけですね。duringと同じ用法ですが、overは「その期間全体を通じて」というニュアンスであるのに対して、duringは「その期間中に」というニュアンスです。

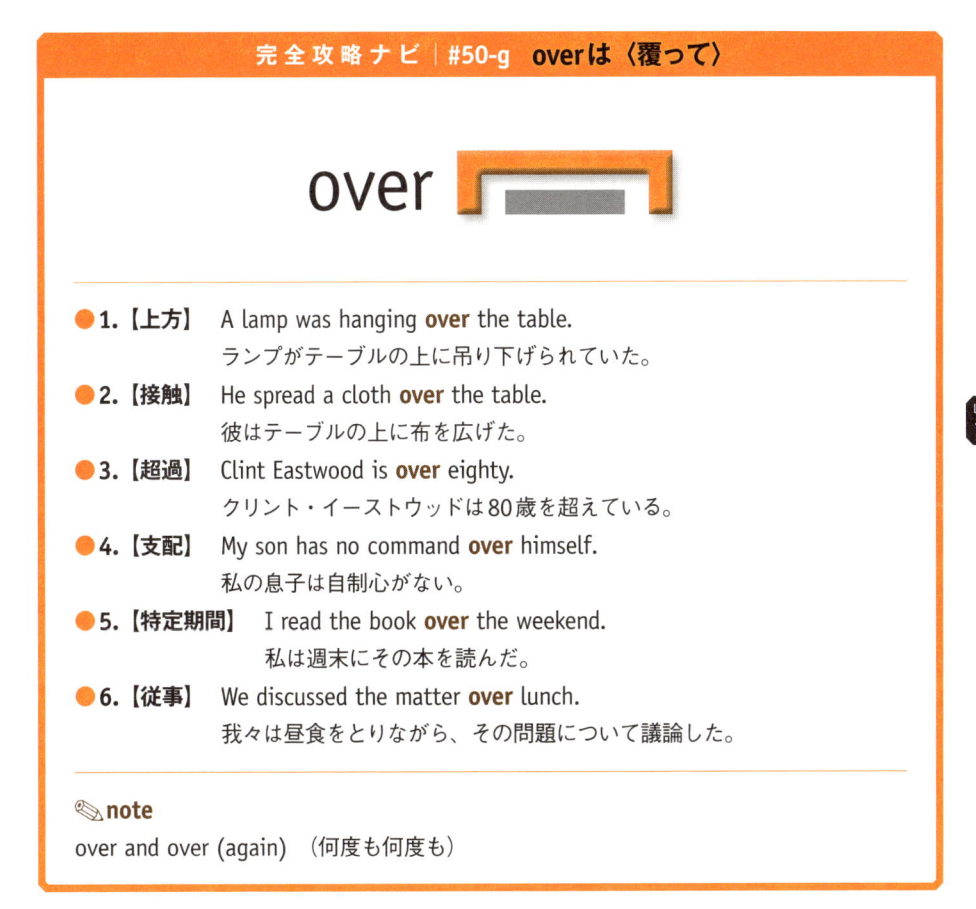

完全攻略ナビ | #50-g　overは〈覆って〉

over ⌐□

- **1.【上方】**　A lamp was hanging **over** the table.
　　　　　　　ランプがテーブルの上に吊り下げられていた。
- **2.【接触】**　He spread a cloth **over** the table.
　　　　　　　彼はテーブルの上に布を広げた。
- **3.【超過】**　Clint Eastwood is **over** eighty.
　　　　　　　クリント・イーストウッドは80歳を超えている。
- **4.【支配】**　My son has no command **over** himself.
　　　　　　　私の息子は自制心がない。
- **5.【特定期間】**　I read the book **over** the weekend.
　　　　　　　　　私は週末にその本を読んだ。
- **6.【従事】**　We discussed the matter **over** lunch.
　　　　　　　我々は昼食をとりながら、その問題について議論した。

✎**note**
over and over (again)　（何度も何度も）

Lesson 16

[8] The question (of <who will lead the next symposium>) is (still) (**under** consideration).
　　　S　　　　　　　　　　　　　　　　　　　　　　　　　　　　　　　　V　　　　　　　　C

正解（B）：誰が次のシンポジウムを率いるかという問題はいまだに検討中である。

　under は〈**覆われて**〉。overの逆のイメージです。belowにも「〜の下に」という意味がありますが、underは**まんべんなく覆われる**イメージで、**どのような状況下に**あるかまで表します。The cat is below the table. は、「その猫はテーブルの下にいる」という位置関係を表しますが、The cat is under the table. は「その猫はテーブルの下に隠れている」という意味まで含みます（under the table は「テーブルの下でこっそりと→違法に」というイディオムも重要）。
　under consideration で「検討されている状況下」にあるということですね。

完全攻略ナビ | #50-h　underは〈覆われて〉

under

- **1.【下方】**　He got out from **under** the car.
　　　　　　　彼は車の下から出てきた。
- **2.【数量】**　I've been here in London **under** a week.
　　　　　　　私はロンドンには1週間もいません。
- **3.【状況】**　The bridge is **under** repair.
　　　　　　　その橋は修復中だ。
- **4.【支配】**　We cannot bear being **under** the rule of a dictator.
　　　　　　　我々は独裁者の支配下にいることに我慢できない。

● **under のイディオム**
- □ **under age**（未成年で）　□ **under construction**（建設中で）
- □ **under pressure**（圧力を受けて）　□ **under way**（進行中で）
- □ under arms（武装して）　□ under control（支配下で）
- □ under consideration（検討中で）　□ under contract（契約して）
- □ under discussion（討論中で）　□ under fire（非難を受けて）
- □ under repair（修理中で）　□ under the influence of（〜の影響を受けて）
- □ under the table（違法に）　□ under the[a] name of（〜の名義で）

PART 6

動詞に関係する項目

Lesson 17
Lesson 18
Lesson 19
Lesson 20
Lesson 21
Lesson 22
Lesson 23
Lesson 24

▶ Lesson 17
「～する」側か、「～される」側か
—— 動詞の〈態〉

　PART 6では、英語の**エンジンの働き**をする**動詞**にもう一度スポットを当てます。TOEICの文法問題は、(1) 品詞、(2) 接続表現、(3) 動詞関連、(4) 語彙の4つに特化していますが、動詞関連の中でも頻出するのが、「**～する**（能動態）」「**～される**（受動態）」という**動詞の〈態〉**に関する問題です。Lesson 17では、英語と日本語で発想が異なる動詞や、使役動詞・知覚動詞といった、〈態〉と切っても切り離せないポイントを見ていきます。

51.「昇進する」のではなく「昇進させられる」　受動態で表す動詞

● **Basic Quiz**

> The car manufacturer's headquarters ---------- in Detroit.
> (A) locates　　(B) locating　　(C) located　　(D) is located

　英語と日本語で**発想の違う**単語には注意が必要です。たとえば、「私は広報部長に昇進した」という場合、次のどちらが正しい英文でしょうか？

　a) I promoted to PR manager.
　b) I was promoted to PR manager.

　正解はb) です。promoteは「昇進する」ではなく、「(商品などを) 促進する」「(人を) 昇進させる」という意味。「昇進する」という場合には、**be promoted**のように**受動態**で表さなければなりません。このように〈受動態〉で表すものの中には、日本語と単語の持つニュアンスが異なるものが多いので、注意が必要です。Basic Quizを見てみましょう。

PART 1 英文の骨組みとなるパターン

Lesson 01

The car manufacturer's headquarters **is located** (in Detroit).
　　　　　　　S　　　　　　　　　　　　　V

正解（D）：その自動車会社の本社は、デトロイトにある。

locateは「場所を特定する」という意味の他動詞。「～に位置する」という意味では、**be located in**のように受動態で表します。このように**受動態で表すことが多い動詞**には、以下のようなものがあります。

完全攻略ナビ | #51　受動態で表すことが多い動詞

Our house **is situated** near the train station.
我々の家は電車の駅の近くにある。

be +
- □**absorbed in**（没頭している）　□**based on**（基づく）　□**delayed**（遅れる）
- □**involved in**（関係する）　□**promoted**（昇進する）
- □**transferred**（転勤する）　□**injured** / □**hurt** / □**wounded**（負傷する）
- □**located** / □**situated**（位置する）
- □acquainted with（知り合いである）　□drowned（溺れる）
- □engaged in（従事している）　□killed（死ぬ）
- □mistaken（間違う）　□seated（座っている）
- □convinced of / □assured of（確信する）

52. 「人づてに」聞いたのか、「直接」聞いたのか　知覚動詞

● Basic Quiz

[1] During the lunch break, everybody in the office heard Ms. Kerrigan ---------- with the section chief.
　　(A) argued　　(B) were arguing　　(C) arguing　　(D) to argue
[2] Ethan Hunt was seen by the guard ---------- the office premises during the night.
　　(A) be entered　　(B) entered　　(C) to enter　　(D) enter

「私は彼女が泣いているのを**直接**聞いた」という意味の英文は次のどちらでしょうか。

a) I heard that she was crying.
b) I heard her crying.

正解は b) です。a) は「私は彼女が泣いているということを**人づてに**聞いた」という意味になり、自分で直接聞いたことにはなりません。自分の**目、耳、鼻、舌、肌**で直接「知覚」した、と言う場合には、以下のような〈**知覚動詞**〉のパターンを用います。目的語が「**〜する**」側の場合は **do** / **doing** を、目的語が「**〜される**」側の場合は **done** を用いて表現します。Basic Quiz を見てみましょう

> Ms. Kerrigan は **口論（argue）する側**なので、arguing が正解

[1] (During the lunch break), everybody (in the office) heard Ms. Kerrigan <arguing with
　　　　　　　　　　　　　　　　　　　　S　　　　　　　　　　　　　V　　　O　　　　　　　　doing
the section chief>.

正解（C）：昼食休憩の間に、事務所の皆はケリガンさんが課長と口論しているのを耳にした。

hear ＋ O ＋ doing で、「**O が〜しているのを聞く**」という意味。問題文では、目的語である Ms. Kerrigan は「**口論（argue）する側**」なので、arguing が正解です。

> **受動態**になると **to do** に変わるので、to enter が正解

[2] Ethan Hunt was seen (by the guard) <to enter the office premises (during the night)>.
　　　S　　　　　　V　　　　　　　　　　　　　　　to do

正解（C）：イーサン・ハント氏は夜間に会社の敷地内に入るのを警備員に見られた。

知覚動詞は受動態になると **do（原形）**の部分が **to do（不定詞）**に変わります。したがって、(C) to enter が正解。

● **受動態になると、do ➡ to do に変わる**

　　　　　　　do　　　　　　　　　　　　　　　to do
I saw him <open the safe>.　➡　He was seen <to open the safe (by me)>.
S　V　O　　　　　　　　　　　　　　　　　S　　　V

私は彼が金庫を開けるのを見た。　　　　彼は金庫を開けるのを（私に）見られた。

PART 1 英文の骨組みとなるパターン

完全攻略ナビ | #52　直接見たり聞いたりする〈知覚動詞〉

Lesson 01

I **saw** Bridget writing a diary in the next room.
私はブリジッドが隣の部屋で日記を書いているのを見た。

see ＋ O ＋
- **do**（原形）　　　　：Oが〜するのを見る
- **doing**（現在分詞）：Oが〜しているのを見る
- **done**（過去分詞）：Oが〜されるのを見る

☐ **feel**（感じる）　☐ **find** / ☐ **catch** / ☐ **detect**（発見する）　☐ **hear**（聞く）
☐ **notice** / ☐ **observe** / ☐ **perceive**（気付く）　☐ **overhear**（ふと耳にする）
☐ **see** / ☐ **watch** / ☐ **look at**（見る）　☐ **smell**（匂いがする）

✏️ note
I saw her <enter the room>. ➡ She was seen <to enter the room>. 〈受動態〉
S V　O　　　　　　　　　　　　 S　　V

---

53. 自分でやったのか、第三者にやってもらったのか　使役動詞

● Basic Quiz

[1] I'll ---------- our manager call you back as soon as he's back.
　　(A) have　　(B) get　　(C) suggest　　(D) tell
[2] These days, you can get almost anything ---------- by using the Internet.
　　(A) delivering　(B) deliver　(C) to deliver　(D) delivered

「昨日私は（美容院で）髪を切りました」という意味の英文は次のどちらでしょうか。

a) I cut my hair yesterday.

b) I had my hair cut yesterday.

正解はb）です。a）だと「自分でハサミを使って切った」というニュアンスです。自分でやるのでなく、「（人などに）〜させる、〜してもらう」という場合、以下のような〈使役動詞〉のパターンを用います。目的語が「**〜する**」側の場合、**make / have / let** を、目的語が「**〜される**」側の場合には、**make / have / get** を使います。

167

> 目的語が「〜する」側の場合、make/have/let を使う

[1] I'll **have** our manager <call you back <as soon as he's back>>.
　　S　 V 　　　O 　　　　 do

正解 (A)：マネージャーが戻り次第、あなたにコールバックさせます。

have＋O＋do で、「Oに〜させる（してもらう）」という意味。問題文において目的語 our manager は「電話（call）する」側である点に注意しましょう。**get / tell** は〈get [tell]＋O＋to do〉のように、**目的語の後ろにto不定詞を伴って**「Oに〜するようにさせる（命じる）」という意味を表します（☞ #30）。suggestは動名詞やthat節を目的語にとる動詞です（☞ #31）。

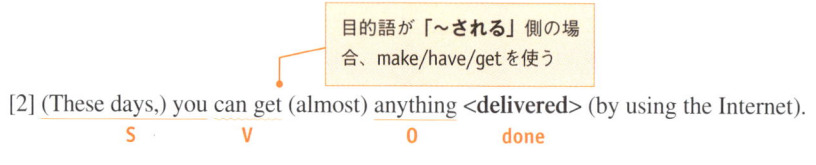

> 目的語が「〜される」側の場合、make/have/get を使う

[2] (These days,) you can **get** (almost) anything <**delivered**> (by using the Internet).
　　　　　　　　　 S　　　V　　　　　 O 　　　　done

正解 (D)：最近はインターネットを使ってほとんど何でも配達してもらえる。

get＋O＋done で「Oを〜される（してもらう）」という意味。このパターンをとる動詞は **make, have, get** の3つです。目的語 anything は「配達（deliver）される」側である点に注意しましょう。

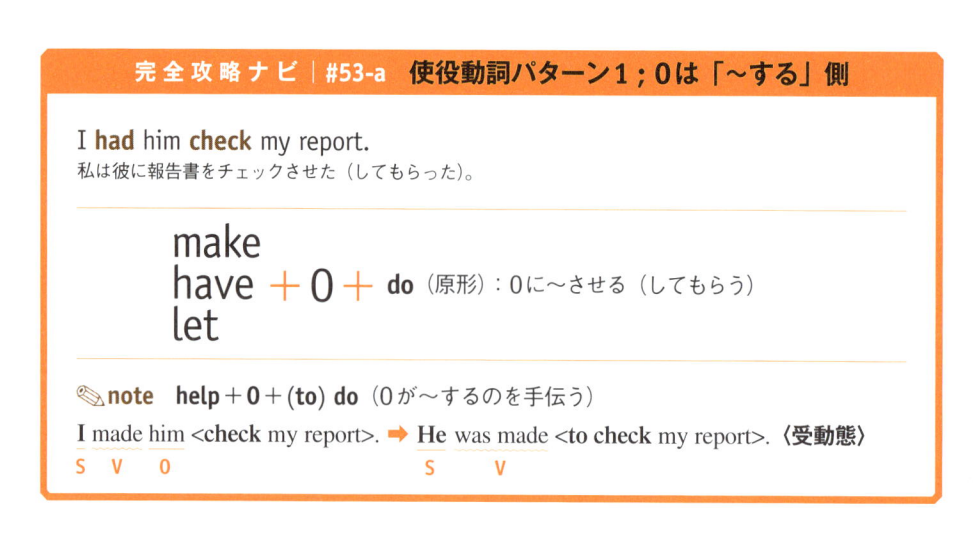

完全攻略ナビ | #53-a　使役動詞パターン1；Oは「〜する」側

I **had** him **check** my report.
私は彼に報告書をチェックさせた（してもらった）。

make
have ＋ O ＋ do（原形）：Oに〜させる（してもらう）
let

✎note　help＋O＋(to) do（Oが〜するのを手伝う）
I made him <check my report>. ➡ He was made <to check my report>. 〈受動態〉
S　V　O 　　　　　　　　　　　　 S　　 V

168

PART 1 英文の骨組みとなるパターン

Lesson 01

完全攻略ナビ | #53-b 使役動詞パターン2；Oは「〜される」側

I **had** my report **checked** by him.
私は報告書を彼にチェックされた（してもらった）。

make
have + O + done（過去分詞）：Oを〜される（してもらう）
get

54. 混同しやすい動詞は要注意！

● **Basic Quiz**

The young entrepreneur ---------- a school for poor children.
(A) fined　　　(B) founded　　　(C) found　　　(D) find

動詞の〈態〉を表すのに用いられるのが **doing**（現在分詞）と **done**（過去分詞）です。中には活用（原形-過去形-過去分詞）が似ていて紛らわしいものもあります。
次の例文の意味を考えてみましょう。

a) The company was founded in 1997.
b) The company was fined $2 million.

a) は「その企業は1997年に設立された」、b) は「その企業は200万ドルの罰金を科された」という意味です。found（創設する）、fine（罰金を科す）、find（見つける）など、似たようなスペリング、活用の動詞は要注意です。

The young entrepreneur **founded** a school (for poor children).
　　　　　　　S　　　　　　V　　　O

正解（B）：その若い起業家は貧しい子供たちのために学校を創設した。

found – founded – founded（創設する）、**find – found – found**（見つける）、**fine – fined – fined**（罰金を科す）と活用します。

169

完全攻略ナビ | #54 活用が似ている動詞

The sun **rises** in the east. 太陽は東から昇る。
If you have any questions, **raise** your hand. 質問があれば手を挙げてください。

- ☐ **lie – lied – lied – lying**（うそをつく）
- ☐ **lie – lay – lain – lying**（横になる）
- ☐ **lay – laid – laid – laying**（〜を横にする）
- ☐ **rise – rose – risen**（上がる）
- ☐ **raise – raised – raised**（〜を上げる）
- ☐ arise - arose - arisen（生じる）

- ☐ **fall – fell – fallen**（倒れる）
- ☐ fell – felled - felled（倒す）
- ☐ bind – bound - bound（縛る）
- ☐ bound – bounded – bounded（はずむ／抑える）

- ☐ **fly – flew – flown**（飛ぶ、逃げる）
- ☐ flee – fled – fled（逃げる）
- ☐ flow – flowed - flowed（流れる）
- ☐ **see – saw – seen**（〜を見る）
- ☐ saw - sawed - sawed/sawn（〜をのこぎりで切る）
- ☐ sew – sewed – sewn/sewed（縫う）

- ☐ **find – found – found**（〜を見つける）
- ☐ **found – founded – founded**（〜を創設する）
- ☐ **fine – fined – fined**（罰金を科す）

- ☐ wind – wound - wound（〜を巻く）
- ☐ **wound – wounded – wounded**（〜を負傷させる）

✎ **note**
活用は、原形－過去形－過去分詞－（現在分詞）。

55. 〈原因〉と〈結果〉をつなぐ動詞

● **Basic Quiz**

Road construction in the district will ---------- destruction of the environment.
(A) result from   (B) stem from   (C) depend on   (D) lead to

「〜する」「〜される」といった関係を表す重要表現に、**〈因果関係〉**を表す動詞があります。次の例文を見てください。

a) Smoking can **cause** lung cancer. 喫煙が肺がんを引き起こす可能性がある。
b) Lung cancer can **result from** smoking. 肺がんは喫煙により引き起こされる可能性がある。

a)〈原因〉が〈結果〉を引き起こす、b)〈結果〉が〈原因〉から生じる、といった因果関係を表すパターンを押さえておきましょう。ちなみに、海外のタバコのパッケージには、"Smoking kills（喫煙は死をもたらします）"とダイレクトに警告されています。日本のタバコの「喫煙はあなたにとって肺がんの原因のひとつとなります」という表示よりもインパクトがありますね。

● 〈原因〉と〈結果〉の因果関係

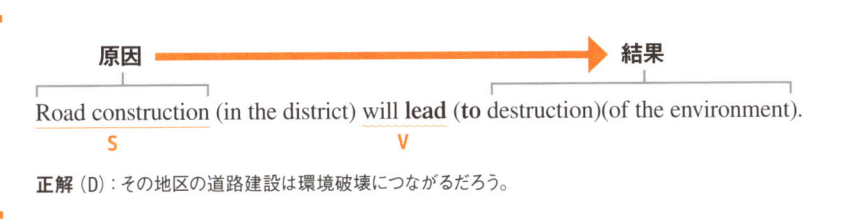

```
  原因 ────────────────▶ 結果
  Road construction (in the district) will lead (to destruction)(of the environment).
         S                              V
```
正解（D）：その地区の道路建設は環境破壊につながるだろう。

road construction（道路建設）が〈原因〉となって、destruction of the environment（環境破壊）という〈結果〉に至っているという**因果関係**に着目します。result from（〜に起因する）、stem from（〜から生じる）、depend on（〜しだいである）はすべて、**〈結果〉が〈原因〉によって引き起こされる**という**因果関係**を作ります。TOEICでは、特にPart 6, Part 7の長文で、こういった〈因果関係を表すフレーズ〉がポイントになる設問が出題されます。

完全攻略ナビ | #55　因果関係を表す動詞

Smoking **causes** lung cancer. 喫煙は肺がんの原因となる。

【原因】＋V＋【結果】 〜を引き起こす	☐ **bring about**　☐ **cause**　☐ **lead to**　☐ **result in** ☐ **call forth**　☐ **create**　☐ **give rise to** ☐ **generate**　☐ **induce**　☐ **influence**　☐ **produce**
【結果】＋V＋【原因】 〜から生じる	☐ **be attributable [atributed] to**　☐ **be due to** ☐ **result from**　☐ **arise from**　☐ **be owing to** ☐ **depend on**　☐ **derive from**　☐ **stem from**

► Lesson 18
「〜したはず」と「〜すべきだったのに」
―― 助動詞は動詞のアシスト役

　助動詞には must / should / may / can / will などがありますが、「助」動詞という名前の通り、**動詞をアシストして、意味を付け足し**ます。
　Lesson 18 では、助動詞の基本から応用まで、シンプルにマスターしていきます。

56. 助動詞が表す意味は2つ 〈推量〉と〈義務〉

● **Basic Quiz**

[1] The manager ---------- say those things last night in front of all the staff, did he?
　　(A) mustn't　　(B) didn't have to　　(C) must　　(D) had to
[2] Although the criminal tried to fly abroad, the police ---------- arrest him.
　　(A) could　　(B) must have　　(C) were able to　　(D) could have
[3] You ---------- drink too much for your health.
　　(A) had not better　　(B) ought to not　　(C) not ought to　　(D) had better not
[4] I ---------- wait for half an hour before the client finished his phone call.
　　(A) will　　(B) had to　　(C) couldn't help　　(D) must

　「助動詞は意味がいろいろあって覚えきれない！」と思っていませんか？　実は**助動詞の表す意味**は**たったの2つ**。〈推量〉と〈義務〉です。ほとんどすべての助動詞は、この2つの意味に整理されます。
　シンプルですよね？　たとえば must を例にとると、以下のようになります。

a) He **must be** busy today.　彼は今日、忙しいに違いない。〈推量〉
b) I **must visit** Boston on business next week.　私は来週、ボストンに出張しなければならない。〈義務〉

　また、**助動詞が表す時間**に注目すると、〈現在〉から〈未来〉に向かっていることが分かります。

PART 1 英文の骨組みとなるパターン

● 〈現在〉から〈未来〉

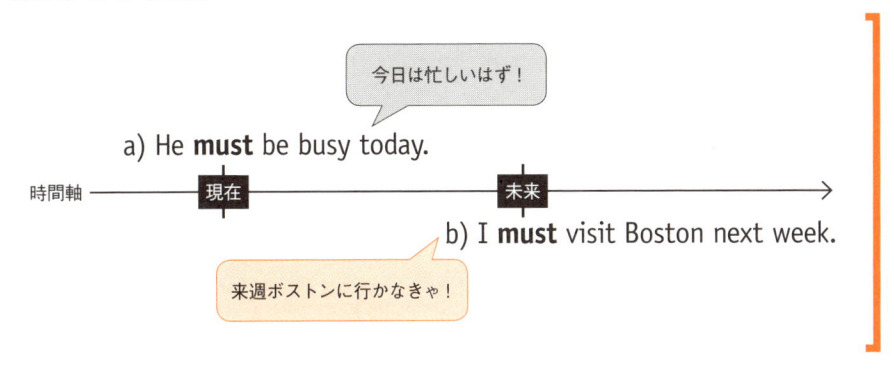

今日は忙しいはず！

a) He **must** be busy today.

時間軸 ──── 現在 ──── 未来 ────→

b) I **must** visit Boston next week.

来週ボストンに行かなきゃ！

このように、基本的に**助動詞**は「**未来型**」だと考えてください。

完全攻略ナビ | #56　助動詞の基本用法

You **must** be a doctor.　あなたは医者に違いない。
You **must** do it now.　あなたは今それをしなければならない。

	【推量】	【義務・意思】
must	～に違いない	～しなければならない
should	～のはずだ（＝ought to）	～すべきだ（＝ought to / had better）
may	～かもしれない	～してもよい
can	～かもしれない	～できる（＝be able to）
will	～するだろう	～するつもりだ

✏️note
must not do（～してはいけない）⇔ don't have to do（～しなくてもよい）
must be（～に違いない）⇔ cannot be（～であるはずがない）

それではBasic Quizを見ていきましょう。

[1] The manager **didn't have to** say those things (last night)(in front of all the staff), did he?
　　　　S　　　　　　V　　　　　　O　　　　　　　　　　　　　　　　　　　　　　V'　S'

正解（B）：昨夜、スタッフ全員の前でマネージャーはそんなことを言う必要はなかったんじゃない？

must do と don't [doesn't] have to do は「〜しなければならない／〜しなくてもよい」という〈義務〉を表します。**否定形に注意**しましょう。mustn't do は「〜してはいけない」という〈禁止〉の意味を表しますが、**don't [doesn't] have to do** は「〜する必要はない」という意味です。ここでは last night（昨夜）と〈過去を表すフレーズ〉があるので、過去形の **didn't have to do**（〜しなくてもよかった）が正解。なお、must には過去形がないので、「〜しなければならなかった」という意味を表す場合は常に had to do を使います。

[2] <Although the criminal tried to fly (abroad)>, the police **were able to** arrest him.
　　　　　　　S'　　　　　V'　　　　　　　　　　　S　　　　V　　　　　O

正解（C）：その犯罪者は海外に逃げようとしたが、警察は彼を逮捕することができた。

could do は、やろうと思えばいつでもできたこと、つまり〈習慣的能力〉を表しますが、**was [were] able to do** は一回限りの動作について**「実際に〜できた」**という場合に使います。問題文では、「習慣的に逮捕する能力があった」わけではなく、「実際に逮捕できた」ということなので、**were able to** が正解。must have done（〜したに違いない）、could have done（〜したかもしれない）は〈過去のことを推量する表現〉です。

[3] You **had better not** drink too much (for your health).
　　 S　　　V　　　　　　　　O

正解（D）：健康のためにも、お酒を飲みすぎてはいけないよ。

「〜すべきだ」という表現は、**should do / had better do / ought to do** の3つを押さえておきましょう。また、**否定形**はそれぞれ、should **not** do / had better **not** do / ought **not** to do となります。**「had better は切り離さない」**と覚えておきましょう。

[4] I **had to** wait (for half an hour) <before the client finished his phone call>.
　　S　 V　　　　　　　　　　　　　　　　　　S'　　　　V'　　　　　O'

正解（B）：顧客が電話を終えるまで、私は30分も待たなければならなかった。

before 以下が過去形（finished）なので、前半も過去の内容になるはずです。will do（〜するつもりだ）や、must do（〜しなければならない）は、時間が未来に向かいます。**had to do**（〜しなければならなかった）と、**couldn't help doing**（〜せざるを得なかった）の区別は、次の例で覚えておきましょう。

● 「しなければならなかった」と「せざるを得なかった」

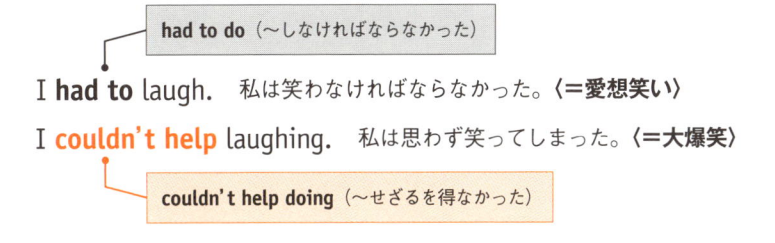

had to do（〜しなければならなかった）

I **had to** laugh.　私は笑わなければならなかった。〈＝愛想笑い〉

I **couldn't help** laughing.　私は思わず笑ってしまった。〈＝大爆笑〉

couldn't help doing（〜せざるを得なかった）

57. 〈助動詞＋完了形〉で、時間が過去に向かう！

● Basic Quiz

[1] You should ---------- the other day that I now have an assistant
  (A) hear　　(B) have heard　　(C) be hearing　　(D) heard

[2] Suddenly I realized that one of my coworkers ---------- me so that he could get promotion.
  (A) must have betrayed　(B) must betray　(C) has to betray　(D) will betray

以下の2つの例文を見てください。

a) Jack **must be** Rose's fiancé.　ジャックはローズの婚約者に違いない。
b) Jack **must have been** Rose's fiancé.　ジャックはローズの婚約者だったに違いない。

　a) は〈助動詞＋動詞の原形do〉で、「(今)〜に違いない」という**現在の〈推量〉**を表していますね。一方、b) のように**助動詞の後ろを完了形**〈have done〉にすると、「(かつて)〜だったに違いない」と、**過去のことに対する〈推量〉**を表します。また、〈義務〉の意味を表す場合は〈仮定法〉となり、「〜すべきだったのに、〜できたのに、〜したのに」といった「後悔」を表します。

● 現在と過去の〈推量〉

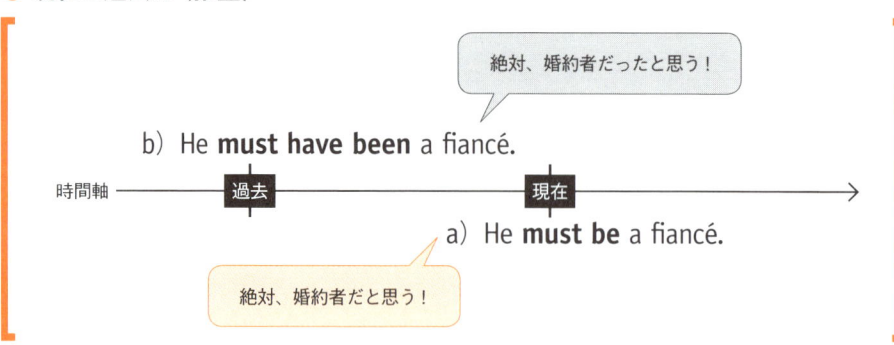

> 絶対、婚約者だったと思う！

b) He **must have been** a fiancé.

時間軸 ── 過去 ──────── 現在 ──────→

a) He **must be** a fiancé.

> 絶対、婚約者だと思う！

完全攻略ナビ｜#57　助動詞＋have doneで、過去に向かう

He **may** be busy.　彼は忙しいかもしれない。
He **may have** been busy.　彼は忙しかったのかもしれない。

	【推量】	【義務】
should have done	〜したはずだ	〜すべきだったのに（しなかった）
could have done	〜したかもしれない	〜できたのに（しなかった）
would have done	〜しただろう	[…だったら] 〜しただろうに（しなかった）
might have done	〜したかもしれない	〜したかもしれないのに（しなかった）
need not have done	×	〜する必要がなかったのに

📝 **note**
must have done（〜したに違いない）⇔ cannot have done（〜したはずがない）
may have done（〜したかもしれない）

それでは、Basic Quizを見てみましょう。

[1] You should **have heard** (the other day) <that I (now) have an assistant>.
　　S　V　　　　　　　　　　　　　　　　　　O: S'　　V'　　O'

正解（B）：私には今ではアシスタントがいるということを先日あなたは聞いたはずです。

前述のとおり、助動詞は基本的に未来志向で「これから〜する」という時間の方向性を持っていますが、**過去のことを推量**する場合は**助動詞＋have done**のように、助動詞の後ろを完了形にします。should hearだと、「（これから）聞くはずだ」という未来の意味になってしまい、the other day（先日）と矛盾しますね。「（すでに）聞いたはずだ」という意味になる、**should have heard**が正解。

[2] (Suddenly) I realized <that one (of my coworkers) **must have betrayed** me><so that he
　　　　　　　　S　　V　　　O:　　S'　　　　　　　　　　　　　　　V'　　　　　　O'　　　　　S'
could get promotion>.
　V'　　　O'

正解（A）：私は突然、同僚のひとりが自分が昇進するために私を裏切ったに違いないと気がついた。

ここでも、**過去のことを推量**する内容になっていますね。**must have done**（〜したに違いない）のパターンを選びます。

58. 助動詞を用いた頻出イディオム

● Basic Quiz

| If we can't borrow any more money, the company ---------- fold up. |
| (A) as well as　　(B) as soon as　　(C) cannot help　　(D) may as well |

映画のワンシーンを思い浮かべてください。車に過剰にセキュリティーをつけている男がいます。Why are you so cautious?（なぜそんなに用心してるの？）と聞かれて彼は次のように答えます。

"You can't be too careful these days."

もしあなたが字幕翻訳者だったら、このセリフをどう日本語に訳しますか？　制限文字数は10文字でどうでしょう。

解答例は、「最近ぶっそうだからな」。なぜこのような訳になるのでしょうか。文字通り訳すなら、「あなたは最近では、どんなに注意してもしすぎることはない（27字）」となります。そこから、「十分に注意すべきだ」、なぜなら「最近ぶっそうだから」となる理

屈。cannot be too〜 というパターンは、「あまりに〜過ぎるということはあり得ない」、そこから、「十分に〜した方がいい」といったニュアンスまで表します。

<If we can't borrow any more money>, the company **may as well** fold up.
　　　S'　V'　　　　O'　　　　　　　S　　　　V

正解（D）：もし我々がこれ以上お金を借りられないなら、会社をたたんだ方がいいだろう。

may [might] as well do（〜した方がよい、〜しても構わない）はイディオムとしてこのまま覚えましょう。as well as は「〜同様に」、as soon as は接続詞で「〜するとすぐに」、cannot help doing で「〜せざるを得ない」という意味です。

完全攻略ナビ | #58　助動詞の頻出イディオム

I **would rather** work overtime **than** bring work home.
私は仕事を家に持ち帰るくらいなら、残業する方がいい。

☐ **cannot help doing**（〜せずにはいられない）
☐ **cannot...too**（いくら…しても足りない）
☐ **may as well**（〜した方がいい／〜しても構わない）
☐ **would like to**（〜したいものだ）
☐ **would rather...(than)**（[〜するくらいなら] …したい）

PART 6 動詞に関係する項目

▶ Lesson 19
過去・現在・未来を軸に広がる
──3つの基本時制

今回のテーマは**時制**です。まずは〈**過去**〉〈**現在**〉〈**未来**〉の**基本3時制**を確認しておきましょうか。

a) He **worked** at this company as an intern. → 〈過去〉
　彼はインターンとして、この会社に勤務していた。

b) He **works** in Tokyo branch now. → 〈現在〉
　彼は今、東京支店で勤務している。

c) He **will work** overseas in the future. → 〈未来〉
　彼は将来、海外勤務になるだろう。

● 基本3時制

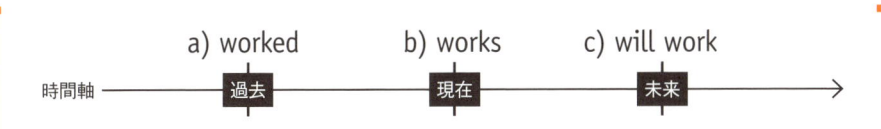

```
                a) worked        b) works       c) will work
時間軸 ────────┤ 過去 ├────────┤ 現在 ├────────┤ 未来 ├────────→
```

それぞれの文において、workは過去・現在・未来のある時点を表していますね。この3つの時間が「軸」となり、ここから〈進行形〉や〈完了形〉といったいわば**「幅のある時間」**が広がっていきます。

59. 10秒後にやめられるか、やめられないか　〈状態〉を表す動詞

● Basic Quiz

> The operation team ---------- of more than 60 people.
> (A) was consisted　(B) was consisting　(C) have consisting　(D) consisted

英語の時制を考える際は、必ず**「一点で表される時間」**と、**「進行する時間」**を意識するようにしてください。たとえば、「シャワーを浴びている時に電話が鳴った」という例を考えてみましょう。「電話が鳴った」時間は、たとえば3時30分のように**時の一点**ですね。でも、電話が鳴った瞬間のことを考えてみると、その瞬間にいきなり服を脱いでシャワーを浴びることは不可能です。そう、「シャワーを浴びている最中」だったはずですね。シャワーを浴びるという**動作は進行中**だったわけですから、当然**〈進行形〉**で表すことになります。

When the phone **rang**, I **was taking** a shower.
電話が鳴った時、私はシャワーを浴びている最中だった。

この**2つの時間**の関係を、下の図で視覚的に押さえておきましょう。

● **when**と**while**の時間

〈**when**の時間〉 the phone **rang**

時間軸　　　　　過去

〈**while**の時間〉 I **was taking** a shower

　このように、**時の一点**を表す場合に用いられる接続詞が**when**、**進行する時間**について用いられる接続詞が**while**です。つまり、上の例文は、While I was taking a shower, the phone rang.（シャワーを浴びている時に、電話が鳴った）としてもいいわけですね。
　それでは Basic Quiz に行きましょう。

The operation team **consisted** (of more than 60 people).
　　　　S　　　　　　V
正解（D）：そのオペレーションチームは、60人以上で構成されていた。

　英語の動詞には**〈動作〉**を表す動詞と、**〈状態〉**を表す動詞の2種類があります。区別の仕方はいたってシンプル。**「10秒後にやめられるかどうか」**を考えてみてください。eat（食べる）、これは10秒後にやめることができますね。このような動詞を**〈動作動詞〉**といいます。一方で、resemble（似ている）、これは10秒後にいきなりやめることはできません。このような動詞を**〈状態動詞〉**といいます。

PART 6 動詞に関係する項目

● 〈動作動詞〉と〈状態動詞〉

〈動作動詞〉は進行形

He is **eating** clam chowder.（彼はクラムチャウダーを食べている）

He **resembles** Brad Pitt.（彼はブラッド・ピットに似ている）

〈状態動詞〉は進行形にしない！

　eatなどの〈動作動詞〉は、前述のとおり、進行中の動作を表すためには進行形にしなければなりませんが、**resemble**などの〈状態動詞〉は、継続的な状態を表すので進行形にしません（より正確に言うと、進行形にする必要がありません）。

　問題文のconsistは「成り立っている」という〈状態〉を表す動詞なので、進行形にしません。「～で成り立っている」という場合はconsist ofのように前置詞ofを必要とする自動詞。**自動詞は受動態にはできない**ため、(A) was consistedは不適切です。

完全攻略ナビ｜#59　〈状態〉を表す動詞は、進行形にしない！

The board **consists of** five directors.
その取締役会は5人の取締役で構成されています。

- □ **believe**（信じている）　□ **belong to**（～に所属している）
- □ **consist of**（～から成り立っている）　□ **resemble**（似ている）
- □ contain（含んでいる）　□ doubt（疑っている）　□ exist（存在している）
- □ know（知っている）　□ love（愛する）　□ prefer（好む）
- □ remain（残っている）　□ understand（理解する）
- □ hate / □ dislike（嫌っている）　□ possess / □ own / □ have（所有している）
- □ want / □ wish（望む）

✎ **note**
10秒後にやめられる　→〈動作動詞〉
10秒後にやめられない　→〈状態動詞〉

Lesson 19

60. 〈過去〉を〈現在〉の視点でとらえる　現在完了形

● Basic Quiz

[1] Nick ---------- in the Sales Division for five years now.
　　(A) will have worked　　(B) has worked　　(C) had worked　　(D) works
[2] Though I ---------- the camera only two months ago, the manufacturer has already released a new model.
　　(A) will buy　　(B) am buying　　(C) have bought　　(D) bought
[3] I ---------- never seen Mr. James Olsen in person before I joined the study session.
　　(A) would have　　(B) had　　(C) have　　(D) have been
[4] How long ---------- for the bus when it arrived?
　　(A) were you waiting　　　　(B) have you waited
　　(C) have you been waiting　　(D) had you been waiting
[5] By November, the share price ---------- to five hundred yen.
　　(A) increases　　(B) is increasing　　(C) has increased　　(D) had increased
[6] Even if you take a cab, the movie ---------- by the time you get there.
　　(A) had finished　　(B) finished　　(C) will have finished　　(D) has finished

次の英文のうち、まだ婚約指輪が見つかっていないのはどちらでしょうか？

a) I **lost** my wedding ring.
b) I **have lost** my wedding ring.

　正解はb）です。a）のlostは過去形なので、訳は「結婚指輪を失くした」となります。**過去形**は**過去の一点**について言及しているだけなので、現在は見つかったかどうかは分かりません。一方、b）のhas lostは現在完了形です。**現在完了形**は、**過去から現在にまで至る**状態を表しますので、正解は「失くしてしまっている」。つまり、「今も見つかっていない」という意味まで含むわけですね。
　このように、**現在完了形**は、〈過去〜現在〉に至る時間を表します。言い換えれば、過去に起きたことを**現在の視点でとらえる**時制だとも言えますね。
　現在完了形が表す意味は、（1）「〜したことがある〈経験〉」（2）「ずっと〜している〈継続〉」（3）「〜したところだ〈完了〉」（4）「〜してしまった〈結果〉」のように4つに分類されることがありますが、いずれも**〈過去から現在〉**に至る時間に起こることだ、と覚えておけば十分です。

PART 6 動詞に関係する項目

● 〈現在完了形〉は過去〜現在

> 指輪を失くしたんだ。
> （もう過ぎたことだけどね…）

a) I **lost** my wedding ring.

時間軸 ──── 過去 ──── 現在 ────→

> 指輪を失くしてしまった。
> （やばい、まだ見つかっていないよ！）

b) I **have lost** my wedding ring.

それでは順番に、Basic Quiz を見ていきましょう。

[1] Nick <u>has worked</u> (in the Sales Division)(for five years now).
　　　S　　V

正解（B）：ニックは今や5年間、営業部に勤めている。

文末の for five years now（今や5年間）に注目しましょう。**過去から現在**までの時間の広がりを表現するのは〈現在完了形〉です。現在形は〈習慣〉を表すのでここでは不適切。過去完了、未来完了は以下のように、過去、未来の基準時が必要です。

　　　　　　　　　　　　　　　　　　　　　　　　　　過去の基準時

He <u>had worked</u> in the Sales Division for five years <when he got promoted>.

彼は昇進したときには、5年間営業部で勤めていた。

　　　　　　　　　　　　　　　　　　　　　　　　　　未来の基準時

He <u>will have worked</u> in the Sales Division for five years <when he gets transferred next year>.

彼は来年異動になるときには、5年間営業部で勤めたことになるだろう。

● 過去・現在・未来の完了形

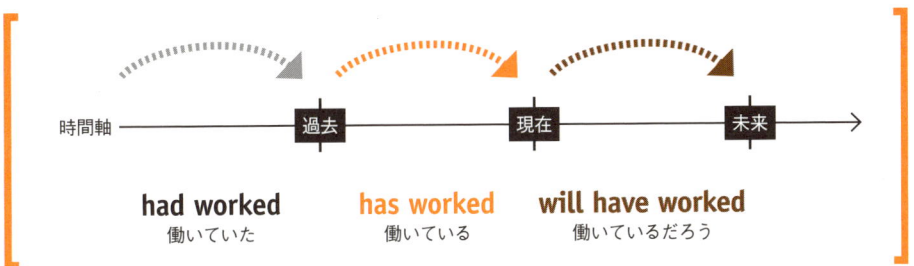

時間軸 ──── 過去 ──── 現在 ──── 未来 ────→

had worked　　**has worked**　　**will have worked**
働いていた　　　働いている　　　働いているだろう

Lesson 19

[2] <Though I **bought** the camera (only two months ago)>, the manufacturer has already
    S' V'   O'   S   V
released a new model.
    O

正解（D）：2カ月前にそのカメラを買ったばかりだが、メーカーはすでに新型を発売している。

　カメラを買った時点は2カ月前の〈過去〉なので、**過去形**のboughtが正解。過去を表す言葉と一緒に〈現在完了形〉は使えません。文の後半部では〈現在完了形〉が使われています。2カ月前から現在に至るまでに新型が発売されている、ということですね。

[3] I **had** never seen Mr. James Olsen (in person) <before I joined the study session>.
  S V   O   S' V'   O'

正解（B）：その勉強会に参加するまで、私はジェームズ・オルセン氏と直接会ったことはなかった。

　勉強会に参加した（joined）のが〈過去〉のことで、それより前（before）の時点を表すのは**過去完了**（had done）です。would have doneは「〜しただろう」という〈過去の推量〉を表しますが（☞#57）、ここでは意味の上で不適切ですね。

[4] (How long) **had you been waiting** (for the bus) <when it arrived>?
       V S   S' V'

正解（D）：バスが着いたとき、あなたはどれくらい待っていたの？

　バスが着いた時点が〈過去〉です。この時点において、「どれくらい待っていたのか」を問題にしているということは、表す時間は〈過去より前の時点〉から〈過去〉に至る時間ですね。

● 完了進行形は「直前までずっと〜していた」

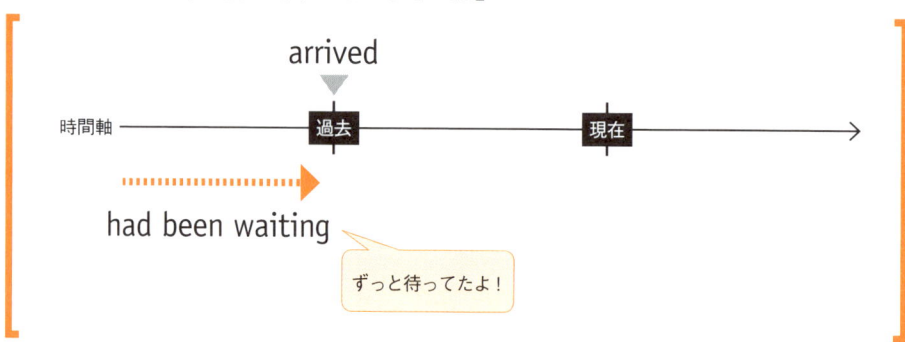

```
                    arrived
                      ▼
時間軸 ──────────── 過去 ──── 現在 ────────→

      ·············▶
       had been waiting
                        ずっと待ってたよ！
```

PART 6 動詞に関係する項目

過去の状態とつながっている**継続的行為**は**進行形**で表すので、過去完了進行形（had been doing）が正解です。〈完了進行形〉は**「直前までずっと〜していた」**というニュアンスになります。

[5] (By November), the share price **had increased** (to five hundred yen).
　　　　　　　　　　　S　　　　　　　V

正解（D）: 11月までに、株価は500円に達していた。

By November（11月までに）という時間がポイント。現在が11月だとしたら、By Novemberという言い方はしないので、前の11月か、次の11月のどちらかであるはずです。だとすると、使える時間は〈過去完了〉か〈未来完了〉。このうち、選択肢にある**過去完了**（had increased）が正解。

[6] <Even if you take a cab>, the movie **will have finished** <by the time you get (there)>.
　　　　S' V'　　O'　　　　　　S　　　　　V　　　　　　　　　　　　　S'　V'

正解（C）: タクシーに乗ったとしても、着く頃までには映画は終わっているでしょう。

by the time（〜する時までには）は、**基準となる時のユニット**を作る接続詞です。このユニットの中で現在形getが使われているということは、表している時間は**未来**のことと判断できます（☞ #46）。よって、**現在から未来の一点**までの時間を表す**未来完了**（will have finished）が正解です。

完全攻略ナビ | #60　現在完了形は〈過去から現在〉！

(1) She **has been** to Paris before.　彼女はパリに行ったことがある。〈経験〉
(2) She **has been** in Paris for 10 years.　彼女は10年間パリに住んでいる。〈継続〉
(3) She **has** just **been** to Paris.　彼女はちょうどパリに行ってきたところだ。〈完了〉
(4) She **has gone** to Paris.　彼女はパリに行ってしまった。〈結果〉

●〈現在完了形〉は過去を表す語句と一緒には使えない！
yesterday（昨日）/ just now（たった今）/ last night（昨夜）/ when（いつ）　etc.

●〈現在完了進行形〉は「直前までずっと行われていた」！
She **has been reading** a sales report.　彼女はずっと営業報告書を読んでいた。

Lesson 19

▶ Lesson 20
仮定法は〈妄想〉の世界

　ある人が、日本語で「もし幽霊を見たらどうしますか？」とあなたに尋ねたとします。この人は幽霊の存在を信じているのでしょうか？

　正解は「分からない」です。日本語では、現実的に「条件」を述べる場合でも、あり得ないこととして「妄想」する場合でも、区別はありません。ところが英語では、**現実と妄想を厳しく区別**するんですね。英語では「妄想」を表す場合、時制を**過去**にずらして表現します。これが**〈仮定法〉の正体**です。

● 〈現実〉と〈妄想〉

幽霊は存在する。見たらどうする？

幽霊なんて存在しない。でも、もし見たら…？

　直説法〈現実〉
a) If you **see** a ghost, what **will** you do?

　仮定法〈妄想〉
b) If you **saw** a ghost, what **would** you do?

　a）の文では、話し手は内容を〈現実的〉にとらえています。このように仮定法ではない文を「直説法」といいますが、「幽霊を見た場合にどうするか」という**現実的な〈条件〉**を述べている表現です。一方、b）の文ではifユニットの中の動詞が**過去形**（saw）になっていることに注目しましょう。過去形を使っているので、このようなパターンを**「仮定法過去」**と言いますが、あくまで表している内容は**現在の事実に反する〈妄想〉**です。

　仮定法というと難しく考えがちですが、(1) 英語では**〈妄想〉**を表す時に**時間を過去にずらす**、(2) ifが使われているからといって必ずしも仮定法とは限らない、という2点を押さえておけば、まずはOKです。

61. 現在と過去の「妄想」

● Basic Quiz

[1] If the rent -------- that expensive, I would renew my lease agreement.
 (A) wasn't (B) hadn't (C) wouldn't be (D) hadn't been
[2] If he had provided a clear explanation, people ---------- him.
 (A) would understand (B) had understood
 (C) would have understood (D) understood
[3] If he had not made such crucial mistake on the job, he would ---------- here at this company now.
 (A) have been (B) had been (C) having been (D) be

仮定法が表す〈妄想〉の世界には、**2つの重要なパターン**があります。1つは、**現在の事実に反する〈妄想〉**。これはifユニットの中を過去形にして表すのでしたね。

● 現在の事実に反する〈妄想〉

If I **had** money, I **would buy** a Ferrari.

〈仮定法過去〉

> もしお金があるなら、フェラーリを買うのに。
> (当然そんなお金ないけど)

もう1つは、**過去の事実に反する〈妄想〉**を表すパターンです。この場合には、ifユニットの中の動詞の時制をもう1つ過去にずらして、**過去完了形**を用いて表します。過去完了形を使うので「**仮定法過去完了**」と言いますが、表している内容は単純に過去の話。

● 過去の事実に反する〈妄想〉

If I **had had** money, I **would have bought** a Ferrari.

〈仮定法過去完了〉

> もしお金があったなら、フェラーリを買っていたのに。
> (当然そんなお金なかったよ)

このように、仮定法の文では、主節に**過去形の助動詞**（**would / could / might**）が必ず用いられます。**仮定法発見のポイント**は「主節の**過去形助動詞**」と覚えておいてください。それではBasic Quizを見ていきましょう。

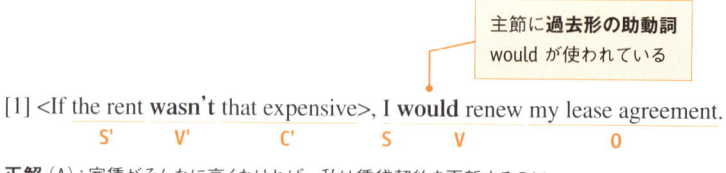

> 主節に**過去形の助動詞**
> would が使われている

[1] <If the rent **wasn't** that expensive>, I **would** renew my lease agreement.
　　　　S'　V'　　　C'　　　　　　S　　　　V　　　　O

正解（A）：家賃がそんなに高くなければ、私は賃貸契約を更新するのに。

　主節に**過去形の助動詞**would が使われているので、この文は仮定法だと判断できます。主節にwould renewとあるので、〈**仮定法過去**〉のパターンですね。ifユニットの中は過去形なので、wasn'tが正解です。仮定法では**be動詞はwere**を使うことも多いので注意。

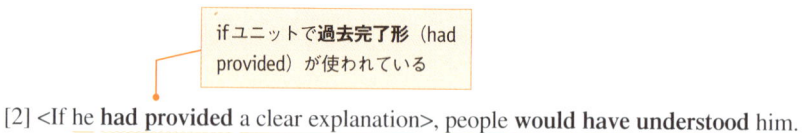

> ifユニットで**過去完了形**（had provided）が使われている

[2] <If he **had provided** a clear explanation>, people **would have understood** him.
　　　S'　　V'　　　　　　O'　　　　　　　　　　S　　　　　V　　　　　　　　　O

正解（C）：彼が明確な説明をしていたなら、人は彼の言うことを理解しただろう。

　今度はifユニットで**過去完了形**（had provided）が使われていますね。〈**仮定法過去完了**〉のパターンです。主節はwould have doneというカタチとなります。

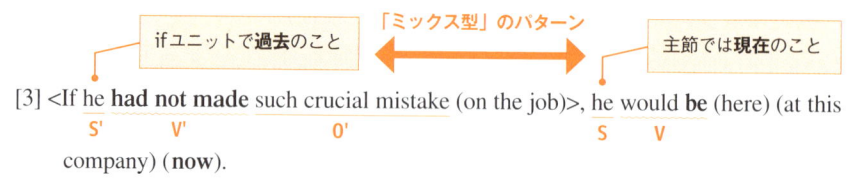

> ifユニットで**過去**のこと　　「ミックス型」のパターン　　主節では**現在**のこと

[3] <If he **had not made** such crucial mistake (on the job)>, he would **be** (here) (at this
　　　S'　　V'　　　　　　O'　　　　　　　　　　　　　　　　S　　　V
　　company) (**now**).

正解（D）：もし彼が仕事でそんなに致命的なミスをしていなかったなら、彼は今もこの会社にいるだろうに。

　ifのユニットの中で**過去完了形**（had not made）が使われているので、一見すると仮定法過去完了のパターンに思えます。しかし、主節の末尾にnow（今）という、**現在を明示する単語**が使われていることに着目しましょう。現在の事実に反する〈妄想〉は、**仮定法過去**でしたね？ would doのパターンとなる、（D）beが正解。このように、ifユニットでは過去のことを表し、主節では現在のことを表す、いわば**「ミックス型」のパターン**があるんです。ただし、この場合、**主節に「現在」を表すフレーズ**（now, todayなど）が使われるのが原則なので、発見は容易です。

完全攻略ナビ | #61　仮定法過去・過去完了

If I **had** money, I **would buy** a Ferrari.
もしお金があるなら、フェラーリを買うのに。

If I **had had** money, I **would have bought** a Ferrari.
もしお金があったなら、フェラーリを買っていたのに。

● **仮定法過去**　　現在の事実に反する〈妄想〉
If + **S** + did, **S** + would do　（もし〜なら、〜するのに）

● **仮定法過去完了**　　過去の事実に反する〈妄想〉
If + **S** + had done, **S** + would have done　（もし〜だったなら、〜したのに）

✎ **note**　ifが省略されると後が倒置（＝疑問文の語順）になる。

Were I you, I **would buy** a Ferrari.
僕が君なら、フェラーリを買うのに。

Had I **had** money, I **would have bought** a Ferrari.
もしお金があったなら、フェラーリを買ったのに。

62. 「万が一」の世界　仮定法未来

● **Basic Quiz**

If our clients ---------- need more information, they would let us know.
(A) should　　(B) will　　(C) may　　(D) can

　仮定法は、現在や過去の事実に反する〈妄想〉の世界。未来のことは、まだ既成事実がないため、基本的に仮定法と相性がよくありません。でもたとえば、「明日、100％雨が降るでしょう」という天気予報が出ていたとすると、まず間違いなく雨が降りますよね？　これはすでに「既成事実」と言ってもいいくらい確実な未来です。「万が一、明日晴れたなら…」と考えるとすれば、それはもはや〈妄想〉に近い話のはず。このような場合に用いられるのが**「仮定法未来」**です。〈仮定法未来〉では、ifユニットにshouldやwere toを用いて、**未来のことを〈妄想〉**します。

● 未来のことを「万が一…」と〈妄想〉

> 絶対明日は晴れると思うけど…
>
> If it **should** rain tomorrow, I **would stay** home.
> (万が一明日雨が降ったら、私は家にいます)
>
> 戦争なんて、絶対起こってほしくないけど…
>
> If the war **were to** break out, what **would** you **do**?
> (万が一戦争が起こったら、あなたはどうしますか?)

Basic Quizを見ていきましょう。

<If our clients should need more information>, they would let us <know>.
　　S'　　　　V'　　　　　O'　　　　　　S　　V　　O　　do

正解(A):もし顧客がもっと情報を必要とするなら、我々に知らせてくるでしょう。

　主節で**過去形の助動詞**would が使われているので仮定法を疑いましょう。一見すると、仮定法過去のパターンですね? 主節は過去形が使われるはずです。でも選択肢には過去形がありません。shouldを用いる**〈仮定法未来〉**だと判断できます。問題文では**「顧客が情報を必要とする可能性」**を低く見積もって仮定法になっています。ビジネス英語では非常によく使われる表現なので、ぜひ覚えておきましょう。

PART 6 動詞に関係する項目

完全攻略ナビ | #62　仮定法未来

If it **should** rain tomorrow, I **would stay** home.
万が一明日雨が降ったら、私は家にいます。

It the war **were to** break out, what **would** you **do**?
万が一戦争が起こったら、あなたはどうしますか？

● **仮定法未来**　　未来のことを〈妄想〉

If + **S** + should do,
If + **S** + were to do,　**S** + would do（万が一〜なら、〜するだろう）

📝 **note**　Ifが省略されると、後は倒置される。

Should it rain tomorrow, I **would stay** home.
万が一明日雨が降ったら、私は家にいます。

Were the war **to** break out, what **would** you **do**?
万が一戦争が起こったら、あなたはどうしますか？

63. 話し手の主観も「仮定」の話　仮定法現在

● **Basic Quiz**

[1] If you cannot focus on work, I suggest that you ---------- the rest of the day off.
　　(A) had taken　　(B) would take　　(C) take　　(D) are taking

[2] It is ---------- that our company deal with environmental issues.
　　(A) vital　　(B) true　　(C) certain　　(D) common

〈提案型〉の動詞の後のthatユニットの中では、**動詞は原形**にします。これは、「提案」している内容は当然ながらまだ**実現していない**「仮定」の話なので、仮定法を使うというルールがあるためです。これを**「仮定法現在」**と言います。

[1] <If you cannot focus (on work)>, I suggest <that you **take** the rest (of the day)(off)>.
　　　S'　　V'　　　　　　　　　　　S　V　O:　S'　V'　　　O'

正解 (C)：もし自分の仕事に集中できないなら、今日の残りは休みをとったらどうですか。

suggest（提案する）、demand（要求する）、order（命令する）など、〈提案〉を表す動詞の目的語となるthatユニットの中では、**動詞は原形**を使います。(C) takeが正解です。提案している内容は当然のことながらまだ実現していないので、まだ「仮定」の話ですね。

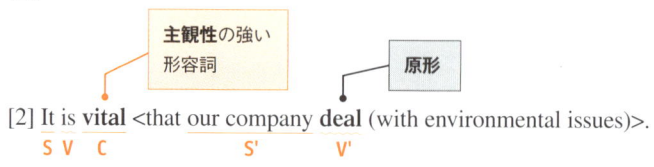

[2] It is **vital** <that our company **deal** (with environmental issues)>.
　　S V　C　　　　　　　　S'　　　V'

（**主観性**の強い形容詞 → vital／**原形** → deal）

正解（A）：わが社が環境問題に取り組むことは必須である。

thatユニットの中の動詞（deal）が**原形**になっていることに注目しましょう（thatユニットの主語our companyは単数形なので、現在形ならばdealsとなっているはずです）。正解のvital（きわめて重要な）のような**主観性の強い形容詞**の後のthatユニットの中でも、**動詞が原形**になります。このように「客観的な事実」ではなく、「**話し手の主観**」に関する表現も英語では**仮定法**になるわけです。〈現実〉と〈妄想〉の区別が厳しいことが分かりますね。true（真実の）、certain（確かな）、common（一般的な）などは、「客観的な内容」を表すため、仮定法にはなりません。

完全攻略ナビ | #63-a　仮定法現在を使う〈提案型の動詞〉

I **insist** <that you **stay** for dinner>.
夕食をぜひわが家で食べていってください。

●【要求】
☐**ask**（頼む）　☐**demand**（要求する）　☐**insist**（強く主張する）
☐**request**（要請する）　☐**require**（求める）
☐advocate（意見を主張する）　☐urge（強く促す）

●【提案】
☐**recommend**（推奨する）　☐**suggest**（提案する）
☐advise（勧告する）　☐arrange（手配する）　☐move（提議する）
☐propose（提案する）

●【命令】
☐**order**（命令する）
☐command（命令する）

PART 6 動詞に関係する項目

完全攻略ナビ | #63-b 仮定法現在を使う〈主観の形容詞〉

It's **vital** <that he **take** action immediately>.
すぐに彼が行動を起こすことが必須である。

- □**advisable**（望ましい） □**crucial**（きわめて重要な） □**essential**（絶対必要な）
- □**imperative**（必須の） □**important**（重要な） □**vital**（きわめて重要な）
- □a pity（残念） □absurd（ばかげた） □appropriate（適切な）
- □desirable（望ましい） □disappointing（がっかりな） □expedient（得策な）
- □fitting（適切な） □fortunate（幸運な） □natural（当然の）
- □necessary（必要な） □no wonder（当然な） □odd（奇妙な）
- □proper（適切な） □rational（理にかなった） □reasonable（筋の通った）
- □regrettable（残念な） □strange（奇妙な） □surprising（驚くべき）
- □urgent（すぐ必要な） □wrong（間違った）

64. 仮定法の慣用表現

● Basic Quiz

The other day, Ms. Scott talked as if she ---------- the contract all by herself.
(A) wins (B) had won (C) won (D) has won

　仮定法を用いた慣用表現として、**I wish～ / if only～**（～だったなら）と、**as if～**（まるで～のように）の2つは重要です。どちらも〈妄想〉を表現するので、後ろには**仮定法**が続きます。つまり、現在のことであれば**過去形**を、過去のことであれば**過去完了形**を用いて表すわけです。

●〈妄想〉の慣用表現

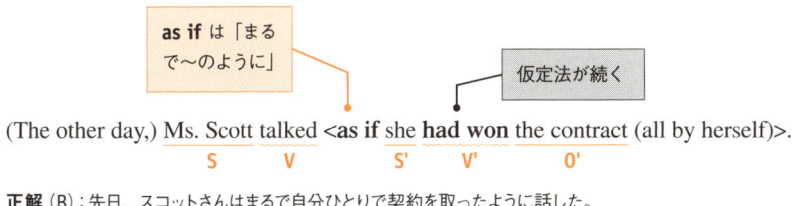

as if は「まるで～のように」

仮定法が続く

(The other day,) Ms. Scott talked <**as if** she **had won** the contract (all by herself)>.
　　　　　　　　　　　S　　　V　　　　　　S'　　V'　　　　O'

正解（B）：先日、スコットさんはまるで自分ひとりで契約を取ったように話した。

as ifは「**まるで～のように**」という〈妄想〉を表し、後ろは原則的に仮定法。問題文では、The other day（先日）とあるので過去の話ですね。**過去完了形**のhad wonが正解です。

完全攻略ナビ｜#64　仮定法の慣用表現

He felt **as if** someone **were** following him.
彼は誰かにつけられているような気がした。

☐ **as if～**（まるで～のように）　☐ **if only～**（～でありさえすればなあ）
☐ **I wish～**（～だったらなあ）
☐ **if it were not [had not been] for～/ but for～/ without～**
　（もし～がなければ［なかったら］）
☐ It's about (high) time **SV**〈過去形〉（～してもよい頃だ）

PART 6 動詞に関係する項目

▶ Lesson 21
句動詞の世界 1
―― break/bring/give/put/take/turn

　句動詞とは、〈動詞＋前置詞〉、または〈動詞＋副詞〉によって成り立っている**動詞のカタマリ**です。皆さんが「熟語（イディオム）」として覚えているものの多くが句動詞です。英語は**基本的な動詞ほど使い道が多く**、難しい動詞ほど〈意味の範疇は狭い〉と考えてください。たとえば、lookは〈目を向ける〉という基本イメージから、後に来る前置詞や副詞を伴っていろんな意味を表します。

　たとえば、look intoで「〜の中に〈目を向ける〉」ことから、「〜を調査する」という意味。同じ意味を表すinvestigateという動詞には「調査する」という意味しかありません。つまり、**基本的な動詞が持つイメージ**をしっかり押さえておけば、難しい動詞を覚えなくてもいろんな表現ができる、ということです。

　最初は紛らわしく感じるかもしれませんが、動詞と前置詞の基本イメージを意識して、少しずつ表現の幅を広げていきましょう。

65. 句動詞 1

● Basic Quiz

[1] I'll ---------- my departure until the weather clears.
　　(A) put down　　(B) put aside　　(C) put in　　(D) put off
[2] U.S. businessman Nick Hamilton ---------- the corporation last July.
　　(A) brought out　　(B) turned up　　(C) gave out　　(D) took over
[3] The police have ---------- to light new evidence in the murder case.
　　(A) thrown　　(B) come　　(C) brought　　(D) taught
[4] At first Ms. Wong turned --------- the offer, but then she reconsidered and accepted it.
　　(A) up　　(B) into　　(C) down　　(D) out
[5] The receptionists are told not to give ---------- anything unless they get the proper claim check.
　　(A) out　　(B) for　　(C) to　　(D) across
[6] We need at least eighty regular customers to ---------- even.
　　(A) have　　(B) run　　(C) bring　　(D) break

それでは**基本動詞**の中心的な意味に注目しながら、Basic Quiz を見ていきましょう。

[1] I'll **put off** my departure <until the weather clears>.
　　S　V　　　　O　　　　　　　　　　S'　　V'
正解（D）：天気が良くなるまで、出発は延期します。

put は〈**置く、押す**〉が基本的なイメージ。off〈離れて〉置くことから、**put off**（延期する）という意味になります。他の選択肢はそれぞれ、put down（書き留める）、put aside（脇へ置く、貯金する）、put in（提出する）という意味です。

完全攻略ナビ | #65-a　**put**は〈置く・押す〉

put ●

I can't **put off** going to the dentist any more.
これ以上、歯医者に行くのを先延ばしにはできない。

- □ **put down**（〜を書き留める）　□ **put off**（〜を延期する＝postpone）
- □ **put out**（〈火などを〉消す＝extinguish、〜を生産する）
- □ **put through**（〈〜を電話に〉つなぐ）　□ **put up with**（〜を我慢する＝tolerate）
- □ put A into B（AをBに訳す）　□ put a dent in（〜を減少させる）
- □ put an end to（〜を終わらせる）　□ put aside（〜を蓄える＝put by）
- □ put away（〜を片付ける）　□ put forward [forth]（〈意見などを〉出す）
- □ put in（〜を提出する＝submit）　□ put into practice（〜を実行する）
- □ put it (in) another way（他の言い方をする）　□ put it briefly（簡潔に言う）
- □ put on（〜を身につける）　□ put oneself in **sb**'s shoes [place]（〜の立場になってみる）
- □ put to use（〜を利用する）　□ put to work（〜を働かせる）
- □ put together（〜を組み立てる＝assemble）

[2] U.S. businessman Nick Hamilton **took over** the corporation (last July).
　　　　　　　　　S　　　　　　　　　　　　　V　　　　　O

正解（D）：アメリカの実業家、ニック・ハミルトンが7月にその企業を買収した。

takeの中心的なイメージは〈**主体的につかみ取る**〉です。overは〈上を覆って〉という意味を持つことから、**take over**（上を覆うようにつかみとる→買収する）という意味が出来上がります。

cf) bring out（持ち出す）、turn up（現れる）、give out（発する、配布する）

完全攻略ナビ | #65-b　**take**は〈主体的につかみ取る〉

The doctor told David to **take it easy** for a couple of weeks.
医者はデビッドに数週間のんびりするように言った。

- **take account of**（〜を考慮する）　□ **take advantage of**（〜を利用する）
- **take after**（〜に似ている＝resemble）　□ **take effect**（〈法律などが〉実施される）
- **take off**（離陸する／〜を脱ぐ）
- **take over**（〈職務など〉を引き継ぐ／〈企業を〉買収する）
- **take part in**（〜に参加する）　□ **take...for granted**（…を当たり前だと思う）
- **take...into consideration** [account]（…を考慮する）
- take A for B（AをBだと［誤って］思う）　□ take a bath（風呂に入る）
- take a look at（〜を見る）　□ take a rain check（またの機会にする）
- take care of（〜の世話をする）
- take down（〜を書き留める＝write down, put down）
- take in（〜を理解する／〜をだます）　□ take it easy（気楽にやる）
- take it or leave it（申し出を受けても断ってもよい）
- take it seriously（真剣にやる）　□ take on（〈様相を〉帯びる／〈責任〉を負う）
- take out（〜を連れ出す）　□ take pains [trouble]（苦労する）
- take stock（在庫調整をする）
- take to（〜にふける／〜が好きになる）　□ take...apart（…を分解する）
- take...up on（〈人の〉〈申し出など〉を受け入れる）

[3] The police have **brought** (to light) new evidence (in the murder case).
　　　　S　　　　　　V　　　　　　　　　O

正解（C）：警察はその殺人事件の新しい証拠を明るみに出した。

bringの中心的なイメージは〈**着点へ持ってくる**〉です。ここでは、light（明るみ）が着点。「明るみに持ってくる」→「明るみに持ち出す」ということですね。**bring...to light**（…を明るみに出す）。問題文のように目的語（new evidence）はlightの後ろに来ることもあります。come to lightは「明るみに出る」という自動詞を用いたフレーズなので、目的語をとることはできません。

完全攻略ナビ | #65-c　**bring**は〈着点に持ってくる〉

The Internet has **brought about** a great change in our lives.
インターネットは我々の生活に大きな変化をもたらした。

- □ **bring about**（〜を引き起こす）⇔ come about（起こる）
- □ bring out（〜を明らかにする／出版する）⇔ come out（明らかになる／出版される）
- □ bring up（〜を育てる＝raise/rear）⇔ come into being [existence]（現れる）
- □ bring...home to **sb**（…を〈人〉に痛感させる）⇔ come home to **sb**（〈人〉に痛感される）
- □ bring...into being（…を生みだす）⇔ grow up（育つ）
- □ bring...to an end（…を終わらせる）⇔ come to an end（終わる）
- □ bring...to do（〈人〉を〜する気にさせる）⇔ come to do（するようになる））
- □ bring...to light（…を明るみに出す）⇔ come to light（明るみに出る）

PART 6 動詞に関係する項目

[4] (At first) Ms. Wong turned **down** the offer, but (then) she reconsidered and accepted it.
　　　　　　　　S　　V　　　　O　　　　　　　　　S　　　V　　　　　　O

正解 (C)：ワンさんは当初はその申し出を断ったが、それから考え直してそれを受け入れた。

turn はギリシャ語の「ろくろ (tornos)」が語源で、〈回転させる〉が中心的な意味です。提案書を「ひっくり返して下に置く」、そこから「拒絶する」という意味になります。
cf) turn up（現れる）、turn into（〜に変わる）、turn out（〜だと分かる）

完全攻略ナビ | #65-d　turnは〈回転させる〉

turn ↻

He had to **turn down** the offer because he didn't have enough time.
彼は時間が足りなかったので、その申し出を断るしかなかった。

- □ **turn around**（〜を好転させる）　□ **turn down**（〜を拒絶する＝reject）
- □ **turn in**（〜を提出する）　□ **turn up**（現れる＝show up）
- □ turn a blind eye to（〜に対して見て見ぬふりをする）　□ turn into（〜に変わる）
- □ turn off（〜を切る）　□ turn out（〜を生産する）
- □ turn out (to be)（〜だと分かる＝prove）　□ turn **sb** over to（〈人〉を〜に引き渡す）
- □ turn to A for B（BをAに頼る）

---

[5] The receptionists are told <not to give **out** anything <unless they get the proper claim
　　　S　　　　　　　　V　　　　　　　v'　　　o'　　　　　　　S'　　V'　　　　　O'
check>>.

正解 (A)：受付係は適切な引換証を受け取らない限り、何も手渡してはいけないと言われている。

give は〈与える〉が基本イメージです。実は「贈り物」を表すgiftも同じ語源です。out（外へ）を伴って、**give out**（配布する）という意味になります。

Lesson 21

完全攻略ナビ | #65-e　giveは〈与える〉

give

His volunteer group **gives out** food to the homeless.
彼のボランティア団体は、ホームレスに食料を配っている。

- □ **give out**（～を配る、衰える）　□ **give up**（～をやめる）
- □ **give an account of**（～の報告をする）
- □ **give away**（～をただで与える、〈人〉の正体を思わずばらす）
- □ **give birth to**（～を生み出す）　□ **give in to**（～に降参する＝yield to）
- □ **give off**（〈においを〉発する）　□ **give rise to**（～を引き起こす）

[6] We need (at least) eighty regular customers <to **break** even>.
　　　S　V　　　　　　　　O　　　　　　　　　　v'

正解（D）：我々は収支を合わせるためには、少なくとも80人の固定客が必要だ。

　breakの基本イメージは〈連続性を断つ、壊す〉です。even（平ら）な状態なるまでに「壊す」ことから、**break even**（収支を合わせる）という意味になります。

完全攻略ナビ | #65-f　breakは〈連続性を断つ〉

break

My old car never **breaks down**.
私の古い車は全然故障しない。

- □ **break down**（故障する、〈人が〉取り乱す）　□ **break even**（プラマイゼロになる）
- □ **break into**（～に侵入する、～に分ける）
- □ **break out**（〈戦争などが〉勃発する）　□ **break up**（別れる、解散する）
- □ break in（〈話に〉割り込む、〈建物に〉押し入る）
- □ break off（〈関係を〉断つ、中断する）　□ break through（克服する）

Lesson 22
句動詞の世界2
―― call/have/let/run/stand/work

66. 句動詞 2

● **Basic Quiz**

[1] The black lettering really ---------- out on that orange background.
　　(A) makes　　(B) stands　　(C) brings　　(D) takes
[2] When the criminal was sent to prison, he really felt he had let his parents ----------.
　　(A) down　　(B) up　　(C) into　　(D) on
[3] The account executive ---------- short of his business cards on the last day of the trade show.
　　(A) drove　　(B) ran　　(C) walked　　(D) flied
[4] Because of the inclement weather, we had no ---------- but to postpone the company picnic.
　　(A) act　　(B) plan　　(C) day　　(D) choice
[5] Mr. Smith is off work today. He called ---------- sick this morning.
　　(A) over　　(B) out　　(C) in　　(D) on
[6] Being able to ---------- this big project gives me a great sense of satisfaction.
　　(A) break out　　(B) work on　　(C) call off　　(D) run out of

[1] The black lettering (really) **stands** out (on that orange background).
　　　　　　S　　　　　　　　　　　V

正解 (B): 黒の文字がそのオレンジの背景にとても映えている。

　stand は〈縦長のものが立つ〉が基本イメージ。多くのものの中で、1つだけout（外へ）向かって立っているモノをイメージしてください。**stand out**（目立つ）というフレーズの出来上がりです。ちなみに、形容詞形は outstanding（目立っている）です。

完全攻略ナビ | #66-a　standは〈縦長のものが立つ〉

stand

I will **stand by** you, no matter what happens.
どんなことがあっても、私はあなたを支持します。

- **stand for**（〜を表す＝represent、〜に立候補する）　　□ **stand out**（目立つ）
- stand by（〜を支持する＝support）　　□ stand on one's own feet（独立する）
- stand up for（〜を守る＝defend）

[2] \<When the criminal was sent (to prison)\>, he (really) felt \<he had let his parents
　　　　　　S'　　　　　V'　　　　　　　　　　S　　　　　V　O:S'　　V'　　　O
(down)\>.

正解（A）：その犯罪者は刑務所に送られたとき、両親を落胆させたと心から感じた。

　letの基本イメージは〈解放して〜させる〉。「沈んだ（down）」状態のままにさせる、ということから、**let...down**で「〈人〉を落胆させる」という意味になります。なお、let upには「雨がやむ」という意味があります。

完全攻略ナビ | #66-b　letは〈解放する〉

let

He doesn't want to see anyone, **let alone** me.
彼は、私にはもちろんのこと、誰とも会いたがらない。

- **let go**（〜を解雇する）　　□ **let up**（〈雨などが〉やむ）　　□ **let...down**（…を失望させる）
- let alone（〜は言うまでもなく）　　□ let by（そばを通す、見過ごす）
- let...know（…に知らせる）

PART 6 動詞に関係する項目

[3] The account executive **ran** short (of his business cards)(on the last day)(of the trade show).
　　　　S　　　　　　　　　V　　C

正解(B)：その営業担当者は、展示会の最終日に名刺が足りなくなった。

runの基本イメージは〈連続して動く〉。そこから、後ろに補語をとると、動いた結果、「状態が～になる」という〈変化〉の意味を持ちます（☞ #02）。**run short**で「足りなくなる」という意味。

完全攻略ナビ | #66-c　run は〈連続して動く〉

run →→→

The coffee shop always **runs short** of sandwiches near the end of the lunch hour.
その喫茶店は、昼食時間の終わり頃になるとサンドイッチがいつも売り切れてしまう。

- □ **run a risk**（危険を冒す＝take a risk）　□ **run across**（～に偶然出会う）
- □ **run short of**（～が不足する）　□ **run out of**（～を切らす）
- □ run an errand for（～の使い走りをする）　□ run down（〈機械が〉止まる）
- □ run for（～に出馬する）　□ run into（～にぶつかる、～に偶然出会う）
- □ run over（〈車が〉～をひく）　□ run up（〈出費・借金〉が増える）

---

[4] (Because of the inclement weather), we had no **choice** (but to postpone the company picnic).
　　　　　　　　　　　　　　　　　　　　　S　V　　O　　　　　　v'　　　　　　　o'

正解(D)：荒れ模様の天気のために、我々は会社のピクニックを延期するしかなかった。

haveの基本イメージは〈〈物や状態を〉持っている〉。ここでは、**have no choice but to do**（～するより他に選択肢をがない）という意味のセットフレーズです。

Lesson 22

完全攻略ナビ | #66-d　have は〈物や状態を持っている〉

have

She **had no choice but to** be absent from school for one year.
彼女は1年休学する以外に選択肢がなかった。

- ☐ **have difficulty [trouble] in doing**（～するのに苦労する）
- ☐ **have no choice but to do**（～するしかない）
- ☐ **have one's own way**（自分の思い通りにする）
- ☐ **have something to do with**（～と関係がある）
- ☐ have a good command of（～を自由に使える）
- ☐ have a good time（楽しい時を過ごす）　☐ have a mind to do（～したい気分である）
- ☐ have a regard for（～を尊敬している）　☐ have a right to do（～する権利がある）
- ☐ have a talent for（～の才能がある）　☐ have a taste for（～の趣味がある）
- ☐ have an appetite（食欲がある）
- ☐ have an eye [ear] for（～を見る目［聞く耳］を持っている）
- ☐ have no idea of（～が全く分からない）　☐ have only to do（～しさえすればよい）
- ☐ have...in common（…を共有する＝share...in common）

[5] Mr. Smith is off work (today). He called in sick (this morning).
　　　 S　V　　 C　　　　　　　　S　　　 V

正解（C）：スミス氏は今日は欠勤です。今朝電話で病欠の連絡がありました。

　call の中心イメージは〈**大声で叫ぶ**〉。そこから「呼ぶ、訪問する」と意味が広がります。**call in sick** は「電話で病欠を連絡する」という意味。over（覆うように）を伴うと、**call over**（呼び寄せる）、on（接触）を伴うと **call on**（要求する）、out（外へ）を伴うと **call out**（呼び出す、招集する）という意味になります。

PART 6 動詞に関係する項目

完全攻略ナビ | #66-e　callは〈大声で叫ぶ〉

call

I'm going to **call on** old friends this summer.
今年の夏は旧友たちを訪ねるつもりだ。

- ☐ **call back**（〜に折り返し電話する）　☐ **call for**（〜を要求する＝demand）
- ☐ **call in sick**（電話で病欠を連絡する）
- ☐ call at（〈場所〉を訪問する）　☐ call forth（〜を生じさせる）
- ☐ call on（〈人〉を訪問する）　☐ call on A for B（AにBを求める）
- ☐ call on...to do（…に〜することを求める）　☐ call off（〜を中止する＝cancel）
- ☐ call (up)（〜に電話をかける）

[6] <Being able to **work on** this big project> gives me a great sense (of satisfaction).
　　　　　　　S　　　　　　　　　　　　　　　　　V　　O_1　　　O_2

正解（B）：この大きなプロジェクトに取り組めることは、私に大きな満足感を与えてくれます。

workの基本イメージは〈**効果的に機能する**〉。そこから「働く」という意味がメインに生まれます。onは〈接触〉を表すことから、**work on**で「〜に取り組む」という意味です。
　cf) break out（勃発する）、call off（中止する＝cancel）、run out of（〜を切らす）

完全攻略ナビ | #66-f　workは〈効果的に機能する≒働く〉

work

I need to **work on** my dance steps more.　私はもっと踊りのステップを練習する必要がある。

- ☐ **work on**（〜に取り組む、〜に影響を与える、〜に効く）
- ☐ **work out**（〜を解決する、〜を思いつく、うまくいく）
- ☐ work at（〜に取り組む、従事する）

Lesson 22

▶ Lesson 23
句動詞の世界3
—— come/do/get/go/keep/look/make/place/see

67. 句動詞 3

● **Basic Quiz**

[1] The government ---------- a ban on smoking at certain public places.
　(A) found　　(B) punished　　(C) placed　　(D) gave
[2] If nobody wants uniforms, we should just ---------- them.
　(A) do away with　(B) give away　(C) break out　(D) stand for
[3] He thinks his wife looks down ---------- him because he hasn't been promoted.
　(A) against　(B) off　(C) on　(D) in
[4] Hedi reads every fashion magazine to ---------- up with the latest styles.
　(A) run　(B) wake　(C) stay　(D) keep
[5] The politician must have thought he could ---------- away with bribery.
　(A) get　(B) take　(C) run　(D) touch
[6] The engine repair took three hours. I drove faster to ------- lost time.
　(A) go in for　(B) get rid of　(C) keep away from　(D) make up for
[7] Bad debts accumulated during the recession caused that company to go -------.
　(A) low　(B) beneath　(C) under　(D) below

[1] The government **placed** a ban (on smoking)(at certain public places).
　　　　S　　　　　V　　O
正解 (C)：政府は特定の公共の場での喫煙を禁止した。

　place はラテン語の「platea（広い通り、広場）」が語源です。そこから、動詞として用いると、**特定の位置・状態に〈置く〉**というイメージ。ban（禁止）を「設置する」ことから **place a ban** で「禁止する」という意味になります。ちなみに、禁止を解く場合は「持ち上げる」という意味の動詞 lift を用いて、**lift a ban**（解禁する）となります。

PART 6 動詞に関係する項目

完全攻略ナビ | #67-a　placeは〈特定の位置・状態に置く〉

place

We shall be happy if you will **place an** initial **order** with us.
1回目の注文を頂ければありがたく存じます。

- □ **place an advertisement**（広告を出す）　□ **place an order**（注文する）
- □ place a ban on（～を禁止する）　□ place a call to（～に電話する）
- □ place an emphasis on（～を強調する）

---

[2] <If nobody wants uniforms>, we should just **do away with** them.
　　　S'　　V'　　O'　　　　S　　　　V　　　　　O

正解（A）: もし誰も制服を望まないのなら、我々はそれをとにかく廃止すべきだ。

do は〈目的をもって行動する〉が基本イメージ。「～から離れた（away with）」状態で行動することから、**do away with**（～を廃止する）という意味。
cf) give away（ただで与える、配る）、break out（起こる）、stand for（～を表す）

完全攻略ナビ | #67-b　doは〈目的をもって行動する〉

do

The medicine will **do** you **good**.　その薬はよく効くだろう。

- □ **do away with**（～を廃止する＝abolish）　□ **do without**（～なしで済ます）
- □ do more harm than good（有害無益である）　□ do the dishes（皿洗いをする）
- □ do the room（部屋の掃除をする）　□ do...a favor（…に親切な行為をする）
- □ do...damage（…に害を与える）　□ do...good（…に利益を与える）
- □ do...harm [do harm to]（…に害を与える）　□ do...justice（…を公平に扱う）

Lesson 23

[3] He thinks <his wife looks down on him <because he hasn't been promoted>>.
　S　V　O:　S'　　　　　V'　　　　O'　　　　　S'　　　　　V'

正解 (C)：彼は昇進しなかったから、妻が自分を見下しているのだと考えている。

　lookは〈目を向ける〉、**see**は〈目に見える〉が基本イメージ。lookは主体的に目を向ける動作なので「～に見える」という判断を表すこともあります。一方、seeは対象が目に映り込んでくる動作で、そこから「見て分かる」→「理解する」という意味に発展します。down（下へ）を伴うと、**look down on**で文字通り「見下す」という意味になります。

完全攻略ナビ | #67-c　look / see は〈目を向ける〉〈目に見える〉

look / see

It is very obvious that the new recruit **looks down on** all of his coworkers.
その新入社員が彼の同僚全員を見下しているのは明らかだ。

● 【look】
☐ **look after**（～の世話をする＝take care of）
☐ **look down (up)on**（～を軽蔑する＝despise）　☐ **look forward to**（～を楽しみに待つ）
☐ **look into**（～を調べる＝investigate）　☐ **look over [through]**（～に目を通す）
☐ look back（～を回想する）　☐ look for（～を探す）　☐ look out for（～に気をつける）
☐ look to do（～する意向だ）
☐ look up A in B（A〈単語など〉をB〈辞書など〉で調べる）
☐ look up to（～を尊敬する＝respect）　☐ look on [upon] A as B（AをBと見なす）
● 【see】
☐ see...off（…を見送る）
☐ see A as B（AをBと考える）　☐ see a doctor（医者に診てもらう）
☐ see little of（〈人〉にほとんど会わない）　☐ see much of（〈人〉によく会う）
☐ see through（～を見抜く、～やり遂げる）
☐ see (to it) that **SV**（**S**が**V**するよう取り計らう）　☐ see to（〈人〉の世話をする）

PART 6 動詞に関係する項目

[4] Hedi reads every fashion magazine <to **keep** up with the latest styles>.
　　 S　　V　　　　　　O　　　　　　　　　　　　v'　　　　　o'

正解（D）：最新のスタイルについていくために、エディはすべてのファッション誌を読む。

　keepの基本イメージは〈**意識的に持ち続ける**〉。そこから「そのままの状態を保つ」イメージが生まれます。**keep up with**は「〜と一緒に（with）満たされた（up）状態を保つ」ことから、「〜に遅れずについていく」という意味になります。

完全攻略ナビ｜#67-d　**keep**は〈意識的に持ち続ける〉

I can't **keep up with** all this homework.
こんなにある宿題についていくことができない。

- □**keep an eye on**（〜に注意する）　□**keep (on) doing**（〜し続ける）
- □**keep in touch [contact] with**（〜と連絡を保つ）
- □keep abreast of（〜に遅れずについていく）
- □keep away from（〜に近づかない）　□keep down（〜を抑える）
- □keep early hours（早寝早起きする）　□keep from doing（〜しないでいる）
- □keep off（〜に立ち入らない）　□keep one's promise [word]（約束を守る）
- □keep to（〈規則〉を守る）　□keep track of（〜を見失わない）
- □keep up（維持する＝maintain）　□keep up [pace] with（〜に遅れずについていく）
- □keep...from doing（〈人〉に〜させない）　□keep...in mind（…を覚えておく）

---

[5] The politician must have thought <he could **get** away with bribery>.
　　　　S　　　　　V　　　　　　　　O:S'　　　　V'　　　　　O'

正解（A）：その政治家は賄賂の罪を問われずに済むと思っていたに違いない。

　getの中心的な意味は〈**手に入れる**〉。takeと違って、主体的につかみ取るのではなく、「**受け取る**」イメージです。そこから、〈**〜の状態になる**〉という意味に発展します。away with（〜から離れて）いる状態を「手に入れる」ことから、**get away with**で「〜を持ち逃げする、罪を問われずに済む」といった意味になります。

Lesson 23

完全攻略ナビ | #67-e　getは〈手に入れる・受け取る〉

Get rid of her image from your mind.
あなたの心の中から彼女の面影を追い出しなさい。

- **get along with**（～と仲良くやる）　□**get down to business**（仕事に取り掛かる）
- **get over**（～を克服する＝overcome）　□**get rid of**（～を取り除く）
- get across to（～に理解される）
- get at（～に達する、～を手に入れる、～を理解する）
- get away with（罪を問われずに済む）
- get back to（～に電話をかけ直す）　□get by（どうにか切り抜ける）
- get hold of（～を入手する）　□get near to（～に近づく）
- get off（～から降りる）　□get on（〈バス・電車に〉乗る）
- get the better of（～に勝つ）　□get through（～を終える）
- get to（～に到着する）

[6] The engine repair took three hours. I drove (faster) <to **make up for** lost time>.
　　　S　　　　　　　V　　　O　　S　V　　　　　　　　　　v'　　　o'

正解（D）：エンジンの修理に3時間かかった。失われた時間を埋め合わせるために、私は運転速度を上げた。

　makeの中心的イメージは、〈**別のものを作り出す**〉。そこから〈**別の状態に変える**〉という意味へ発展します。**make up for**は「～のために（for）満たされた（up）状態にする」ということから、「～の埋め合わせをする」という意味です。
　cf) go in for（～を好む、～に参加する）、get rid of（～を取り除く）、keep away from（～に近づかない）

完全攻略ナビ | #67-f　make は〈別のものを作り出す〉

make

Sorry I can't help you today. Let me **make up for** it next time.
今日はお手伝いできなくて悪いね。次回この埋め合わせをさせてもらうよ。

- ☐ **make a living**（生計を立てる）　☐ **make an effort**（努力する）
- ☐ **make up for**（～の埋め合わせをする）
- ☐ **make oneself understood**（自分が言うことを理解してもらう）
- ☐ make A of B（BからAを作る、BをAにする）
- ☐ make a fool of oneself（馬鹿なことをする）　☐ make a fortune（大もうけする）
- ☐ make a point of doing（～することを習慣にしている）
- ☐ make do with（～で間に合わせる）　☐ make ends meet（収入内でやりくりする）
- ☐ make for（～に向かって進む、～に役立つ）
- ☐ make fun [sport] of（～を馬鹿にする）
- ☐ make haste（急ぐ）　☐ make it（成功する、間に合う）
- ☐ make it a rule [point] to do（～することを習慣にしている）
- ☐ make no difference（重要でない）　☐ make much/little of（～を重視／軽視する）
- ☐ make room for（～に場所を空ける）　☐ make one's way（進む）
- ☐ make oneself at home（くつろぐ）
- ☐ make oneself heard（自分が言うことを聞いてもらう）
- ☐ make out（～を理解する）　☐ make progress（進歩する）
- ☐ make sense（意味が分かる、道理にかなう）
- ☐ make the most of（～を最大限に利用する）
- ☐ make the best of（〈不利な条件〉を最大限に利用する）
- ☐ make use of（～を利用する）　☐ make up（～を捏造する）

[7] Bad debts <accumulated (during the recession)> caused that company <to go **under**>.
　　　　S　　　　　　　　　　　　　　　　　　　　　V　　　　　O　　　　to do

Lesson 23

正解（C）：不景気の間に蓄積した不良債権が、その企業を倒産させた。

goの中心的な意味は〈**起点から離れる**〉。そこから、後ろに補語をとると「〜になる」という変化を表します。ちなみにgoやrunは基本的に**悪いものに変化**する場合に使われることが多い動詞です。**come**はgoと逆の方向性で、〈**着点への到達**〉を表します。"Dinner is ready."（夕食の準備ができたよ）と言われて、"I'm coming."（今行くよ）と答えるのも、夕食をとる場所がこれから向かう「着点」だからです。"I'm going."だと、「どこへ行くの？」と思われてしまうので注意しましょう。

　go underで「倒産する」という意味。船が転覆するイメージで覚えておきましょう。やはり**悪いものに変化**するケースです。

完全攻略ナビ | #67-g　go / come は〈起点から離れる〉〈着点への到達〉

go / come

He **went about** cleaning his messy room.
彼は散らかった自分の部屋の掃除に取り掛かった。

● 【go】
□ **go bankrupt [under]**（破産する）　□ **go through**（〜を経験する）
□ go about（〜に取り掛かる）　□ go ahead（先に進む）
□ go in for（〜に参加する、〜を好む、〈趣味で〉〜を始める）
□ go into（〜を詳しく調査する）　□ go off（爆発する＝explode）
□ go on doing（〜し続ける）　□ go on to do（次に続けて〜する）
□ go on with（〜を続ける）　□ go out of one's way to do（わざわざ〜する）
□ go so far as to do（〜さえもする）　□ go to extremes [go too far]（極端に走る）
● 【come】
□ **come across**（〜に偶然出会う）　□ **come into effect**（発効する）
□ **come to terms with**（〈あきらめて〉〜を受け入れる）　□ **come up with**（〜を考え出す）
□ come about（起こる）　□ come by（〜を手に入れる、立ち寄る）
□ come in（流行する）　□ come in handy（便利である）
□ come near [close] (to) doing（危うく〜しそうになる）　□ come of age（成年になる）
□ come off（〈ボタンが〉とれる）　□ come to（意識を取り戻す ⇔ faint）
□ come to an end（終わる）　□ come up to（〈仕事などが〉期待に沿う）

PART 6 動詞に関係する項目

▶ Lesson 24
前置詞で動詞の意味が推測できる！
——〈動詞＋A＋前置詞＋B〉のパターン

Lesson 24では、〈**動詞＋A＋前置詞＋B**〉のパターンを見ていきます。このパターンで大切なことは、AとBを結びつける**前置詞**によって**動詞の意味**が**ある程度推測できる**ということです。PART 5で学習した、前置詞が持つ中心的な意味を思い出しながら、イメージをつかんでいきましょう。

68. 動詞＋A＋前置詞＋B

● Basic Quiz

[1] He's regarded ------- a dark horse in the coming election for union leader.
　(A) to　　(B) by　　(C) as　　(D) for

[2] We have frequently reminded you ------- your outstanding balance.
　(A) at　　(B) of　　(C) on　　(D) by

[3] The railroad strike deprived thousands of commuters ------- transportation.
　(A) from　　(B) of　　(C) on　　(D) by

[4] We must take measures to prevent an accident of this kind ------- occurring again.
　(A) from　　(B) on　　(C) to　　(D) for

[5] His former employer was willing to provide him ------- a letter of recommendation.
　(A) by　　(B) for　　(C) with　　(D) on

[6] Smart Tech's exceptional success can be attributed ------- its cost-effectiveness.
　(A) across　　(B) for　　(C) on　　(D) to

[7] The secretary, Ms. Eileen Sorenson, was punished ------- leaking company secrets.
　(A) because　　(B) for　　(C) in　　(D) by

[8] Liberals want to impose new restrictions ------- gun ownership.
　(A) against　　(B) for　　(C) at　　(D) on

[9] I'll try to talk him ------- taking over the department's administrative position.
　(A) by　　(B) into　　(C) on　　(D) for

[1] He's regarded (**as** a dark horse)(in the coming election)(for union leader).
　　S　　　V

正解（C）：彼は、組合長を選出する次回の選挙のダークホース（予想外の実力者）と見なされている。

　asには接続詞と前置詞の両方がありますが、中心的なイメージは〈イコール〉です（☞ #44-b）。したがって、**動詞＋A as B**は「**AをBと考える（言う）**」という意味を作り、A＝Bの関係が成立します。Bの位置に来る要素は補語（C）で、名詞だけでなく形容詞もとることができます。**regard A as B**で、「AをBと見なす」という意味です。

完全攻略ナビ | #68-a　動詞＋A as Bで、AをBと考える（言う）

He is **regarded as** the most successful businessperson in the country.
彼は、この国で最も成功したビジネスマンと見なされている。

● 【認識】
□**regard** / □look (up)on / □think of / □see / □view / □treat（AをBと考える）
● 【記述】
□**describe** / □refer to / □speak of（AをBと言う）

---

[2] We have (frequently) reminded you (**of** your outstanding balance).
　　S　　　　　　　V　　　　　O

正解（B）：未払い分につきまして、あなたに何度もお知らせをいたしております。

　ofは〈関連〉と〈分離〉という、一見すると相反するニュアンスを持っています（☞ #49-c）。〈関連〉の意味が強く出るパターンでは、「**AにBを知らせる**」といった意味を作ります。
　remind [notify / advise / inform] **A of B**で「AにBを知らせる」という意味になります。

完全攻略ナビ | #68-b　動詞＋A of B ①で、AにBを知らせる〈関連〉

The police **informed** us **of** the accident.
警察は私たちに事故を知らせてくれた。

● 【告知】（AにBを知らせる）
☐ **inform**（告知する）　☐ **notify**（通知する）　☐ **remind**（思い出させる）
☐ advise（報告する）　☐ warn（警告する）

● 【確信】（AにBを確信させる）
☐ **convince**（説得する）
☐ assure（確信させる）　☐ persuade（説得する）　☐ satisfy（納得させる）

● 【叱責】
☐ accuse（AをBで責める）
☐ suspect（AにBの疑いをかける）

● 【依頼】
☐ ask（求める）
☐ beg（懇願する）　☐ demand（要求する）　☐ expect（期待する）
☐ require（要求する）

[3] The railroad strike deprived thousands of commuters (**of** transportation).
　　　　　　S　　　　　V　　　　　　　O

正解（B）：鉄道ストは、何千人もの通勤者から交通の足を奪った。

ofの持つ〈分離〉のニュアンスが強く出ると、**動詞＋A of Bで「AからBを奪い取る」**という意味になります。**deprive [rid / rob] A of B**で「AからBを奪い取る」という意味。

完全攻略ナビ | #68-c　動詞＋A of B ②で、AからBを奪い取る〈分離〉

The accident **robbed** her **of** health.
その事故で彼女は健康を奪われた。

● 【分離】
☐ **deprive** / ☐ **rob**（AからBを奪う）
☐ clear / ☐ rid / ☐ relieve / ☐ strip（AからBを取り除く）
☐ cure（AのBを治す）　☐ empty（Bを取り除いてAを空にする）

Lesson 24

[4] We must take measures <to prevent an accident (of this kind)(**from** occurring again)>.
　　　S　V　　　O　　　　　　　　　　v'　　　　o'

正解 (A)：我々はこの種の事故が再発するのを防ぐために対策を取らなければならない。

　fromの基本イメージは〈起点（〜から）〉でしたね（☞ #49-e）。**動詞＋A from B**のパターンでは、「**Bから〈分離〉〈区別〉〈妨害〉する**」といったニュアンスが生まれます。**prevent A from B**で「AをBから妨げる→AにBさせない」という意味になります。同じパターンと意味を持つ動詞として、ban / discourage / keep / prohibit / stopなども押さえておきましょう。

完全攻略ナビ | #68-d　動詞＋A from Bで、AをBから妨げる

Nothing can **discourage** him **from** going ahead with his plans.
どんなことがあっても彼がどんどん計画を進めることを止めることはできない。

● 【引き出す】
☐ **derive**（AをBから引き出す）
☐ order（AをBに注文する）

● 【分離】
☐ distract（AをBからそらす）　☐ isolate（AをBから孤立させる）
☐ separate（AをBから分離する）

● 【区別】
☐ **distinguish** / ☐ know / ☐ tell（AとBを区別する）

● 【妨害】
☐ **ban** / ☐ **discourage** / ☐ **prevent** / ☐ **prohibit**（AがBするのを妨げる）
☐ deter / ☐ hinder / ☐ keep / ☐ stop / ☐ withhold（AがBするのを妨げる）
☐ protect（AをBから保護する）　☐ save（AをBから救う）

---

[5] His former employer was willing to provide him (**with** a letter)(of recommendation).
　　　　　　S　　　　　　　　　V　　　　　　　O

正解 (C)：彼の以前の雇用主は、喜んで彼のために推薦状を書いた。

　withの基本イメージは〈**AとBの共存**〉（☞ #48-e）。そこから〈関連〉〈付与〉といった意味に発展します。
　問題文ではhim（彼）に a letter（手紙）を付与する、という意味ですね。

PART 6 動詞に関係する項目

完全攻略ナビ | #68-e 動詞＋A with Bで、AにBを付与する

When he retired, his company **presented** him **with** a lot of gifts.
彼が引退したとき，彼の会社は多くの贈り物をした。

● 【関連】
☐ **compare**（AとBを比較する）　☐ **replace**（AとBを交換する）
☐ associate / ☐ relate（AとBを関連づける）　☐ contrast（AとBを対照させる）
☐ combine（AとBを結びつける）　☐ cover（AをBで覆う）　☐ fill（AをBで満たす）
☐ help（AのBを手伝う）　☐ share（AをBと共有する）
☐ mix（AをBと混ぜる）

● 【付与】
☐ **provide** / ☐ **supply** / ☐ furnish / ☐ present（与える）
☐ entrust / ☐ trust（ゆだねる）　☐ feed（食物を与える）　☐ impress（印象づける）
☐ invest（付与する）

📝 note
※AとBの順を入れ替える場合にとる前置詞は、動詞により異なる。

〈toをとるもの〉	entrust / feed / furnish / present / supply / trust
〈forをとるもの〉	provide / supply
〈onをとるもの〉	impress / invest

---

[6] Smart Tech's exceptional success can be attributed (**to** its cost-effectiveness).
　　　　　　　S　　　　　　　　　　　　　V
正解（D）：スマートテック社のたぐいまれな成功の原因は、自社の費用対効果に帰せられるかもしれない。

toの基本イメージは〈着点〉（☞ #49-f）。右へ向かう矢印（A→B）のイメージです。そこから、「**AをBの状態にする**」という意味を持ちます。

　attributeは「（原因を）～に帰する」という意味で、原因の〈着点〉としてtoを用います。**attribute A to B**（Aの原因をBに帰する）ですね。問題文では受動態なので、A is attributed to B（Aの原因はBだ）となっています。

Lesson 24

完全攻略ナビ | #68-f　動詞＋A to Bで、AをBの状態にする

I would **compare** her **to** Jeanne d'Arc.
私なら彼女をジャンヌ・ダルクにたとえる。

● 【原因】
☐**attribute** / ☐ascribe（AをBのせいにする）
● 【比較】
☐**compare**（AをBにたとえる、AをBと比較する）　☐liken（AをBにたとえる）
● 【嗜好】
☐**prefer**（BよりもAを好む）
● 【適用】
☐**apply**（AをBに適用する）
☐adjust / ☐adapt（AをBに適合させる）
● 【付与】
☐**contribute** / ☐**donate**（AをBに寄付する）
☐add（AをBに加える）　☐attach（AをBに添付する）　☐devote（AをBに捧げる）
☐help（AにB〈食事や飲み物〉をとってやる）　☐treat（AにBをごちそうする）
● 【限定】
☐confine（AをBに制限する）　☐leave（AをBに任せる）
● 【方向】
☐lead（AをBに導く）　☐take（AをBに連れて行く）　☐expose（AをBにさらす）
● 【状態】
☐reduce（AをBの状態にする）

---

[7] The secretary, (Ms. Eileen Sorenson), was punished (for leaking company secrets).
　　　　S　　　　　　　　　　　　　　　　　　V

正解（B）：秘書のアイリーン・ソレンソンさんは、企業機密を漏えいしたことで罰せられた。

　forの基本イメージは〈～のために〉です（☞#49-d）。対象を包括して、〈称賛〉〈叱責〉〈許し〉〈誤解〉といった**感情の根拠**を表します。また、I bought the CD for 1,000 yen.（私は1000円でそのCDを買った）のように、〈交換〉の意味になることもあります。
　ここでは、**punish**（罰する）の根拠としてforが使われていますね。

PART 6 動詞に関係する項目

完全攻略ナビ |#68-g 動詞＋A for Bで、AをBのために〜する

I don't **blame** you **for** leaving the company.
君が会社を辞めるからといってとがめはしない。

● 【賞賛】
☐**praise** / ☐**admire**（AをBでほめる）　☐honor（AをBで称える）
● 【叱責】
☐**blame** / ☐criticize（AをBで責める）
☐**punish**（AをBで罰する）　☐scold / ☐reprimand / ☐reprove（AをBで叱る）
● 【許し】
☐**forgive** / ☐excuse（AをBのことで許す）
● 【依存】
☐ask（AにBを求める）
☐depend (up)on / ☐rely (up)on / ☐count (up)on（AにBを頼る）
☐turn to / ☐look to（AにBを頼る）
● 【誤解】
☐take / ☐mistake（AをBと勘違いする）
● 【交換】
☐**exchange**（AとBを交換する）　☐**substitute**（AをBの代わりに用いる）

[8] Liberals want to impose new restrictions (**on** gun ownership).
　　　S　　　　　V　　　　　　　O

正解 (D)：自由主義者たちは銃所持に対して新しい制限を課したがっている。

　on の中心的な意味は〈接触〉でしたね（☞#48-c）。そこから、「〜に置く」「〜になすりつける」「〜を祝う」などさまざまなニュアンスが生まれます。
　impose A on B で「AをBに課す」という意味。restrictions（制限）を gun ownership（銃所持）に対して置く、というイメージですね。

Lesson 24

完全攻略ナビ | #68-h　動詞＋A on Bで、AをBに置く

He **inflicts** his troubles **on** everyone.
彼は自分の悩み事を皆に押しつける。

● 【付与】
☐ **impose**（AをBに課す）　☐ **place** / ☐ **put** / ☐ **lay**（AをBに置く）
☐ base（Aの基礎をBに置く）　☐ bestow（与える）
☐ confer（授ける）　☐ inflict（与える）
● 【その他】
☐ **blame**（AをBのせいにする）　☐ **congratulate**（AをBのことで祝う）

---

[9] I'll try to talk him (**into** <taking over the department's administrative position>).
　　S　V　　O　　　　　　　v'　　　　　　　　　o'

正解 (B)：彼に部の管理職を引き継いでもらうよう説得してみます。

intoの中心的なイメージは〈外から中へ〉（☞ #50-d）。そこから、〈変化〉や〈説得〉の意味が生まれます。**動詞＋A into B**は「AをBに変える、Aを説得してBさせる」という意味を持つものがほとんどです。

完全攻略ナビ | #68-i　動詞＋A into Bで、AをBに変える

Divide the cake **into** six pieces.
そのケーキを6つに分けなさい。

● 【変化】
☐ **divide** / ☐ break up（AをBに分割する）
☐ **translate** / ☐ put（AをBに翻訳する）
☐ **change** / ☐ **turn** / ☐ convert / ☐ make（AをBに変える）
● 【説得】
☐ **persuade** / ☐ talk（Aを説得してBさせる）

PART 7

比較と倒置
英語ならではの文のカタチ

▶ Lesson 25
比較と倒置
—〈同じカタチを繰り返す比較〉と〈否定の倒置〉

英語は**配置の言語**と言ってもいいくらい、文のカタチ、構造にこだわります。PART 7 では、〈同じカタチの繰り返し〉と〈倒置〉という英語ならではのパターンを学習していきます。

69. 比較のポイントは〈同じカタチの繰り返し〉

● Basic Quiz

[1] This workshop is not so informative ---------- the last one.
　(A) as　　　(B) than　　　(C) of　　　(D) in
[2] He succeeded not so much through using company network ----- he did by hard work.
　(A) that　　(B) to　　(C) as　　(D) than

比較のポイントは、〈**同じカタチの繰り返し**〉です。以下の例文を見てみましょう。

● 原級と比較級

　〜と同じくらい…
　a) He is **as** busy / **as** I (am).　彼は私と同じくらい忙しい。〈原級〉
　　　　　　　　　　　↑接続詞

　〜より…
　b) He is busi**er** / **than** I (am).　彼は私より忙しい。〈比較級〉
　　　　　　　　　　　↑接続詞

a) の文のように **as...as** というパターンを用いて「～と同じくらい…」という意味を表すのが〈原級〉です。そして、b) の文のように、**-er than** というパターンを用いて「～より…」という意味を表すのが〈比較級〉です。さて、a) の文では後ろのasの前に、b) の文ではthanの前に / （スラッシュ）を入れてみました。これは、このasやthanが**接続詞**だからです。ここを中心に〈**同じカタチ**〉**が繰り返されます**。ただし、前半で述べた要素は**後半では省略**されるので注意しましょう。

● **2つを天秤にかけて、勝敗を決める**

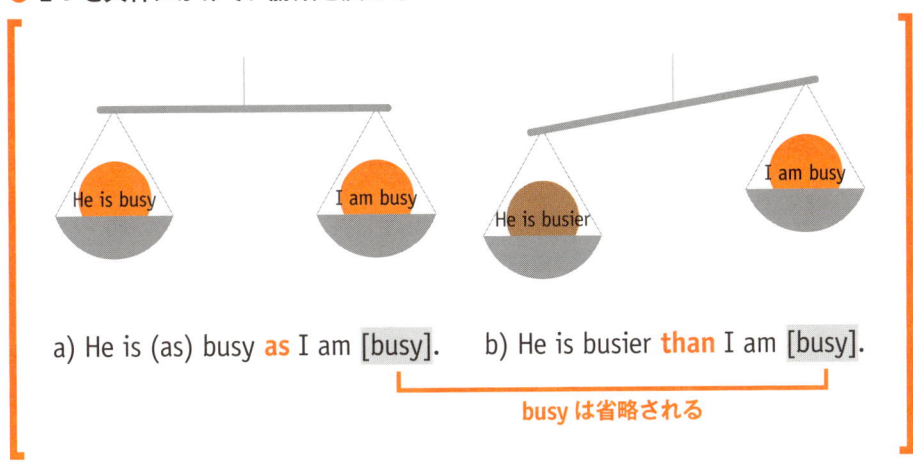

a) He is (as) busy **as** I am [busy].　　b) He is busier **than** I am [busy].

　　　　　　　　　　　　　　　　　　busy は省略される

　a) の**原級**では、〈彼が忙しい程度〉と、〈私が忙しい程度〉を比べて、それが同じくらいだ、という表現です。いわば**ドロー（引き分け）**になる感じですね（最初のasは「同じくらい」という意味を表す副詞です）。b) の**比較級**では、〈彼が忙しい程度〉の方が〈私が忙しい程度〉よりも**勝っている**、という表現ですね。このように、原級や比較級の表現では、必ず**2つのものを天秤にかけて、勝敗を決める**。比較表現はこのイメージをしっかり押さえてください。さて、次の英文の間違いが分かりますか？

The ears of a hare are larger **than** a donkey.
野ウサギの耳は、ロバよりも大きい。

　分かりましたか？ 前述のように、比較表現では必ずAとBという2つのものが比べられますが、それらは**文法的に等しい**もの（名詞＆名詞、動詞＆動詞など）であるだけでなく、**意味の上でも等しいレベル**のものでなければなりません。上の例文では、「野ウサギの耳」と「ロバ」を比べてしまっていますね？

● **比べるものは、等しいレベルでなければならない**

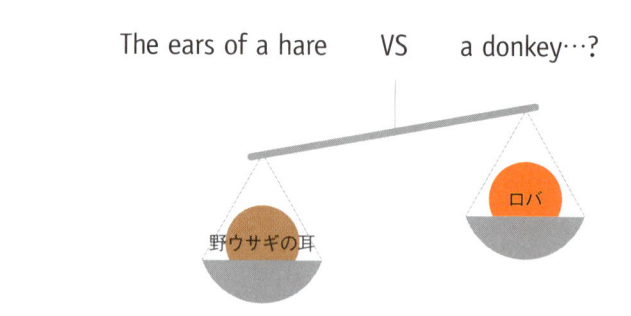

The ears of a hare　VS　a donkey…?

野ウサギの耳　　ロバ

「耳」と比べるのは「耳」であるべきなので、The ears of a hare are larger than **the ears of** a donkey. としなければなりません。ただし、英語では同じ名詞の**繰り返しを嫌う**ため、ここでは、the ears を代名詞 those で言い換えた、次の文が正しい言い方です。

The ears of a hare are larger **than** **those of** a donley.
野ウサギの耳はロバの耳より大きい。

このように、比較表現では**接続詞**as や than の前後で**同じカタチ**が繰り返される、ということを覚えておきましょう。Basic Quiz を見てみましょう。

[1] This workshop is not so informative <**as** the last one (was)>.
　　　　S　　　　　V　　　 so　　C　　　　　S'　　　 V'

省略

正解（A）：今回の研修会は、前回のものほど有益ではない。

この文では〈今回の研修会が有益である程度〉と、〈前回の研修会が有益であった程度〉を天秤にかけて比べています（as の後ろの was は問題文では省略されています）。否定文では **not so...as** のように、最初の **as の代わりに so** が使われることがあります。「〜ほど…ない」という意味で、「同じレベルに達していない」という意味を表します。

[2] He succeeded not so much (through using company network) **as** he did (by hard work).
　　S　　V　　　　　　　　　　　　　　　　　　　　　　　　　　　　　　S'　V'

正解（C）：彼が昇進したのは、社内の人脈を使ってというよりむしろ努力によってだ。

比較表現にはイディオムも多く、リストに挙がっているものを中心覚えておきましょう。**not so much A as B** で、「A というよりむしろ B」という意味。やはり、as の前後

で、succeeded through using company network（社内の人脈を使って成功した）とdid (=succeeded) by hard work（努力によって成功した）という**同じカタチ**が繰り返されていますね。似たようなイディオムとして、**more (of) A than B**（BというよりむしろA）という表現もあります。

完全攻略ナビ | #69　原級・比較級を用いるイディオム

The rumors were **not so much** shocking **as** disgusting.
そのうわさは衝撃的というより、むしろうんざりだった。

- □ **A rather than B / more (of) A than B**（BというよりむしろA）⇔
  □ **not so much A as B**（AというよりむしろB）
- □ **be superior/inferior to**（〜より優れて／劣っている）
- □ **all the more**（だからいっそう）　□ **know better than to do**（〜するほど愚かではない）
- □ **more often than not**（しばしば、たいてい）
- □ **more or less**（多かれ少なかれ、おおよそ）　□ **much less**（まして〜でない）
- □ 〈比較級〉 and 〈比較級〉（ますます〜）
- □ the 〈比較級〉, the 〈比較級〉（〜すればするほど…）

---

70. 最上級は〈3つ以上の中〉でトップを決める表現

● **Basic Quiz**

[1] We're the ---------- largest company in Japan in this line of business.
　(A) three times　(B) third　(C) three　(D) triple

[2] Could you make the necessary arrangements at your ---------- convenience?
　(A) early　(B) earlier　(C) as early as　(D) earliest

最上級は必ず、**3つ以上の母集団の中でトップを決める**表現です。2つのものについてはあくまで比較級を用いますので注意してください。

● 3人は「最上級」、2人は「比較」

俺が一番忙しい！

俺の方が忙しい！

He is the **busiest** of the three.
彼は3人の中で最も忙しい。

He is the **busier** of the two.
彼は2人のうち、より忙しい方だ。

Basic Quiz を見てみましょう。

最上級の前に序数をつける

[1] We're the **third** largest company (in Japan)(in this line)(of business).
    S V   C

正解 (B)：わが社はこの業種では日本で3番手の大手企業だ。

「○番目に…」という場合は、最上級の前に**序数**（second / third / fourth...）をつけます。**倍数**（twice / three times...）を用いた以下の**原級表現**と区別してください。

倍数を使う原級表現

We are **twice** as large as that company.　わが社は、あの会社に対して規模が2倍である。

[2] Could you make the necessary arrangements (at your **earliest** convenience)?
              S   V   O

正解 (D)：できるだけ早く、必要な手配をとっていただけますか。

at one's earliest convenience で「〈人〉の都合がつき次第」という意味。as soon as one can（できるだけ早く）よりもやや丁寧な表現です。**最上級を用いるイディオム**もTOEIC頻出です。リストのものを少しずつ覚えていきましょう。

PART 7 比較と倒置

完全攻略ナビ | #70　最上級を用いるイディオム

Let's **make the most of** our time together.
私たちが一緒にいる時間をできるだけ大切にしましょう。

☐ **at (the) best**（せいぜい）⇔ ☐ **at least**（少なくとも）
☐ **at your earliest convenience**（あなたのご都合がつき次第）
☐ **at the latest**（遅くとも）⇔ ☐ **at the earliest**（早くとも、早ければ）
☐ **at last**（ついに）　☐ **one of the**〈最上級〉＋〈複数名詞〉（最も〜なものの1つ）
☐ **make the most of**（〜を最大限に利用する）
☐ **the last man to do**（最も〜しそうにない人）

71.〈原級・比較級・最上級〉を強調する副詞

● Basic Quiz

It's ---------- the biggest product launch in our company history.
(A) very　　　(B) so　　　(C) much　　　(D) by far

　原級、比較級、最上級を強調する副詞はそれぞれ「担当者」が決まっています。**very good**（とても良い）ー **much better**（はるかに良い）ー **by far the best**（ずば抜けて良い）の**3点セット**で覚えておきましょう。

● 〈原級、比較級、最上級〉を強調する副詞の3点セット

> **very ＋ 原級**
> **much ＋ 比較級**
> **by far ＋ 最上級**

It's (**by far**) the biggest product launch (in our company history).
S V　　　　　　　　　　　　　　C

正解（D）：これはわが社の歴史の中で、群を抜いて大規模な商品の発売だ。

最上級 biggest を強調しているので、by far（ダントツで）が正解です。

完全攻略ナビ | #71　強調の副詞は3点セットで覚える

I know the way **much** better than you.
私は君よりもずっとよく道を知っている。
This is **by far** the best computer I've ever used.
これは今まで使った中でもずば抜けて良いコンピューターです。

● 【原級】
☐ **very** good（とても良い）
● 【比較級】
☐ **much** better（よりいっそう良い）
☐ far / ☐ a lot / ☐ lots / ☐ still / ☐ even / ☐ yet / ☐ a great deal
（よりいっそう、はるかに）
● 【最上級】
☐ **by far** the best（ずば抜けて良い）(much)

---

72. 否定語による〈倒置〉表現

● **Basic Quiz**

[1] No sooner ------- accepted the job than he realized he had made a mistake.
　　(A) did he　　(B) had he　　(C) he had　　(D) have he
[2] ----------- he launched a new project did he know that there wasn't sufficient budget.
　　(A) Not only　　(B) No sooner　　(C) Hardly　　(D) Not until

　英語では**否定語句はなるべく前**に置かれます。Yes / No を先に伝えたい！ そんな気持ちが先走りして文頭に置かれるときに起こるのが〈倒置〉です。文頭に強調したい語

PART 7 比較と倒置

を置いた余韻で、その後ろが〈**倒置**〉になる。倒置というと難しく聞こえますが、要は**疑問文の順番になる**ということです。たとえば、I have never seen "Star Wars."（私は『スター・ウォーズ』を観たことがない）という文のneverが文頭に置かれると、**Never have I seen "Star Wars."** となります。

● 〈倒置〉は疑問文の順番になる

否定語 ─ 余韻で倒置になる

Never have I seen Star Wars.

hardly / scarcely（ほとんど〜ない）
rarely / seldom（めったに〜ない）

このように〈**倒置**〉**を作る否定語**には、neverの他に、hardly / scarcely（ほとんど〜ない）や、rarely / seldom（めったに〜ない）などがあります。

それではBasic Quizを見ていきましょう。

[1] No sooner **had he** accepted the job than he realized <he had made a mistake>.
　　　　　　　S　V　　　O　　　　　S　　V　　O:S'　V'　　O'

正解（B）：その仕事を引き受けるとすぐに、彼は間違いを犯したと気づいた。

問題文では、**No sooner**（〜より早いことは決してない）という**否定語句が文頭**に来ているため、その後ろは倒置（＝疑問文の語順）ですね。Had he accepted the job?（彼はその仕事を引き受けていましたか）という**疑問文のカタチ**にします。**No sooner...than** で「…するやいなや〜」という意味。…の部分には必ず**過去完了形**が用いられるため、（A）did heは不可です。

[2] <**Not until** he launched a new project> did he know <that (there) wasn't sufficient budget>.
　　　　　　　　S'　　V'　　　　O'　　　　　S　V　　O:　　　　V　　　　S

正解（D）：新しいプロジェクトを立ち上げて初めて、彼は十分な予算がないことに気づいた。

やはり**Not until**という**否定語句が文頭**に来ているため、後ろは倒置されます。**Not until...V＋S**（…して初めて**S**は**V**する）というパターン。**Not only A but also B**（A

Lesson 25

229

だけでなくBもまた)、**No sooner V＋S than ～**（SがVするとすぐに～)、**Hardly V＋S when ～**（SがVするとすぐに～）と区別しましょう。

完 全 攻 略 ナ ビ ｜#72　否定語句が文頭に来ると、直後は疑問文の語順！

Rarely do we see women wearing Kimono these days.
最近は着物を着た女性をめったに見ない。

● 【否定語句＋V＋S】（＝ほとんど［全く］～しない）
☐ **Hardly** / ☐ **Rarely**
☐ Little / ☐ Never / ☐ Scarcely / ☐ Seldom

● 【区別したい表現】
☐ **Hardly V＋S when ～**（**S** が **V** するとすぐに～）
☐ **No sooner V＋S than ～**（**S** が **V** するとすぐに～）
☐ **Not until [Only after / Only when]...V＋S**（…して初めて **S** は **V** する）
☐ **Not only V＋S but also ～**（**SV** だけでなく～）

実践！TOEIC英文法
模擬テスト

TEST 1

001. Enclosed is a ---------- updated copy of my CV, which includes my more recent engineering experience.
(A) newly   (B) latest   (C) current   (D) imminent

002. Please be aware that the price of Woodstock spare parts ---------- increased by 5 percent, effective immediately.
(A) are   (B) was   (C) were   (D) have

003. Building companies are -------- old farmhouses to cater for city residents relocating to the countryside.
(A) renovated   (B) renovate   (C) renovating   (D) renovation

004. Everybody was intrigued by the hands-on ecotourism program Nate ---------- introduced in his presentation.
(A) someday   (B) recently   (C) these days   (D) nowadays

005. -------- of the laboratory results revealed that the medication was not as effective as they had anticipated.
(A) Analyst   (B) Analysis   (C) Analyze   (D) Analytical

006. It is not possible for us under our current circumstances to accept -------- of the two proposals our supplier offered.
(A) either   (B) all   (C) none   (D) any

007. Petro & Fuel, Inc. announced the ---------- acquisition of Dost Liquid Solutions, a company that produces detergent additives for fuel.
(A) strategies   (B) strategic   (C) strategize   (D) strategically

008. To make profits on the deal, Leeds Mutual will have to achieve ---------- cost savings and boost revenues.
(A) substantial   (B) loyal   (C) considerate   (D) sedentary

009. In order to attract a younger demographic group, the manager of the outlet mall suggested -------- later on weekend nights.
(A) to close   (B) closed   (C) would close   (D) closing

010. Our company policy stipulates that three days of coming in late shall be treated ---------- a day's absence.
(A) on   (B) about   (C) as   (D) in

011. This year's annual report should be -------- more informative than previous ones have been.
(A) such   (B) very   (C) too   (D) far

012. The regional manager's innovative approach to marketing was very ----------.
(A) inspiring   (B) inspired   (C) inspire   (D) inspiration

013. Attendees at the Coachella Financial Seminar will learn ---------- important for corporations to have sufficient cash reserves.
(A) how is it   (B) what it is   (C) however it is   (D) why it is

014. Anyone ---------- is interested in attending the trade show should notify Andrews in the R&D section by April 18.
(A) he   (B) who   (C) whoever   (D) else

015. Kylie was supposed to -------- the manager to the upcoming exhibition in Chicago.
(A) be accompanied   (B) accompanying
(C) accompany   (D) accompany with

016. If you are going to visit our plant, please let us know a week ---------- so we can adjust our schedule accordingly.
(A) since   (B) ahead of   (C) in advance   (D) ago

017. The audience ----------- understand the Nobel-prize winning physicist's explanation about his findings.
(A) scarcely could   (B) couldn't hardly
(C) hardly couldn't   (D) could scarcely

018. The advertisement for the eco-friendly vehicle was more -------- than any other sales promotion material.
(A) memorably   (B) memory   (C) memorial   (D) memorable

019. At that time condominiums were selling at a premium because of the population ----------.
(A) growth   (B) grew   (C) growing   (D) was grown

020. As the conference was postponed until next Monday, Ms. Blanchett asked the front desk if she -------- her stay for two more nights.
(A) can be extended   (B) could have extended
(C) can extend   (D) could extend

021. Implementation of public-works projects will be a tentative solution ---------- the unemployment problem confronting the nation.
(A) to   (B) in   (C) of   (D) against

022. When ---------- a venue for the summit, the highest priority is given to the safety and security of the area.
(A) to select   (B) selection   (C) selecting   (D) selected

023. As the product didn't meet the specification, the home appliance retailer ---------- to cancel the order.
(A) insisted   (B) suggested   (C) supported   (D) requested

024. To prevent a virus infection on your computer, you should be careful ---------- programs or data from a site you are not familiar with.
(A) to not download   (B) not to download
(C) being downloaded   (D) not to be downloaded

025. All inquiries ---------- operation, maintenance, or repair of the machine will be forwarded to the technical support team.
(A) regard   (B) to regard   (C) regarding   (D) regarded

026. In Los Angeles many companies ---------- their employees to join commuter car pool programs.
(A) demand   (B) suggest   (C) explain   (D) encourage

027. When recruiting new employees, employers prefer to interview candidates ------- résumés are clearly organized.
(A) that   (B) with   (C) whose   (D) which

028. We regret not being able to ---------- your request for a 3% reduction in prices to cope with the yen's sharp appreciation.
(A) solicit   (B) procrastinate   (C) solve   (D) accommodate

029. -------- only as a temporary accountant, Jack Ruess's position was terminated after two years.
(A) Having employed   (B) Employing
(C) Employed   (D) Employment

030. If you have not received a remittance yet, please notify the accounting department so that they may have the transaction ----------.
(A) tracing   (B) to trace   (C) traced   (D) trace

TEST 1

031. The mentor emphasized ---------- important it is to build up a trust relationship with co-workers.
 (A) how (B) what (C) why (D) that

032. Evergreen Health Co. has decided to invest in advertising to -------- customer awareness of its skin-care products.
 (A) surge (B) rise (C) thrive (D) raise

033. If municipal governments -------- to become financially independent, decentralization will end in mere sloganeering.
 (A) had failed (B) will fail (C) fail (D) failed

034. The plant supervisor -------- a worker for repeated negligence of his duties on the factory floor.
 (A) represented (B) presided (C) recommended (D) reprimanded

035. Not a single work condition -------- reformed in the current labor-management negotiations.
 (A) of the labor union (B) under the labor union
 (C) has the labor union (D) the labor union has

036. Stratford-upon-Avon, -------- William Shakespeare was born, is visited by a substantial number of tourists every year.
 (A) which (B) where (C) in that (D) what

037. Rafael will be out of the office from Friday until next Wednesday -------- he will be attending a conference in Ottawa.
 (A) as (B) that (C) having (D) with

038. Glastonbury Bank -------- that all customers change their online account passwords as frequently as possible.
 (A) subscribe (B) adapts (C) accumulates (D) recommends

039. Chris attempted to make the headline of the ad -------- more by enlarging it and changing the font.
 (A) let by (B) run over (C) stand out (D) break into

040. An article in the periodical -------- its readers against purchasing shares without getting expert advice first.
 (A) was cautious (B) urge caution (C) cautious (D) cautioned

TEST 1 解説

001. 正解（A）品詞
最新の情報を加えた履歴書を1部同封いたします。直近のエンジニアとしての経験を記載しています。

空欄には、直後の過去分詞 updated（更新された）を修飾する語が必要です。名詞以外を修飾するのは副詞の働きですね（☞ #A, p.15）。選択肢の中で副詞は唯一 (A) newly（新しく）だけです。latest（最新の）、current（現在の）、imminent（差し迫った）はいずれも形容詞なので名詞を修飾します。なお、文頭の過去分詞 Enclosed（同封された）は、強調のために文頭に置かれることが多いので注意しましょう。

002. 正解（B）SV
本日より、ウッドストック社のスペアパーツが5％値上がりすることを知っておいてください。

英文を読む際の基本動作は、何が（主語）どうした（動詞）を確認することです。問題文では that ユニットの中の主語は the price（価格）であって、parts（部品）ではありません。前置詞と名詞のセット（of Woodstock spare parts）はカッコに入れて、文型上は無視する習慣をつけましょう。単数扱いで受けている was が正解です。

003. 正解（C）態
建築会社は、田舎に転居する都会の住人に提供するために、農場の古い家屋を改修している。

直前に be 動詞があるので、空欄には進行形を作る現在分詞（doing）か、受動態を作る過去分詞（done）、あるいは補語となる名詞・形容詞が入ると考えられます。主語の「建設会社」(Building companies) は「改修する」(renovate) ことも「改修される」こともあり得るので、意味だけでは決定打に欠けます。ここで注目したいのは空欄の後ろに目的語となる名詞 old farmhouses（農場の古い家屋）が置かれているということ。後ろに目的語があるということは、その文が能動態であることの信号です。進行形を作る renovating が正解。renovated では Building companies（建設会社）が renovate される側になりますが、後ろの名詞 farmhouses の説明がつかなくなります。

004. 正解（B）副詞
ネイトが最近プレゼンで紹介した体験型エコツーリズムプログラムに皆が関心を持った。

〈Nate...presentation〉のユニットは、直前の名詞 programs（プログラム）を修飾する形容詞ユニットです（目的格の関係代名詞 which [that] が省略されています）。選択肢には副詞が並んでいますが、introduced（紹介した）が過去形であることに注目してください。過去のことについて言及できるのは、選択肢の中では recently（最近）だけです。日本語で「最近」と言う場合も〈現在の話〉の場合と〈過去の話〉の場合がありますね。英語では使われる副詞が異なるので気をつけましょう。nowadays / these days も「最近」と訳しますが、こちらは現在の話。someday（いつか）は未来のことについて言及します。recently は過去形が基本ですが、現在完了形と一緒に使うこともあるので、「recently は現在形と一緒には使えない！」と、覚えておきましょう。

005. 正解（B）名詞
実験結果の分析によって、その薬品は彼ら望んでいたほど効果がないことが明らかになった。

空欄には revealed（明らかにした）の主語となる名詞が必要です。Analyst（アナリスト、分析家）はここでは意味の上でも不自然ですが、可算名詞なので冠詞相当語句（a, the, our など）をつけるか、複数形にしないと使えません。可算名詞は"裸"では使えない！というのは鉄則です。Analysis（分析）が正解ですね。cf) analyze（他 〜を分析する）、analytical（形 分析的な）

006. 正解（A）代名詞
現状においては、供給業者が提示した2つの提案のどちらも受け入れることができない。

of the two 〜（2つの〜のうち）に注目。母集団が2つの場合に使えるのは、選択肢の中では either（どちらか）だけです。all（すべて）、none（1つも〜ない）、any（どれでも）はすべて3つ以上のものについて述べる語です。代名詞を問う問題では、母集団が2つなのか、3つ以上なのか

236

に注意するようにしましょう（☞ #14）。

007. 正解（B） 品詞
ペトロ・アンド・フュール社は、燃料の清浄添加剤を生産しているドスト・リキッド・ソリューションズの戦略的買収を発表した。

直前に冠詞の the が、そして直後には名詞 acquisition（獲得）が置かれているので、空欄には形容詞が必要です（☞ #A, p.15）。strategic（戦略的な）が正解。strategic acquisition（戦略的買収）となります。ちなみに M&A は merger and acqui-sition（吸収合併）の略語です。あわせて覚えておきましょう。cf) strategy（名 戦略）、strategize（他 作戦を練る）、strategically（副 戦略的に）

008. 正解（A） 形容詞
リーズ・ミューチュアルは、この取引から利益を上げるには大幅なコスト削減と収益拡大を達成しなければならない。

空欄には、直後の名詞 cost savings（コスト削減）を修飾する形容詞が入ります。選択肢はすべて形容詞なので、意味で決める問題ですね。「かなりの」という意味を表す substantial が正解。considerate は「思慮深い」という意味。considerable であれば、「相当な」という意味で正解でした（☞ #17）。considerable は consider（～を考慮する）という動詞から派生した形容詞です。語尾の -able は「～できる、～すべき」という意味を表すことから、「考慮しうる限りの→かなりの」という意味。一方、語尾の -ate は「～の性質を持った」という意味で、「考慮する性質を持った→思慮深い」となるわけですね。cf) loyal（忠実な）、sedentary（座りっぱなしの）

009. 正解（D） 動名詞
より若い購買層を引きつけるために、そのアウトレットの店長は、週末の夜の閉店時間を延長することを提案した。

空欄の直前の suggest（提案する）は、後ろに名詞、あるいは動名詞を目的語にとる動詞です。よって、closing が正解。一般に不定詞を目的語にとる動詞は〈未来型〉のものが多く、「これから～する」という意味になり（☞ #28）、動名詞を目的語にとる動詞は、〈現実型〉で、「実際に～する」

という意味になります（☞ #32）。suggest は一見すると、「（これから～することを）提案する」というニュアンスで、不定詞を目的語に選びたくなりますが、実は〈現実型〉で、あたかも実現しているごとであるかのように、現実的に提案するため、後ろは動名詞です。間違えやすい動詞として、consider（検討する）、avoid（避ける）なども覚えておきましょう。

010. 正解（C） A as B
会社の方針では、3日遅刻すると1日の欠勤と見なされると規定している。

空欄の直前の動詞 treat（扱う、見なす）に注目。treat A as B で「A を B と見なす」という意味を表します（☞ #68-a）。したがって、正解は前置詞の as ですね。as はイコール関係を作る前置詞なので、three days of coming in late（3日の遅刻）＝ a day's absence（1日の欠勤）の関係が見えてきます。このように、〈動詞＋A＋前置詞＋B〉というパターンをとる表現は、前置詞によって動詞の意味を類推できるメリットがあるんですね。

011. 正解（D） 比較
今年の年次報告書は以前のものよりもはるかに有益であるはずだ。

空欄の直後は比較級の形容詞 more informative（より有益な）が置かれていますね。比較級を強調する副詞は far（はるかに）です。very（とても）、too（あまりにも）は 原級しか修飾することができません。such（そのような）は形容詞なので名詞を修飾します。原級・比較級・最上級はそれぞれ強調の副詞が決まっているので注意しましょう（☞ #71）。

012. 正解（A） 分詞
地域担当部長の革新的なマーケティング手法はとても啓発的だった。

be 動詞の後に置かれているので空欄には補語となる語が入ります。また、直前には副詞の very（とても）があるので、名詞以外を選ばないといけません。候補に挙がるのは現在分詞 inspiring と過去分詞 inspired です。inspire は「～を啓発する」という意味の他動詞。ここでは主語の in-novative approach（革新的な手法）は人を「啓

TEST 1

発する」側ですね？ 能動関係があるので現在分詞の inspiring（啓発的な）が正解です。分詞は常に名詞との関係を考えましょう（☞ #34）。

013. 正解（D）　間接疑問文
コーチェラ・ファイナンシャル・セミナーの出席者は、なぜ企業が十分な現金準備金を持つことが重要であるかを学ぶだろう。

　空欄から始まるユニットは、直前の動詞 learn の目的語になっているため、名詞ユニットです。疑問が作る名詞ユニットを「間接疑問文」というのでしたね（☞ #36）。間接疑問文の語順は〈疑問詞＋S＋V〉。したがって、(D) why（疑問詞）＋ it (S) ＋ is (V) が正解です。この語順になっていない (A) how is it は×。(C) however は必ず副詞ユニットを作る（☞ #45-f）ため、learn の目的語になれません。(B) what は後ろに主語や目的語のかけた〈不完全なカタチ〉が来ます（☞ #39）が、問題文では S (it)、V (is)、C (important) のように〈完全なカタチ〉が来ているため×です。

014. 正解（B）　関係詞
展示会への参加に興味をお持ちの方は、4月18日までに R&D（研究開発）部のアンドリューまでお知らせください。

　空欄から trade show までを〈　〉に入れましょう。この部分は、直前の名詞 anyone を修飾する形容詞ユニットです。〈　〉の中では主語が欠けた不完全なカタチが来ているので、主格の関係代名詞 who が正解（☞ #41-c）。ところで、whoever がなぜダメだか説明できるでしょうか。whoever は「〜する人は誰でも」という意味を表す機能語ですが、必ず〈名詞ユニット〉か〈副詞ユニット〉を作ります。-ever シリーズは形容詞ユニットを作れない！と覚えておきましょう（☞ #C, p.87）。

015. 正解（C）　他動詞
シカゴで行われる次回の展示会には、カイリーがマネージャーに同行することになっていた。

　直後に目的語となる名詞 the manager が置かれているので、空欄には他動詞が必要です。accompany は「〜に伴う」という意味の他動詞（☞ #03）。日本語で「〜に伴う」と考えてしまうと前

置詞の with などが必要に思えますが、他動詞なので不要です。be supposed to do は「〜することになっている」という〈予定〉を表す重要表現で、過去形の場合、予定が実現しなかったことを表します。

016. 正解（C）　Idiom
当工場を訪問されるのでしたら、それに合わせてスケジュールを調整致しますので1週間前にお知らせください。

　in advance は「前もって」という意味のイディオム。a week in advance で「1週間前に」となります。a week ago は「（現在から）1週間前に」という意味。ahead of（〜より前に）は、たとえば a week ahead of schedule（予定より1週間前に）のように、後ろに名詞を置けば使うことができます。since（〜以来）は、since last week（先週から）のように、後ろには〈時の起点〉が置かれます。

017. 正解（D）　否定の副詞
ノーベル賞を受賞した物理学者による自身の研究成果についての説明を、聴衆はほとんど理解できなかった。

　scarcely、hardly はどちらも「ほとんど〜ない」という意味を表す〈否定〉の副詞。〈否定・頻度〉の副詞は文の中で not が置ける位置に置きます（☞ #22）。問題文では、The audience could not understand…のように not の位置は助動詞 could の後ですね？ したがって (D) could scarcely が正解です。

018. 正解（D）　品詞・比較
環境に配慮した車の広告は、他のどの販促資料よりも記憶に残るものだった。

　直前に more、直後には than があるので、後ろには形容詞か副詞の原級が来ると判断します。ここでは補語の位置に来ているので、形容詞の memorable（記憶に残る）が正解。memorial は「記念の」という意味でここでは意味の上で不適切（☞ #17）。副詞は補語になれない（☞ #A, p.15）ので、副詞 memorably（忘れられないほど）は使えません。比較表現では、as…as / 〜er [more〜]…than のカタチをいったん無視して、必要な品詞を判断しましょう。なお、more は形容詞 much / many の比較級で「より多くの」という意味もあるので、

more memory（より多くの記憶）も一見成立するように見えますが、主語である the advertisement（広告）が「より多くの記憶」では意味がヘンですね。

---

019. 正解（A） 前置詞 vs 接続詞
当時は、人口増加のため、分譲マンションがプレミア価格で売れていた。

　空欄の前には、前置詞句 because of（〜のために）があるので、後ろには名詞が 1 つ置かれます（☞ #48-a）。ここでは population growth（人口の増加）が正解で、名詞ユニットを作っています。population grew（人口が増大した）のように SV を伴うためには接続詞が必要ですね。現在分詞 growing（増加している）を使う場合は名詞の前に置いて、because of growing population とします。

---

020. 正解（D） 助動詞
会議が月曜まで延期になったため、ブランシェットさんは、フロントにあと 2 日宿泊を延長できるかどうかを尋ねた。

　主節の動詞（asked）が過去形であることに注目しましょう。「主節の動詞が過去になると、従節の動詞も過去に合わせる」という〈時制の一致〉のルール（☞ #37）から、if ユニットの中の動詞は過去形のはず。(B) could have extended あるいは (D) could extend の 2 択に絞られますね。この 2 つはどのような意味の違いがあるのでしょうか？ 助動詞は未来志向だが、完了形（could have done）にすると過去のことを推量する！という鉄則を思い出しましょう（☞ #57）。could extend は「（これから）延長できる」、could have extended は「（以前に）延長したかもしれない」となります。問題文では会議の延期のために「（これから）あと 2 泊（for two more nights）」予約できるかを尋ねているので、could extend が正解です。

---

021. 正解（A） 前置詞
公共事業の実施は国が直面している失業問題の一時的な解決策になるだろう。

　solution to で「〜の解決策」という意味。日本語では「〜の」と表現しても、英語で必ずしも of を使うとは限りません。例えば、key to success（成功への鍵）、stock in SONY（ソニーの株）、

advertisement for a book（本の広告）、authority on economics（経済学の権威）、damage to the house（家の損傷）、a book by Dickens（ディケンズの小説）などなど。

---

022. 正解（C） 前置詞 vs 接続詞
サミットの開催地を選ぶ際には、その地域の安全と治安が最優先される。

　直前に接続詞 when があるので、後ろには SV が来ると期待して読みます（☞ #48-a）。しかし、空欄の後ろには名詞 a venue（開催地）しかないので、どの選択肢を選んでも SV を作ることは不可能ですね。実はこの文には省略があって、前半は〈When (they are) selecting a venue for the summit〉のように、they are が省略されているんです。したがって、selecting が正解です。通常、接続詞の後でこのような省略が行われるのは、1. 主節の主語と同じであること。2. be 動詞であること、の 2 つの条件がそろう場合ですが、問題文のように主語が曖昧な場合（問題文では漠然と「サミットの主催者」を指す）は、主節の主語（問題文では the highest priority）と違う場合でも省略されることがあるので注意しましょう。

---

023. 正解（D） 不定詞
その製品は仕様を満たしていなかったため、その家電用品店は注文の取り消しを要請した。

　空欄の直後には to 不定詞のユニット〈to cancel the order〉が来ています。目的語に不定詞をとる動詞は〈未来型〉。選択肢の中では request（要請する）だけです（☞ #27）。suggest（提案する）は動名詞を目的語にとるので要注意（☞ #32）。insist も on を伴って、insist on doing（〜することを要求する）のように動名詞を目的語にとります（☞ #32）。support は原則的に名詞しか目的語にとりません。例）I support your opinion.（私はあなたの意見を支持します）

---

024. 正解（B） 不定詞
コンピューターのウイルス感染を防ぐには、素性の知れないサイトからプログラムやデータをダウンロードしないように気をつけるべきだ。

　空欄から文末までのユニットは、直前の形容詞（careful）を修飾する副詞ユニットです。(C)

being downloaded と (D) not to be downloaded は受動態なので後ろに目的語（programs or data）をとれませんね。「不定詞・分詞・動名詞の否定は直前！→ not to do / not doing / not done となる」というルールから、not to download が正解です。

025. 正解（C）語彙
この機械の操作、メンテナンス、修理に関連する問い合わせは、すべて技術サポートチームに転送されることになっている。

　regard は regard A as B で「A を B と見なす」という意味となる重要な動詞ですが、regarding は「〜に関する」という意味の「前置詞」として覚えておくと便利です。「〜に関する」という意味を作る前置詞表現としては、regarding / concerning / as to / as for / in regard to を 5 点セットで押さえておきましょう。

026. 正解（D）不定詞
ロサンゼルスでは、多くの企業が従業員に通勤者の車の相乗りプログラムに参加するよう奨励している。

　空欄には動詞が入り、その後ろに目的語（their employees）、to 不定詞（to join）と続いていますね。つまり、V＋O＋to do というカタチをとれる〈促進型〉の動詞はどれか、という問題です（☞ #30）。選択肢の中でこの〈促進型〉のパターンをとれるのは encourage（奨励する）だけ。demand（要求する）、suggest（提案する）、explain（説明する）は一見このパターンをとれそうでとれないので注意が必要です（☞ #31）。

027. 正解（C）関係詞
新しい社員を探す際には、雇用者は履歴書が明確にまとめられている候補者と面接することを好む。

　空欄から文末までのユニット〈----- résumés are clearly organized〉は直前の名詞 candidates（候補者）を修飾する形容詞ユニットです。空欄の後には S（résumés）V（are...organized）と〈完全なカタチ〉が来ていますね（受動態の後ろには目的語が来ないのが原則）。that や which はユニットの中で必ず主語や目的語の働きをするので、後ろには〈不完全なカタチ〉が続きます。ここでは、空欄の後の名詞 résumés（履歴書）に冠詞がない

ことに注目しましょう。所有格の whose が正解です（☞ #41-d）。with は前置詞なので後ろには名詞を 1 つしか置けません。

028. 正解（D）語彙
円の急騰に対処するため、残念ながら御社の 3% 値下げ要求には応じられません。

　選択肢には動詞の原形が並んでいるので、意味で決める問題。目的語の request（要求）に注目しましょう。(D) accommodate が正解です。accommodate は「（ホテル・会場などが人を）収容する」という意味が基本ですが、「要求、ニーズに応える」という重要な意味もあるのはご存じでしょうか。needs / demand / request を目的語にとって「（要求・ニーズに）応える」という意味を表す動詞としては、accommodate のほかに、meet, satisfy, suit などが重要です。cf) solicit（求める）、procrastinate（先延ばしする）、solve（解決する）

029. 正解（C）分詞構文
臨時の会計士として雇用されていたため、ジャック・ルイスのポジションは 2 年後に打ち切られた。

　空欄から accountant までを〈　〉に入れてみると、このユニットは、主節より前に置かれているので副詞ユニットです。現在分詞、過去分詞が副詞ユニットを作る、「分詞構文」の問題ですね。分詞構文では、文の主語との関係が〈能動関係〉の場合に現在分詞（doing）を、〈受動関係〉の場合に過去分詞（done）を使います。問題文では、文の主語である Jack Ruess は雇用（employ）する側でも、雇用される側でも、意味の上では問題ありませんね。決め手となるのは空欄の直後に目的語となる名詞がないということ。目的語の欠落は受動態のサインです。ここでは、Employed が正解で、Jack は「雇用される」側だと判断できます。なお、継続や経験などのニュアンスを強調して〈完了形〉にする場合は、Having been employed としなければなりません（☞ #35）。

030. 正解（C）使役動詞
まだ送金を受領されていない場合は、経理部に連絡していただければ決済の追跡確認をいたします。

　so that（〜するように）のユニットの中で使わ

れている動詞 have に注目しましょう。「〜させる、〜してもらう」という意味を表す「使役動詞」の用法です（☞ #53）。使役動詞 have には、〈have + O + do〉（O に〜させる）、〈have + O + done〉（O を〜される）という 2 つの使い方がありますが、目的語との関係がポイントでしたね。目的語が「〜する側」の場合に動詞の原形（do）を、目的語は「〜される側」の場合に、過去分詞（done）を用います。問題文では、目的語 transaction（決済）は trace（追跡）される側なので、過去分詞の traced が正解です。

---

031. 正解（A）疑問詞
メンター（指南役）は、同僚と信頼関係を築くことがいかに重要かを強調した。

空欄から文末までを〈 〉に入れましょう。この部分は emphasized の目的語となる名詞ユニットです。選択肢に挙がっている語はすべて名詞ユニットをとるので、次に〈 〉の中を見ていく必要がありますね。空欄に入るべき語は、直後の形容詞（important）を修飾しているので、ユニットの中では副詞の働きをしています。1. 名詞ユニットを作る、2. ユニットの中で副詞の働きをする、この 2 つの条件を満たすのは how のみです（☞ #40）。what は名詞ユニットを作りますが、ユニットの中では名詞（あるいは形容詞）の働きをします（☞ #39）。why は疑問詞の場合、名詞ユニットを作りますが、ユニットの中でほかの語を修飾することはありません（☞ #42-d）。that は接続詞の場合、名詞ユニットを作りますが、その後ろには完全なカタチが来ます（☞ #41-e）。このように、機能語（疑問詞・関係詞・接続詞）の問題では、1. ユニットの品詞と、2. 後ろのカタチ〈完全・不完全〉がポイントとなります。

---

032. 正解（D）他動詞
エバーグリーン・ヘルス社は、自社のスキンケア製品に対する顧客の意識を高めるために、広告に投資をすることに決めた。

空欄に入る語は目的語（customer awareness）をとる他動詞です。選択肢の中で他動詞は raise（〜を上げる）だけ。rise は（上がる）は自動詞なのでしっかり区別しましょう（☞ #54）。
cf) surge（急増する）、thrive（繁栄する）

---

033. 正解（C）条件節
地方自治体が財政的に自立しなければ、地方分権もかけ声倒れに終わるだろう。

主節の助動詞が will なので、この文は仮定法ではありません。仮定法では主節で過去形の助動詞（would / could / might）が必ず使われます。if が使われているからと言って必ずしも仮定法とは限らないので注意しましょう。そして、「〈時・条件〉の副詞ユニットの中では、未来のことは現在形で表す」というルール（☞ #46-a）から、問題文では現在形 fail（〜しない）が正解です。

---

034. 正解（D）A for B
工場長は 1 人の作業員に、工場での連続した職務怠慢について叱責した。

空欄の後ろに注目すると、目的語 a worker（作業員）の後ろに、for repeated negligence（連続的な怠慢のために）という前置詞句が置かれていますね。このように〈V + A + for + B〉というパターンをとることができるのは、選択肢の中では reprimand A for B（A を B について叱責する）と recommend A for B（A を B に推薦する）の 2 つです（☞ #68-g）。文意から reprimanded が正解。〈V + A + 前置詞 + B〉のパターンは、使われる前置詞が同じだと表す意味も似通ってくるので、動詞の意味を知らなくても類推しやすくなるメリットがあります（☞ #68-a〜i）。cf) represent（代表する）、preside（議長を務める）

---

035. 正解（C）否定
現在行われている労使交渉の中で、労働組合は、1 つも労働条件を改善していない。

否定の副詞 Not で文が始まっていますね。文頭に否定語句が置かれると、直後が倒置（疑問文の語順）となります（☞ #72）。選択肢の中で、疑問文の語順になっているのは（C）has the labor union だけですね。

---

036. 正解（B）関係詞
ストラトフォード・アポン・エイボンはウィリアム・シェイクスピアの生誕地であるが、毎年かなりの数の観光客が訪れる。

空欄から born までを〈 〉に入れましょう。このユニットは、直前の名詞 Stratford-upon-

Avon（ストラトフォード・アポン・エイボン）を後ろから説明しています。〈関係代名詞＋不完全なカタチ〉、〈関係副詞＋完全なカタチ〉というルールを思い出しましょう（☞ #43）。空欄の後は、主語（William Shakespeare）、動詞（was born）で SV の文型が完結した〈完全なカタチ〉が来ているので、which や what は不適切（☞ #C, p.86）。場所を表す関係副詞 where が正解です（☞ #42-c）。cf) in that（～という点で）

037. 正解（A）接続詞
ラファエルは金曜から翌水曜までオフィスを外しています。オタワでの会議に出席することになっているのです。

空欄には、前半の SV と後半の SV をつなぐ接続詞が必要。(C) having と (D) with が候補から消えます。〈理由〉を表す as が正解（☞ #44-b）。that は接続詞ですが、〈理由〉を表すことはできません（☞ #41-e）。

038. 正解（D）仮定法
グラストンベリー銀行は、すべての顧客がオンライン口座の暗証番号をできるだけ頻繁に変更することを推奨している。

選択肢はすべて動詞ですが、that ユニットを目的語にとることができるのは recommend（勧める）だけです。接続詞の that ユニットは「～ということ」という情報を表すので、〈報告型〉と考えてください。「勧める」（recommend）内容は他人に報告できますよね？ 他の選択肢が〈報告〉できないことを確認しておきましょう。cf) subscribe to（～を定期購読する）、adapt to（～に適応する）、accumulate（～を蓄積する）

039. 正解（C）句動詞
クリスはその広告の見出しを、サイズを大きくして、フォントを変えることにより目立つようにしようとした。

イディオムの問題。stand out で「目立つ」という意味です（☞ #66-a）。cf) let by：そばを通す（☞ #66-b）、run over：（車が）～をひく（☞ #66-c）、break into：～に侵入する（☞ #65-f）。問題文では使役動詞のパターン〈make ＋ O ＋ do〉（O に～させる）が使われていることにも注意（☞ #53-a）。

040. An article (in the periodical) cautioned its readers (against <purchasing shares (without <getting expert advice first>)).
正解（D）品詞

その雑誌のある記事は、読者に専門家のアドバイスを最初に得ることをせずに株を購入することについて警告を促した。

caution は「警告」という意味の名詞の用法はご存じですね。-tion で終わる単語は名詞がほとんどです。ところが、意外に動詞の用法を持つ語もあるので注意しましょう。例）caution（警告する）、vacation（休暇を取る）、function（機能する）、petition（嘆願する）、condition（調子を整える）。問題文では、直後に目的語 its readers（読者）をとっているので、動詞 cautioned が正解。形容詞や名詞の場合は、be cautious about（～に警戒した）、urge caution to（～に警告を促す）のように前置詞が必要です。

TEST 1

TEST 2

001. Integration of the financial systems of its member states -------- a major issue for the expansion of the EU.
(A) are   (B) being   (C) have been   (D) is

002. A start-up business -------- on-line service for customers needs less capital and a smaller workforce.
(A) specializing in   (B) specializing
(C) specialized with   (D) specialized

003. The police came to warn street vendors against selling things on the street as they are ----------.
(A) blocked transportation   (B) obstructed logistics
(C) blocking traffic   (D) disrupting traffics

004. If the malfunctioning device is still under warranty, the manufacturer will replace it with ---------- or arrange a refund.
(A) all other   (B) other   (C) another   (D) each other

005. It is indeed regrettable that the situation has developed -------- their mutual intentions.
(A) on   (B) for   (C) in   (D) against

006. -------- the construction project for the auditorium was late at one point, the contractor managed to complete it on schedule.
(A) Even if   (B) Though   (C) Despite   (D) Even

007. The sharp decline in the firm's earnings estimates is blamed mainly on the lower revenue -------- from the European market.
(A) expecting   (B) to expect   (C) expectation   (D) expected

008. Mr. Harvey called the manufacturer to inquire ---------- design variations are available on request.
(A) that   (B) what   (C) how   (D) who

009. The flag-carrier in Russia has decided to reduce fares on some routes as a way of ------- customers.
(A) attracts   (B) attraction   (C) attractive   (D) attracting

TEST 2

010. David Stitz got involved ---------- a new venture, an outplacement firm, and was promoted to project manager in three months.
(A) to   (B) on   (C) in   (D) for

011. A growing number of pharmaceutical firms make investments in Asian countries ---------- new drugs.
(A) development
(B) to develop
(C) to be developed
(D) being developed

012. This charity event will ---------- all participants an opportunity to network and share ideas with one another.
(A) provide   (B) take   (C) afford   (D) supply

013. ----------- average, 500 million advertisements are transmitted to 80,000 websites through this network every day.
(A) For   (B) At   (C) On   (D) In

014. ---------- inflation, investors are reluctant to take the bold actions that have characterized the last six months of market trends.
(A) Feared   (B) Frightening   (C) Fearing   (D) Frightened

015. As a preferred customer, we are pleased to offer you the discount ------------ for our products.
(A) you requested
(B) you requested it
(C) which requested
(D) what you requested

016. -------- Mr. Nutter nor Mr. Jordan will arrive until next week, so we have sufficient time to prepare for their visit.
(A) Never   (B) Rather   (C) Neither   (D) However

017. Mr. Coleman received personalized checks with his name and address ---------- on them.
(A) print   (B) printing   (C) to print   (D) printed

018. We offer an extra 5% discount to any customer ---------- purchase exceeds 200 units and an additional 10% discount for 400 or more.
(A) that   (B) who   (C) which   (D) whose

019. The managers mistakenly ------- that this year's budget would be sufficient to finance the R&D department.
(A) anticipated   (B) retrieved   (C) sponsored   (D) replenished

020. New employees may find themselves ------- on their supervisors for advice during their probation period.
(A) dependence   (B) dependent   (C) dependently   (D) depend

021. The UK-based corporation was forced to delay its worldwide debut due to ---------- demand at home.
(A) many   (B) numerous   (C) multiple   (D) high

022. Mr. Gallagher's suggestion to streamline the assembly line ---------- reducing costs by 15 percent.
(A) resulted in   (B) stemmed from
(C) was induced by   (D) outcome

023. Tasman Electronics' engineers are required to attend ------- two technical seminars each year.
(A) only if   (B) so that   (C) at least   (D) as much

024. Wacken Stores' profits have decreased recently, so the franchises are coming under -------- to downsize their workforces.
(A) pressure   (B) burden   (C) weight   (D) load

025. Ever since the presentation at the Montreux International Electrics Show, sales of the Luxa big-screen television set have ---------- than tripled.
(A) more so   (B) more   (C) mostly   (D) most

026. As the number of local residents who visit public swimming facilities climbs, -------- the demand for lifeguards to supervise them.
(A) as long as   (B) whereas   (C) so does   (D) as to

027. When it comes to ---------- a successful business, proprietors have to be thoroughly dedicated to it and have unrelenting energy to spare.
(A) ran   (B) running   (C) runner   (D) run

028. The new chef at the Les bourgeons restaurant, Andy Rourke, is known -------- his creative approach to French cuisine.
(A) along   (B) for   (C) as   (D) during

029. Statistics --------- that small cities have less population growth and higher unemployment rates.
(A) point   (B) withdraw   (C) indicate   (D) appear

TEST 2

030. Increased revenue helped the leading beverage manufacturer increase its employment -------- companies in other industries reduced their workforce.
(A) meanwhile (B) while (C) during (D) consequently

031. Ms. Moss should -------- the customer files by now to correct the mistake that was spotted.
(A) update (B) to be updated (C) have updated (D) updated

032. There has been a week delay in shipment of the order -------- the inclement weather.
(A) because (B) in order to (C) in case (D) due to

033. Though the company relieved Mr. Doherty ---------- his post, he still remains on the company payroll.
(A) in (B) from (C) against (D) of

034. Laurie's diet program -------- successful if only she made it a rule not to eat anything after 9 p.m.
(A) would have been (B) would been (C) would be (D) is

035. Mr. Zuckerberg's slide presentation might ---------- conference attendees understand the complex nature of cash flow.
(A) encourage (B) be conducted (C) help (D) get

036. The cell-phone maker, in an effort to boost the sales of its new model, -------- a high-profile advertisement in major newspapers.
(A) took (B) pointed (C) placed (D) had

037. One of the most ---------- problems for foreigners who desire a long-term stay in the U.K. is obtaining working visas.
(A) worries (B) worrying (C) worried (D) worry

038. The governor has canceled the meeting with the industry leaders due to a ------- in his schedule.
(A) edge (B) enrollment (C) margin (D) conflict

039. Due to the lead-time required and work constraints, it is virtually impossible for us to ---------- with your request before the shareholder's meeting.
(A) conform (B) obey (C) abide (D) comply

040. ---------- anyone wish to access the information on his or her order status, their ID number and password should first be entered.
(A) Will (B) Should (C) May (D) Even

247

TEST 2 解説

001. 正解（D） SV
EU 拡大のためには、加盟国の金融制度の統合が大きな課題だ。

　動詞の直前にある複数形名詞の states（国々）に惑わされないで、主語をピンポイントに見抜きましょう。〈前置詞＋名詞〉は修飾語なので文型の上では無視してください。主語は Integration（統合）ですね。単数で受けている is が正解です。

002. 正解（A） 自動詞
顧客へのオンラインサービスを専門にする新興企業は、より少ない資本と従業員で足りる。

　空欄から customers（顧客）までを〈　〉に入れましょう。このユニットは、直前の名詞 A start-up business（新興企業）を修飾する形容詞ユニット。選択肢を見ると、specialize（専門にする）の変化形が並んでいるので、分詞の問題だと判断できます。分詞は名詞との関係で決定するのでしたね（☞ #34）。「新興企業」は「オンラインサービス（on-line service）」を「専門に扱う」側なので、現在分詞の specializing が入ります。ただし、ここで注意すべきは、specialize は自動詞であるということ。specialize in で「〜を専門に扱う」という意味なので（☞ #01）、(A) specializing in が正解です。

003. 正解（C） 名詞・態
警察が来て、露店商人に交通を妨げているので路上での販売をしないよう警告した。

　空欄には they are に続く動詞と、目的語の適切なカタチが入ります。主語の they は street vendors（露店商人）を指していますが、能動態（〜する側）と、受動態（〜される側）を区別する際は、意味よりもカタチに注目しましょう。目的語となる名詞があるということは、その文が能動態であることの信号です。ゆえに、受動態の (A)、(B) は×。また、traffic は重要な不可算名詞です（☞ #06）。複数形にはならないので (D) blocking traffics は不適切ですね。(C) blocking traffic が正解です。cf) disrupt（〜を中断させる）、obstruct（〜を妨害する）、transportation（交通機関）、logistics（物流）

004. 正解（C） 代名詞
もし誤作動する機器がまだ保証期間中であれば、メーカーが別のものに交換するか、返金の手配をしてくれるだろう。

　replace A with B（A と B を交換する）の B の位置に入るものが問われています（☞ #68-e）。文意から、空欄には「別のコピー機」を指す代名詞が必要。another（別のもの）が正解です。all other は複数形の名詞を修飾して、「ほかの〜すべて」という意味。other は"裸"では使えません。冠詞をつけるか（another / the other）、複数形（others）で用います。each other（お互い）はここでは意味の上で不適切ですね。

005. 正解（D） 前置詞
彼らの相互の意思に反するような方向に事態が進展したのは非常に残念だ。

　空欄の後ろの名詞、mutual intentions（お互いの意思）に注目しましょう。that ユニットの中は「残念な（regrettable）」内容を表すことも考慮して、前置詞 against（〜に反して）が正解です。against one's intention [will]（意思に反して）はよく使う表現です（☞ #49-b）。

006. 正解（B） 接続詞
講堂の建設プロジェクトは遅れていた時もあったが、請負業者は何とかして予定通りに完了させた。

　空欄には 2 つの SV を結ぶ接続詞が必要です。despite（〜にもかかわらず）は前置詞なので、後ろには名詞 1 つしか置けません（☞ #48-a）。even（〜さえ）は副詞なので、名詞以外を修飾します。上級者でも even を接続詞のように使うミスが多いので気をつけましょう。even if は「たとえ〜でも」という意味で、〈仮定〉の内容を表すのに対し、(even) though は「（実際に）〜だが」という意味で〈現実〉の内容を表します。問題文では、現実としてスケジュールよりも遅れていた、という内容なので、though が正解です。

TEST 2

007. 正解（D）分詞
その企業の収益予測の急落は、主としてヨーロッパ市場から見込まれる収益の減少が原因だ。

空欄から文末 market までを〈 〉に入れましょう。空欄の前までで S（The sharp decline）＋ V（is blamed）の文型が完成しているので、この部分は名詞ユニットにはなれません。〈 〉の部分は直前の名詞 revenue（収益）を修飾する形容詞ユニットです。選択肢を見ると、動詞 expect（期待する）の変化形が並んでいますね。どうやら分詞の問題のようです。分詞は名詞との関係がポイント。revenue は「期待される」側なので、過去分詞 expected が正解です（☞ #34）。意味の上で解答が選べた方も、カタチの上で確認することを忘れないでください。〈 〉の中のカタチを見てみると、空欄の後ろには（from...market）のように前置詞句しか来ていませんね。つまり、目的語となるべき名詞が欠けているので、受動関係を作っていることがカタチからも判断できます。現在分詞 expecting と不定詞 to expect は、少なくとも後ろに目的語をとらないとカタチ上使えません。

008. Mr. Harvey called the manufacturer <to inquire <what design variations are available (on request)>>.
正解（B）疑問詞
ハーヴェイ氏は、どのようなデザインの種類が受注生産で入手可能かを問い合わせるため、メーカーに電話した。

空欄から文末 request までを〈 〉に入れましょう。この部分は inquire の目的語になっているので名詞ユニットです。〈 〉の中を見てみると、空欄の直後には、design variations（デザインの種類）という名詞が置かれていますね？ 名詞を修飾するのは形容詞の働きです。つまり、1. 名詞ユニットを作る、2. ユニットの中で形容詞の働きをする、という2つの条件を満たす語を選択肢から探すことになります。正解は what です（☞ #39）。how も名詞ユニットを作りますが、ユニットの中では副詞の働きをするので、後ろには名詞以外（形容詞、副詞、SV）が来ます（☞ #40）。that は名詞ユニットをとる場合、接続詞で「～すること」という意味ですが、尋ねる（inquire）内容はつねに〈不確定なこと〉なので、inquire は疑問詞を目的語にとり、〈確定的な内容〉である that ユニットを目的語にとりません。who は後ろに主語の欠けた〈不完全なカタチ〉が来ますが、ここでは後ろに SVC の〈完全なカタチ〉が来ているので、who の入る余地はありませんね（☞ #C, p.86）。

009. 正解（D）動名詞
ロシアの代表的な航空会社が、顧客獲得の手段のひとつとして、いくつかの航路で運賃を値下げすることを決定した。

直前に前置詞 of があるので、空欄には名詞が必要です。選択肢の中で候補に挙がるのは、名詞の attraction（魅力、呼び物）と、動名詞の attracting（引きつけること）ですね。さて、名詞と動名詞の働きの違いは何でしょうか？ それは、「動名詞は目的語をとることができる」ということ。問題文では、後ろに customers（顧客）という名詞（目的語）があるので、動名詞の attracting が正解です。cf) attract（動 引きつける）、attractive（形 魅力的な）

010. 正解（C）前置詞・態
デビッド・スティッツは転職斡旋会社を立ち上げる新事業に携わり、3カ月でプロジェクトマネージャに昇進した。

get [be] involved in（～に従事している）というフレーズを知っておけばすぐに（C）が選べます。involve は「～を巻き込む」という意味。受動態で表すことが比較的多い動詞です（☞ #51）。promote も同様で、「昇進する」と言う場合は必ず be promoted のように受動態で表します。

011. 正解（B）不定詞
新薬開発のためにアジア諸国に投資する製薬会社が増えてきている。

空欄から文末の drugs までを〈 〉に入れましょう。空欄の前で S（A...firms）＋ V（make）＋ O（investments）の文型が完成しているので、〈 〉の部分は修飾語句（形容詞ユニット or 副詞ユニット）となります。（A）development（開発）は名詞なので S（主語）、O（目的語）、C（補語）、前置詞の目的語のいずれかの働きをしなければなりません（☞ #A, p.15）が、ここではどの働きもできませんね。また、〈 〉の中のカタチに注目

すると、空欄の後には new drugs（新薬）という名詞が置かれています。したがって、空欄に入る動詞は能動態でなければなりません。不定詞の to develop（〜を開発するために）が正解です。ここでは不定詞のユニットは副詞の働きで、「〜するために」という〈目的〉を表しています（☞ #28）。

012. 正解（C）文型
このチャリティーイベントはすべての参加者に、人脈を構築し、お互いの考えを知る機会を与えます。

　空欄には動詞が入り、後ろには all participants（O₁）、an opportunity（O₂）のように目的語が2つ置かれています。participants（参加者）は opportunity（機会）ではないので、opportunity は補語ではなく目的語だと判断できます（O＝C であるのに対し、O₁ ≠ O₂ でしたね）。さあ、文型が分かったところで選択肢を吟味していきましょう。目的語を2つとる動詞の意味は「与える」が基本でしたね（☞ #04）。選択肢の中では take（時間がかかる）と afford（与える）です。opportunity は〈時間〉ではないので、ここでは afford が正解。provide、supply はどちらも「提供する」という意味ですが、provide [supply] A with B（A に B を与える）のように前置詞 with が必要な動詞なので注意が必要です（☞ #68-e）。

013. 正解（C）前置詞
平均すると、毎日5億件の広告がこのネットワークを通じて8万のウェブサイトに送信されている。

　on は接触を表す前置詞です（☞ #48-C）。平均値に接触している、ということで、on (an) average（平均して）という意味になります。

014. 正解（A）分詞構文
インフレを恐れて、投資家たちはこの6ヵ月間の市況を特徴づけていた大胆な手段をとらなくなっている。

　空欄から inflation までを〈　〉に入れると、この部分は主節より前に置かれているので副詞ユニットだと判断できます。分詞構文の問題ですね。文の主語の investors（投資家）との関係を考えてみましょう。空欄の後ろには目的語となる名詞 inflation（インフレ）が置かれているので、過去分詞の Feared、Frightened はこのままでは使えません（少なくとも、by inflation のように前置

詞が必要です）。さて、これで選択肢は2つに絞れました。fear、frighten は実は真逆の意味。fear が「〜を恐れる」という意味であるのに対して、frighten は「〜を恐れさせる」という意味です。投資家はインフレを「恐れる」側ですから、(C) Fearing が正解ですね。

015. 正解（A）関係詞
お得意様ですので、ご要望されました値引きを喜んでご提供させていただきます。

　まずは空欄から文末の products までを〈　〉に入れてユニットでとらえましょう。文の構造を確認すると、S（We）＋V（are pleased to offer）＋O₁（you）＋O₂（the discount）のように、〈　〉の前で SVOO の文型が完成しています。つまり、動詞 offer（〜を提供する）はすでに後ろに目的語を2つとっているので、この後に名詞はもう来られません。〈　〉の部分は直前の名詞 discount（割引）を修飾する形容詞ユニットです。(D) what you requested は名詞ユニットを作るので×（☞ #39）。関係代名詞の目的格は省略できるので、(which) you requested となる (A) が正解。(B) は it が不要、(C) だと先行詞 discount が要求する側になってしまうので不可です。

016. 正解（C）副詞
ナッター氏もジョーダン氏も来週までは来ません。よって、我々は彼らの訪問に備えるための十分な時間があります。

　選択肢はすべて副詞です。後半の文の最初には so（だから〜）という接続詞があるので、空欄には接続詞は入りません。neither A nor B（A も B も〜ない）のパターンをとる neither が正解。both A and B（A も B も両方）、either A or B（A か B かどちらか）もあわせて押さえておきましょう（☞ #15）。cf) never（決して〜ない）、rather（むしろ）、however（しかしながら）

017. 正解（D）前置詞
コールマン氏は、自分の名前と住所が印刷された小切手を受け取った。

　この問題のカギを握っているのは前置詞 with です。with はユニークな前置詞で、with ＋ A ＋ B のように後ろに2つ要素をとって、「A が B の

状態で」という〈付帯状況〉を表すことができます（☞ #48-e）。たとえば、with the economy bad であれば、「景気が悪くて」となります。注意が必要なのは、B の位置に分詞（doing / done）が置かれる場合です。この場合、A との関係が〈能動関係〉の場合に現在分詞（doing）を、〈受動関係〉の場合に過去分詞（done）を使います。次の例で覚えておきましょう。

with my heart pounding：心臓がドキドキして
　　　A　　　B
※心臓（heart）は「鼓動する」側（能動関係）なので現在分詞 pounding

with my eyes closed：目を閉じて　※目（eyes）
　　　A　　B
は「閉じられる」側（受動関係）なので過去分詞 closed

　問題文では、名前と住所（his name and address）は「印刷される」側なので、過去分詞 printed が正解です。

---

018. 正解（D）｜関係詞

200 個を超えるご購入をされたお客様には 5 パーセントの特別値引きをいたします。また、400 個以上にはさらに 10 パーセント値引きいたします。

　空欄から 200 units までを〈　〉に入れましょう。文全体の構造を確認しておくと、S（we）＋ V（offer）＋ O（an...discount）で、SVO の文型が完結しています。〈　〉の部分は、直前の名詞 customer を修飾する形容詞ユニットだと判断できます。関係代名詞の問題ですね。適切な関係代名詞を選ぶときには、〈　〉の中で「何が不足しているか」を考えるのがポイント。主語が欠けていれば主格（who / which）を、目的語が欠けていれば目的格（whom / which）を、直後に置かれている名詞に冠詞がなければ所有格（whose）を選びます（☞ #41-a）。さて、問題文ではどうなっていますか？

　直後には purchase という語があります。実はこれ、品詞が 2 つあって、動詞だと「購入する」、名詞だと「購入品」という意味です。動詞だと考えた方は、主語が欠けていると判断して who を選んだかもしれませんね。しかし、よく見ると purchase の後ろには exceeds（～を超える）という動詞があります。だとすれば purchase は名詞

で主語になっているはず。冠詞がないので所有格の whose が正解です（☞ #41-d）。

---

019. 正解（A）｜that

マネージャーたちは今年の予算が研究開発部に資金を充てるのに十分だろうと誤って予測した。

　選択肢はすべて動詞の過去形です。目的語に that ユニットをとることができるのは anticipate（予測する）だけです。予測した内容は報告できるので、〈報告型〉の動詞ですね。cf) retrieve（回収する）、sponsor（協賛する）、replenish（補充する）

---

020. 正解（B）｜文型

新入社員は見習い期間中は上司のアドバイスに頼ることになるでしょう。

　find ＋ O ＋ C で「O が C だと分かる」という意味を表します。空欄には、補語（C）になる要素（名詞か形容詞）が必要ですね。SVOC の文型では O ＝ C の関係が成立します（☞ #05）。目的語である themselves（彼ら自身）は dependent（形 依存した）状態であって、dependence（名 依存）そのものではないため、ここでは形容詞 dependent が正解です。ちなみに dependent は名詞だと「扶養家族」という意味になります。cf) dependently（副 依存して）、depend（動 依存する）

---

021. 正解（D）｜形容詞

イギリスに本社があるその企業は、国内での需要が高いため、世界販売の延期を余儀なくされた。

　demand（需要）を修飾する形容詞は high（高い）⇔ low（低い）が基本です。特定の形容詞をとる名詞に注意しましょう（☞ #09）。cf) numerous（多くの）、multiple（多数の）

---

022. 正解（A）｜動詞

組み立てラインを効率化するというギャラガー氏の提案によって、コストの 10％削減が達成されました。

　Mr. Gallagher's suggestion（ギャラガー氏の提案）が〈原因〉で、reducing costs（コストの削減）という〈結果〉をもたらしたという因果関係を押さえましょう。このように、「〈原因〉が〈結果〉をもたらす」という因果関係を作れるのは、選択肢の中では result in（～という結果になる）だけ

です。stem from / (be) induced by は「〜に起因する」という意味で「〈結果〉が〈原因〉によって生じる」という逆の因果関係を表します（☞ #55）。outcome（結果）は名詞ですね。

023. 正解（C）Idiom
タスマン・エレクトロニクス社のエンジニアは、毎年少なくとも2つの技術セミナーに参加することが求められます。

only if（〜の場合に限り）、so that（〜するために）はいずれも接続詞なので後ろにはS（主語）V（動詞）が必要です。as much は「同じだけ」という意味の副詞ですが、ここでは意味の上で不適切。at least は数詞などの前に置いて「少なくとも」という意味を表します（☞ #70）。

024. 正解（A）前置詞
ヴァッケン・ストアの収益は近年減少している。そこでフランチャイズ店は人員削減を迫られる状況になってきている。

前置詞 under は〈覆われて〉いる状況を表します（☞ #50-h）。under pressure で「圧力に覆われている＝迫られている」ということ。burden（負担）、weight（重量）、load（荷物）はいずれも名詞ですが、ここでは意味が成立しません。

025. 正解（B）比較
モントルー国際電気展示会でのプレゼン以来、ルクサ社の大画面テレビの売り上げは3倍になっている。

空欄の直後の単語 than（〜より）に注目しましょう。比較級を作るのは more だけです。mostly は「ほとんど」という意味の副詞。more so than（〜よりももっとそうだ）はここでは意味が成立しません。than とリンクする重要表現としては、more than（〜以上）、 rather than（〜よりむしろ）、other than（〜以外）の3つを押さえておきましょう（☞ #69）。

026. 正解（C）同意表現
公営の水泳施設を訪れる地元住人の数が増えるにつれて、彼らを監督する救助員の需要も高まっている。

まず基本として、相手に同意する表現を押さえておきましょう。たとえば、I like Jazz.（私はジャズが好きだ）と相手が言ったとして、「私も好きです」という場合は I like it, too. あるいは、So do I. と言います。また、相手が I don't like jazz.（私はジャズが好きではない）と相手が言ったとして、「私も好きではない」という場合は、I don't like it, either. あるいは、Neither do I. と言います（☞ #26）。さて、ここで問題文に戻ると、前半部では数（the number）が上昇する（climbs）と言っていて、後半部ではそれを受けて、「需要もそうである（so does the demand）」となっています。このように、同意を表す表現は、会話をする人同士のこともあれば、1つの文の前半と後半で用いることもあるんですね。

027. 正解（B）動名詞
成功する企業を経営するとなると、経営者は完全に身をささげ、不屈の労力を注がなくてはならない。

空欄の直前に to があるので、つい動詞の原形の run を選びたくなるところ。ところが実は、when it comes to（〜することに関しては）の to は、不定詞ではなくて前置詞なんですね。前置詞の後ろには必ず名詞ユニットが来ますから、ここでは動名詞の running が正解。このように to の後ろに動名詞をとる間違えやすい表現はある程度限られていますから、まずは完全攻略ナビ #32 に挙がっているものをマスターしてください。

028. 正解（B）Idiom
レストラン「レ・ブルジョン」の新しいシェフであるアンディ・ルーク氏は、フランス料理に対する独創的な取り組みで有名である。

be known（知られている）に続く前置詞としては、be known to（〜に自然に知られている）、be known by（〜に調査の結果知られている、〜で判断される）、be known for（〜で有名だ）、be known as（〜として知られている）の4つを押さえておきましょう。問題文では as と for が候補に挙がりますが、文意から be known for（〜で有名だ）が正解です。

029. 正解（C）動詞語法
統計は、小規模な都市で人口増加がより少なく、失業率がより高いことを示している。

that ユニットを目的語にとれる〈報告型〉の動詞は、選択肢の中では（C）indicate（示す）だけ

です。(A) は point out（指摘する）なら OK でした。(D) appear（～に見える）は、It appears that（～に思える）のパターンと混同しないように注意。なお、statistics は「統計（学）」という意味では単数扱いですが、「統計データ」という意味では複数扱いとなります。ここでは後者の意味ですね。cf) withdraw（取り下げる）

030. 正解（B）接続詞
収益の増加はその一流飲料メーカーが雇用を増やすのを助長したが、その一方で、他の業界の企業は従業員総数を減らしていた。

　空欄には SV と SV を結ぶ接続詞が必要。「～する一方で、～だが」という意味を表す while が正解（☞ #44-c）。during（～の間）は前置詞なので後ろには名詞が1つ置かれます（☞ #48-a）。meanwhile（その間に）と consequently（したがって）は副詞なので2つの SV を結ぶことはできません（☞ #23）。

031. 正解（C）助動詞
今頃は見つかったミスを訂正するために、モスさんが顧客ファイルを更新しているはずだ。

　by now（今頃はもう）がキーワードです。助動詞は基本的に〈未来志向〉なので、(A) update では「これから更新する」ということになり×。助動詞の後ろを完了形（助動詞＋ have done）にすると、過去のことを推量する意味になるため（☞ #57）、完了形である (C) have updated にすれば、「今頃は更新済みのはずだ」というニュアンスで使えますね。助動詞の後は100パーセント動詞の原形が来るので、(B) to be updated や (D) updated は論外です。

032. 正解（D）前置詞 vs 接続詞
悪天候のため、注文品の発送が1週間遅れている。

　後には the inclement weather（悪天候）という名詞が1つだけ来ているので、空欄には前置詞が必要。due to（～が原因で）が正解です。because（～なので）、in case（～するといけないから）は接続詞なので後ろには SV が必要ですね（☞ #48-a）。in order to（～するために）は不定詞なので、後ろには動詞の原形（do）が必要です。

033. 正解（D）A of B
会社はドハーティ氏をそのポストから解任したが、彼はいまだに従業員名簿に載っている（解雇されてはいない）。

　relieve（取り除く）の語法がポイント。〈relieve ＋人＋ of ＋物〉で「〈人〉から〈物〉を奪い取る」という意味になります。〈V ＋ A ＋前置詞＋ B〉のパターンは前置詞から動詞の意味が類推できるのでしたね。of をともなって〈除去〉を表す動詞としては、rob、deprive、clear などを覚えておきましょう（☞ #68-c）。

034. 正解（C）仮定法
夜9時以降は何も食べないようにすれば、ローリーのダイエット計画はうまくいくだろうに。

　仮定法の問題です。if ユニットの中で過去形（made）が使われているので〈仮定法過去〉です。主節は would do のカタチですね（☞ #61）。問題文では be 動詞なので would be となります。ちなみに diet（ダイエット）は食事療法のみで、ジムなどで汗を流すのは exercise（運動）です。

035. 正解（C）動詞
ザッカーバーグ氏のスライドを使ったプレゼンは、会議の出席者が複雑な現金流動の性質について理解するのを助けるかもしれません。

　空欄の後ろには目的語（conference attendees）、動詞の原形（understand）というカタチが続いています。このような〈V ＋ O ＋ do〉のパターンをとる動詞は使役動詞（make / have / let）が基本ですが（☞ #53）、help にも同じ語法があることはご存じでしょうか。help ＋ O ＋ (to) do で、「O が～するのを手伝う」と言う意味になります。そもそもは to do のカタチですが、現代英語では to は省略することが多いため、原形（do）が来ることがあるんです。encourage（奨励する）や get（～させる）は〈V ＋ O ＋ to do〉のパターンをとる〈促進型〉ですね（☞ #30）。空欄の後には目的語 conference attendees（会議の出席者）をとっているので受動態の be conducted（実施される）はアウトです。

036. 正解（C）動詞
その携帯電話メーカーは、新型モデルの販売を増やすために、主要新聞に目立つ広告を載せた。

目的語に advertisement（広告）をとって意味が成立する動詞は place です。place an advertisement（広告を打つ）は TOEIC 頻出フレーズです（☞ #67-a）。

037. 正解（B）分詞
イギリスに長期滞在を希望する外国人にとって最も心を悩ます問題は、就労ビザの取得である。

空欄には、直後の名詞 problems（問題）を修飾する形容詞が必要です。選択肢を見ると、worry の変化形が並んでいるので、現在分詞 worrying と過去分詞 worried を区別する問題だと分かります。さて、現在分詞は名詞との間に〈能動関係〉を持ち、過去分詞は名詞との間に〈受動関係〉を持つのでしたね（☞ #34）。では、problem は「worry する」側でしょうか、それとも「される」側でしょうか。ここで注意しなければならないのは、英語では感情を表す動詞が日本語と発想が逆になる、ということ。たとえば、surprise は「驚く」ではなく「（人を）驚かす」という意味。worry も同様に、「（人を）心配させる」という他動詞の意味が基本です。problem は人を「心配させる」側ですから、現在分詞の worrying（心を悩ます、心配な）が正解です。ちなみに、worry は Don't worry.（心配しないで）のように自動詞の用法もありますが、「心配している問題」ではヘンですね。ここでは他動詞の用法です。

038. 正解（D）語彙
知事は産業界のリーダーたちとの打ち合わせを、スケジュールが合わなかったために中止した。

due to（〜が原因で）は前置詞句ですから、空欄には名詞が必要です。文の前半の内容から、「打ち合わせを中止する原因」として適切な conflict（不一致、衝突）が正解。conflict は「紛争」という意味もありますが、ビジネス英語では「（スケジュールの）不一致」という意味が重要です。cf） edge（優位）、enrollment（登録者数）、margin（販売利益）

039. 正解（D）語彙
必要となる準備時間と仕事の制約とで、株主総会前にご依頼に応じるのは事実上不可能です。

直後の with を伴って「（要求に）応じる」という意味を表す comply が正解です。名詞形の compliance（順守）は「コンプライアンス」という外来語として定着してきていますね。「〜に従う、準拠する」という意味の表現は TOEIC では頻出ですから、follow（〜に従う）、comply with（希望・要求などに従う、条件を満たす）、obey（従う、服従する、observe（規則・法律を守る、順守する）、conform to（〜に適合する、準拠する）、abide by（規則に従う、約束を固守する）といったバリエーションを押さえておきましょう。ちなみに、問題文の required は過去分詞で、1語ですが後ろから lead-time（準備期間）という名詞を修飾しています。

040. <Should anyone wish to access the information (on his or her order status)>, their ID number and password should first be entered.
正解（B）仮定法
仮に注文状況に関する情報にアクセスを希望する場合は、暗証番号とパスワードを最初に入力する必要がある。

空欄には、2つの SV を結ぶ接続詞が必要です。ところが選択肢には接続詞がありませんね。実はこの文は仮定法で、条件を表す if が省略されているんです。省略を補うと、前半部は If anyone should wish to access...（仮にアクセスを希望する場合は…）となります。should を用いる仮定法は〈仮定法未来〉と言って、「仮に…」という未来の仮定を表すのでしたね（☞ #62）。仮定法において if を省略すると、その後が倒置（疑問文の語順）になるため、ここでは should が文頭に出ているわけです。このように Should が文頭に来るケースはビジネス文書でも頻出ですから、是非慣れておきましょう。

TEST 3

001. To help the employees of Sullivan Manufacturing remain ---------, the manager encourages them to take short breaks throughout the day.
(A) productive (B) advantageous (C) durable (D) abundant

002. Due to a system error, over 100 of Kensal Green Electronics' customers were -------- billed twice for their orders.
(A) mistaken (B) mistakable (C) mistaking (D) mistakenly

003. It is crucial that confidential in-house data be stored in a secure --------.
(A) purpose (B) evidence (C) procedure (D) manner

004. Antonoff Electronics' state-of-the-art machines require -------- any add-on software.
(A) potential (B) strenuous (C) hardly (D) hard

005. Allegedly, UK Tech Co. ---------- its client company by € 1,000 on their last order.
(A) was overcharged (B) had been overcharged
(C) overcharged (D) will overcharge

006. The president has ---------- the foreign minister with all the authority required to resolve the dispute.
(A) given (B) invested (C) explained (D) suggested

007. Monterey Foods Group is committed to providing fresh cooking ingredients --------- a low cost.
(A) on (B) after (C) in (D) at

008. Their flagship product has sold well but the sales team is not satisfied with the -----------.
(A) per capita (B) vis-a-vis (C) status quo (D) curriculum vitae

009. Though details have not been released yet, management integration between BisLadder and Transcosmo is ----------- progress.
(A) on (B) in (C) along (D) during

010. We would appreciate it if you could let our group ---------- your conference room to prepare for our presentation.
(A) use (B) to use (C) using (D) used

TEST 3

011. The sales quotas for --------- the divisions of Future Project Corp. have been published in the July newsletter..
(A) many (B) every (C) whole (D) all

012. In his retirement speech Mr. McGurk emphasized that his assistant Shelia Harte was competent enough to manage the office by --------.
(A) hers (B) she (C) herself (D) her

013. After using the audiovisual room, library users must return the equipment to the area from ----------- it was originally taken.
(A) whom (B) what (C) when (D) which

014. Requests for reimbursements -------- those mentioned in the employee guidelines must be approved by your manager.
(A) against (B) upon (C) beyond (D) without

015. Deloitte Haskins & Sells has been searching for accountants ---------- the highest ability.
(A) at (B) for (C) to (D) of

016. Stellar Products is one of the largest and fastest growing -------- in the country.
(A) discounted shop (B) discounting store
(C) discount houses (D) discounting firm

017. ---------- several times by the quality control manager, these high-end cameras shouldn't have any defects.
(A) Having inspected (B) Inspecting
(C) Having been inspected (D) Having been inspecting

018. ---------- he was a renowned veterinarian, John Watson was invited as an instructor for training programs for animal healthcare workers in Kenya
(A) If (B) So (C) Unless (D) Since

019. Roskilde Corporation announced today that its annual operating costs at the Copenhagen plant ------- steady compared with those of preceding years.
(A) are remaining (B) have remained
(C) to remain (D) were remained

020. Customers of Manchester Bank must present -------- identification in order to open a new account.
(A) demanding (B) efficient (C) constant (D) valid

021. Road maintenance expenses are ---------- into two categories, one for highway construction and the other for traffic-light repairs.
(A) division   (B) divided   (C) dividend   (D) dividing

022. Accerise Inc. is already considered a blue-chip corporation and ---------- is a leader in advanced medical research.
(A) despite   (B) which   (C) although   (D) moreover

023. Many investors have criticized Gillespie Fund for taking advantage of -------- they perceive as a loophole in the investment rules.
(A) which   (B) whom   (C) what   (D) where

024. Jisan Advertising is currently drawing up a ------- marketing proposal to submit to a potential client.
(A) detail   (B) details   (C) detailed   (D) detailing

025. There are two accountants at Quick Transport Co., one handles the northern states and -------- handles the southern states.
(A) one another   (B) the others   (C) the another   (D) the other

026. ------- hiring a prominent athlete to endorse the Skiplift Running Shoe, Albarn Corporation expects to increase sales by 30 percent.
(A) Up   (B) About   (C) By   (D) To

027. Effective immediately, there will be a hiring freeze on additional staff until ---------- notice.
(A) farthest   (B) further   (C) farther   (D) far

028. Courteous and knowledgeable operators in Orange-Store are ready to answer ---------- questions customers may have regarding product usage.
(A) wherever   (B) whenever   (C) whatever   (D) however

029. Unfortunately, the Turbo Whisper 9 has been discontinued but we would be happy to substitute a similar item ---------- your order.
(A) in   (B) for   (C) at   (D) on

030. The final draft of the architectural plans for Ms. Mooney's office will be completed ----------.
(A) shortly   (B) rarely   (C) overly   (D) previously

TEST 3

031. Innes Inc. is now in a situation ---------- they have to downsize by making extensive use of outsourcing.
(A) how (B) what (C) which (D) where

032. It is imperative that each employee ---------- these issues prior to the meeting on January 4.
(A) solved (B) might solve (C) solve (D) solves

033. The event organizer was disappointed, for only 20 people -------- for the conference.
(A) turned up (B) turned out (C) turned down (D) turned off

034. Emergency aid was rushed to the drought area -------- alleviate the effects of the famine.
(A) according to (B) prior to
(C) for the purpose of (D) in order to

035. Shylock Credit's business ---------- this quarter is considerably worse than it was last year.
(A) shown (B) showing (C) shows (D) to show

036. We would like to know ---------- you could arrange a special discount on your products.
(A) whenever (B) whether (C) even if (D) what

037. If the president hadn't adhered to such an old business practice, our company ---------- to twice its present size long ago.
(A) could have expanded (B) could expand
(C) will expand (D) was expanded

038. Unauthorized individuals are ------- from parking their cars in the Jasper Building's parking garage.
(A) prohibit (B) prohibitions (C) prohibited (D) prohibiting

039. ---------- among software engineers is rising rapidly as they have become a target of headhunters.
(A) Turndown (B) Turnover (C) Turnaround (D) Turnpike

040. The minor concerns that arose during the testing phase of development have ------- been resolved, and the product is ready to progress to assembly.
(A) since (B) soon (C) after (D) often

TEST 3 解説

001. 正解（A）[文型]
スリヴァン・マニュファクチェアリング社では社員を生産的に保つ一助として、マネージャーが社員に一日を通して何度か短い休憩をとるように促している。

　help は〈help + O + 原形（do）〉のパターンで、「O が～するのを助ける」という意味を表します（☞ #53-a）。問題文では、原形（do）の位置に remain が置かれていますね。remain は、補語をとって「～のままだ」という意味を表します（☞ #02）。選択肢には補語となる形容詞が並んでいます。後半で述べられている、「短い休憩を何度かとること」という内容を考慮して、employees（社員）とイコール関係を作って自然な productive（生産的な）が正解です。cf) advantageous（有利な）、durable（耐久性のある）、abundant（豊かな）

002. 正解（D）[品詞]
システムエラーのため、ケンサル・グリーン・エレクトロニクス社の顧客の 100 人以上が注文品に対して二重の請求をされた。

　空欄に入る語は動詞 were billed（請求された）を修飾しています。名詞以外を修飾するのは副詞の働き（☞ #A, p.15）なので、mistakenly（誤って）が正解です。cf) mistake-mistook-mistaken（間違える）、mistakable：[形] 間違いやすい）

003. 正解（D）[前置詞]
企業の秘密情報が安全な方法で保存されることは極めて重要だ。

　空欄の前に前置詞 in が使われていることに注目しましょう。in a...manner [way/fashion] はすべて「…の方法で」という意味のフレーズです。「方法を表す名詞の前に置く前置詞は "in"」と覚えておきましょう。例）in a timely manner（時間通りに）　cf) purpose（目的）、evidence（証拠）、procedure（手続き）

004. 正解（C）[副詞]
アントノフ・エレクトロニクス社製の最新型の機器は、追加ソフトをほとんど必要としない。

　hardly は「ほとんど～ない」という意味の否定の副詞です。「〈否定〉や〈頻度〉を表す副詞は not の位置に置く」のが基本ですが（☞ #22）、ここでは〈hardly any + 名詞〉で「ほとんど～がない」という意味の定型句です。このまま覚えましょう。cf) potential（潜在的な）、strenuous（激しい）

005. 正解（C）[態]
伝えられるところでは、UK Tech 社は前回の注文で取引先に対して 1,000 ユーロ過剰請求したらしい。

　空欄には動詞が入ります。overcharge（過剰請求する）という単語の意味をご存じの方は、UK Tech 社が「過剰請求する」側なのか、それとも「過剰請求される」側なのかを意味から判断しようとしたかもしれません。しかし、これはどちらもあり得ることなので、勝手に想像するのは危険です。やはり意味よりもカタチを重視しましょう。空欄の後ろに its client company（取引先）という名詞が残っていることに注目してください。繰り返しますが、後ろに名詞があるということは能動態であることの信号。on their last order（前回の注文で）とあるので過去の話だと判断して、過去形の overcharged が正解です。

006. 正解（B）[文型]
大統領は外務大臣に、その論争を解決するために必要なすべての権限を与えた。

　文型を確認しておきましょう。The president（大統領）が主語。空欄には動詞が入り、後ろには the foreign minister（外務大臣）という目的語をとっています。次に、選択肢を吟味すると、(A) give（与える）は目的語を必ず 2 つ必要とする動詞。問題文では目的語は the minister しかないので × です（☞ #04）。(B) invest（付与する、投資する）は invest A with B（A に B を付与する）というパターンで使うことのできる動詞です（☞ #68-e）。ここでは「A（外務大臣）に B（必要な権限）を付与する」という意味が成立しますね。これが正解です。(C) explain（説明する）は、一見すると「大臣に～必要な権限を説明した」のように使えそうな気がしますが、× なんです。explain は explain (to A) B のカタチで、「A に B を

TEST 3

説明する」という意味を表します（☞ #31）。Aの前には必ず to が必要なので、問題文のようにダイレクトに explain the minister とすることはできません。(D) suggest（提案する）も explain 同様、suggest (to A) B で「A に B を提案する」という意味を表します（☞ #31）。

---

007. 正解（D）前置詞
モントレー・フーズ・グループは、新鮮な食材を低価格で提供することに専心しています。

　cost（費用）につける前置詞は at です（☞ #48-b）。at は対象を点でとらえる前置詞ですね。費用（cost / expense）と比率（rate）には "at" をつける、と覚えておきましょう。

---

008. 正解（C）語彙
主力製品はかなり売れているが、営業チームは現状に満足していない。

　選択肢にはなんだか英語に見えないフレーズが並んでいますね。すべて外来語ですが、英語でも日常的に使われるフレーズばかりです。問題文では、文意から status quo（現状）が正解。per capita はラテン語が語源のフレーズで、「1人当たり」という意味。per capita income（1人当たりの収入）のように使います。vis-à-vis はフランス語で、英語にすると face to face（向かい合って）に相当します。curriculum vitae（発音：カリキュラム・バイティ）は、これもラテン語が語源で CV と略しますが、「履歴書」のこと。主にイギリス英語で、アメリカ英語では「履歴書」は résumé です。

---

009. 正解（B）前置詞
詳細はまだ明らかになっていないが、ビズラダー社とトランスコスモ社の経営統合が進んでいるようだ。

　in はどのような〈状態〉にあるかを表します。progress は「前進」という意味ですから、in progress で「前進中である→進行中」ということですね（☞ #48-d）。

---

010. 正解（A）使役動詞
プレゼンテーションの準備のため、我々のグループにそちらの会議室をお貸しいただければありがたく存じます。

　if ユニットの中の動詞、let（～させる）に注目しましょう。let の基本イメージは〈解放〉（☞ #66-b）。使役動詞としては、let + O + do（動詞の原形）のカタチで「O に～させる」という意味を表します（☞ #53）。ビートルズの名曲、"Let It Be"（あるがままに）はこのパターンです。このように、目的語（O）の後に原形（do）をとる使役動詞は make / have / let の3つだけなので覚えやすいですね。

---

011. 正解（D）形容詞
フューチャー・プロジェクト社のすべての部署の販売ノルマは、7月の社報で公表されている。

　空欄には直後の名詞 the divisions（部署）を修飾する形容詞が入ります。えっ、冠詞（the）の前に形容詞を置くことができるの？ と疑問に思われた方はいいセンスをしています。冠詞の前に置くことのできる形容詞は限られていて、all / both / such / many など。ただし、many と such は a を伴って many a time（何度も）のように使います。ここでは all が正解ですね。every（すべての）は冠詞と一緒に使うことはできません。whole（全体の）は、冠詞の後に置き、the whole division（部署全体）となります。この例で、all と whole の違いをしっかり押さえておきましょう。all the divisions：（たくさんある）すべての部署 ⇔ the whole division：（1つの）部署全体。

---

012. 正解（C）代名詞
退職の挨拶でマクガーク氏はアシスタントのシェリア・ハートが非常に有能であり、オフィスをひとりで運営することができると強調した。

　by oneself で「自分ひとりで」という意味です。ここでは再帰代名詞の herself が正解。oneself を用いた類似表現として、by oneself（ひとりで）、for oneself（自分のために）、oneself（本人が）の3つを押さえておきましょう（☞ #10）。

---

013. 正解（D）関係詞
視聴覚室を使用した後には、図書館の利用者は機材を最初に取り出した場所に戻さなければならない。

　直前に前置詞があるので空欄には名詞ユニットが入ると考えて what を選んだ方もいることでしょう。しかし what の後ろには、主語や目的語の欠けた〈不完全なカタチ〉が続くはず（☞ #C,

261

p.86)。ここでは、S（it）+ V（was originally taken）のように〈完全なカタチ〉が来ていますね（受動態の後ろには目的語は来ないのが原則）。したがって、what は選べません。実はこの文は、関係代名詞の前に前置詞が置かれているパターンです。空欄の前の from から文末の taken までを〈　〉に入れましょう。このユニットが直前の名詞、area を修飾しているわけです。目的格で、先行詞が〈人以外〉ですから which が正解です（whom の先行詞は〈人〉ですね）。念のため、関係代名詞のユニットの中で文を組み立てなおして確認してみると、It was originally taken from the area. （それは、もともとその場所から取り出された）という文が出来上がります。when は形容詞ユニットを作りますが、ユニットの中では「～する時」という意味で副詞の働きをするので the area という名詞を受けることはできません（☞ #42-b）。

014. 正解（C）前置詞
従業員指針に記されている額を超える払い戻しの請求はマネージャーの承認を受けなければならない。

　選択肢はすべて前置詞です。TOEIC 最重要単語の reimbursement（払い戻し）を知っておくと、文意を把握しやすいですね。「従業員指針に記載されている額を超える払い戻しの請求は」という意味なので、ここでは〈超越〉を表す beyond が正解（☞ #50-f）。against（～に反して）、upon（～の上に）、without（～なしでは）ではいずれも意味が成立しません。ちなみに、those は代名詞で requests（要求）を指しています。for reimbursements のような修飾語句がつく場合には、代名詞は that / those を使うのでしたね（☞ #12）。mentioned（言及された）は過去分詞で、those を後ろから修飾しています。

015. 正解（D）前置詞
Deloitte Haskins & Sells は、最も有能な会計士を募集している。

　直後には the highest ability（最も高い能力）という名詞が置かれているので、空欄には前置詞が必要ですね。選択肢はすべて前置詞ですが、正解は of。of は後ろに抽象的な意味の名詞を伴って、形容詞の意味を作ります。ここでは、of ability で able（能力がある）という意味。〈of ＋抽象名詞〉で形容詞と同じ働きをするものについては、#49-c を参照してください。ちなみに〈with ＋抽象名詞〉で副詞の意味を作ります（☞ #48-e）。例）with care ＝ carefully（注意深く）

016. 正解（C）比較
　ステラ・プロダクツは、国内で最も大きな急成長を遂げているディスカウントショップのひとつだ。

　one of ~ は「～のひとつ」という意味で、of の後ろには複数形の名詞が来ます。母集団が複数でなければ、「その中のひとつ」とは言えませんよね？ 選択肢の中で複数形の名詞は discount houses（割引業者）だけ。house には「企業、業者」の意味もあるので覚えておきましょう。例）publishing house（出版社）、trading house（商社）、finance house（金融会社）

017. 正解（C）分詞構文
品質管理責任者によって何度も検査を受けているので、これらの高性能カメラに欠陥があるはずはない。

　主節より前は必ず副詞ユニットになるため、カンマの前は副詞ユニット。「分詞構文」ですね（☞ #35）。分詞構文は、主節の主語との関係がポイントでした。主語が「～する側」（＝能動関係）の場合に現在分詞（doing / having done）を、主語が「～される側」（＝受動関係）の場合に過去分詞（done / having been done）を用います。問題文では、these high-end cameras（高性能カメラ）は inspect（検査）される側ですね？（もし inspect する側なら、空欄の後ろに目的語が必要）したがって、（C）Having been inspected が正解です。（A）Having inspected を選んでしまう人が多い問題ですが、having done は文の主語との関係はあくまで能動関係（～する側）なので、カメラが「検査する側」になってしまう点に注意してください。分詞が完了形（having done / having been done）になると、主節より前の時間を表したり、〈完了〉や〈経験〉、〈継続〉といった完了形のニュアンスを強調することになります。問題文では「チェック済み！」という〈完了〉のニュアンスが強調されていますね。

TEST 3

018. 正解（D） 接続詞

著名な獣医師だったので、ジョン・ワトソンはケニアでの動物医療従事者を対象とした研修プログラムに講師として招かれた。

空欄には後ろに続く2つのSVをつなぐ接続詞が必要。選択肢はすべて接続詞ですが、so（だから）は文頭に置いて、その後ろに続く2つのSVをつなぐことはできません（SV, so SV は OK）。前後関係から、〈理由〉を表す since（〜なので）が正解。since は「〜以来」という〈時の起点〉の他に、〈理由〉も表します（☞ #46-e）。

---

019. 正解（B） 動詞

ロスキレ社は、コペンハーゲン工場の年間の営業操業費が前年度と比べて横ばいであることを発表した。

that から文末までを〈 〉に入れましょう。このユニットの中の文型を確認しておくと、its...costs が主語で、空欄には動詞が必要です。(C) to remain は文の動詞としては使えないため×。選択肢を見ると、動詞 remain（〜のままだ）の適切なカタチが問われていることが分かりますね。まず、remain は自動詞なので受動態にはできないため、(D) were remained が消去できます。次に、remain は〈状態〉を表す動詞なので、進行形にはできません（☞ #59）。(A) are remaining が消えますね。完了形の (B) have remained が正解です。

---

020. 正解（D） 語彙

マンチェスター銀行の顧客は、新しい講座を開設するためには有効な身分証明書を提示しなければならない。

空欄には、直後に置かれた名詞 identification（身分証明書）を修飾する形容詞が必要です。選択肢はすべて形容詞なので、文意で決定する問題ですね。valid identification（有効な身分証）が正解。demanding（要求の多い、大変な）、efficient（効率的な）、constant（絶え間ない）はいずれもここでは不自然です。「有効な」という意味を表す表現は TOEIC では読解問題やリスニングでもキーワードとなることが多いので、要注意。valid / effective / good / active / available / functional / validated / operational などは、いずれも「有効な」と言う意味で使われる形容詞です。

---

021. 正解（B） A into B

道路整備費は2つの分野に分けられる。ひとつは幹線道路の建設で、もうひとつは信号の修理だ。

選択肢には divide（分割する）の変化形が並んでいますね。divide A into B で「A を B に分割する」という意味を表します。問題文では受動態で A is divided into B（A は B に分割される）というパターンになっています。into は〈変化〉を表す前置詞で、他にも change（変える）、translate（翻訳する）、convert（変換する）などがこのパターンをとります（☞ #68-i）。cf) division（名 部門）、dividend（名 株の配当金）

---

022. 正解（D） 接続副詞

アクセライズ社はすでに優良企業として認められており、さらには、高度な医療研究のリーダーである。

空欄の直前には等位接続詞 and が置かれていますね。等位接続詞は 2 つの SV を結びますが、前半で述べた要素は後半では省略できるので、後半には主語がありません。主語が見当たらないので、主格の関係代名詞 (B) which を選んだ人もいると思いますが、直前に先行詞がないことに注目しましょう。despite（〜にもかかわらず）は前置詞なので、後ろには名詞 1 つしか置けません（☞ #48-a）。although は接続詞ですが、すでに and で文が接続されているので不適切。ここでは、副詞の moreover（さらに）が正解です。moreover のように文と文の関係を表す副詞を〈接続副詞〉と言います。TOEIC では長文穴埋め問題などでも頻出ですので、しっかり押さえておきましょう（☞ #23）。

---

023. 正解（C） 疑問詞

多くの投資家がギレスピー・ファンドを批判しているのは、彼ら[投資家]が投資のルールの抜け道と見なしているものを利用しているからだ。

空欄から文末の rules までを〈 〉に入れましょう。このユニットは、空欄の直前の句動詞 take advantage of（〜を利用する ☞ #65-b）の目的語となっています。目的語になれるのは名詞ユニットだけですが、選択肢に並んでいるのはすべて疑問詞なので、いずれも名詞ユニットを作れます（☞ #C, p.86）。したがって、〈 〉の中の構造を見ていく必要がありますね。

263

〈 〉の中の文型は、they（彼ら）が主語、perceive（見なす）が動詞ですが、目的語が見当たりません。(as a loophole)、(in the investment rules) はいずれも〈前置詞＋名詞〉のユニットですから、修飾語で文型には入りません。したがって、空欄には、1. 名詞ユニットを作り、2. ユニットの中でも名詞の働きをする語、what が入ります。perceive は、perceive A as B で、「A を B と見なす」という意味（☞ #68-a）。which や whom は名詞ユニット（疑問詞）の場合、「どちらが〜するか」「誰が〜するか」という意味を表します。take advantage of の目的語としては意味の上で不適切ですね。where（どこで〜するか）は後ろには〈完全なカタチ〉がきます（☞ #42-c）。

024. 正解（C）分詞
ジサン広告社は現在、潜在顧客に提出する詳細なマーケティング企画書を作成中だ。

　detail は動詞で「〜を詳述する」、名詞で「詳細」という意味があります。問題文では marketing proposal（マーケティング企画書）という名詞を修飾しているので、分詞（doing / done）にする必要がありますね。企画書は「詳述される」側で受動関係があるので detailed が正解。detailed は「詳述された＝詳しい」という意味の形容詞としてそのまま覚えておくと便利です。また、in detail（詳細に）も頻出イディオムなので覚えておきましょう（☞ #48-d）。

025. 正解（D）代名詞
2 人の会計士がクイック・トランスポート社にいる。ひとりは北部諸州を担当し、もうひとりが南部諸州を担当している。

　2 つのもの（人）について述べる場合、代名詞は one（一方）と the other（他方）を用います（☞ #13）。cf) one another（お互い）、the other（最後の 1 つ）、the others（残りすべて）

026. 正解（C）前置詞
Skiplift Running Shoe を勧める著名なアスリートを起用することによって、アルバーン社は売り上げを 30 パーセント伸ばすことを期待している。

直後には動名詞 hiring（雇うこと）が置かれているので、空欄には前置詞が必要です。「〜することによって」という〈手段〉を表す by が正解（☞ #49-a）。

027. 正解（B）比較
本日より、通達があるまで新規のスタッフ採用を停止いたします。

　空欄には、直後の名詞 notice（通知）を修飾する形容詞が必要です。ここでは、「さらなる、補足の」という意味を表す further が正解。far（遠い）には① far – farther – farthest、② far – further – furthest のように比較変化が 2 パターンあるので注意してください。〈距離〉を問題にして「より遠い」「もっとも遠い」という意味を表す場合は farther / further のどちらを使っても OK です（この意味で further を使うのは主にイギリス英語）が、〈程度〉を問題にする場合は常に further を使います。further information（さらに詳しい情報）で覚えておきましょう。effective（〜から有効な）も重要な表現。文頭に置かれて Effective immediately（すぐに、本日から有効な）のように使われます。

028. 正解（C）接続詞
オレンジストアのていねいで経験豊富なオペレーターが、商品の使い方に関してお客様が持つどんな質問にもお答えします。

　空欄から文末の usage（使い方）までを〈 　〉に入れましょう。この部分には、answer の目的語となる名詞ユニットが必要です。選択肢の中で名詞ユニットを作ることができる機能語は whatever だけです（☞ #C, p.87）。wherever（どこで〜しても）、whenever（いつ〜しても）、however（どんなに［どんな方法で］〜しても）は、常に副詞ユニットを作りますから、この問題は空欄以下を読むまでもなく whatever が正解だと判断できますね。

　ところで、whatever は副詞ユニットをとることもあります。その場合、however との使い分けは大丈夫でしょうか。whatever はユニットの中で形容詞の働きをするので、直後には名詞が来ます。例）Whatever **problem** you have, you must do it now.（どんな問題を抱えていても、今それをや

りなさい） 一方 however は、ユニットの中でも副詞の働きをするので、直後には名詞以外が来ます。例）However **busy** you are, you must do it now.（どんなに忙しくても、今それをやりなさい）

029. 正解（B） A for B
残念ながら Turbo Whisper 9 は生産中止ですが、あなたの注文品の代わりに類似商品をおすすめいたします。

　substitute A for B で「A を B の代わりに使う」という意味（☞ #68-g）。名詞形も同じスペリングで substitute（代用品）です。意味の似た表現として、replace A with B（A を B と交換する）があります（☞ #68-e）。名詞形は replacement（交換品、交代要員）。ビジネス英語においては、substitute は〈品切れ〉の際に、代用品を勧める状況において、replace は〈返品〉の際に、交換する状況において使われることの多い表現です。

030. 正解（A） 副詞
ムーニーさんの事務所の建築設計図の最終草案は、間もなく完成する。

　動詞の時制が未来形（will be completed）であることに注目しましょう。空欄には副詞が入りますが、未来のことを表すのは shortly（まもなく）だけです。previously（以前は）は過去のことを表し、overly（過度に）では意味の上で不自然ですね。rarely（めったに～ない）は〈否定〉の副詞なので、not の位置に置きます（☞ #22）。ちなみに shortly（まもなく）は副詞ですが、short（短く）にも副詞の用法があります。-ly の有無で意味の異なる副詞については☞ #21 を参照してください。

031. 正解（D） 関係詞
イネス社は今、アウトソーシングを広く利用して人員を削減しなくてはならない状況にある。

　空欄から文末の outsourcing（アウトソーシング）までを〈　〉に入れましょう。文の前半を見ると、S（Innes Inc.）＋ V（is）＋ C（in a situation）の文型が完結しているので、〈　〉の部分は修飾語です。（A）how および（B）what は名詞ユニットを作るため、ここでは使えません（☞ #C, p.86）。直前の名詞 situation（状況）を修飾する形容詞ユニットとして、関係代名詞 which と、関係副詞 where の 2 つに選択肢は絞られますね。

さて、関係代名詞は〈　〉の中では名詞の働きをしますから、後ろには主語や目的語の欠けた〈不完全なカタチ〉が来ます。一方、関係副詞は〈　〉の中では副詞の働きをするため、後ろには主語や（他動詞の場合は）目的語のそろった〈完全なカタチ〉が来ます（☞ #43）。問題文はどうなっているでしょうか。

　まず、they が主語、downsize が動詞ですね。downsize は、他動詞だと「～の規模を縮小する」という意味になりますが、ここでは目的語が先行詞の situation となるので、「状況を縮小する」という不自然な意味になってしまいます。実は、この downsize は自動詞で、「人員削減する、減量経営する」といった意味。自動詞なので目的語は不要です。つまり、後ろには〈完全なカタチ〉が来ているので、関係副詞の where が正解です。関係副詞 where のユニットが修飾する名詞（先行詞）は〈場所〉を表す名詞が基本ですが、〈場所〉以外にも、situation（状況）、condition（条件）、stage（段階）、circumstances（状況）、case（場合）などを先行詞にとることがあるので要注意です。

032. 正解（C） 仮定法
それぞれの従業員が 1 月 4 日の会議までにこの問題を解決することが不可欠だ。

　that ユニットの中の主語が each employee です。単数なので solves を選んだ人、または「～かもしれない」というニュアンスを足して might solve を選んだ人も多いと思います。that のユニットの直前にある形容詞 imperative（絶対に必要な）に注目しましょう。実は、このような主観性の強い形容詞の後の that ユニットの中では、動詞が原形になるんです。したがって、（C）solve が正解。このパターンを「仮定法現在」と言います（☞ 63-b）。ほかにも、vital / essential / important などはよく TOEIC でも出題されますからチェックしておきましょう。

033. 正解（A） 動詞
たった 20 名しか会議に出席しなかったので、イベントの主催者は落胆した。

　turn up で「姿を現す、出席する」という意味のイディオムです。turn out（～だと分かる）、turn down（却下する）、turn off（スイッチを切る）

と合わせて覚えておきましょう（☞ #65-d）。

034. 正解（D） 不定詞
飢饉の影響を軽減するために、緊急援助が干ばつ地域に急送された。

　直後には動詞の原形 alleviate（軽減する）が置かれていることに着目しましょう。for the purpose of（〜の目的で）は、後ろには名詞ユニットが必要ですね。間違えやすいのは according to（〜に従って）と prior to（〜より前に）です。どちらも to は不定詞ではなく、前置詞の to なので、後ろにはやはり名詞ユニットが必要です。〈目的〉を表す不定詞 in order to（〜するために）が正解です。

035. 正解（B） 語彙
シャイロック・クレジット社の今四半期の業績は、前四半期と比べてかなり悪化している。

　上級者でも正答率の低い問題です。「今四半期に示された」のように考えた方は過去分詞 shown を選んだのではないでしょうか。実は、business showing(s) で「営業実績」というひとまとまりのフレーズです。このまま覚えましょう。

036. 正解（B） 接続詞
御社商品を特別値引きしていただくのは可能でしょうか。

　空欄から文末の products（製品）までを〈　〉に入れましょう。この部分は、直前の動詞 know の目的語になっています。必要なのは名詞ユニットですね。whenever（〜するときはいつでも）、even if（たとえ〜でも）はいずれも副詞ユニットになるため、ここでは使えません（☞ #C, p.86）。選択肢の中で名詞ユニットになれるのは whether と what ですが、whether は後ろに〈完全なカタチ〉を取るのに対し、what は〈不完全なカタチ〉をとります。問題文では、S（you）＋ V（could arrange）＋ O（a special discount）と〈完全なカタチ〉が来ているので、正解は whether です。

037. 正解（A） 仮定法
社長があんなに古い商慣習に固執しなかったなら、わが社はとっくの昔に今の2倍の規模になっていただろう。

　if ユニットの中で過去完了形が使われているので〈仮定法過去完了〉だと判断します。主節は would [could / might] have done のカタチになるので、(A) could have expanded が正解。仮定法は事実に反する〈妄想〉を表現する用法です。まずは〈仮定法過去〉と〈仮定法過去完了〉の2つのパターンをしっかり押さえることが重要です（☞ #61）。

038. 正解（C） A from B
許可を受けていない人は、ジャスパー・ビルの駐車場に車を止めることは禁止されている。

　空欄の直後の前置詞 from に注目。prohibit A from doing（A が〜することを禁じる）は重要なフレーズです（☞ #68-d）。問題文では受動態で、A is prohibited from doing（A は〜することを禁じられている）となっていますね。V ＋ A ＋ from ＋ B のパターンをとる動詞は〈禁止〉の意味を持つことが多く、prevent / stop / prohibit / deter / discourage などもよく使われます。細かいニュアンスの違いはあっても、要は「A に B させない」という意味を持ちます。

039. 正解（B） 語彙
ソフトウェア・エンジニアの転職率が急激に高まっているのは、彼らがヘッドハンターのターゲットになっているからだ。

　選択肢には turn で始まる名詞が並んでいます。ここでは、「離職率」を意味する turnover が正解。ちなみに、イギリス英語では turnover は「商品の回転率、売上高」も意味します。cf）turndown（却下）、turnaround（転回、業績の好転）、turnpike（有料高速道路）

040. 正解（A） 副詞
開発の試験段階で生じた小さな懸念はそれ以来解決されており、製品は組み立て段階に進む準備ができている。

　空欄に入るべき語は、現在完了形（have done）の間に置かれていることから、動詞を修飾する副詞だと判断できます。選択肢はすべて副詞の用法があるので、文意で決める問題ですね。現在完了形が使われていることに注目すると、過去から現在までの時間の広がりを表す since が正解だと分かります。since は、「〜以来」という意味を表す接続詞や前置詞の用法はよく見かけますが、「それ以来」という副詞の用法があるのはご存じでしょうか。soon（まもなく）、after（のちに）、often（しばしば）はいずれも意味の上で不適切ですね。

厳選！TOEIC重要単語
Power Words 1000

**Power Words 1000
電子書籍版 (PDF) の入手方法**

本書のご購入者は、下記URLから申請していただければ、Power Words 1000の電子書籍版（PDF）を無料でダウンロードすることができるようになります。PDFファイルが開けるタイプのスマートフォンに入れておけば、外出先に本を持ち歩かなくても内容を確認することができて便利です。また、PDFファイルをプリントアウトして学習に役立ていただくことも可能です。

申請サイトURL
http://www.asahipress.com/visualnavi/

【注意】
本書初版第1刷の刊行日（2013年5月10日）より1年を経過した後は、告知なしに上記ダウンロードサイトを削除したりダウンロードサービスをとりやめたりする場合があります。あらかじめご了承ください。

空間 | SPACE

1. ★ venue
名 会場、開催地（≒site）
Rio de Janeiro will be the **venue** for the 2016 Olympic Games.
リオデジャネイロは2016年のオリンピック開催地だ。

2. ★ premises
名 敷地（内）、施設
While on the **premises**, all visitors must carry identification.
施設内では、訪問者は全員身分証明書を携帯しなければならない。

3. property
名 土地建物、不動産（≒real estate）／財産、所有物
Jude owns several **properties** in Tokyo and London.
ジュードは東京とロンドンに複数の不動産を所有している。

4. adjacent
形 〜に隣接した〈to〉（≒next, adjoining）
※neighboring：近隣の
Our company is **adjacent** to Central Park.
当社はセントラル・パークの近くにあります。

5. vicinity
名 〈〜の〉付近、周辺〈of〉（≒neighborhood）
The stolen vehicle was found in the **vicinity** of Piccadilly Circus station.
盗まれた車両はピカデリー・サーカス駅の近辺で発見された。

6. proximity
名 近いこと〈to〉（≒nearness）
I chose the house for its **proximity** to the train station.
私は駅からの近さで家を選んだ。

7. remote
形 遠く離れた（≒distant）／可能性の低い
There's a **remote** chance that you'll be able to catch her before she leaves Tokyo.
彼女が東京を去る前にあなたが彼女に会える可能性は低い。

8. misplace
他 〜を置き間違える、置き忘れる（≒mislay）
He **misplaced** his cellular phone somewhere in the office.
彼は携帯電話を事務所のどこかに置き忘れてしまった。

9. off-limits
形 立ち入り禁止の
※看板などの表示では "Keep Out" "No Trespassing" が用いられる。
The mountain has been declared **off-limits** due to heavy snow.
大雪のため、その山は立ち入り禁止と宣告された。

10. widespread
形 広範囲に及ぶ、広まった
Knowledge of the recent merger of the two rival companies is **widespread**.
最近行われた2つのライバル会社の合併については、よく知られている。

11. district
名 (行政) 地区（≒section）
Located in a business **district**, this Starbucks is frequented by office workers.
商業地区にあるので、ここのスターバックスは会社員が頻繁に利用する。※frequent：頻繁に訪れる

12. domain
名 領域、分野（≒realm）
Southern states are usually regarded as Republican **domain**.
南部の州は、たいていは共和党の統治区域だと見なされている。

13. county
名 郡　※state（州）の下位の行政区画
The candidate visited every **county** in Massachusetts.
その候補者は、マサチューセッツ州のすべての郡を訪問した。

14. ★ regional
形 地方の（≒provincial, local, rural）
He was transferred to a **regional** branch after many years of contribution to the company.
彼は長年会社に貢献した後で、地方の支店に転属された。

15. ★ domestic
形 国内の、家庭内の（⇔offshore：海外の）
The **domestic** economy has shown no signs of improvement.
国内経済はまったく改善の兆しを示していない。

16. vertical
形 垂直の（≒perpendicular, upright）（⇔horizontal：水平の）
If you ask me, I think **vertical** blinds would look great in this office.
私に言わせれば、垂直ブラインドはこのオフィスにすごく調和すると思う。

17. altitude
名 高度、標高（≒elevation, true hight）
The Matterhorn has an **altitude** of 4,478 meters.
マッターホルンは標高4,478メートルだ。

18. ★ evacuate
自他 〜を（…から）避難させる〈from〉
>> evacuation　避難（≒escape）
If the alarm sounds, all employees must **evacuate** immediately.
警報が鳴ったら、全従業員がすぐに避難すること。

19. eviction
名 立ち退き
More than 1000 families are facing **eviction**.
1000以上の世帯が立ち退きに直面している。

旅行 | TRAVEL

20. ★ reserve
他 〜を予約する（≒book）／蓄えておく
>> reservation　予約（≒booking）　>> reservoir　貯水池
It's a good idea to **reserve** a table in advance.
前もってテーブルを予約しておいたほうがいいでしょう。

DAY 1

☐ **21. secure**
他 ～を確保する (≒acquire)　形 安全な (≒safe)
>> security　安全、確保
※job security は「雇用確保」。「職場の安全」は workplace safety。
I will **secure** a room for my parents at the Ritz Hotel.
両親にリッツホテルの部屋を確保してあげるつもりだ。

☐ **22. ★ cancel**
他 ～を取り消す、中止にする (≒call off)
>> cancellation　取り消し、中止
I would like to **cancel** my appointment for tomorrow.
明日の予約をキャンセルしたく存じます。

☐ **23. ★ itinerary**
名 旅程表、旅行計画
They had to change their **itinerary** because of bad weather.
悪天候のため、彼らは旅行計画を変更しなければならなかった。

☐ **24. agency**
名 代理店
I called the travel **agency** to sign up for a tour of Italy.
イタリア旅行を申し込むために、私は旅行代理店に電話した。

☐ **25. ★ confirm**
他 ～を確認する (≒verify)
>> confirmation　確認　>> reconfirm　～を再確認する
Do I need to **confirm** my flight reservation?
航空券の予約の確認は必要ですか？

☐ **26. round-trip**
形 往復の (⇔片道の: one-way, single)
Which airline offers the best rate on a **round-trip** ticket to London?
ロンドンまでの往復チケットがいちばん安いのはどこの航空会社ですか？

☐ **27. ★ accompany**
他 ～に伴う、同行する
Jack **accompanied** his boss on his business trip to China.
ジャックは上司の中国出張に同行した。

☐ **28. destination**
名 目的地
We will reach our **destination** in approximately three hours.
私たちはおよそ3時間後に目的地に到着するだろう。

☐ **29. landmark**
名 目印　形 画期的な (≒breakthrough)
The Eiffel Tower is the most famous **landmark** in Paris.
エッフェル塔はパリで最も有名な目印となる建物だ。

☐ **30. ★ luggage**
名 手荷物（一式）(≒baggage)　※重要不可算名詞
How much carry-on **luggage** is allowed onboard?
どれくらいの重さの荷物を機内に持ち込めますか？

☐ **31. belongings**
名 所持品
Please keep an eye on your personal **belongings** while in the museum.
博物館内では、所持品から目を離さないでください。

☐ **32. ★ board**
他 （乗り物に）乗り込む　名 板、重役会
>> boarding　搭乗、乗車
He **boarded** the plane headed for Edinburgh.
彼はエディンバラ行の飛行機に乗り込んだ。

☐ **33. depart**
自 出発する
>> departure　出発 (⇔ arrival: 到着)
The airplane **departed** from Heathrow Airport at noon.
飛行機は正午にヒースロー空港を出発した。

☐ **34. fasten**
他 ～を締める
Please **fasten** your seat belts while the seat belt light is on.
シートベルトサインの点灯中は、シートベルトを締めてください。

☐ **35. turbulence**
名 乱気流、(社会的)動乱
The plane experienced heavy **turbulence** over Amsterdam.
飛行機はアムステルダム上空で、大きな乱気流を通過した。

☐ **36. layover**
名 乗り継ぎ（時間）(≒connection)
We only have a 30-minute **layover** before catching the connecting flight.
接続便への乗り継ぎの時間がたった30分しかない。

☐ **37. stopover**
名 一時滞在、途中下車
Our tickets to Paris include a **stopover** for two nights in Dubai.
私たちのパリ行きのチケットには、ドバイでの2泊の一時滞在が含まれている。

☐ **38. immigration**
名 移住、移民／入国管理
>> immigrant　(外国からの)移民
There has been a significant increase in **immigration** from Asian countries.
アジア諸国からの移民が著しく増加している。

☐ **39. ★ commute**
自 通勤する　名 通勤　>> commuter　通勤者
How do you **commute** to work?
職場まではどうやって通勤していますか？

☐ **40. carpool**
名 （車の）相乗り通勤　自 相乗り通勤する
Drivers are urged to **carpool** during the roadwork.
車を利用する人は、道路工事中は相乗りをすることが奨励されます。

41. ★ arrangement
名 手配、協定
>> arrange ～を調整する、取り決める
>> rearrange ～の日程を変更する
I made travel **arrangements** at HIS.
私はHISで旅行の手配をした。

交通 | TRAFFIC

42. ★ vehicle
名 車両、(輸送)手段
>> vessel 船、容器   >> craft 船舶、飛行機
All **vehicles** must follow the posted speed limit.
すべての車両は、掲示された制限速度を守らなければならない。

43. mileage
名 燃費／利点
※「マイレージサービス」は frequent flyer program
Hybrid cars sell well because they offer good gas **mileage** and are eco-friendly.
ハイブリッドカーは燃費が良く環境に配慮しているのでよく売れている。

44. tow
他 ～をけん引する、引く
My car broke down and had to be **towed** home.
車が故障したため、家までけん引されなければならなかった。

45. stalled
形 立ち往生した (≒ stranded)、エンストを起こした
The shuttle bus **stalled** on the way to the airport.
シャトルバスが空港へ行く途中で立ち往生してしまった。

46. pedestrian
名 歩行者
A motorcycle accidentally hit a **pedestrian** walking across the crosswalk.
一台のバイクが横断歩道を横断中の歩行者を誤ってはねた。

47. boulevard
名 大通り、広い並木道
Old oak trees line the main **boulevard** of West London.
古いオークの木々がロンドン西部の大通りに立ち並んでいる。

48. ★ transportation
名 輸送機関
In London, many people rely on public **transportation** to get to work.
ロンドンでは多くの人々が通勤を公共輸送機関に頼っている。

49. ★ means
名 手段 (≒ method)
What is the most popular **means** of transportation in your country?
あなたの国で最もよく利用される交通手段は何ですか？

50. ride
他 (乗り物に)乗る
I **ride** a packed JR train to work every morning.
私は毎朝、通勤で満員のJR列車に乗っている。

51. ★ fare
名 運賃／食事
Due to rising fuel costs, air **fares** have shot up by 20%.
燃料費が値上がりしているため、航空運賃が20％急騰した。

料金シリーズ
price／価格[商品]   charge／サービス料金[電気・ガス]
fee／一律料金[会費]   rate／設定料金[ホテル]
fare／交通料金   tuition／授業料   toll／通行料
admission／入場料   postage／郵便料金

52. intersection
名 交差点 (≒ cross, traverse)
John crossed the crosswalk at the **intersection**.
ジョンは交差点で横断歩道を渡った。

53. congested
形 渋滞した (≒ crowded)、密集した
>> traffic congestion 交通渋滞 (≒ traffic jam)
Traffic **congestion** during rush hour is terrible in Tokyo.
東京ではラッシュアワーの交通渋滞がひどい。

54. collide
自 ～と衝突する〈with〉(≒ run into)
>> collision 衝突
The truck **collided** with a row of parked cars.
トラックが駐車中の車の列に衝突した。

55. ★ detour
名 回り道、迂回路 (⇔ shortcut：近道)
I had to take a **detour** because the road was impassable after the heavy rains.
道路が大雨の後通行不能だったので、私は迂回しなければならなかった。

運送 | TRANSPORT

56. ★ warehouse
名 倉庫 (≒ storehouse, storage, depot)
The shipments are stored in the **warehouse**.
発送品は倉庫に保管されている。

57. freight
名 運送貨物 (≒ cargo)   他 ～を運送する
The **freight** is being loaded onto an aircraft.
貨物が飛行機に積み込まれているところだ。

58. fragile
形 壊れやすい、もろい (≒ delicate, frail)
These antiques are very **fragile**. Please carry them one at a time.
これらのアンティークはとても壊れやすいので、一度に1つずつ運んでください。

59. ★ relocate
自他 移転する[させる] (≒ transfer)
I left my job because the company **relocated** to the suburbs.
会社が郊外に移転したので私は仕事を辞めた。

DAY 2

60. transit
名 輸送／通過　>> transition　移行、移り変わり
The package was damaged in **transit**.
その小包は輸送中に損傷を受けた。

61. ★ load
他 ～を (に) 積む (⇔ unload: 積み荷を降ろす)
>> workload　仕事量
Construction workers are now **loading** the truck.
建設作業員たちは今、トラックに荷を積み込んでいる。

62. crate
名 (運搬用) 木箱、枠箱
The **crates** contained Valencia oranges.
木箱にはバレンシア産のオレンジが入っていた。

63. logistics
名 物流 (管理)、手配
FedEx is a company that specializes in global **logistics**.
フェデックスは世界的な物流を専門にしている会社だ。

64. courier
名 宅配便業者、配達人
Your ticket will be sent by **courier** service as soon as payment has been confirmed.
支払いの確認ができ次第、チケットを宅配便でお送りします。

65. pier
名 埠頭、桟橋 (≒ dock)
The ship loaded its shipment and pulled away from the **pier**.
荷物を積み込んで、その船は桟橋を離れた。

66. aviation
名 航空 (学)、航空機産業
>> flag carrier　フラッグキャリア、一国の代表的航空会社
Harriet wants to work in the **aviation** industry.
ハリエットは航空業界で働きたがっている。

67. ★ delivery
名 配達、引き渡し
>> C.O.D (cash on delivery)　現金引き換え払い
Please allow five days for **delivery**.
配達には5日ほどかかります。

68. ★ shipment
名 出荷、発送 (品)、積み荷　>> ship　～を発送する
Some of the equipment was damaged during **shipment**.
複数の装置が輸送中に破損した。

69. dispatch
他 ～を (…に) 発送する (≒ ship)、派遣する ⟨to⟩
The goods are **dispatched** from a warehouse.
商品は倉庫から発送されます。

70. ★ missing
形 紛失した、欠けている
The invoice indicates that you shipped the entire order, but several items are **missing**.
送り状ではそちらが全商品を発送したことになっていますが、複数の商品が不足しています。

顧客 | CUSTOMER

71. ★ customer
名 客 (≒ client : 依頼人、顧客)
>> customize　～を特注で生産する
Discounts are available to our regular **customers**.
常連客には割引が提供されます。

72. consumer
名 消費者
>> consume　消費する　>> consumption　消費
You have to be sensitive to what **consumers** want.
消費者が求めているものに敏感でなければならない。

73. patronage
名 ひいき、引き立て、愛顧
>> patron　常連客、後援者
We deeply appreciate your **patronage** over the years.
長年にわたりお引き立ていただき感謝いたします。

74. accessible
形 利用できる／近づきやすい (⇔ inaccessible)
>> access　接近 (方法)、利用の権利
The island is **accessible** via ferry or helicopter.
その島へはフェリーでもヘリコプターでも行くことができる。

75. ★ available
形 利用できる、入手できる (⇔ unavailable)
>> availability　有効性、入手可能性
Are there any rooms **available** for tonight?
今晩、空いている部屋はありますか？

76. exclusive
形 排他的な、独占的な　>> exclusively　独占的に
This **exclusive** offer is available only to our subscribers.
この特別奉仕品は加入者だけが利用可能です。

77. restricted
形 制限された (≒ limited, exclusive)
>> restrict　～を制限する (≒ limit)　>> restrictive　制限的な
The information is **restricted** to board members only.
その情報は役員だけに限定されている。

78. loyal
形 忠実な (≒ faithful)
Loyal customers say Apple's simplicity makes its products outstanding.
忠実な顧客は、アップルのシンプルなところが同社の製品を傑出させていると言っている。

79. sophisticated
形 洗練された、事情に精通した
Consumers have become more **sophisticated** and more demanding.
消費者はより事情に精通し、要求が多くなってきている。

80. anonymous
形 匿名の
He sent the restaurant an **anonymous** letter of complaint.
彼はそのレストランに匿名の苦情の手紙を送った。

81. feedback
名 (利用者などの) 反応、意見 〈on, about〉
We appreciate all the **feedback** concerning our service.
当社のサービスに関するすべてのご意見に感謝いたします。

82. ★ complaint
名 苦情、不満
≫ complain (〜について) 不満を言う〈about, of〉
The customer made a **complaint** about the slow service at the restaurant.
その客はレストランの遅いサービスに不平を漏らした。

サービス | SERVICE

83. ★ representative
名 販売員、代表者 ≫ represent 〜を表す、象徴する
Our sales **representatives** will be happy to answer your questions.
弊社の営業担当者がご質問に喜んでお答えいたします。

84. gratuity
名 チップ (≒ tip)、心づけ
No **gratuities** are accepted in this restaurant.
当レストランではチップを頂いておりません。

85. cater
自 (〜に) 料理を提供する〈for〉/ (〜の) 要求を満たす〈to〉
≫ catering 仕出し、配膳業 ≫ caterer 仕出し屋、配膳業者
There are more and more TV shows **catering** to young female audiences.
若い女性の視聴者のニーズに応えるテレビ番組がどんどん増えている。

86. ★ supplier
名 供給業者 ≫ supply 〜を供給する〈with〉
The company is a leading **supplier** of kitchen appliances.
その会社は台所器具の大手の供給業者だ。

87. derive
他 〜を得る、引き出す (≒ elicit, extract)
Many guests **derived** enormous satisfaction from the charity auction.
多くの招待客は慈善オークションにとても満足した。

88. inconvenience
名 不都合、迷惑 他 〜に迷惑をかける
⇔ convenience 利便性 ≫ convenient 便利な
We apologize for any **inconvenience** this may have caused.
この件でご迷惑をおかけしたことをお詫び申し上げます。

89. maintenance
名 維持、保守 (サービス) / 主張
≫ maintain 〜を維持する、保持する / 主張する
It's important to **maintain** work-life balance.
仕事と生活のバランスを維持することは重要だ。

90. utility
名 公共施設、(ガス・水道・電機などの) 公共料金
≫ utilize 〜を利用する
We need to save money on **utility** bills.
公共料金を節約しなければならない。

91. outage
名 供給停止、停電 (≒ blackout)
Your order has not been shipped yet due to the power **outage** in New York.
ニューヨークの停電のためご注文の商品はまだ発送されておりません。

研究・調査 | RESEARCH & SURVEY

92. ★ laboratory
名 実験室、研究所 ※英語の略語は lab (ラブ)。
The **laboratory** specializes in researching iPS cells.
その研究所は iPS 細胞についての研究を専門としている。

93. ★ survey
他 〜を調査する 名 調査 (≒ research)
They **surveyed** company workers to find out how much they spend on lunch.
昼食にいくら費やしているかを調べるために、彼らは会社員に対して調査を行った。

94. poll
名 世論調査、投票 (数)
According to a **poll** conducted last month, 60% of the public support the new administration.
先月行われた世論調査によると、国民の60%が新政権を支持している。

95. ★ questionnaire
名 アンケート (用紙)
We would appreciate it if you could fill out the **questionnaire** and send it back to us.
アンケートに記入して、送り返していただければありがたく存じます。

96. preliminary
形 予備の、暫定的な
We should do all **preliminary** research before commencing development.
開発を始める前にあらゆる予備調査を行うべきだ。

97. hypothesis
名 仮説 (≒ assumption)
You must find relevant data to prove your **hypothesis**.
君はその仮説を証明するデータを見つける必要がある。

98. ★ resource
名 資源、方策
The Internet is a valuable **resource** for finding useful information on that topic.
インターネットはその話題に関する有益な情報を探すための貴重な情報源だ。

99. analyze
他 〜を分析する ≫ analysis 分析
We should **analyze** the data in more detail.
我々はそのデータをより詳細に分析する必要がある。

100. detach
他 〜を (…から) 分離する 〈from〉 (≒ separate)
Please **detach** and fill out the questionnaire.
アンケート用紙を切り離して記入してください。

DAY 3

101. ★ conduct
他 ～を導く／実施する、遂行する　名 振る舞い
\>> conductive　導くような
\>> conductor　車掌、添乗員、指揮者
The census is **conducted** every ten years.
人口調査は10年ごとに行われる。

102. statistics
名 統計（学）[単数扱い]／統計データ[複数扱い]
New **statistics** show the sign of a rebound in the domestic economy.
新しい統計によると、国内経済には回復の兆しが見られる。

103. demographic
名 人口動態、購買[ファン]層　形 人口統計の
The fan **demographic** of the rock band remains mostly male teenagers.
そのロックバンドのファン層はほとんどが10代の男子である。

104. indicator
名 指標（≒ index）
\>> indicate　～を示す、表す（≒ point out）
Various **indicators** show that the economy is picking up.
経済が回復していることをさまざまな指標が示している。

105. reflect
他 ～を反映する
The survey **reflects** the needs of consumers.
その調査は消費者のニーズを反映している。

106. ingenious
形 独創的な（≒ creative, out-of-the-box）
The new recruit came up with an **ingenious** idea.
その新入社員が独創的なアイデアを思いついた。

107. conceive
自 ～を考案する（= think of / hit on / come up with / devise）
He **conceived** of the plan while he was taking a walk.
彼は散歩中にその計画を思いついた。

108. findings
名 研究結果（≒ research results）
Professor Yamanaka published his **findings** on iPS cells in the journal, "Cell."
山中教授はiPS細胞に関する研究成果を学術誌『セル』に発表した。

109. ★ patent
名 特許
Thomas Edison obtained a **patent** for his phonograph in 1878.
トーマス・エジソンは1878年に蓄音機の特許を取得した。

110. respondent
名 回答者、応答者
\>> respond　（～に）返答する〈to〉（≒ reply）
Forty-five percent of **respondents** reported side effects from the drug.
回答者の45パーセントがその薬の副作用について報告した。

製品 | PRODUCT

111. ★ product
名 製品　\>> productivity　生産性
This **product** is obviously overpriced.
この製品は明らかに高値をつけられすぎだ。

112. range
自（範囲が）及ぶ〈from...to～〉　名 範囲（≒ scope）
The shop sells a wide **range** of skincare products.
その店はさまざまなスキンケア製品を販売している。

113. ★ specification
名 仕様書、設計明細書（=spec）
\>> specific　明確な（≒ concrete /⇔ general：一般的な）
\>> specify　～を明確に述べる
※ unless otherwise specified（特に規定がない限り）
Here are the machine's **specifications** you had requested.
あなたが要求した機械の仕様書はここにあります。

114. prototype
名 試作品〈of [for]〉
A **prototype** of the car will be developed by the end of 2016.
その車の試作品は2016年末までに開発される予定だ。

115. workmanship
名 製品の仕上がり、出来栄え、（職人の）技量
If any defect in material or **workmanship** is suspected, consumers can return the product to the place of purchase.
製品に材質または仕上がりの欠陥が疑われる場合、客はその製品を購入した店に返品できる。

116. ★ manufacturer
名 製造業者（≒ maker）　\>> manufacture　～を製造する、製造
Hewlett-Packard Company is one of the leading computer **manufacturers** in the world.
ヒューレット・パッカード社は世界有数のコンピューターメーカーだ。

117. ★ assemble
他 ～を組み立てる（≒ put together）
\>> assembly　集会、会合
Robert is working on an **assembly** line.
ロバートは組み立てラインで働いている。

118. dismantle
他 ～を分解する、解体する（≒ demolish：取り壊す）
All the furniture in this store is easy to **dismantle**.
当店の家具はすべて簡単に解体できます。

119. discontinue
他 ～を中止する、（製品を）生産中止にする
That particular model has been **discontinued** due to poor sales.
売り上げが悪かったために、そのモデルは生産中止になっている。

120. ★ terminate
他 ～を打ち切る　\>> termination　終了
The automaker **terminated** hybrid car production in 2011.
その自動車メーカーは2011年にハイブリッド車の生産を終了した。

121. cease
他 ～をやめる、中止する (≒ stop)
Our plant in Dalian will **cease** operations next year.
当社の大連工場は来年操業を中止する。

122. counterpart
名 対応物、同等のもの
This redesigned computer is vastly superior to its 2011 **counterpart**.
この新型のPCは、2011年のものよりもはるかに優れている。

123. upgrade
他 ～の性能を高める、アップグレードする
The system has been **upgraded** to meet the needs of our client.
顧客のニーズに応えるためにシステムがアップグレードされている。

124. ★ update
他 ～を最新にする、最新情報を与える　名 最新情報
>> up-to-date　最新の (⇔ out-of-date, outdated：時代遅れの)
You should **update** your antivirus software on a regular basis.
ウイルス対策ソフトを定期的に最新版にするべきだ。

125. overhaul
他 ～を分解点検する、～を全面的に見直す
名 全面見直し、分解修理
You should **overhaul** your online marketing plan.
オンラインの販売促進計画を徹底的に見直すべきだ。

126. inspect
他 ～を検査する (≒ examine)
>> inspector　検査官　>> inspection　検査、調査
We should have this photocopier **inspected** right away.
このコピー機はすぐに点検してもらった方がいい。

127. ★ repair
他 ～を修理する (≒ fix, mend)
The cost of **repairing** the damage was approximately £3000.
その損害の修理費用はおよそ3000ポンドだった。

128. ★ flaw
名 欠陥、欠点 (≒ defect, fault)
>> flawed　欠陥のある (≒ defective, faulty)
>> flawless　欠陥のない、非の打ちどころのない
This product has several design **flaws**.
この製品にはいくつかの設計上の欠陥がある。

129. malfunction
名 不調、故障 (≒ breakdown, failure)　自 誤作動する
There seems to be a **malfunction** in the computer's processor.
コンピューターのプロセッサに故障があるように思われる。

130. improper
形 不適切な (≒ inadequate)
>> proper　適切な (≒ adequate)
Damages or malfunctions caused by **improper** use are not covered by the warranty.
不適切な使用による損傷や故障には保証が適用されません。

131. ★ warranty
名 (～の) 保証、保証書〈on/against〉(≒ guarantee)
The tablet computer comes with a two-year **warranty** against defects.
そのタブレット型コンピューターは欠陥に対する2年間の保証がついている。

132. ★ refund
名 返金、払い戻し　他 ～を払い戻す (≒ pay off)
>> refundable　返金可能な (⇔ nonrefundable：返金不可の)
You can return any purchase within 10 days for a full **refund**.
10日以内であれば、全額払い戻しのために購入品を返品できます。

133. ★ replace
他 ～を取り替える、～の後任となる
He is planning to **replace** his computer with a new laptop next month.
彼は来月、パソコンを新しいラップトップ型に取り替える予定だ。

134. ★ substitute
他 ～を代用する　自 ～の代理をする〈for〉(≒ fill in for)
名 代用品
Sid **substituted** for John, who was off sick.
シドが病欠しているジョンの代理を務めた。

135. ★ predecessor
名 前任者、先行モデル ⇔ successor　後任者
(= replacement)
The new tablet PC is much lighter than its **predecessors**.
新しいタブレットパソコンは、以前のものよりはるかに軽い。

136. retrieve
他 ～を(…から)回収する〈from〉、情報を読み出す
It was difficult to **retrieve** the data from the damaged hard drive.
破損したハードディスクからデータを回収するのは困難だった。

137. fabric
名 織物 (≒ textile：繊維製品)
>> fabrication　作り話、うそ (≒ lie)
Yorkshire is known as the **fabric** capital of the United Kingdom.
ヨークシャーはイギリスにおける毛織物の中心地として知られている。

138. material
名 原料、材料／資料
I want the same style of shoes using a different **material**.
私が欲しいのは、同じスタイルで違う素材を使っている靴だ。

139. outfit
名 服装 (≒ clothes, clothing, attire, apparel, garb, gear)
I need to get a new **outfit** for my job interview.
面接用に新しい服を買わなければならない。

140. invent
他 ～を発明する (≒ devise)
Alfred Nobel **invented** dynamite.
アルフレッド・ノーベルがダイナマイトを発明した。

DAY 4

☐ **141.** ★ **innovative**
形 刷新的な　>> innovation　技術革新
The **innovative** menu and recipe is the reason why the restaurant is so popular.
刷新的なメニューとレシピがそのレストランに人気がある理由だ。

☐ **142. intact**
形 無傷の
The order arrived **intact** after a long journey.
注文品は長距離移動の後でも無傷で届いた。

☐ **143. durability**
名 耐久性
This shoe sole is designed to provide outstanding **durability**.
この靴底は、優れた耐久性を発揮するように設計されている。

☐ **144. emerge**
自 現れる (≒ appear)、浮かび上がる
The Internet **emerged** as an innovative communications tool in the late 1980s.
インターネットは、1980年代後半に画期的な通信ツールとして登場した。

☐ **145.** ★ **equipment**
名 設備（一式）、装置 (≒ fixture)
>> equip　～を備え付ける
A computer is an indispensable piece of **equipment**.
パソコンは必要不可欠な機器だ。

☐ **146. apparatus**
名 (専門的な) 器具
His office is equipped with the latest electronic **apparatus**.
彼の事務所は最新の電気器具が備え付けられている。

☐ **147.** ★ **appliance**
名 (家庭用) 器具、機具 (≒ utensil)
My wife wants to buy new kitchen **appliances**.
妻は新しい調理器具を買いたがっている。

☐ **148.** ★ **device**
名 装置
This shop sells top-of-the-line computer **devices**.
この店では最高級のコンピューター機器を販売している。

☐ **149. gadget**
名 (目新しい) 道具、装置
The electric store carries a broad range of **gadgets**.
その電気店では幅広い品ぞろえの小道具を扱っている。

☐ **150.** ★ **serve**
自 (～の) 役目をする／勤務する
Smart phones will also **serve** as network computers.
スマートフォンはネットワークコンピューターにもなる。

☐ **151. operational**
形 運転 [操業] 可能な
>> operate　作動する、手術を行う、～を運転する
The lift will not be **operational** for the next two weeks.
そのエレベーターは次の2週間、作動しません。

☐ **152. functional**
形 正常に機能している (≒ operational) ／実用的な (≒ practical)　>> function　機能、作動する
⇔ malfunction　誤作動する、(機械などの) 不調
Designer bags are not very **functional**, but they are certainly attractive.
ブランドバッグはあまり機能的ではないが、確かに魅力的だ。

☐ **153. activate**
他 ～を作動させる、活性化する (≒ reenergize)
>> active　活発な／有効な
The guard accidentally **activated** the security alarm.
警備員は誤って警報機を作動させてしまった。

☐ **154.** ★ **installation**
名 取り付け、設置　>> install　～を備え付ける
>> installment　分割払い (の1回分)
Crime has decreased in London due to the widespread **installation** of security cameras.
ロンドンでは、監視カメラを広範囲に設置したことで犯罪が減少している。

☐ **155. restore**
他 ～を回復させる (≒ redeem：取り戻す)
Power will be **restored** as soon as the transformer is repaired.
変圧器が修理されれば電力はすぐに復旧するだろう。

☐ **156. replenish**
他 ～を補充する (≒ refill)　>> replenishment　補充
Why don't we **replenish** inventories to meet future demand?
今後の需要に応えるために、在庫を補充しておきませんか。

施設 | FACILITY

☐ **157.** ★ **auditorium**
名 講堂、大ホール
The concert was held in the school's **auditorium**.
そのコンサートは学校の講堂で開かれた。

☐ **158. condominium**
名 分譲マンション (= condo) ※ mansion は「大邸宅」
A 40-story **condominium** is being built in front of our office.
40階建のマンションが会社の目の前で建設中だ。

☐ **159.** ★ **accommodate**
他 ～を収容する／(要求を) 受け入れる
>> accommodating　親切な、世話好きな
This parking lot can **accommodate** 300 cars.
この駐車場は300台の車を収容できる。

☐ **160. occupancy**
名 居住、占有、(ホテルなどの) 稼働 (率)
>> occupy　～を占領する
>> occupied　使用中の (⇔ unoccupied)
The hotel's **occupancy** rate exceeds 90 percent in the summer.
そのホテルの夏季の利用率は90％を超える。

161. vacancy
名 空室／欠員　>> vacant 空の (≒empty)
I tried to rent a flat but there were no **vacancies**.
アパートを借りようとしたが、空き部屋がなかった。

162. ★capacity
名 (収容) 能力
There are plans to increase the stadium's **capacity**.
スタジアムの収容可能人数を増やす計画がある。

163. amenity
名〈便利な〉施設、設備
Many **amenities** are included in upscale hotels.
高級ホテルには多くの便利なものが用意されている。

164. ★construction
名 建設 (工事)、建築物　>> construct 〜を建設する
The **construction** of a new sports centre was canceled.
新しいスポーツセンターの建設は中止された。

165. blueprint
名 設計図、青写真 (≒draft)
The architect checked the **blueprint** several times before construction started.
建築家は、建設が始まる前に何度も設計図を確認した。

166. complex
名 総合ビル、集合体　**形** 複雑な (≒complicated)
A shopping and office **complex** has fully opened near the station.
駅の近くに、ショッピングセンターとオフィスビルの複合施設が全面開業した。

167. tenant
名 賃借人、テナント (≒lessee) (⇔landlord：地主)
There are five commercial **tenants** in this building.
このビルには6軒の商用テナントが入っている。

168. ★resident
名 居住者 (≒dweller / inhabitant：住民)
>> reside (〜に) 住む (in) (≒dwell [live] in, inhabit)
Many local **residents** have objected to the construction of a new high-rise apartment.
多くの地元住民が新しい高層マンションの建設に反対している。

169. ★renovation
名 改装／刷新 (≒refurbishment)
>> renovate 〜を刷新する (≒revamp)
The restaurant is temporarily closed for **renovation**.
そのレストランは改装のため一時休業している。

170. daycare (facility)
名 託児所
Some companies provide on-site **daycare** for their employees' children.
企業の中には、従業員の子どものために社内に託児所を提供しているところもある。

広告 | ADVERTISEMENT

171. ★voucher
名 クーポン券、商品引換券 (≒coupon)
This travel **voucher** is valid for three months, so don't forget to use it.
この旅行用クーポン券は3カ月間有効なので、使うのを忘れないように。

172. bargain
名 お買い得品、取引　**他** (値段を) 交渉で決める
This printer was a real **bargain**.
このプリンターは本当にお買い得でした。

173. ★advertise
他 〜を広告する、宣伝する
>> advertisement 広告
We **advertised** our new product in the magazine.
我々は新製品を雑誌で宣伝した。

174. flyer [=flier]
名 チラシ (≒leaflet)
The stationery shop was handing out **flyers** advertising their back-to-school sale.
その文具店は新学期セールの広告チラシを配っていた。

175. package
名 一式、パッケージ／法案／小包
Please check information **package** for pricing and other details.
価格およびその他の詳細につきましては、弊社の資料一式をご覧ください。

176. ★discount
他 〜を割引する (≒mark down)　**名** 割引 (額)
There is a 10% **discount** if you order more than 100 units.
100個以上ご注文いただくと、10%の割引があります。

177. assure
他 〜を保証する、請け負う
>> assurance 確約、保証
We **assure** you that your order will be delivered by the end of this week.
ご注文の品は今週中の配達を保証いたします。

178. ★feature
名 特徴、顔だち　**他** 〜を呼び物にする
The latest model has a lot of new safety **features**.
新型モデルには多くの安全機能がついている。

179. ★characteristic
名 特性、特徴
>> characterize 〜を特徴づける、〜を (…と) 述べる 〈as〉
We should emphasize the unique **characteristics** of our products.
我々は製品の比類のない特徴を強調すべきだ。

180. banner
名 横断幕
A **banner** was hung from the roof of the building.

DAY 5

ビルの屋上から垂れ幕が下がっていた。

☐ 181. sponsor
他 ～に出資する (≒ invest)　**名** 出資者、スポンサー
The automaker **sponsors** various sporting events.
その自動車メーカーは、さまざまなスポーツイベントに協賛している。

☐ 182. ★ savings
名 貯金、節約／割引 (≒ discount)
After presenting the store with this coupon, you will receive **savings** of up to 30%.
店にこのクーポン券を提示すれば、最大30％の割引を受けられる。

☐ 183. memorable
形 記憶に残る、印象的な (≒ impressive)
The Seine cruise was a **memorable** experience.
セーヌ川のクルーズは忘れられない経験だった。

☐ 184. luxury
形 豪華な (≒ deluxe, fancy)
Rumors are that a **luxury** floating hotel will open in Macau in the near future.
うわさによると、近々、マカオに豪華な水上ホテルがオープンするらしい。

☐ 185. renowned
形 名高い (≒ famous, well-known, distinguished, eminent, prominent) >> renown　名声 (≒ reputation)
The gourmet restaurant is also **renowned** for its scenic views of the Thames.
そのグルメ向けのレストランは、テムズ川の素晴らしい眺めを望めることでも名高い。

☐ 186. prominent
形 著名な、目立った (≒ eminent)
Following the success of the iPad, small tablet devices became **prominent** in the market.
iPadの成功を受けて、小型のタブレット型端末が市場で目立つようになった。

☐ 187. ★ complimentary
形 無料の (≒ free)
All guests will receive a **complimentary** bottle of champagne.
招待客全員に無料のシャンパンが一本配られます。

☐ 188. complement
他 ～を補完する、～の良さを引き立てる　**名** 補完物
Nino Rota's music **complements** the movie beautifully.
ニーノ・ロータの音楽がその映画を美しく引き立てている。

☐ 189. enable
他 ～を可能にする
This application software will **enable** users to conduct video conference.
このアプリケーションソフトは、ユーザーがビデオ会議を行うことを可能にするだろう。

☐ 190. ★ entitle
他 権利を与える　>> entitled (～) する資格がある ⟨to⟩
This coupon **entitles** you to a free drink.
このクーポンで飲物が無料で飲める。

☐ 191. redeem
他 ～を引き換える、取り戻す
The coupon can be **redeemed** at any store location.
クーポン券はどの店舗でも引き換え可能です。

☐ 192. post
他 ～を掲載する　**名** 地位、立場 (≒ position)
New job openings are **posted** every day on that website.
新しい求人が毎日そのウェブサイト上に掲載される。

☐ 193. ★ state-of-the-art
形 最新の
His new laptop computer is **state-of-the-art**.
彼の新しいノート型パソコンは最新型だ。

☐ 194. incorporate
他 ～を取り込む
This electrical equipment **incorporates** all the latest safety features.
この電化製品は最新の安全機能をすべて備えている。

☐ 195. ★ attract
他 ～を引きつける (⇔ distract: 気をそらす)、魅惑する
We need to improve our service in order to **attract** more customers.
もっと多くの顧客を引きつけるために我々はサービスを向上させる必要がある。

☐ 196. ★ appeal
自 (～の) 心に訴える、～に懇願する ⟨to⟩
We should create products that **appeal** to the youth market.
我々は若者の市場にうける製品を作らなければならない。

☐ 197. misleading
形 誤解を招く
Due to the highly **misleading** article, the newspaper published an apology.
非常に誤解を招く記事が原因で、新聞は謝罪広告を出した。

☐ 198. confusing
形 混乱させるような、紛らわしい
>> confused　混乱した　>> confusion　混乱
This instruction manual is so **confusing** that it's virtually useless.
この説明書は非常に紛らわしく、ほとんど使いものにならない。

☐ 199. comprehensive
形 包括的な (≒ inclusive: すべてを含んだ)
※ comprehensible (分かりやすい) と区別!
We offer a **comprehensive** range of goods and services.
当社では包括的な商品とサービスを取りそろえております。

☐ 200. ★ brochure
名 パンフレット、小冊子 (≒ pamphlet, booklet)
There are free **brochures** available at the shop.
お店には無料のパンフレットがあります。

201. boast
他 ～を自慢する、～を誇る
The shop **boasts** a fine selection of furniture.
その店は、家具の優れた製品ラインを誇っている。

202. bulky
形 大量の、かさばる　>> in bulk　大口で、大量に
The shipment was too **bulky**, so we were charged an additional handling fee.
積み荷があまりにもかさばっていたため、私たちは追加の手数料を請求された。

203. souvenir
名 お土産、記念品
When I went to Canada, I bought maple syrup as a **souvenir** for my mother.
私はカナダに行ったとき、母へのお土産にメープルシロップを買った。

204. demonstrate
他 ～を実演する　>> demonstration　実演
The salesclerk **demonstrated** how to use the product.
販売員はその製品の使い方を実演した。

205. ★ purchase
名 購入品　他 ～を購入する (≒ buy)
Her latest **purchase** included a Dior dress.
彼女の最新の購入品には、ディオールのドレスが含まれていた。

206. ★ obtain
他 ～を獲得する (≒ procure)
Visit our website to **obtain** more information about our products.
当社の製品についてより詳しい情報を得るためには、ウェブサイトをご覧ください。

マーケティング | MARKETING

207. ★ strategy
名 戦略 (≒ tactics：戦術)　>> strategic　戦略的な
We must think of a new **strategy** to boost our sales.
売り上げを増加させるために、新たな戦略を考案する必要がある。

208. ★ launch
他 ～を売り出す (≒ release, bring out) ／～に着手する
The company **launched** a new product line in May.
その会社は5月に新しい製品ラインを発売した。

209. marketable
形 市場性の高い、売り物になる
>> market　市場、～を売り込む、市場に出す
The internship provided students with **marketable** skills.
その実務研修は、学生に市場性の高いスキルを提供した。

210. lucrative
形 利益を生む (≒ profitable)
The e-book market will be very **lucrative** in the future.
電子書籍市場は今後、非常に利益を生むようになるだろう。

211. ★ profit
名 利益　自/他 ～から利益を得る ⟨by/from⟩
>> profitable　利益を生む (≒ lucrative)
We expect our new product line to generate a nice **profit**.
我々は新しい製品ラインが高利益を生み出すことを期待している。

212. edge
名 優位、競争力
The latest version of our software will have a technological **edge** over the competition.
当社の最新版ソフトは競合他社に対して技術面で優位に立つだろう。

213. maneuver
名 巧みな操縦　他 ～を巧みに動かす
自 (～を) 回避する ⟨around⟩
Difficult **maneuvering** in the shareholders' meeting will be required of the new president.
株主総会での難しい舵取りが新社長に求められるだろう。

214. penetrate
他 (市場) に進出する (≒ expand) ／～を貫通する
>> penetration　進出・普及
The company successfully **penetrated** the Asian market.
その企業は首尾よくアジア市場に進出した。

215. saturate
他 ～を飽和させる、過剰供給する
The market is already **saturated** with Internet start-ups.
新興のインターネット関連企業で市場は飽和状態になっている。

216. dominant
形 支配的な　>> dominate　～を支配する
The company can no longer preserve its **dominant** position in the market.
その企業はもはや市場での支配的な地位を維持できない。

217. overtake
他 ～に追いつく、追い越す (≒ catch up with)
We will **overtake** our competitors in terms of market share in the next quarter.
次の四半期に、我々は販売シェアで競合他社を追い抜くだろう。

218. surrender
自 (～に) 降伏する ⟨to⟩　他 ～を放棄する
We **surrendered** 10% share of the domestic market to the venture company.
我々はそのベンチャー企業に、10％の国内シェアを奪われた。

219. ★ potential
形 潜在的な (≒ latent)、可能性のある
We need to broaden the range of **potential** customers.
我々は見込み客の層をもっと広げる必要がある。

220. solicit
他 (金銭・援助を) 求める (≒ ask) ／～を訪問販売する
>> solicitor　セールスマン、外交 [勧誘] 員／法務官
Soliciting on company premises is not permitted.
社内での勧誘行為は禁止されている。

221. outsourcing
名 外部委託 [調達]

DAY 6

\>> outsource ～を外部委託 [調達] する
Offshore **outsourcing** is often blamed for decline in domestic employment.
海外への業務委託は、国内雇用の減少の原因としてしばしば批判される。

販売 | SALES

☐ 222. ★ **merchandise**
名 商品、製品 (≒ goods) ※不可算名詞
The store put its promotional **merchandise** outside to attract customers.
その店は、客を引きつけるため販促用商品を外に出した。

☐ 223. **commodity**
名 日用品、商品 (≒ goods)
The future prices of **commodities** are almost unpredictable.
日用品の将来の価格はほぼ予測不能だ。

☐ 224. ★ **retail**
形 小売りの (⇔ wholesale：卸売の)
\>> retailer 小売業者 (⇔ wholesaler：卸売業者)
We are is the second largest clothing **retailer** in the U.S.
当社はアメリカで2番目に大きい衣料品の小売業者だ。

☐ 225. **outlet**
名 直販店、アウトレット／(電気の) コンセント
The company opened 50 new **outlets** in Japan last year.
その会社は去年、日本に50の新しい直販店をオープンした。

☐ 226. ★ **stock**
名 在庫／株 (≒ share)
I'm afraid that size is out of **stock**.
残念ながらそのサイズは在庫切れです。

☐ 227. ★ **inventory**
名 在庫品、品ぞろえ／在庫調べ、棚卸し
We have large **inventory** of office supplies.
当店では事務用品を大量に取りそろえています。

☐ 228. **yield**
他 ～を生み出す／自 (～に) 屈する (to)   名 収益
Our sales strategy **yielded** good results.
我々の販売戦略は良い結果を生み出した。

☐ 229. **quota**
名 (仕事の) 割り当て量、ノルマ
Bonuses are available for employees who meet their monthly **quotas**.
月ごとのノルマを達成した従業員にはボーナスが支給される。

☐ 230. **margin**
名 利ざや、販売利益／余白、欄外
\>> marginal 不十分な／限界収益点の
The company went under due to low profit **margins**.
その会社は低い利幅が原因で倒産した。

☐ 231. **bottom line**
名 最終損益／重要な点
The firm's **bottom line** was a net loss of £30 million.

その会社の最終損益は3000万ポンドの純損失だった。

景気 | BUSINESS

☐ 232. **projection**
名 (将来の) 予測、見積もり
\>> project ～を予想する、計画、事業
Our sales **projections** for this year were about 15 % lower than we had expected.
当社の今年の販売見通しは、予想よりおよそ15パーセント低かった。

☐ 233. **foresee**
他 ～を予見する (≒ forecast)、先読みする
\>> unforeseen 不測の (≒ unexpected)
Few analysts **foresaw** the global financial crisis.
世界的な財政危機を予見したアナリストはほとんどいなかった。

☐ 234. ★ **predict**
他 ～を予測 [予言] する (≒ foretell) \>> prediction 予想
\>> predictable 予測可能な (⇔ unpredictable：予測不能の)
That analyst correctly **predicted** which Dow Jones stocks would go up today.
そのアナリストは、今日どのダウジョーンズ株が上がるかを正確に予測した。

☐ 235. ★ **outlook**
名 見通し、展望 (≒ prospect)
The **outlook** for the Japanese economy is still uncertain.
日本経済の先行きはいまだ不鮮明だ。

☐ 236. ★ **estimate**
名 見積もり (≒ quote, quotation)
他 ～を見積もる、評価する
\>> underestimate ～を過小評価する
The total cost is **estimated** at €350.000.
総額は35万ユーロと見積もられている。

☐ 237. **stimulate**
他 ～を刺激する (≒ energize) \>> stimulation 刺激
The government took new measures to **stimulate** the economy.
政府は景気を刺激する新たな措置を実施した。

☐ 238. ★ **stable**
形 安定した (≒ steady：着実な) ⇔ **unstable** 不安定な
\>> stabilize ～を安定させる
Is your company **stable** and financially sound?
御社は安定して、健全な経営状態にありますか？

☐ 239. **incur**
他 (負債を) 負う、～を招く、被る (≒ suffer)
The company **incurred** huge losses over the last quarter.
その企業は前四半期に大きな損失を被った。

☐ 240. **brisk**
形 活発な (≒ vigorous)、景気が良い (≒ robust)
Business is always **brisk** during the Olympics.
オリンピック期間中は常に景気が良い。

241. ★ boost
他 〜を押し上げる、促進する　**名** 上昇、値上げ
Thanks to our big campaign, we **boosted** sales by 20%.
大々的なキャンペーンのおかげで20%も売り上げが伸びた。

242. favorable
形 順調な、有利な (≒advantageous)
Analysts have a **favorable** long-term outlook for the stock market.
アナリストは株式市場に関して、長期的な明るい見通しを持っている。

243. turnaround
名 (業績などの) 好転
Will "Abenomics" create an economic **turnaround**?
「アベノミクス」は景気を好転させるでしょうか？

244. thrive
自 成功する (≒succeed)、繁栄する (≒prosper, flourish)
The company is **thriving** under the new CEO's management.
その会社は、新しいCEOの経営下で成功している。

245. prevail
自 〜に勝つ ⟨against, over⟩／普及している ⟨in⟩
>> prevalent　広く行き渡った、流行している (≒prevailing)
The outplacement firm believes its business model will **prevail** during these tough economic times.
その転職あっせん業者は、自社のビジネスモデルがこの景気が厳しい時代に勝ち残ると確信している。

246. prosper
自 成功する (≒succeed)、繁栄する
>> prosperity　成功、繁栄
In order to **prosper**, companies have to adjust to the methods of Internet commerce.
商売繁盛のためには、企業はインターネット商取引方式に適応しなければならない。

247. surpass
他 〜を超える、〜に勝る (≒excel：〜より秀でる)
Internet-based ad revenue will **surpass** magazine ad revenue next year.
来年はインターネットを使った広告収入が、雑誌の広告収入を上回るだろう。

248. ★ recession
名 (景気) 後退
The world economy is now in serious **recession**.
世界経済は今深刻な不況にある。

249. depression
名 不況 (≒recession, stagnation)、憂うつ
At this rate, economists predict that Greece will suffer a **depression** within five years.
エコノミストは、ギリシャがこの調子では5年以内に深刻な不況に苦しむことになるだろうと予測している。

250. setback
名 妨げ (≒obstacle) 挫折／後退 (≒recession)
>> set back　(計画などを) 妨げる、遅らせる

The world is facing a serious economic **setback**.
世界は深刻な景気後退に直面している。

251. flounder
自 (景気などが) 低迷する／口ごもる
The Turkish economy is **floundering** and the future is uncertain.
トルコの経済は低迷しており、将来は不確かだ。

252. downturn
名 (景気、物価の) 下落、沈滞 (⇔upturn: 好転)
There has been a **downturn** in the stock market recently.
最近、株式市場の下落が続いている。

253. sag
自 たるむ、(景気が) 低迷する
>> sagging　低迷している (≒sluggish, slow, lagging)
When European economies **sag**, the company's sales decrease as well.
ヨーロッパ経済が低迷すると、会社の売り上げもまた下落する。

254. ★ bankruptcy
名 倒産、破産 (≒collapse)
>> bankrupt　破産した (≒insolvent)
The flag-carrier went into **bankruptcy** in 2010.
国内の代表的航空会社は2010年に経営破たんした。

255. collapse
自 崩壊する、倒産する (≒go bankrupt)
名 崩壊、倒産 (≒bankruptcy, meltdown)
The software company **collapsed** last year.
そのソフトウェア会社は去年倒産した。

256. liquidate
他 〜を清算する、整理する　>> liquidation　破産
We had to **liquidate** our assets because of bankruptcy.
破産によって、我々は資産の整理を余儀なくされた。

257. standstill
名 行き詰まり、停止
The whole economy is at a **standstill** due to the recession.
不況のため、経済全体が行き詰まっている。

株式・投資 | STOCK & INVESTMENT

258. broker
名 仲買人 (≒middleman)　>> brokerage　証券会社
It can be risky to buy stocks without a **broker**.
仲買人を介さずに株を買うのは危険かもしれない。

259. dividend
名 (株の) 配当金 (＝capital bonus)
The **dividends** were paid to shareholders on September 1st.
配当金は9月1日に株主に支払われた。

260. ★ invest
他 〜を (…に) 投資する ⟨in⟩／〜を授ける
>> investment　投資、出資 (≒stake)
>> investor　投資家 (≒stakeholder)
He wants to **invest** in the futures market.

DAY 7

彼は先物市場に投資したがっている。

261. ★ shareholder
名 株主（≒ stockholder）
>> share　株式（~s）（≒ stock）／市場占有率、~を共有する
A majority of **shareholders** didn't approve a proposed merger of the company.
株主の過半数がその会社の合併案を承認しなかった。

会計 | ACCOUNT

262. ★ financial
形 財政上の、金融上の　>> financially　財政的に(は)
Mumbai is the **financial** hub of India.
ムンバイはインドの金融の中心地だ。

263. fiscal
形 会計の
Many Japanese companies start their new **fiscal** year on April 1st.
多くの日本企業は4月1日に会計年度を開始する。

264. fund
名 資金、基金（≒ resource）　>> fund-raising　資金集め
He didn't clarify how the **fund** was actually used.
彼は資金の具体的使途を明らかにしなかった。

265. ★ budget
名 予算（案）、経費
One-third of their overall **budget** is used to cover labor costs.
彼らの総予算の3分の1は人件費に使われる。

266. allowance
名 手当、小遣い
We provide a transportation **allowance** to seminar attendees.
当社ではセミナーの参加者に交通費を支給いたしております。

267. ★ account
名 口座／取引（先）／説明　動（割合を）占める、釈明する〈for〉
>> accounts payable　買掛金、未払金（⇔ accounts receivable: 売掛金、未収金）　>> accountant　会計士
>> accountable　（~について）説明責任がある〈for〉
Sales of this software **account** for 30% of our revenue.
このソフトの売上が当社の収入の30%を占めている。

268. withdraw
他 ~を引き出す、取り下げる／~から撤退する
>> withdrawal　引き出し、撤回
You can **withdraw** cash from an ATM in any of our overseas branches.
当行のどの海外支店のATMからでも現金の引き出しができます。

269. credit
他 ~を（銀行口座に）入金する／~のおかげだと思う
名 評判、信用
The new CEO was **credited** with the rapid turnaround of the company.
新しいCEOはその会社の急速な再建によって高く評価された。

270. ★ interest
名 金利／関心　他 ~に興味を抱かせる（≒ intrigue）
How much are the monthly **interest** payments?
月々の金利の支払いはいくらですか。

271. debit
他 ~を貸方に記入する、引き落とす
Fifty dollars has been **debited** from your account.
50ドルがあなたの口座から引き落とされました。

272. ★ debt
名 借金（≒ borrowing）
>> debtor　債務者（⇔ creditor: 債権者）
Mr. Timon is in **debt** up to his ears.
タイモン氏は耳のところまで借金につかっている（借金まみれだ）。

273. burden
名 負担、重荷　他（負担を）負わせる
Her college tuition was a big financial **burden** on the family.
彼女の大学の学費は、家族にとって大きな経済的負担だった。

274. miscellaneous (misc.)
形 種々雑多な
They paid £100 for **miscellaneous** expenses.
彼らは雑費に100ポンドを支払った。

275. overhead (costs)
名 諸経費、間接費　形 頭上の
We cut **overhead** by moving our office to the suburbs.
わが社はオフィスを郊外へ移転させて、経費を削減した。

276. ★ auditor
名 会計検査官　>> audit　会計監査、~を監査する
The **auditor** found several mistakes in the accounting book.
その監査役は、会計帳簿にいくつか誤りを見つけた。

277. afford
他 ~する（経済的・時間的）余裕がある〈to do〉
>> affordable　（価格が）手ごろな、入手可能な
Needless to say, I can't **afford** to buy a Ferrari.
言うまでもなく、私にはフェラーリを買う余裕はない。

278. ★ remittance
名 送金（≒ cash transfer）
>> remit　~を（…に）送金する〈to〉
Remittance should be made by money order.
送金は郵便為替で行われなければならない。

279. rebate
名 払い戻し、割戻し
You can receive an instant 10% **rebate** by purchasing this product today.
本日この商品を購入すれば、その場で10%の割戻しを受けられます。

280. ★ reimbursement
名 払い戻し、弁済（≒ refund）
>> reimburse　~を払い戻す（≒ refund, repay）
Employees can receive **reimbursement** for travel expenses.
従業員は交通費の払い戻しを受けることができる。

281. ★ compensate
自 ～を償う〈for〉(≒make up)
>> compensation　賠償(金)
You don't have to **compensate** them for the damage they caused.
彼らが引き起こした損害に対してあなたが賠償する必要はない。

282. ★ donation
名 寄付(金)、寄贈 (≒contribution)
>> donate　～を(…に) 寄贈する〈to〉(≒contribute)
Former Beatle, George Harrison **donated** money to the center.
元ビートルズのジョージ・ハリソンは、その施設にお金を寄付した。

283. benefactor
名 後援者 (≒supporter)
An anonymous **benefactor** donated £1 million to the museum.
匿名の後援者が博物館に100万ポンドを寄付した。

284. reminder
名 思い出させるもの／督促状
>> remind　～に (…を) 思い出させる〈of〉
This is your final **reminder** for the amount past due.
これが期限経過残高に対する最後の督促状です。

285. ★ invoice
名 請求書、送り状
The **invoice** and the contents of the shipment received do not match.
送り状と受け取った荷物の中身が一致していない。

286. ★ bill
名 請求書 (≒check)　他 (勘定書で) ～に請求する
Electricity was cut off because he didn't pay his **bill**.
彼は料金不払いで電気を止められてしまった。

287. fee
他 料金、授業料、入場料　>> fee schedule　料金体系
There will be a monthly maintenance **fee** of $10 if the account balance falls below $500.
口座残高が500ドルを下回ると、月々の維持費として10ドルかかります。

288. ★ revenue
名 収入、(国の) 歳入
Our company's **revenue** increased by 30 percent last year.
わが社の収益は昨年30パーセント増加した。

289. income
名 収入　>> incomings　所得 (⇔outgoings:出費)、新任の
What is your approximate annual **income**?
あなたのおおよその年収はいくらですか。

290. surplus
名 黒字、余剰 (⇔deficit:赤字)
China's trade **surplus** has started to decrease.
中国の貿易黒字は縮小し始めている。

291. ★ balance
名 (差引) 残高／釣り合い　他 ～の釣合を保たせる
You have to pay the **balance** by the end of this month.
あなたは今月末までに残額を支払わなければならない。

292. discrepancy
名 不一致、食い違い (≒disagreement)
There is a **discrepancy** between the amount I have paid and this receipt.
私が支払った金額とこのレシートには、食い違いがある。

293. ★ subsidy
名 助成金、補助金 (≒grant)
>> subsidize　～に助成[補助]金を与える
Lunches in the cafeteria are **subsidized** by the company.
社員食堂の昼食は会社によって補助されている。

294. deduction
名 控除／推論
>> deduct　～を (…から) 差し引く (≒subtract)、控除する〈from〉　>> deductible　控除可能の
He earns £50,000 a year after tax **deductions**.
彼は税金を差し引いた後の金額で、5万ポンド稼ぐ。

295. proceed
名 収益(-s)　自 (～を) 続ける〈with〉、先に続ける〈to〉
The **proceeds** will go to a charitable organization.
収益は慈善団体に寄付されます。

296. ★ outstanding
形 目立った (≒noticeable)／未払いの (≒delinquent)
All your **outstanding** debts must be settled immediately.
未払いの負債を直ちに全額支払っていただきます。

297. default
名 債務不履行、滞納〈on〉／初期設定、デフォルト
自 (～の) 債務の履行を怠る〈on〉
If you **default** on your payments, you will damage your credit rating.
支払いを怠ると、自分の信用を傷つけることになる。

298. ★ deposit
他 ～を預金する　名 頭金 (down payment)、預金
He **deposits** twenty percent of his pay into a savings account.
彼は預金口座に給料の2割を預金している。

299. ★ due
形 支払い期限の来た、満期の
>> due date　支払期限
>> overdue　未払いの、期限の切れた
The rent is **due** on the first day of each month.
家賃の支払い期限は毎月1日だ。

300. delinquent
形 滞納[延滞]の／非行の
名 (義務の) 不履行／非行
>> delinquency
He is two months **delinquent** in paying his rent.
彼は家賃を2カ月滞納している。

DAY 8

☐ 301. ★ mortgage
名 住宅ローン　他 〜を抵当に入れる
He will pay off his **mortgage** in ten years.
彼は10年後に住宅ローンを完済するだろう。

☐ 302. collateral
名 担保 (≒ mortgage, security)
He offered his home as **collateral** for the loan.
彼は自宅をそのローンの担保とした。

☐ 303. ★ repay
他 〜を返済する (≒ pay back)
If you fail to **repay** the loans, your credit score will be negatively impacted.
借金を返済しなければ、あなたの信用度は悪影響を受けるだろう。

☐ 304. check [= cheque]
名 小切手　※ make check payable to 〜: 小切手の振り出し先を〜に指定する
Please make all **checks** payable to Luxa Corp.
すべての小切手の振り出し先を、ルクサ株式会社に指定してください。

☐ 305. bounce
自/他 （小切手が）不渡りとなり戻ってくる、跳ね返る (≒ return)
The check **bounced** due to insufficient funds in their account.
小切手が口座残高の不足で不渡りとなった。

☐ 306. ★ pension
名 年金 (≒ annuity)　>> 401K 企業年金制度
My father began drawing his **pension** last year.
父は去年から年金をもらい始めた。

☐ 307. owe
他 〜を負っている、〜に…を借りている
How much do we **owe** you for dinner?
私たちは夕食代であなたにいくら借りがありますか？

☐ 308. charge
他 （料金を）請求する　名 料金
>> surcharge 追加料金
How much do they **charge** for repairs?
彼らは修理にいくら請求しているのですか。

☐ 309. ★ reward
他 〜に報酬を与える　名 報酬 (≒ remuneration)
>> rewarding 生産的な
You deserve a vacation as a **reward** for working so hard during the sales campaign.
あなたは販売キャンペーン中に熱心に働いた報酬として休暇をとる資格がある。

☐ 310. remuneration
名 報酬
Employee **remuneration** is based on performance and years worked at the company.
従業員への報酬はその会社での業績と勤続年数に基づいている。

☐ 311. expenditure
名 支出、経費 (≒ cost, expense, outlay, spending)
We need to reduce advertising **expenditures** immediately.
我々はすぐに広告費を削減する必要がある。

時間 | TIME

☐ 312. duration
名 継続期間　>> during 〜の期間に
The **duration** of the movie is 123 minutes.
その映画の上映時間は123分だ。

☐ 313. ★ quarter
名 四半期、4分の1　※ quart- は「4」を表す。
>> quarterly 年4回の
The company's earnings per share fell by 10% in the second **quarter**.
その会社の1株当たりの利益が第2四半期に10%下落した。

☐ 314. intermission
名 （劇場などの）休憩時間、幕間 (≒ interval)
There will be a 15-minute **intermission** after the 3rd act.
第3幕の後で15分間の休憩があります。

☐ 315. era
名 時代 (≒ times)
We are living in an **era** in which technology is constantly advancing.
我々は技術が日進月歩の時代に生きている。

☐ 316. ★ contemporary
形 現代の (≒ modern) (⇔ traditional : 伝統的な)
My wife prefers **contemporary** furniture to antiques.
私の妻はアンティークの家具よりも現代風の家具の方が好きだ。

☐ 317. ★ decade
名 10年間　※ score=20、dozen=12、fortnight＝2週間
Prices have risen sharply in the past **decade**.
この10年間で物価が急上昇している。

☐ 318. ★ annual
形 年に1度の
>> annually 年に1回　>> biannually 年に2回
The company will be releasing its **annual** report at the end of this month.
その会社は今月末に年次報告書を公表する。

☐ 319. anniversary
名 記念日、〜周年
Next year, our company will celebrate its 10th **anniversary**.
来年、わが社は創業10周年を祝います。

☐ 320. as of
前 〜現在、〜以後は
As of today, we have received no payment from you.
本日現在、まだそちらからの支払いを受け取っておりません。

☐ 321. punctual
形 時間厳守の
Mrs. Philip likes her guests to be **punctual**.
フィリップ夫人は訪問客に時間厳守を望んでいる。

☐ 322. ★ tentative
形 一時的な、暫定的な (≒ interim, temporary, provisional)
I made a **tentative** reservation for two nights at Ritz Hotel in Paris.
パリのリッツホテルに2泊の仮予約をした。

☐ 323. makeshift
形 間に合わせの、一時しのぎの
We are operating in a **makeshift** location during the remodeling of our main store.
本店の改装期間中は仮の店舗で営業しています。

☐ 324. imminent
形 差し迫った (≒ impending, pressing)
The symposium will be held to discuss the **imminent** problems facing the entire industry.
産業全体が直面する切迫した問題について議論するため、シンポジウムが開かれる。

☐ 325. last-minute
形 (時間が) ぎりぎりの、土壇場の
The airline announced a **last-minute** change to the flight schedule.
航空会社は出発間際に運航計画の変更を発表した。

☐ 326. overnight
副 一晩 (中)、一夜で **形** 夜通しの、一泊の
We offer free **overnight** delivery with purchases of £ 50.
50ポンドの購入で、翌日配送が無料になります。

☐ 327. coincidence
名 偶然の一致
>> coincide (〜と) 同時に起こる、一致する〈with〉
It was pure **coincidence** that I met my ex-girlfriend in London last month.
先月ロンドンで昔のガールフレンドと会ったのは全くの偶然だった。

☐ 328. ★ current
形 現在の (≒ present) >> currency 通貨
Analysts expect the **current** market trend to continue.
アナリストは現在の市場動向が継続すると見込んでいる。

☐ 329. ongoing
形 継続 [進行] 中の (≒ underway)
Their international custody battle is still **ongoing**.
彼らの国境を越えた養育権争いは、いまだに進行中だ。

☐ 330. ★ recent
形 最近の、新しい
>> recently 最近 ※現在形と一緒には使えない！
The **recent** trend of bullying in schools is a serious matter.
校内でのいじめという最近の傾向は深刻な問題だ。

☐ 331. permanent
動 永久的な
Norman was offered a **permanent** position as a sales manager.
ノーマンは営業部長として正社員の役職を提示された。

☐ 332. abrupt
形 唐突な (≒ sudden)
There was an **abrupt** change in the company's managerial structure.
会社の経営構造に突然の変更があった。

☐ 333. rapid
形 急速な (≒ immediate, prompt, instant, swift : 即時の)
We are seeing **rapid** growth in the use of social networking services.
私たちはソーシャル・ネットワーキング・サービスの急速な成長を目の当たりにしている。

☐ 334. ★ immediate
形 迅速な >> immediately 迅速に
Our government must take **immediate** action to tackle the national deficit.
政府は財政赤字に対処するために、迅速な行動を起こさなければならない。

☐ 335. ahead of
前 〜より前に
We finished the project three days **ahead of** schedule.
我々は予定より3日早くそのプロジェクトを終えた。

☐ 336. ★ prior
形 前の、先だっての／より重要な
>> prior to 〜より前に   >> priority 優先事項
She won't be able to come due to a **prior** engagement.
彼女は先約があるため来られないでしょう。

☐ 337. ★ previous
形 以前の (≒ preceding) >> previously 以前に
Susan has two sons from her **previous** marriage.
スーザンには前回の結婚でもうけた2人の息子がいる。

☐ 338. preceding
形 前の、先の (≒ former, ex-)(⇔ following, subsequent : 次の)
>> unprecedented 前例のない >> precedent 前例、先例
Sales growth was 10 percent in the **preceding** fiscal year.
前年会計年度の売上成長は10%だった。

☐ 339. ★ in advance
副 前もって (≒ beforehand)
>> advance 進歩、前進する、進歩する
In order for us to ship your order, we must receive full payment **in advance**.
注文品を発送するためには、事前に全額をお支払いいただかなければなりません。

☐ 340. tardy
形 遅い (≒ tardy) >> tardiness 遅延、遅刻
The supplier was rather **tardy** in responding to our request.
その供給業者は我々の要求に対する返信がかなり遅かった。

DAY 9

☐ **341. overtime**
副 時間外に　名 超過勤務時間、残業　形 時間外の
He's been working **overtime** a lot lately.
最近彼は残業ばかりしている。

☐ **342. ★ postpone**
他 〜を（…まで）延期する（≒adjourn, put off, defer, delay）〈until, to〉
Bad weather forced us to **postpone** Sunday's game.
悪天候のために、日曜日の試合を延期せざるを得なくなった。

☐ **343. suspend**
他 〜を一時中断する、延期する　自 ぶら下がる
>> suspension　一時停止（≒moratorium）／停職、停学
We have to **suspend** you for one week because you didn't follow company policy again.
会社の規則を再び破ったので、あなたを1週間の停職処分としなければならない。

☐ **344. procrastinate**
自 ぐずぐずと引き延ばす
William tends to **procrastinate** when it comes to completing his monthly reports.
ウィリアムは月報をまとめることになると先延ばしをする傾向がある。

☐ **345. ★ extend**
他 〜を延長する（≒prolong）
>> extension　延長、拡張／内線　>> extensive　広範囲にわたる
If you wish to **extend** your stay, please call the front desk.
滞在を延期されたい場合は、フロントまでご連絡ください。

☐ **346. lag**
自（〜に）遅れる〈behind〉　名 遅れ、遅延（≒delay）
The firm's software tends to **lag** behind other developers.
その企業のソフトは、他の開発者よりも遅れをとる傾向がある。

☐ **347. ★ delay**
他 〜を遅らせる　名 遅れ（≒lag）
His flight has been **delayed** for three hours.
彼のフライトは3時間遅れている。

☐ **348. upcoming**
形 来たるべき、次回の（≒forthcoming）
I'm nervous about the **upcoming** job interview.
私は近々行われる就職面接のことで緊張している。

☐ **349. subsequent**
形 それに続く　>> subsequently　その後に
The final decision was made based on the results of the **subsequent** review.
最終決定は、その後の審査結果に基づいて行われた。

☐ **350. prolonged**
形 長期の、長引く
Due to the **prolonged** recession, the domestic tourist industry has been suffering.
長引く不景気で、国内の旅行業界は低迷している。

☐ **351. long-standing**
形 長期にわたる、昔ながらの（≒long-term）

The two parties finally reached a compromise on a **long-standing** dispute.
両者は長年にわたる論争の妥協点にようやく達した。

☐ **352. consecutive**
形 連続した（≒straight, successive）
Our company has posted record profits for three **consecutive** years.
当社は3年連続で最高益を記録した。

変化・影響 | CHANGE & INFLUENCE

☐ **353. ★ affect**
他 〜に影響を及ぼす（≒dictate）
Employee morale always **affects** the quality of goods produced.
従業員の士気は生産される製品の品質に常に影響する。

☐ **354. ★ adapt**
他 〜を（…に）適応させる〈to〉
We need to **adapt** our product line to the needs of the Asian market.
我々は、当社の製品ラインをアジア市場のニーズに適応させる必要がある。

☐ **355. alter**
他（部分的に）〜を変更する（≒amend）
>> alteration　変更、修正（≒amendment）
The railway company **altered** its timetable recently.
その鉄道会社は最近時刻表を変更した。

☐ **356. vary**
自 変化する、（〜の点で）異なる〈in, with〉
>> various　多様な（≒varied）　>> variability　変わりやすいこと
Rooms **vary** in size but they all have Internet access.
部屋の大きさは異なりますが、すべての部屋でインターネットがつながります。

☐ **357. ★ fluctuate**
自 変動する（≒change）
>> fluctuation　変動（≒change）〈in/of〉
The weather **fluctuates** wildly in the mountain area.
山間部では、天候が激しく変動する。

☐ **358. subject**
形 〜を受けやすい　>> be subject to：〜の対象となる
Prices are **subject** to change without notice.
価格は予告なく変更されることがあります。

☐ **359. evolve**
自 進化する、発展する（≒develop）
Internet cafes in Japan **evolved** from comic culture.
日本のインターネットカフェは、漫画文化から進化してきた。

☐ **360. revolution**
名 大変革、革命
>> revolutionize　〜に革命[変革]をもたらす
We are experiencing a **revolution** in information technology.
我々は情報技術における革命を経験している。

361. conversion
名 変換 >> convert 〜を変換する
He **converted** 100 euros into Japanese yen.
彼は100ユーロを日本円に両替した。

362. distinct
形 際立った、別個の
>> **distinctively** 著しく、目立って (≒markedly)
This project has five **distinct** phases.
このプロジェクトには5つの異なる段階がある。

363. diverse
形 さまざまな (≒varied) >> diversify 〜を多様化させる、〜に事業を広げる (≒expand)〈into〉
The newspaper aims to cover **diverse** social issues.
新聞は多様な社会問題を取り扱うことを志している。

364. reinforce
他 〜を(…で)補強する〈with〉
The marketing team has **reinforced** its public relations to attract more customers.
マーケティングチームは、より多くの顧客を引きつけるために広報活動を強化している。

365. ★ enhance
他 (価値・力を)高める、強める (≒strengthen, fortify)
>> **enhancement** 増進、強化
Terminal cares are aimed at **enhancing** patients' quality of life.
終末医療は患者の人生の質を向上させることを目指している。

366. ★ improve
自/他 (〜を)改善する >> **improvement** 改善、改良
We must **improve** our brand image in order to increase sales of our new products.
新製品の売り上げを伸ばすために、我々はブランドイメージを向上させる必要がある。

367. deteriorate
自 悪化する (≒worsen, aggravate, degrade)
⇔ ameliorate 良くなる (≒improve)
The weather **deteriorated** rapidly so the game was canceled.
天候が急に悪化したため、試合は中止になった。

368. impair
他 (価値・機能などを)損なう (≒ruin, damage)
He didn't meet the deadline and **impaired** a working relationship with his clients.
彼は締め切りを守らず、顧客との仕事上の関係を損なってしまった。

369. jeopardize
他 〜を危険にさらす (≒risk, endanger)
>> **jeopardy** 危険 ※in jeopardy (危険にさらされて)
We must avoid **jeopardizing** relations with our supplier.
供給業者との関係を危機にさらすことは避けなければならない。

スケジュール | SCHEDULE

370. ★ appointment
名 (人と会う)約束、予約

>> appoint 〜を任命する
I have an **appointment** with Mr. Richards at six o'clock.
6時にリチャードさんと会う約束があるのですが。

371. ★ adjust
他 〜を調整する
I have to **adjust** my schedule to suit my new position.
私は新しい職にスケジュールを合わせなければならない。

372. reschedule
他 〜の予定を変更する
Can we **reschedule** our annual banquet for Friday instead of Thursday?
年次晩餐会の予定を木曜から金曜日に変更できますか?

373. conflict
名 争い、不一致 自 (…と)衝突する〈with〉
My schedule **conflicts** with my client's.
私のスケジュールが顧客と合わない。

374. ★ deadline
名 (…の)締切り〈for〉
The **deadline** to submit this report was last Saturday.
このレポートの提出期限は先週の土曜日でした。

375. ★ supposed
形 〜することになっている、想定された
>> suppose 〜と仮定する >> supposedly おそらく
The new recruits are **supposed** to take a three-month training course.
新入社員は3ヵ月の研修を受けることになっている。

会議 | MEETING

376. ★ attend
他 〜に出席する (=turn up) 自 世話をする (to)
>> attention 注意、配慮、気付 >> attendance 出席
>> attendee 出席者 >> attentively 注意深く
I will **attend** my 10-year university reunion in July.
私は7月に、大学の10周年の同窓会に出席します。

377. ★ conference
名 会議 (≒convention, meeting, assembly, rally, gathering)
>> confer 話し合う〈with, about, on〉
Many visionary programmers attended the **conference**.
多くの先見の明があるプログラマーたちが、その会議に出席した。

378. convene
他 (会議を)招集する
>> convention 大会、総会／慣習
>> conventional 伝統的な
A panel of experts was **convened** to discuss safety issues.
安全問題について議論するために、専門家委員会が招集された。

379. gathering
名 集会、集まり (≒get-together, meeting)
>> gather 集まる
Christmas is one of the best times for family **gathering**.
クリスマスは家族が集まるのに絶好の機会だ。

DAY 10

☐ 380. preside
自 議長を務める、司会する　>> president　社長、大統領
Mr. Harrison will **preside** over the upcoming meeting.
次回の会議はハリソン氏が司会を務めます。

☐ 381. ★ proposal
名 提案（書）　>> propose　他 ～を提案する
The manager was very impressed by her business **proposal**.
マネージャーは彼女のビジネスの提案にとても感心した。

☐ 382. ★ agenda
名 協議事項、議題
I enclosed a tentative **agenda** for the meeting.
会議の仮の協議事項を同封しました。

☐ 383. minute
名 議事録、記録（≒ proceedings）
Has everyone looked through the **minutes** of last month's meeting?
先月の会議の議事録には皆さん目を通しましたか？

☐ 384. confidential
形 秘密の、機密の（≒ secret, clandestine）
>> confidentiality　機密性
Please keep this matter **confidential** for the time being.
当分この件は内密にしておいてください。

☐ 385. sensitive
形 敏感な／機密の
Today's agenda involves commercially **sensitive** information.
今日の議題には企業の機密情報が含まれます。

☐ 386. unanimously
副 満場一致で　>> unanimous　満場一致の
The proposal was approved **unanimously** by the board.
その提案書は役員会によって満場一致で承認された。

☐ 387. brainstorm
自 意見を出し合う、ブレインストーミングする
A brilliant idea arose during a **brainstorming** session.
素晴らしいアイデアが意見交換の時間に生まれた。

☐ 388. pros and cons
名 賛否両論、良い点と悪い点
We need to look at the **pros and cons** of the proposal.
その提案のプラス面とマイナス面について検討する必要がある。

☐ 389. ★ distribute
他 ～を（…に）分配する〈to / among〉（≒ dispense, pass out）
>> distribution　配布、流通　>> distributor　販売店
The keynote speaker **distributed** the handouts at the beginning of his presentation.
基調演説者はプレゼンテーションの初めに資料を配布した。

☐ 390. ★ prepare
他 ～を準備する（≒ prep）
>> preparation　準備　>> preparatory　準備［予備］の
I was asked to **prepare** materials for tomorrow's meeting.
私は明日の会議のための資料を準備するように頼まれた。

☐ 391. absent
形 欠席している（⇔ present：出席している）
He was **absent** from work for 3 days.
彼は会社を3日休んでいた。

☐ 392. honor
名 名誉、尊敬　他 ～に名誉を与える
It is a great **honor** for me to speak at this seminar.
このセミナーで講演できることは私にとって大きな名誉です。

イベント｜EVENT

☐ 393. ★ participate
自 (～に) 参加する〈in〉(≒ join, take part in, go in for)
>> participation　参加
>> participant　参加者
Approximately fifty companies **participated** in the job fair.
およそ50社がその就職説明会に参加した。

☐ 394. ★ exhibit
他 ～を展示する　名 展示会
>> exhibition　展示会
His work will be **exhibited** in London later this year.
彼の作品は年末にロンドンで展示される。

☐ 395. ★ display
他 ～を陳列［展示］する　名 展示（品）
His work is on **display** at a gallery in New York.
彼の作品はニューヨークの画廊で展示中だ。

☐ 396. preview
他 ～を下見する　名 下見、試写（= sneak preview）
You can **preview** a digital edition of this book on our website.
本書はウェブサイトでデジタル版の試し読みすることができます。

☐ 397. invitation
名 招待（状）
I didn't receive the **invitation** to Mr. McGregor's farewell party.
私はマクレガー氏の送別会の招待状を受け取らなかった。

☐ 398. admission
名 入場（許可）
>> admit　～を認める、(入場を) 受け入れる
A lot of people waited in line for **admission** to the Bon Jovi concert.
ボン・ジョヴィのコンサートの入場のために多くの人が列に並んでいた。

☐ 399. ★ anticipate
他 ～を予想する、期待する（≒ expect）
We **anticipate** 100 visitors to this year's trade show.
今年度の見本市には100人の入場者を見込んでいる。

☐ 400. spectacular
形 見事な、素晴らしい（≒ marvelous, fabulous, superb）
The opera we saw last night was **spectacular**.
私たちが昨晩観たオペラは見事だった。

☐ 401. ★ informative
形 有益な (≒ useful, instructive)
>> inform ～に知らせる〈of〉(≒ notify: 告知する remind: 思い出させる)
He found the TV program on food additives to be very **informative**.
彼は食品添加物に関するテレビ番組を非常に有益だと思った。

☐ 402. fascinate
他 ～を魅了する (≒ enrapture)
The orchestra's splendid performance **fascinated** the audience.
オーケストラの素晴らしい演技が観客を魅了した。

☐ 403. celebrate
他 ～を祝う、記念する
Let's have a party to **celebrate** your promotion.
あなたの昇進を祝うパーティーをしましょう。

☐ 404. commemorate
他 ～を記念する、祝う (≒ celebrate)
>> commemorative 記念の、記念となる
A bronze statue **commemorating** the legendary poet stands in the courtyard.
その伝説的な詩人を記念する銅像が中庭に立っている。

☐ 405. ★ audience
名 聴衆、観衆 (≒ spectator)
There were more than 100 people in the **audience** at the seminar.
そのセミナーには100名以上の聴衆がいた。

☐ 406. award
名 賞 他 ～を授与する
Jude won an **award** for his outstanding acting.
ジュードは、素晴らしい演技で賞を受けた。

構成 | FRAMING

☐ 407. component
名 構成要素、部品 (≒ parts)
>> compose ～を構成する (≒ constitute)
Regular exercise is one of the key **components** of a healthy lifestyle.
規則的な運動は健康的なライフスタイルの主要な要素のひとつである。

☐ 408. consist
自 ～で構成される〈of〉／(本質が) ～にある〈in〉
Breakfast **consisted** of rye bread and a cup of tea.
朝食はライ麦パンと紅茶1杯だった。

☐ 409. constitute
他 ～を構成する (≒ make up, compose)
>> constitution 憲法
Hispanics **constitute** 16 percent of the U.S. population.
ヒスパニック系がアメリカの人口の16%を構成している。

☐ 410. compilation
名 編集 (≒ edit)、寄せ集め >> compile ～を編集する
The CD is a **compilation** of disco hits from the 70s.
そのCDは70年代のディスコ・ヒット曲の編集版だ。

☐ 411. segment
名 部分、区分 (≒ part)
A large **segment** of the population in this city is African-American.
この都市の人口の大部分はアフリカ系アメリカ人だ。

☐ 412. portion
名 部分
They're spending a larger **portion** of their income on children's education.
彼らは収入の大部分を子供の教育に費やしている。

☐ 413. ★ exception
名 例外 >> except ～を除いて >> exceptional 例外的な
There is no death penalty in Europe, with the single **exception** of Belarus.
ヨーロッパでは、ベラルーシ以外では死刑がない。

☐ 414. respectively
副 それぞれ、各自 >> respect 敬意／観点
The cups and saucers cost €7 and €5 **respectively**.
カップとソーサーの価格はそれぞれ7ユーロと5ユーロです。

☐ 415. separate
形 別れた、別の 自／他 分ける [分かれる]
>> separately 別々に、個々に
Mr. and Mrs. Smith arrived at the party **separately**.
スミス夫妻は別々にパーティーに来た。

☐ 416. ★ include
他 ～を含む (≒ enclose: 同封する) (⇔ exclude, rule out: 除外する)
Initial symptoms may **include** fever and vomiting.
初期症状には発熱と嘔吐が含まれる。

☐ 417. apart from
前 ～は別として (≒ except for)
Apart from business offices, there are many shops and restaurants in this building.
このビルには企業のオフィスだけでなく、多くの店舗やレストランがある。

☐ 418. partially
副 部分的に、一部分は (≒ partly)
The ad campaign was only **partially** successful.
広告キャンペーンは部分的にしか成功しなかった。

程度 | DEGREE

☐ 419. weigh
自 ～の重さがある
他 ～を (…と) 比較検討する〈against〉
The baby **weighed** 7 pounds when he was born.
その赤ちゃんは、生まれたときの体重が7ポンドだった。

☐ 420. ★ actual
形 現実の、実際の >> actually 実際に (≒ in fact)

DAY 11

The **actual** price of the paper shredder was five hundred dollars.
シュレッダーの実際の価格は500ドルだった。

☐ **421. de facto**
形 事実上の (≒actual) ※ラテン語だがよく使われる。
English is the **de facto** single language of the IT industry.
英語はIT産業における事実上、唯一の言語だ。

☐ **422. virtually**
副 事実上 (≒almost, practically)
It's **virtually** impossible to double your gains within 1 month.
1カ月以内に利益を2倍にすることは事実上不可能だ。

☐ **423. ★ approximately**
副 おおよそ、ほぼ
We will arrive at Heathrow Airport in **approximately** four hours.
およそ4時間でヒースロー空港に到着します。

☐ **424. ★ rate**
名 比率、割合／料金　他 ～を評価する
>> rating　評価
There was a dramatic fall in the city's crime **rate** last year.
昨年、その都市の犯罪率は劇的に低下した。

☐ **425. increment**
名 増加(量)　※in...increments (…きざみで、…ずつ)
>> increase　～を増加させる、増加
You may buy traveler's checks in $100 **increments**.
トラベラーズチェックは100ドル単位で購入できる。

☐ **426. surge**
名 急上昇、高騰 〈in〉　自 急上昇する (≒soar, skyrocket, proliferate)
What do you think of the recent **surge** in the popularity of cosmetic surgery?
最近の美容整形人気の急上昇をどう思いますか？

☐ **427. ★ expand**
他 ～を拡張する (≒enlarge)　自 (～に) 業務を拡大する 〈into〉　>> expansion　拡張
British Airways is planning to **expand** its network of air routes in April.
英国航空は4月に航空路線網を拡張する計画だ。

☐ **428. exceed**
他 (程度・限度を) 超える　>> excessive　過度な
There is a discount for any purchase **exceeding** 20 units.
20個を超える購入に対してはすべて割引があります。

☐ **429. add-on / additional**
形 追加の
We need access to **additional** capital in order to expand our business.
事業拡大のためには増加資本の調達が必要だ。

☐ **430. multiple**
形 複数の、複合的な (≒numerous, various)

He received **multiple** job offers from several large corporations.
彼はいくつかの大企業から複数の仕事の申し出を受けた。

☐ **431. numerous**
形 多数の、数の多い
She has **numerous** other duties apart from taking telephone calls.
彼女には電話を受けること以外に他の多くの職務がある。

☐ **432. ★ sufficient**
形 十分な (≒enough)
Mark was able to get **sufficient** information on the Internet.
マークはインターネットで十分な情報を得ることができた。

☐ **433. adequately**
副 適切に (≒properly)、十分に (≒sufficiently)
You have to research the market **adequately** before launching a new product.
新製品を出す前には、十分に市場調査をしなければならない。

☐ **434. ★ substantial**
形 かなりの、大幅な (≒considerable)
>> substantially　大幅に
Substantial discounts are provided for large orders.
大口の注文については、大幅な割引が提供されます。

☐ **435. abundant**
形 豊かな (≒affluent, rich)
He has **abundant** experience in operations management.
彼には豊富な業務管理の経験がある。

☐ **436. massive**
形 大規模な、巨大な (≒huge, gigantic, giant, immense)
The publisher launched a **massive** advertising campaign.
その出版社は大々的な広告キャンペーンを開始した。

☐ **437. enormous**
形 巨大な
The stress that Mr. Noda went through was **enormous**.
野田氏が抱えていたストレスは甚大だった。

☐ **438. maximum**
名 最大限 (≒minimum：最小限)　形 最大限の
>> maximize　～を最大にする (⇔minimize：～を最小にする)
20kg per piece of check-in luggage is the **maximum** allowed on any international flight.
国際線で機内に持ち込める荷物は1点につき最大20kgです。

☐ **439. severe**
形 厳しい (≒strict：厳密な ／ harsh：辛辣な ／ fierce：どう猛な ／ rigorous：厳格な ／ grim：不快な)
Severe thunderstorms are forecasted for Friday night.
金曜の夜は、激しい雷雨が予報されている。

☐ **440. strenuous**
形 激しい (≒hard)
The job involves **strenuous** work and long hours.
その仕事には骨の折れる長時間の労働が伴います。

441. ★ extremely
副 極端に
This deal is **extremely** important to us.
この取引は我々にとってきわめて重要だ。

442. drastic
形 抜本的な (≒ radical：急進的な)
The company took **drastic** measures to reduce its debt.
その企業は負債を減らすために抜本的な対策をとった。

443. ★ thorough
形 徹底的な
The investment project was a **thorough** disaster.
その投資プロジェクトは完全に失敗だった。

444. ★ intense
形 極度の、強烈な
>> intensive 集中的な
This type of work requires **intense** concentration.
この種の作業は極度の集中力を必要とする。

445. ★ decrease
他 〜を減少させる (≒ lessen, dwindle, diminish)
The doctor advised me to **decrease** the amount of sugar intake.
医者は私に砂糖の摂取量を減らすように助言した。

446. ★ reduce
他 〜を削減する (= cut back [down] on, curtail, trim, slash)
Many companies hire more temporary staff to **reduce** costs.
多くの企業が経費を削減するために派遣社員の雇用を増やしている。

447. ★ decline
自 減少する (≒ drop, dip, sag) 他 〜を丁重に断る
The stock market **declined** dramatically last week.
株式市場は先週大幅に下落した。

448. descend
自 下降する、降りる (⇔ ascend：上がる、登る)
The plane is preparing to **descend** for landing.
飛行機は着陸のために下降する準備をしている。

449. plummet
自 (〜に) 急落する〈to〉(≒ plunge, tumble, slump)
Stock prices **plummeted** today to an all-time low.
今日株価が史上最安値にまで急落した。

450. abate
自 (勢いが) 和らぐ、衰える
There is little likelihood that drug use will soon **abate**.
薬物使用がすぐに減少するという見込みは、ほとんどない。

451. alleviate
他 〜を緩和する (≒ ease, mitigate, relieve, assuage)
The doctor prescribed some medicine to **alleviate** the pain.
医者は痛みを緩和させるために薬を処方した。

452. relieve
他 〜を安心させる、解放する、緩和する (≒ alleviate)
>> relief 安心／交代要員
The project is designed to **relieve** traffic congestion on major roads.
そのプロジェクトは主要道路の交通渋滞を緩和するために計画されている。

453. moderate
形 穏やかな、控えめな (≒ modest)
This year has seen a **moderate** economic recovery.
今年は景気が緩やかに回復している。

454. ★ shortage
名 不足 (≒ lack, want)
Refugees are confronting serious food and fuel **shortages**.
難民は深刻な食糧と燃料不足に直面している。

455. abbreviated
形 短縮された、簡略な
>> abbreviation 短縮形、略語
My boss always sends me an **abbreviated** e-mail message.
上司はいつも私に簡略メールを送ってくる。

456. omit
他 〜を省略する、削除する (≒ curtail)
Important information had been **omitted** from the article.
重要な情報がその記事から削除されていた。

企業体｜CORPORATE ENTITY

457. ★ establish
他 〜を設立する (≒ found)、確立する
>> established 確立した、定評のある
>> establishment 設立
The U.N. was **established** in 1945 to promote international cooperation.
国連は国際協調の推進のため、1945年に設立された。

458. ★ organization
名 組織
>> organize 〜を組織する >> organizational 組織の
This is a non-profit **organization** founded in the 1990s.
こちらは1990年代に創設された非営利団体です。

459. corporate
形 会社の、法人の >> corporation 企業、《米》株式会社 (≒ firm / business / enterprise)
Corporate spending is decreasing due to the sluggish economy.
停滞する経済の影響で、企業の支出は減少している。

460. ★ acquisition
名 獲得、(企業の) 買収 (≒ takeover, buyout)
>> acquire 〜を獲得する、買収する (≒ buy out)
The **acquisition** of a competitor expanded their market share.
競合会社の買収によって、彼らの市場占有率は拡大した。

461. takeover
名 企業買収、乗っ取り (≒ acquisition, buyout)
>> take over 〜を引き継ぐ／(会社などを) 買収する
Our company was able to avoid a foreign **takeover**.

DAY 12

わが社は外国企業による買収を回避することができた。

462. ★ merge
自 〜と合併する〈with〉（≒consolidate） >> merger 合併
Small manufacturers were forced to **merge** with larger companies.
小さなメーカーは大企業と合併することを余儀なくされた。

463. affiliated
形 (〜と) 提携している、付属している〈with〉
>> affiliate 〜を提携させる、系列会社
The hospital is **affiliated** with London University.
その病院はロンドン大学の付属です。

464. alliance
名 同盟、提携 >> ally 〈oneself with〉〜と提携する
>> allied 提携している
We created a marketing **alliance** with local businesses.
我々は地元企業との間に販売提携を結んだ。

465. integrate
他 〜を統合する（≒aggregate）
We must **integrate** all the old networks into this new and more efficient one.
我々はすべての古いネットワークを、この新しくてより効率的なものに統合すべきだ。

466. ★ headquarters
名 本社、本部 ※単複同形名詞なので、単数の場合も -s がつく。
Google has their main **headquarters** in Mountain View, California.
グーグルの本社はカリフォルニア州マウンテンビューにある。

467. ★ subsidiary
名 子会社　形 補助的な
Twiggy Corp. is a **subsidiary** of a New York-based IT company.
ツイギー株式会社は、ニューヨークに本社があるIT企業の子会社だ。

468. franchise
名 販売権、営業免許
Burger King outlets mostly operate as **franchises**.
バーガーキングの販売店のほとんどはフランチャイズで営業している。

469. start-up
名 新興（ベンチャー）企業（≒venture）　形 新進の
Many **start-ups** go bankrupt within the first five years of beginning operations.
新興企業の多くが操業を始めて最初の5年以内に倒産している。

470. entrepreneur
名 起業家
Steve Jobs was one of the most successful **entrepreneurs** of our time.
スティーブ・ジョブズは現代の最も成功した起業家のひとりだった。

471. in-house
形 社内の（≒interoffice）
New employees must go through three months of **in-house** training.
新入社員は3カ月の社内研修を受けなければならない。

472. administration
名 運営、管理（≒management, operation）
>> administrator 管理〔経営〕者
>> administer 〜を管理〔経営〕する／（薬を）投与する
Sue has little experience in hospital **administration**.
スーは病院経営の経験がほとんどない。

473. ★ management
名 経営（陣） >> manage 〜を管理する、なんとかして〜する
Management notified the labor union of its restructuring plan.
経営側は労働組合に対してリストラ計画を通告した。

474. ★ department
名 部署（≒division: 事業部、sector: 部門）
>> interdepartmental 各部局間の
I want to be transferred to the Sales **Department**.
私は営業部に異動したい。

475. trustee
名 理事／管財人 >> trust 〜を信頼する
The board of **trustees** announced a 10 percent lay-off of the current workforce.
理事会は現在の従業員の10％の一時雇用を発表した。

476. ★ practice
名 慣行、慣習／練習　他 〜を練習する
It's important to be aware of the business **practice** of the country you visit.
訪れる国の商慣習を知っておくことが重要だ。

477. ★ leading
形 主要な、一流の >> lead 〜を導く
As a **leading** manufacturer, we have a mission to develop innovative products.
一流のメーカーとして、わが社には刷新的な製品開発を試みる使命がある。

478. blue-chip
形 優良株の、一流の　※ポーカーのチップの色に由来。
The large U.S. doughnut store chain is already regarded as a **blue-chip** corporation.
米国の大手ドーナッツ店のチェーンは、すでに優良企業と認められている。

479. distinguished
形 際立った、一流の
>> distinguish 〜を区別する（≒discriminate）
Future Project Co. is a **distinguished** company with a long history.
フューチャープロジェクト社は長い歴史を持つ、一流の会社だ。

職 | **JOB**

480. vocation
名 職業（≒career, job, occupation, profession）、天職
Owen regards website marketing as his **vocation**.
オーウェンはウェブサイトのマーケティングを自分の天職と見なしている。

481. architect
名 建築家・設計者
>> architecture　建築
Who is the main **architect** of Tokyo Sky Tree?
東京スカイツリーの代表設計者は誰ですか？

482. veterinarian
名 獣医師
The **veterinarian** specializes in caring for canines.
その獣医は、イヌ科の動物の治療を専門としている。

483. plumber
名 配管工
We called a **plumber** to fix the water pipe.
水道管を修理するために配管工を呼んだ。

484. ★ vendor
名 販売業者、露店商人
>> vend　～を〈街頭で〉売る
The **vendor** is selling some flowers.
露店商人が花を売っている。

人事 | PERSONNEL

485. ★ workforce
名 全従業員（数）(≒labor force)／労働人口
The government is encouraging women to enter the **workforce**.
政府は女性が労働人口に加わることを奨励している。

486. ★ labor
名 労働（力）
>> labor fee [cost]　人件費
The demand for skilled **labor** in the construction business is high.
建設業における技能労働者に対する需要は高い。

487. payroll
名 従業員名簿［総数］、給料支払名簿
>> paycheck　給料 (salary / wage:賃金)、給料支払小切手
The company added more than 50 employees to its **payroll** last year.
その会社は昨年50人を超える従業員を追加した。

488. influx
名 (～の) 流入、到来〈of〉
The current government's policies have encouraged the **influx** of foreign laborers.
現政府の政策が、外国人労働者の流入を促している。

489. generate
他 ～を生み出す、もたらす
The new casino will **generate** a lot of jobs in the area.
新しいカジノはその地域に多くの職を創出するだろう。

490. eliminate
他 ～を除去する、取り除く (≒remove, delete, get rid of)
Six candidates were **eliminated** after the first interview.
最初の面接の後で、6人の候補者が外された。

491. senior
形 年上の／上級の、管理職の (⇔junior:年下の)
名 年長者、先輩
>> seniority system　年功序列制 (⇔merit system:能力主義)
He held a **senior** position in a large railway company.
彼は大きな鉄道会社の管理職に就いた。

492. ★ supervise
他 ～を監督する (≒oversee, watch over)
>> supervisor　監督者、上司 (≒boss)(⇔subordinate:部下)
He was promoted to Sales **Supervisor** last month.
彼は先月、営業監督者に昇進した。

493. ★ colleague
名 同僚 (≒coworker, associate, fellow worker, comrade)
One of my **colleagues** was promoted last month.
同僚のひとりが先月昇進した。

494. ★ employ
他 ～を雇用する (≒hire)
>> employment　雇用、職業 (⇔unemployment:失業)
Jack was **employed** by the company as a system engineer.
ジャックはシステムエンジニアとして、その企業に雇われた。

495. retain
他 ～を保持する (≒hold on to) (⇔let go of:手放す)
We're trying to recruit and **retain** skilled engineers.
当社は熟練した技術者を募集し、保持するようにしている。

496. inaugurate
他 ～を就任させる、～の落成式を行う
>> inaugural　初開催の、就任の
Barack Hussein Obama was **inaugurated** as the 44th President of the United States.
バラク・フセイン・オバマは第44代アメリカ大統領に就任した。

497. ★ dismiss
他 ～を解雇する (≒fire, lay off, pinkslip)
>> dismissal　解雇、免職〈from〉(≒layoff, redundancy)
The factory worker was notified by certified letter of his **dismissal**.
その工場の作業員は配達証明便で解雇の通知を受けた。

498. nominate
他 ～を推薦［指名］する (≒designate)
The film was **nominated** for the Academy Award this past year.
その映画は、今年のアカデミー賞の候補となった。

499. ★ assign
他 ～を任命する (≒appoint)、割り当てる (≒earmark, allot)　>> assignment　（割り当てられた）仕事、宿題
I was **assigned** to the Sales Division.
私は営業部に配属された。

500. allocate
他 ～を割り当てる、配分する
The company **allocated** each new recruit a personal mentor.
会社はそれぞれの新入社員に個人メンター（指導者）を割り当てた。

DAY 13

501. ★ resign
自 辞職する〈from〉(≒ quit, step down)
>> resignation 辞職
He was forced to **resign** as president.
彼は社長を辞職することを余儀なくされた。

502. ★ retire
自 退職する >> retirement 退職
Mr. Gordon was forced to **retire** early for health reasons.
健康上の理由から、ゴードン氏は早期退職を余儀なくされた。

503. turnover
名 離職率(⇔ retention rate:在籍率)／(商品の) 回転率、売上高
The company has a low employee **turnover** rate.
その会社の従業員の離職率は低い。

504. ★ eligible
形 (〜の) 資格のある〈for, to do〉
Employees are **eligible** to carry over 100 hours of unused paid holiday to the next year.
従業員は、未消化の有給休暇を100時間まで次年度に繰り越す資格がある。

505. deserve
他 〜に値する
Ritchie **deserves** a promotion because he has achieved his annual sales target twice.
リッチーは2度も年間売上目標を達成したので、昇進するのは当然のことだ。

506. privilege
名 特権
Cheap air travel is one of the **privileges** of working for the airline company.
安く飛行機で旅行できることは、その航空会社で働く特権のひとつだ。

507. leave
名 休暇(≒ time off, holiday, vacation) 他 〜を去る
Ms. Stuart took a three-month maternity **leave**.
スチュワートさんは3カ月の産休を取った。

508. ideal
形 理想的な
The job fair provides an **ideal** opportunity for jobseekers and employers to meet.
就職フェアは求職者と雇用者が出会う絶好の機会を提供している。

509. probation
名 実習 [見習い] 期間／執行猶予、保護観察
You will be on **probation** during the first five months of employment.
あなたは採用から5カ月間は見習い期間です。

510. familiarize
他 〜を(…に)慣れさせる〈with〉
>> familiar (〜に) 知られている〈to〉(〜に) 詳しい〈with〉
Before the training, employees must **familiarize** themselves with the safety manual.
研修の前に、従業員は安全マニュアルを把握しておくこと。

511. ★ promote
他 〜を(販売)促進する、昇進させる
>> promotion 昇進(⇔ demotion:降格)／販売促進
This year, Jim's number one objective is to get a **promotion**.
今年、ジムの第一の目標は昇進することだ。

512. bias
名 偏見(≒ prejudice)〈against〉 >> biased 偏った
Managers must not possess any gender **bias** when discussing promotions.
昇進について議論する際に、マネージャーは性差による偏見を一切持ってはならない。

513. ★ transfer
他 〜を移転させる 名 異動、転勤
Angela was **transferred** from Marketing to Sales.
アンジェラはマーケティング部から営業部に転勤となった。

514. restructuring
名 リストラ、構造改革
>> restructure (組織・制度を) 改革する、再編成する
Bruce lost his job as a result of his company's **restructuring**.
ブルースは、会社のリストラで職を失った。

515. ★ downsize
他 (人員などを) 削減する(≒ reduce, decrease, curtail, trim, slash) >> downsizing 人員削減
The airline **downsized** its workforce by 20%.
その航空会社は従業員数を20%削減した。

求人 | RECRUIT

516. ★ recruit
他 (人材を) 募集する 名 新入社員
In the catering industry, they are having difficulty **recruiting** quality staff.
外食産業では、資格を持った人材を募集するのに苦労している。

517. ★ opening
名 (仕事の) 空き、就職口
There are several **openings** in the Sales Division.
営業部に複数の求人があります。

518. understaffed
形 人員不足の(≒ shorthanded)(⇔ overstaffed:人員過剰の)
The company is chronically **understaffed** at the clerical level.
その会社は事務職が慢性的に人員不足である。

519. ★ candidate
名 候補者、志願者(≒ applicant)
That celebrity is a major **candidate** for Mayor.
その有名人は、市長選挙の有力な候補者だ。

520. ★ apply
自 (〜に) 申し込む〈for〉 他 〜を適用する〈to〉
>> applicant 志願者、応募者
>> applicable (〜に) 適用できる〈to〉
She **applied** for a job advertised in the newspaper.
彼女は新聞で広告されていた職に応募した。

521. inquire
他 (〜を) 調査する ⟨in⟩ (≒ look into, investigate) ／問い合わせる ⟨about⟩　>> inquiry　問い合わせ
I am writing to **inquire** about your advertisement in the Washington Post.
ワシントンポスト紙掲載の御社広告について問い合わせたく、ご連絡しております。

522. ★submit
他 〜を提出する (= turn in, hand in)　自 (〜に) 服従する ⟨to⟩　>> submission　提出 ⟨of⟩ ／服従 ⟨to⟩ (≒ obedience)
Please **submit** your travel expenses to the Accounting Department in person.
出張経費報告は経理部に直接提出してください。

523. capability
名 機能、能力 (≒ ability)
>> capable　有能な (≒ efficient, able, competent)
This plant has the **capability** to manufacture quality machinery.
この工場は高品質の機器を製造する能力を有している。

524. ★résumé
名 履歴書 (= CV [curriculum vitae])
>> resume　〜を再開する ※résuméとは語源は全く別の語。
I have enclosed my **résumé** along with the application, as you requested.
ご依頼の通り、志願書とともに履歴書を同封しております。

525. reference
名 推薦状 (≒ recommendation) ／参照、照会 (先)、言及
>> refer (〜に) 言及する ⟨to⟩ (= mention)、参照する
She asked her former employer if it was alright to use him as a **reference**.
彼女は以前の雇用者に、彼を照会先として使ってよいかを尋ねた。

526. ★responsibility
名 責任、職責 (≒ duty)
As the Human Resources Manager, it is my **responsibility** to hire the best talent around.
人事部長として、最も才能のある人材を雇用するのが私の職責です。

527. ★requirement
名 必要条件
>> require　〜を要求する (≒ request)、必要とする
The minimum educational **requirement** for the position is a degree in Business Administration.
その職の教育上の最低条件は経営学の学位である。

528. prerequisite
名 必要 [前提] 条件 (for [to, of]) (≒ requirement)
A passing grade in Microeconomics is a **prerequisite** for this course.
ミクロ経済学の単位を取っていることが、このコースを受ける前提条件だ。

529. aptitude
名 適性、才能 (≒ talent) ⟨for/in⟩
This **aptitude** test will measure five key areas of study.
この適性検査は、5つの重要な研究分野について測定します。

530. ★possess
他 〜を所有する　>> possession　所有
The applicant did not **possess** the necessary technical knowledge.
その応募者は必要な専門知識を持っていなかった。

531. ★efficient
形 有能な、効率的な (≒ competent)
The staff of the Savoy Hotel was friendly and **efficient**.
サボイ・ホテルのスタッフは非常にフレンドリーで有能だった。

532. proficient
形 熟達した、堪能な (≒ adept)
A successful applicant needs to be **proficient** in computer programming.
採用される候補者は、コンピューターのプログラミングに熟達していることが要求されます。

533. competence
名 能力、適性 ⟨in, for⟩ (⇔ incompetence：無能)
>> competent　有能な (≒ able, efficient)
He was hired because of his **competence** in marketing.
彼はマーケティングの能力を買われて採用された。

534. ★dedicated
形 献身的な (≒ committed)　>> dedication　献身
Ian is very hard-working and **dedicated** to his research.
イアンは非常に勤勉で研究に対して献身的だ。

535. devote
他 〜を (…に) 捧げる ⟨to⟩ (≒ contribute)
>> devoted　献身的な、専心した ⟨to⟩ (≒ dedicated, committed)
Basil **devoted** most of his time to painting.
バジルは自分の時間のほとんどを絵画に捧げた。

536. outgoing
形 社交的な (≒ social、sociable)
Kurt is very shy but his wife is **outgoing**.
カートはとてもシャイだが、彼の妻は社交的だ。

537. ★patient
形 忍耐強い (≒ persevering)　名 患者
>> impatient　せっかちな
It's difficult to be **patient** when you're stuck in a traffic jam.
交通渋滞で身動きがとれないときに我慢するのは難しい。

538. cooperative
形 協調性がある (≒ team player　協調性がある人)
>> cooperate 協力する ⟨with⟩ (≒ pull together, collaborate)
He was **cooperative** in the securities fraud investigation last month.
彼は先月、証券詐欺に関する調査で協力的だった。

539. hands-on
形 実地の、現場の (≒ on-the-job, on-site, field)
All the applicants had **hands-on** experience in sales.
応募者全員に営業の実務経験があった。

540. firsthand
形 直接の

DAY 14

>> secondhand 間接の (≒indirect) ／中古の (≒used)
In business, it's important to work on obtaining **firsthand** information.
ビジネスにおいては、直接情報を手に入れるように努めることが重要だ。

☐ **541. practical**
形 実践的な、実地の
>> practically ほとんど (≒almost, virtually)
Applicants must have at least three years of **practical** experience.
志願者は少なくとも3年の実地経験を積んでいなければならない。

☐ **542. literacy**
名 読み書き能力／（コンピューターなどの）使用能力
>> literate 読み書きができる／（特定分野の）知識がある
Computer **literacy** is required for this position.
コンピューターの使用能力がこの仕事には必須です。

☐ **543. instrumental**
形 役に立つ／楽器の　>> instrument 道具／楽器
Mr. Sato was **instrumental** in developing links with Singapore operations.
サトウ氏は、シンガポール事業との連携を進める上で貢献した。

☐ **544. prospective**
形 見込みのある (≒potential)　>> prospect 見込み、可能性　>> prospectus 案内資料、事業紹介
Sandra is a **prospective** candidate for the new position.
サンドラは、その新しい職の有力候補だ。

☐ **545. ★ promising**
形 有望な　>> promise ～を約束する
Derek is a highly **promising** young artist.
デレクは非常に有望な若き芸術家だ。

☐ **546. portfolio**
名 作品（集）／有価証券
Please bring your work **portfolio** to the interview.
あなたの作品集を面接に持参してください。

☐ **547. background**
名 経歴、背景 (≒backdrop)
Edward has a **background** in computer programming.
エドワードはコンピュータープログラミングの経験がある。

☐ **548. expertise**
名 専門的知識 (≒savvy / know-how) 〈in〉
He has experience and **expertise** in web design.
彼はウェブデザインの経験と専門的知識を持っている。

☐ **549. ★ asset**
名 財産、長所 (≒strength)
Ted's negotiation skills were an **asset** to our company.
テッドの交渉能力はわが社にとって財産だった。

☐ **550. plus**
名 有利な点 (≒advantatge)
For this job, experience in sales is a **plus**.
この職は、営業の経験があれば優遇されます。

☐ **551. credibility**
名 信用性、信頼性 (≒reliability)
>> incredible 信じられない
The scandal has damaged his **credibility** as an expert witness.
そのスキャンダルは彼の鑑定人としての信頼性を傷つけた。

☐ **552. downside**
名 マイナス面、弱点 (⇔upside)
The **downside** of my job is the long commute.
私の仕事のマイナス面は、長い通勤時間です。

☐ **553. ★ individual**
名 個人，人材　形 個人の
We are seeking qualified and highly motivated **individuals** for the position of Sales Manager.
当社は、営業部長職に能力のある意欲的な人材を募集しています。

☐ **554. ★ competitive**
形 競争力のある、水準以上の
>> compete (～と) 競争する〈with〉
>> competitor 競合会社
We offer a **competitive** salary and benefits package.
当社では水準以上の給与と福利厚生を提供します。

☐ **555. incentive**
名 誘因、刺激、動機
Bonuses can be a good **incentive** to work harder.
ボーナスはより熱心に働く動機となり得る。

☐ **556. perk [=perquisite]**
名 （給料以外の）臨時収入、特典
Free theater tickets are one of the **perks** of this job.
無料の劇場チケットをもらえることがこの仕事の特典のひとつだ。

☐ **557. flexibility**
名 柔軟性　>> flexible 柔軟な
One of the perks of telecommuting is the **flexibility** of your work schedule.
在宅勤務の特権のひとつは、スケジュールの柔軟性だ。

☐ **558. spouse**
名 配偶者　>> siblings 兄弟姉妹
Spouses were invited to the company outing.
社員旅行には配偶者も招待されていた。

☐ **559. dependent**
名 扶養家族　形 依存している
You must claim all your **dependents** on these tax forms.
これらの納税申告用紙に、すべての扶養家族を申告しなさい。

☐ **560. ★ qualified**
形 資格のある 〈for / to do〉(≒eligible)
>> qualify ～に資格を与える
>> qualification 資格／適正
In light of her experience, she is the most **qualified** for the job.
経験の点から見て、彼女がこの仕事に最も適任だ。

561. certificate
名 (資格) 証明書 (≒ credentials)、商品券
>> certify 〜を証明する／〜に免許状を与える
This **certificate** demonstrates my special abilities in forensic accounting.
この資格証明書は、法廷会計における私の特殊能力を証明するものです。

562. proof
名 証明(書) >> prove 〜を証明する／〜だと分かる
You should keep your receipts as **proof** of purchase.
購入の証明として、領収書を保管しておくべきだ。

563. verification
名 証明、確認 >> verify 〜を検証する (≒ confirm)
We need **verification** of your new contact information.
あなたの新しい連絡先情報を確認する必要があります。

564. commensurate
形 (〜に) 相応している、ふさわしい ⟨with⟩ (≒ suitable)
Salary will be **commensurate** with education and work experience.
給与は教育と職務経験に応じます。

565. commission
名 歩合給、手数料
The top sales representative earns 50% **commission** on all sales he makes.
トップの販売員は、自分のすべての売り上げについて50%の歩合給を稼いでいる。

566. ★ suit
他 〜に似合う (≒ match, go with)／(要求を) 満たす (≒ fit) >> suitable ふさわしい
You'd better find a form of exercise that **suits** your lifestyle.
自分の生活スタイルに合った運動形式を見つけるべきです。

567. screen
他 〜を選別する
>> screening 選考 ※ screen =「網、ふるい」
We are still in the process of **screening** job applicants.
まだ求職者を選考中です。

568. ★ involve
他 〜を含む／〜を巻き込む ⟨in⟩ (≒ implicate)
>> involvement 参加・関与
This workshop **involves** a great deal of hard work.
この研修会は相当のハードワークが含まれます。

569. demanding
形 要求の厳しい、大変な
>> demand 〜を要求する、要求、需要
Though the workshop was long and **demanding**, it was worth attending.
その研修会は長くて大変だったが、出席する価値はあった。

570. challenging
形 やりがいのある、挑戦的な
I'm looking for a **challenging** and rewarding job
私はやりがいがあって実りの多い仕事を探している。

571. equivalent
形 同等の (≒ similar：似ている／equal：等しい)
The successful applicant will have an MBA degree or its **equivalent**.
採用される申請者はMBAの学位かそれと同等の学位を有していなければならない。

572. ★ comparable
形 (〜と) 比較できる、同等の ⟨to⟩
>> compare 〜を (…と) 比較する ⟨with, to⟩
The salary at the company is **comparable** to what you are being paid here.
その会社の給料はあなたがここで支払われている額と同等です。

査定・評価 | ASSESSMENT & APPRAISAL

573. ★ evaluate
他 〜を評価する、査定する (≒ appraise, assess)
Employees are **evaluated** on their performance twice a year.
従業員の業績は1年に2回査定される。

574. appraisal
名 査定 (≒ assessment)
Many companies operate performance **appraisals** on an annual basis.
多くの企業が年に1度、勤務評定を実施する。

575. ★ assess
他 〜を査定する (≒ evaluate, appraise)
The interviewers tried to **assess** which candidate was the best for the position.
面接官たちはどの志願者が最もその職にふさわしいかを査定しようとした。

576. ★ review
他 〜を見直す、精査する **名** 精査、評価
We **reviewed** your résumé and would like to set up an interview.
あなたの履歴書を拝見しました。是非面接をしたいと思います。

577. criteria
名 基準 (≒ benchmark)
Everyone whose qualifications meet our **criteria** will be considered.
当社の基準を満たす資格を持つ人はすべて検討対象となります。

578. benchmark
名 (価値判断の) 基準、尺度 (≒ criteria, standard, gauge)
The company plans to set a new **benchmark** for sales goals this month.
その企業は今月の販売目標に関して新しい基準を設定する計画です。

579. ★ performance
名 業績 (≒ track record)、仕事ぶり／公演
Steven received positive feedback on his job **performance** from his supervisor.
スティーブンは仕事ぶりに関して上司から肯定的な評価を受けた。

580. ★ contribution
名 貢献、寄付

DAY 15

>> contributor 寄付者／一因、誘因〈to〉
This project could not have been successful without Jonny's valuable **contribution**.
このプロジェクトはジョニーの貴重な貢献がなければうまくいかなかっただろう。

□ 581. accumulate
他 ～を蓄積する
We mustn't **accumulate** more debt on our credit cards.
私たちはこれ以上、クレジットカードの負債を増やすべきではない。

□ 582. ★ admire
他 ～を称賛する（≒ praise, acclaim, commend）
Everybody **admires** his communication skill.
皆が彼のコミュニケーション能力を称賛している。

□ 583. ★ reprimand
他 ～を（…のかどで）叱責する（≒ scold, reproach）
Sam was **reprimanded** for falsifying travel vouchers.
サムは出張の領収書をごまかしたかどで叱責された。

□ 584. notorious
形 悪名高い〈for, as〉（≒ infamous）　>> notoriety　悪評
Cairo is **notorious** for its bumper-to-bumper traffic.
カイロは交通の大渋滞で悪名高い。

□ 585. ★ compliment
名 賛辞、お世辞
His superiors kept paying him **compliments** on his job performance.
彼の上役たちは彼の仕事ぶりに対して賛辞を送り続けた。

□ 586. accordingly
副 それに従って（≒ therefore, consequently）、適切に
>> accord　一致、（色・音などの）調和（in, with）、一致する
>> according to　～によると、～に従って
She is an expert in the field, and is paid **accordingly**.
彼女はその分野の専門家なので、相応に支払われている。

仕事 | WORK

□ 587. routine
形 定期的な、日常の　名 日課
Part of his morning **routine** consists of drinking a cup of coffee and reading a newspaper in the café.
彼の朝の日課は、カフェでコーヒーを飲み、新聞に目を通したりすることだ。

□ 588. chore
名 雑用
A husband and wife should share household **chores** equally.
夫婦は平等に家事を分担すべきだ。

□ 589. paperwork
名 事務仕事
The new database system was introduced to reduce the amount of **paperwork**.
事務仕事の量を減らすために新しいデータベースシステムが導入された。

□ 590. sedentary
形 座ることの多い、デスクワーク中心の／定住性の
Sedentary lifestyles have been blamed for the rise in obesity.
座りがちな生活スタイルが肥満の増加の原因とされている。

□ 591. ★ duplicate
名 複製、複写（≒ copy）　他 ～を複製する
Applicants should keep **duplicates** of all their application forms.
応募者は応募書類の写しをすべて保管しておくこと。

□ 592. proofread
他 ～を校正する
The translated text was **proofread** by a British native speaker.
翻訳された文章は、イギリス人のネイティブスピーカーによって校正された。

□ 593. via
前 ～によって、～経由で（≒ by way of）
You can check your bank account **via** the Internet.
インターネットを使って銀行口座をチェックすることができる。

□ 594. scatter
他 ～をまき散らす、ばらまく（≒ disperse）
The strong wind **scattered** the documents all over the floor.
強い風が書類を床全体にまき散らしてしまった。

□ 595. mess
名 混乱、散らかった状態（≒ clutter）
>> messy　散らかった（⇔ tidy, neat）
Your cubicle is a **mess**; please pick up your papers.
あなたの作業部屋は散らかっています。書類を片づけてください。

□ 596. unfold
他 ～を開く（⇔ fold：たたむ）　自 （話が）展開する
He **unfolded** the newsletter and began to read it.
彼は社報を広げて読み始めた。

□ 597. overwhelm
他 ～を圧倒する、感激させる（≒ impress）
The new recruits might be **overwhelmed** with all the paperwork they must complete.
新入社員は済ませなければならない事務作業の多さに圧倒されるかもしれない。

□ 598. stack
名 （書類などの）山、堆積（≒ pile）　他 ～を積み上げる
There was **stack** of lumber at the construction site.
建設現場には材木の山があった。

□ 599. ★ draft
名 下書き、草稿／為替手形
Brian made the **draft** for this report.
ブライアンがこの報告書の草稿を書いた。

□ 600. manuscript
名 原稿（≒ script：原稿、文字）
Please send the manager a copy of your **manuscript** when it's finished.
書き終えたら原稿のコピーを部長に送ってください。

601. rotate
他 ～を交代でする、ローテーションする
The five of us decided to **rotate** the different tasks.
私たち5人は違う仕事を交代ですることに決めた。

602. ★ ensure
他 ～を確実にする、保証する (≒make sure)
The Logistics Department is taking every step to **ensure** delivery date.
物流部は納品期限を確実にするためにあらゆる対策をとっている。

603. accelerate
他 ～を加速する (≒facilitate, hasten)、前倒しにする
We should **accelerate** our IT service strategy.
わが社はITサービス戦略を加速すべきだ。

604. ★ expedite
他 ～を迅速化する、促進する (≒hasten, facilitate)
We must **expedite** product development in order to beat our competitors.
競合他社に勝つために製品開発を迅速化しなければならない。

605. ★ facilitate
他 ～を容易にする、促進する (≒accelerate, expedite)
≫ facility　施設、設備　≫ facilitator　進行役、司会者
Twitter **facilitates** real-time information sharing with followers.
ツイッターはフォロワーとのリアルタイムの情報共有を容易にしている。

606. streamline
他 ～を合理化[能率化]する
We need to **streamline** the production process.
我々は製造工程を能率化する必要がある。

607. optimize
他 ～を最適化する、最大限に利用する
These computers are **optimized** for superior performance.
これらのコンピューターは優れた性能を実現するために最適化されている。

プロジェクト | PROJECT

608. ★ undertake
他 ～に着手する (≒embark on)、～を引き受ける
≫ undertaking　仕事、事業
Kelly will **undertake** the job of sorting out the company's finances.
ケリーは会社の財務状況を整理する仕事に着手するだろう。

609. ★ objective
名 目的 (≒purpose)
形 客観的な (⇔subjective：主観的な)
The organization's **objective** is to support the NEET in many ways.
その団体の目的は多くのやり方でニートを支援することだ。

610. scheme
名 計画、基本構想／陰謀 (≒plot)
The work-sharing **scheme** may help solve the low birthrate problem.
ワークシェアリング構想は少子化問題の解決に役立つかもしれない。

611. feasible
形 実現可能な (≒viable)
Please propose a **feasible** plan for the construction of a new hospital.
新しい病院の建設のために実現可能な計画を提案してください。

612. embark
自 (～に)乗船する、着手する〈on〉
After leaving college, Keira **embarked** on an acting career.
大学を卒業後、キーラは女優業に乗り出した。

613. phase
名 段階 (≒stage)
The first **phase** of the project will be completed by 2015.
そのプロジェクトの第1段階は2015年までに完了するだろう。

614. ★ procedure
名 手続き、手順 (≒step)
≫ process　～を加工する、処理する、過程
What is the **procedure** for applying for a passport?
パスポートの申請にはどんな手続きが必要ですか。

615. accomplish
他 ～を達成する、成し遂げる (≒attain：到達する)
≫ accomplished　熟達した (≒skilled, skillful)
We must **accomplish** all the goals we set for this project by the end of this year.
我々は今年中に、このプロジェクトのために設定したすべての目標を達成しなければならない。

616. achieve
他 (努力して)～を達成する、～に成功する
≫ achievement　業績
The low-budget film **achieved** great success in the domestic market.
その低予算の映画は国内市場で大成功を収めた。

617. ★ complete
他 ～を完成させる、終える (≒finish, wrap up)
形 完全な
Construction of a new gymnasium will be **completed** in March.
新しい体育館の建設は3月には完了するだろう。

618. ★ finalize
他 ～を終わらせる、まとめる
Mr. Akimitsu flew out to the Philippines to **finalize** the details of the deal.
アキミツ氏は取引の詳細をまとめるためにフィリピンに飛んだ。

619. ★ progress
名 前進、進歩　自 進歩する
Keep me informed about the **progress** of the project.
プロジェクトの進捗(しんちょく)状況について常にお知らせください。

620. drawback
名 欠点 (≒weakness)
The main **drawback** of this proposal is its cost.
この提案書の主要な欠点は費用がかかることだ。

DAY 16

交渉 | NEGOTIATION

621. ★ negotiate
自 (〜と) 交渉する〈with〉(≒ bargain)
>> negotiation　交渉、話し合い
>> negotiable　交渉の余地がある
The union and management **negotiated** over working conditions.
組合と経営側は労働条件について交渉した。

622. coordinate
他 〜を調整する
He is in charge of **coordinating** customer relationships.
彼は顧客関係を調整する責任者だ。

623. delegate
名 (政治的会議などの) 代表者　他 〜を委任する
>> delegation　代表団
The **delegates** from China will arrive on time.
中国からの使節団は時間通りに到着するでしょう。

624. import
名 輸入品　他 〜を輸入する (⇔ export：輸出 [品])
China must produce more food to reduce its dependence on **imports**.
中国は輸入品への依存を減らすためにもっと食糧を生産しなければならない。

625. friction
名 摩擦、あつれき
Trade **friction** between the two countries is getting more serious.
両国間の貿易摩擦が深刻化している。

626. ★ compromise
名 妥協　自 妥協する、譲歩する (≒ concede)
Neither of them is willing to make a **compromise**.
彼らは両者とも快く妥協する気はない。

627. concede
他 〜を (しぶしぶ) 認める　自 譲歩する
>> concession　(〜への) 譲歩〈to〉(≒ compromise)
The former President **conceded** his defeat in the election.
前大統領は選挙での敗北を認めた。

628. contrary
形 〜に反して
The introduction of such a tax is **contrary** to their policy.
そのような税金の導入は彼らの政策に反している。

629. mutual
形 相互の
Their contract was canceled by **mutual** agreement.
彼らの契約は相互の同意によって破棄された。

630. bilateral
形 二者 [国] 間の (⇔ unilateral：一方だけの)
The two countries signed a **bilateral** peace agreement.
その二国は二国間の平和協定に調印した。

631. aspect
名 側面、局面／見方
There are many difficult **aspects** regarding the issue of deflation.
デフレ問題には多くの難しい側面がある。

632. ★ perspective
名 観点 (≒ viewpoint)
These territorial issues need to be looked at from a historical **perspective**.
それらの領土問題は歴史的観点から眺める必要がある。

契約 | CONTRACT

633. ★ draw up
他 (文書を) 作成する (≒ write)
Guidelines were **drawn up** for dealing with emergencies.
緊急事態に対処するためにガイドラインが作成された。

634. ★ deal
名 取引 (≒ transaction)　自 (〜を) 扱う、処理する (≒ transact)〈with〉／ (〜を) 商う〈in〉
I spent the morning **dealing** with my e-mails.
私は午前中をメールを処理して過ごした。

635. ★ terms
名 条件 (≒ condition)
We have agreed to the **terms** of the lease.
我々は賃貸条件に同意した。

636. rent
名 家賃　他 〜を借りる、賃借りする
How much is the **rent** for this flat now?
このアパートの家賃は今いくらですか？

637. lease
名 賃貸借契約　他 〜を賃貸 (借) する
The **lease** on this apartment is up in two weeks.
このアパートの賃貸契約はあと２週間で終わる。

638. ★ subscribe
自 (〜を) 定期購読する、申し込む〈to〉⇔ unsubscribe
　　定期購読をやめる
>> subscription　定期購読　>> subscriber　定期購読者
The professor **subscribe** to all the main science journals.
その教授はすべての主要な科学誌を定期購読している。

639. fulfill
他 (条件を) 満たす (≒ satisfy)、〜を実現させる (≒ realize)　>> fulfillment　実現、達成
The old office building doesn't **fulfill** today's safety requirements.
その古いオフィスビルは、今日の安全要件を満たしていない。

640. ★ valid
形 有効な、妥当な (≒ effective, good)
>> invalid　無効の、説得力のない (≒ void)
My driver's license is **valid** for another year.
私の運転免許証はあと１年間有効です

☐ **641. expire**
自 期限が切れる、満期になる
>> expiration 満了、終了
His contract **expires** at the end of the year.
彼の契約は年末で切れる。

☐ **642. mature**
自 (保険などが) 満期になる／成熟する
形 成熟した (⇔inmature：未熟な)
This government bond **matures** in 5 years.
この国債は5年で満期となる。

☐ **643. ★ renew**
形 ～を更新する
>> renewal 更新 >> renewable 再生 [更新] 可能な
Jason failed to **renew** his contract, which expired last month.
ジェイソンは先月で期限切れとなった契約を更新できなかった。

☐ **644. insure**
他 ～に保険をかける
>> insurance 保険 >> insurer 保険会社
Have you **insured** your car?
あなたは自動車保険に入りましたか？

☐ **645. policy**
名 保険証書／政策、方針
Read the terms of your insurance **policy** carefully.
保険契約の規約を丁寧に読みなさい。

☐ **646. premium**
名 保険料／割増金、プレミアム
I already paid the **premium** on my life insurance policy.
私はすでに生命保険料を支払った。

☐ **647. contractor**
名 契約者、請負業者
>> contract 契約 (書)、縮小する
Many **contractors** made a bid for the building project.
多くの請負業者がその建設計画に入札した。

☐ **648. bid**
名 入札 自 (～に) 入札する、値をつける〈for〉
The contractor won the **bid** for the construction of the new tower.
その請負会社は新電波塔の建設を落札した。

法律・規則 | LAW & REGULATION

☐ **649. legislation**
名 立法、法律 (≒law)
Many people called for **legislation** to eliminate handguns.
拳銃をなくす法律を多くの人が要求した。

☐ **650. legitimate**
形 合法の (≒legal, lawful)、合理的な
>> legitimacy 合法性
Do you have a **legitimate** excuse for being late?
君は遅刻したことについて、ちゃんとした言い訳があるのかい？

☐ **651. legal**
形 法律の、合法的な
You may want to seek **legal** advice before signing the contract.
契約書にサインする前に法的な助言を求めた方がいい。

☐ **652. ordinance**
名 (地方自治体の) 条例
The **ordinance** prohibits smoking in public spaces.
その条例は公共の場所での喫煙を禁じている。

☐ **653. stipulate**
他 ～を規定する
The Constitution **stipulates** that a new President must be elected every four years.
憲法には、大統領は4年に1回選出されなければならないと規定されている。

☐ **654. ★ regulate**
他 ～を規制する (≒control)、～を調節する (≒adjust)
>> deregulate ～の規制を緩和する
The government tried to **regulate** carbon dioxide emissions.
政府は二酸化炭素の排出を規制しようとした。

☐ **655. institute**
他 (制度などを) 制定する
>> institution (公共) 機関／制度
The firm has **instituted** new safety measures for its employees.
その企業は従業員のために、新しいセキュリティー対策を設けた。

☐ **656. enact**
他 (法律・条令を) 制定する (≒constitute)
The Egyptian government **enacted** a 9 o'clock curfew in three cities.
エジプト政府は、3都市における9時以降の夜間外出禁止令を制定した。

☐ **657. ★ liable**
形 ～に (法的) 責任がある〈for〉(≒responsible)
>> liability 法的責任 (≒responsibility)、不利益
The construction company was found **liable** for the accident.
その建設会社はその事故に関して法的責任があることが分かった。

☐ **658. ★ mandatory**
形 義務的な、強制的な (≒compulsory, obligatory)
>> mandate ～を命じる、権限 (≒authority)、命令
Wearing a seat belt is **mandatory** in all states.
すべての州でシートベルトを着用することは義務である。

☐ **659. compulsory**
形 義務的な (≒mandatory, obligatory)
A school outfit is no longer **compulsory** in many British schools.
学校の制服は多くのイギリスの学校ではもはや強制ではない。

☐ **660. oblige**
他 ～を義務づける、強制する (≒compel, force)
Employers are legally **obliged** to pay their employees the

DAY 17

minimum wage.
雇用主は従業員に最低賃金を支払うことを法的に義務付けられている。

☐ 661. ★ ban
他 〜を禁止する (≒ prohibit, forbid)　名 禁止 (令)
The company **banned** smoking on all company premises.
その企業は会社の全敷地内における喫煙を禁じた。

☐ 662. ★ impose
他 を (…に) 課す ⟨on⟩ (≒ levy)
The government **imposed** a wholesale ban on tobacco advertising.
政府はたばこの広告を全面的に禁止した。

☐ 663. enforce
他 (法律を) 施行する／強要する、守らせる
Many households **enforce** some rules on their children's Internet use.
多くの家庭では、子供のインターネット利用に何らかのルールを設けている。

☐ 664. ★ comply
自 (〜に) 従う、準拠する ⟨with⟩ (≒ follow / observe / abide by / conform to)　>> compliance　順守、準拠
The company had to **comply** with the union demands to avoid a strike.
会社はストライキを避けるために、組合の要求に従わなくてはならなかった。

☐ 665. abide
自 (〜に) 従う、遵守する ⟨by⟩
You must **abide** by the company policy.
あなたは会社の規則に従わなければならない。

☐ 666. adhere
自 (〜に) こだわる、固執する ⟨to⟩ (≒ stick to)
Let's **adhere** to our original plan.
我々の当初の計画にこだわりましょう。

☐ 667. observe
他 〜を観察する／〜を順守する
>> observance　順守 ⟨of⟩ (≒ compliance, obedience)
You must strictly **observe** the proper procedures.
適切な手続きを厳密に順守しなければならない。

☐ 668. ★ violate
他 〜に違反する (≒ disobey, infringe)
>> violation　違反 (≒ offense, breach)
Companies that **violate** environmental laws will be heavily fined.
環境法令に違反した企業には多額の罰金が科せられる。

☐ 669. infringe
他 (権利を) 侵害する
>> infringement　(権利の) 侵害 ⟨of, on⟩
By creating unauthorized copies of DVDs, counterfeiters **infringe** on copyright.
認可を受けずにDVDをコピーすることで、偽造者は著作権を侵害している。

☐ 670. ★ lawsuit
名 訴訟 (≒ suit, litigation)
The local residents have filed a **lawsuit** to stop the construction of the power plant.
地元住民たちはその発電所の建設を中止させるため訴訟を起こした。

☐ 671. attorney
名 〈米〉弁護士、法律家 (≒ lawyer)
He hired an **attorney** to defend him.
彼は自分を弁護してもらうために弁護士を雇った。

☐ 672. prosecutor
名 検察官　>> prosecution　検察側 (⇔ defense：被告側)／実行、遂行　※原告は plaintiff、被告は defendant
The **prosecutor** showed no compelling evidence linking the suspect to the murder.
検察官は、その容疑者を殺人に結びつける説得力のある証拠を提示しなかった。

☐ 673. ★ accuse
他 〜を告訴する、非難する (≒ denouce：公然と非難する)
The publisher **accused** the writer of copyright infringement.
その出版社はその作家を、著作権侵害で告訴した。

☐ 674. testify
自 証言する ⟨for, against⟩
The witness **testified** against the defendant.
証人は被告に不利な証言をした。

☐ 675. ★ evidence
名 証拠　>> evident　明白な
Doctors found no **evidence** of infection.
医者は感染の証拠を発見しなかった。

☐ 676. obvious
形 明らかな (≒ evident, manifest)
It's pretty **obvious** she's crazy about Korean dramas.
彼女が韓流ドラマに熱をあげているのは明らかだ。

☐ 677. witness
名 証人、目撃者　他 〜を目撃する
Several journalists **witnessed** the shuttle bus accident.
数人のジャーナリストがシャトルバスの事故を目撃した。

☐ 678. verdict
名 評決、判決 (≒ sentence)
Michael Jackson received a not guilty **verdict** in 2005.
マイケル・ジャクソンは2005年に無罪の判決を受けた。

☐ 679. ★ allegedly
副 申し立てによると (≒ reportedly)
>> allegation　申し立て、主張
He was **allegedly** involved in insider trading.
申し立てによれば、彼はインサイダー取引に関与したとされる。

☐ 680. conceal
他 〜を隠す (≒ hide, secrete)
He was fired for **concealing** illegal acts.
彼は不法行為を隠匿したために解雇された。

☐ 681. fraudulent
形 詐欺的な、不正な　>> fraud　詐欺
Cases involving **fraudulent** ATM withdrawals are on the rise.
ATMでの預金の不正引き出し事件が増加している。

犯罪 | CRIME

☐ 682. criminal
名 犯罪者、犯人 (≒culprit, offender)　**形** 犯罪の
Security cameras are designed to prevent **criminals** from committing crime.
監視カメラは潜在的な犯罪者が罪を犯さないように設置されている。

☐ 683. embezzle
他 ～を横領する
>> embezzlement　横領、着服
The secretary was charged with **embezzling** £100,000.
その秘書は10万ポンドを横領したとして告発された。

☐ 684. exploit
他 ～を搾取する／（チャンスを）有効に生かす
The company allegedly made profits by **exploiting** local workers.
その企業は、地元の労働者を搾取することによって利益を上げていると報じられた。

☐ 685. discriminate
自 ～を区別する〈between〉(≒differentiate)、～を差別する〈against〉　>> discrimination　差別［待遇］
It is illegal to **discriminate** on the basis of gender.
性別に基づいて差別することは違法だ。

☐ 686. seize
他 ～をつかむ、押収［逮捕］する (≒arrest)
Customs officials have **seized** 50 pounds of cocaine.
税関の職員が50ポンドのコカインを押収した。

☐ 687. confiscate
他 ～を没収［押収］する (⇔forfeit: 没収される)
>> confiscation　没収［押収］
The police **confiscated** the suspect's computer.
警察は容疑者のパソコンを押収した。

☐ 688. monitor
他 ～を監視する、観察する
The city of London is **monitored** by security cameras.
ロンドン市は防犯カメラで監視されている。

☐ 689. detain
他 ～を拘留［留置］する、～を引き留める
>> detention　拘留、留置
The police will **detain** the suspect for further interrogation.
警察は容疑者をさらに取り調べるために拘留するだろう。

☐ 690. ★ counterfeit
形 偽造の、偽の (≒fake, bogus)　**他** ～を偽造する
A **counterfeit** £50 bill was discovered at a drug store.
薬局で偽の50ポンド札が発見された。

☐ 691. crackdown
名 取り締まり
>> crack down on　～を取り締まる
Police are launching a new **crackdown** on drunk driving.
警察は飲酒運転に対して新たな取り締まりを始めている。

☐ 692. trace
他 ～を追跡する (≒track)　**名** 跡
Police are trying to **trace** where the call originated from.
警察はその電話がどこからかけられたのかを追跡している。

☐ 693. ★ investigate
他 ～を調査する (≒look into, examine: 検査する)
scrutinize: 綿密に調べる）
>> investigator　調査官
All complains from our customers are **investigated** quickly.
顧客からの苦情はすべて迅速に調査されます。

☐ 694. clue
名 手がかり
Detectives were brought in to help search for **clues**.
手がかりを探すために探偵が呼ばれた。

☐ 695. ★ involve
他 ～を含む／～を巻き込む〈in〉(≒implicate)
>> involvement　参加・関与
This workshop **involves** a great deal of hard work.
この研修会は相当のハードワークが含まれます。

☐ 696. ★ fine
名 罰金 (≒penalty)
Harry was ordered to pay £150 in parking **fines**.
ハリーは違法駐車の罰金150ポンドの支払いを命じられた。

☐ 697. ★ bribery
名 収賄 (≒payoff)
>> bribe　賄賂
The politician has denied all accusations of **bribery**.
その政治家は贈収賄の罪状をすべて否認している。

☐ 698. smuggle
他 ～を密輸する
The trafficker was arrested for **smuggling** drugs into the country.
その密売人は国内に麻薬を密輸したかどで逮捕された。

☐ 699. resort
自 (～に) 頼る、(手段に) 訴える〈to〉　**名** 行楽地
The authorities fear that extremists may **resort** to violence
当局は過激派が暴力に訴えるのではないかと恐れている。

☐ 700. deliberately
副 故意に (≒on purpose, intentionally)
The police believe the fire was started **deliberately**.
警察は、その火事は意図的に起こされたと見なしている。

☐ 701. casualty
名 死傷者 (数)、大参事
Fortunately, there were no reports of **casualties** from the

DAY 18

terrorist attack
幸運にも、テロ攻撃による死傷者の報告はなかった。

意思決定 | DECISION MAKING

☐ 702. ultimate
形 究極の 名 最終段階、究極
>> ultimately 最終的に (≒eventually, finally)
The **ultimate** goal of the campaign is to raise people's awareness of the global environment.
キャンペーンの最終目標は、人々の地球環境に対する意識を高めることだ。

☐ 703. primary
形 主要な (≒cardinal, capital)、第一の
Our **primary** mission is to ensure the welfare of children in this country.
我々の第一の使命は、国内の児童福祉を確かなものにすることです。

☐ 704. ★ imperative
形 絶対に必要な (≒ vital, crucial, pivotal：きわめて重要な, essential, integral：必要不可欠な)
It is **imperative** that customer complaints be dealt with immediately.
顧客の苦情に迅速に対処することが肝要だ。

☐ 705. ★ significance
名 重要性 (≒importance)、意味
>> significant 重要な、著しい
Now, I realize the **significance** of the health-insurance system in our country.
私はやっと、わが国の健康保険制度の重要性に気づいた。

☐ 706. invaluable
形 非常に貴重な (≒valuable, precious)
The Internet is an **invaluable** resource for students.
インターネットは学生にとって非常に貴重な情報源だ。

☐ 707. profound
形 重大な (≒significant)、深遠な (≒deep)
Tolstoy's experience of war had a **profound** effect on his novels.
トルストイの戦争の体験は彼の小説に重大な影響を及ぼしている。

☐ 708. pointless
形 無意味な
It's **pointless** just waiting here for Mr. Beckett to arrive.
ここでただベケット氏が到着するのを待っていても無意味だ。

☐ 709. override
他 ～を無効にする (≒nullify, void)／～より重要である
Customer satisfaction **overrides** all of our other concerns.
私たちにとって顧客満足がほかのすべての事項に優先する。

☐ 710. ★ agreement
名 同意、協定 (≒treaty)
Many UN member states signed an **agreement** to decrease current air pollution levels.
多くの国連加盟国が現在の大気汚染レベルを減少させる同意書に調印した。

☐ 711. ★ approval
名 承認 >> approve (～を) 承認する ⟨of⟩
I hope this proposal will meet with the shareholders' **approval**.
この提案が株主の承認を得られることを期待しています。

☐ 712. advocate
他 ～を主張する 名 支持者 (≒proponent)
We **advocate** the use of non-lethal means to control riots.
我々は、暴動鎮圧のために死に至らしめない手段を用いることを支持している。

☐ 713. ★ authorize
他 ～に権限を与える、～を許可する (≒permit)
>> authorization 認可 (≒approval)
>> authority 権威／当局
The Accounting Department didn't **authorize** these expenditures.
経理部はこれらの費用を認可しなかった。

☐ 714. ★ adopt
他 ～を採用する >> adoption 採用／養子縁組 ⟨of⟩
The company **adopted** a new assessment system.
その会社は新しい評価システムを採用した。

☐ 715. endorse
他 ～を承認する、(小切手に) 裏書きする
>> endorsement 承認、(小切手などの) 裏書き
The board of directors won't **endorse** this proposal.
役員会はこの提案を了承しないだろう。

☐ 716. underwrite
他 ～に同意する (≒consent to)、承諾する (≒approve)
The Accounting Department **underwrote** our travel expenses.
経理部は我々の出張経費を承諾した。

☐ 717. ★ grant
他 ～を承諾する、～を与える 名 助成金、補助金
If permission is **granted**, the contractor will start building soon.
もし許可が与えられたら、請負業者はすぐに建設を始めるだろう。

☐ 718. accredited
形 認可された、公認の
The company is not an **accredited** sponsor of our website.
その企業は我々のウェブサイトの認定スポンサーではない。

☐ 719. acknowledge
他 ～を認める、了承する
>> acknowledgement 認めること／感謝、謝辞／受取通知書
The celebrity has **acknowledged** his relationship with the Mafia.
その有名人はマフィアとの関係を認めた。

☐ 720. ★ acceptable
形 受け入れられる、容認できる
>> accept ～を受け入れる (≒embrace)
We couldn't reach a mutually **acceptable** agreement.
我々は互いに受け入れられる同意に達することができなかった。

721. ★ deny
他 ～を否定する ⟨⇔affirm：断言する⟩
The diplomat still **denies** accepting a bribe.
その外交官はいまだに賄賂を受け取ったことを否定している。

722. resist
他 抵抗する ⟨※refuse：拒む、reject：却下する⟩
>> irresistible　非常に魅力的な
The proposal was strongly **resisted** by the board members.
その提案書は役員たちによって強く抵抗された。

723. ★ object
自 (～に) 反対する ⟨to⟩
Local residents **objected** to the proposed airport construction.
地元住民が空港の建設案に反対した。

724. abandon
他 ～を断念する
Management has already **abandoned** the merger plan.
経営陣はすでに合併計画を断念している。

725. abolish
他 ～を廃止する ⟨≒do away with⟩
The politician thinks capital punishment should be **abolished**.
その政治家は、死刑制度は廃止されるべきだと考えている。

726. freeze
他 ～を凍結する　名 凍結
The company has decided to **freeze** hiring next year.
その会社は来年、雇用を凍結することに決めている。

727. halt
他 ～を止める ⟨≒stop⟩
The country decided to **halt** all beef imports.
その国はすべての牛肉の輸入を中止することを決めた。

728. constrain
他 (法律・力などで)～を抑制[制限]する
>> constraint　(～に対する)制約⟨on⟩⟨≒restriction⟩
We are always **constrained** by our budget.
我々はいつも予算によって制約を受けている。

729. curb
他 ～を抑制する ⟨≒limit, restrain⟩
名 抑制⟨on⟩／縁石
The government should **curb** its military expenditures.
政府は軍事支出を抑えるべきだ。

730. ★ refrain
自 (～を) 控える ⟨from⟩⟨≒abstain, withhold⟩
Please **refrain** from smoking in this area.
この場所での喫煙はご遠慮ください。

731. ★ recognize
他 ～を認識する、表彰する
Pynchon's novel has been **recognized** as one of the greatest of all time.
ピンチョンの小説は史上最高の傑作のひとつとして認められている。

732. perceive
他 ～に気づく／～を (…と) 理解する ⟨as⟩
Everybody **perceived** a change in James's attitude.
皆がジェイムズの態度の変化に気づいた。

733. ★ realize
他 ～に気づく、認識する／～を実現する
I **realize** this offer was given on such short notice, but I need an answer by tomorrow.
この申し出が急に出されたものであることは承知していますが、明日までにお返事が必要なのです。

734. regardless of
前 ～にかかわらず、～を無視して
>> regard　～を (…と) 見なす ⟨as⟩ 事項／敬意
>> regarding　～に関する
They continued the race, **regardless of** bad weather.
彼らは悪天候にもかかわらず、レースを続けた。

735. ★ suspect
他 ～を怪しいと思う、疑う　名 容疑者
>> suspicious　疑わしい
Othello **suspected** the faithfulness of his wife.
オセローは妻の貞節を疑った。

736. ★ infer
他 ～を (…から) 推測する ⟨≒speculate⟩⟨from⟩
>> inference　推測
From his work ethic, I can only **infer** that he is not cut out for this job.
彼の労働意欲からして、彼はこの仕事に向いていないとしか判断できない。

737. ★ assumption
名 仮定、憶測
>> assume　～を当然のことと思う、仮定する／引き受ける
The estimate is based on several **assumptions**.
その見積もりはいくつかの仮定に基づいている。

738. ★ consider
他 ～を検討する ⟨≒think of⟩、～と見なす ⟨≒deem⟩
>> consideration　考慮／思いやり　>> considerably　かなり、著しく
Max is **considering** whether or not to accept the job offer.
マックスはその仕事の申し出を受け入れるかどうか検討している。

739. contemplate
他 ～を熟考する ⟨≒deliberate⟩
Every member of the marketing team **contemplated** how to improve the design of the brochure.
マーケティング部の皆が、パンフレットのデザインの改善方法について熟考した。

740. explore
他 ～を探求[探検]する／検討する
Management should **explore** ways of improving office environment.
経営陣はオフィス環境を改善する方法について検討すべきだ。

741. factor
自 (～を) 計算に入れる ⟨in⟩⟨≒figure in⟩
名 (～の) 要素、要因 ⟨in⟩

DAY 19

Don't forget to **factor** in the time difference when traveling abroad.
外国を旅行する際は、時差を計算に入れることを忘れないように。

☐ 742. intuition
名 直感 (≒ instinct：本能)
Her decision is always based on **intuition**.
彼女の決断は常に直感によるものだ。

☐ 743. discretion
名 自由裁量／慎重さ
The decision was left to the chairman's **discretion**.
決断は会長の裁量に委ねられた。

☐ 744. ★ argument
名 議論、主張　>> argue　言い争う、～と主張する
Brian doesn't like to enter into any **arguments** about politics or religion.
ブライアンは政治や宗教に関するいかなる議論にも加わりたがらない。

☐ 745. dispute
名 論争 (≒ argument)　**他** 異議を唱える
There have been many **disputes** over copyrights.
著作権をめぐって多くの論争が起きている。

☐ 746. controversial
形 論争の、物議をかもす　>> controversy　論争
He tried to stay away from **controversial** topics at the dinner party.
彼は夕食会では、論争的な話題を避けるよう努めた。

☐ 747. ★ rationale
名 理論的根拠 ⟨for⟩
>> rational　合理的な (⇔ irrational：不合理な)
The **rationale** for using this method of evaluation is to raise employee morale.
この評価方法の使用の根拠は、従業員の士気を高めることだ。

☐ 748. conclude
他 ～と結論を出す　>> conclusion　結論
>> conclusive　決定的な (≒ decisive)
The report **concluded** that a world recession was inevitable.
その報告書は世界的な不景気は避けられないと結論づけた。

☐ 749. pertain
自 (～に) 関係がある ⟨to⟩
This e-mail **pertains** to her new position at the company.
このEメールは彼女の会社での新しい地位に関するものだ。

☐ 750. related
形 関係のある ⟨to⟩　>> relatively　比較的
Those Internet crimes seem to be closely **related** in some way.
それらのインターネット犯罪は何らかの点で密接に関連があるように思われる。

☐ 751. ★ relevant
形 関係のある (≒ related, pertinent) ⟨to⟩

(⇔ irrelevant　関係のない ⟨to⟩)
Once we collect all the **relevant** information, we can make a decision.
関連情報をすべて集めたら我々は決断を下すことができる。

☐ 752. consistent
形 一貫した (≒ coherent) (⇔ inconsistent：矛盾した)
He seems **consistent** in his way of approaching business problems.
彼のビジネス上の問題に対する取り組み方は一貫しているように思える。

☐ 753. contradict
他 ～と矛盾する (≒ conflict with)
>> contradiction　(～の間の) 矛盾 ⟨between⟩
His account of the accident **contradicts** that of the other driver.
彼の事故についての説明は相手運転手の説明と食い違っている。

☐ 754. ★ suggestion
名 (具体的) 提案、アドバイス／暗示
>> suggest　～を提案する／～を示唆する
Andy made some good **suggestions** for making improvements in our service.
アンディはサービスを改善するための良い提案をした。

☐ 755. insist
自/他 ～としつこく主張する ⟨on, that⟩
Martin **insisted** that we stay at his house instead of a hotel.
マーティンは、私たちがホテルではなく彼の家に泊まることを主張した。

☐ 756. ★ claim
他 ～を主張 [請求] する／命を奪う　**名** 請求
He **claims** he is innocent
彼は自分が潔白だと主張している。

☐ 757. emphasize
他 ～を強調する (≒ underline, underscore, stress, highlight)、重要視する　>> emphasis　強調、力説 ⟨on⟩
The lecturer **emphasized** the importance of social security reform.
その講演者は社会保障改革の重要性を力説した。

☐ 758. petition
名 嘆願 (書) (≒ plea)　**他** ～を嘆願する
Over 60 percent of the residents signed a **petition** against the construction of a high-rise condominium.
60パーセント以上の住民が新しい高層マンションの建設に反対する嘆願書に署名した。

☐ 759. persuade
他 ～を説得する
Nobody could **persuade** Ms. Clinton to change her mind.
誰もクリントン氏に考えを変えるよう説得できなかった。

☐ 760. ★ urge
他 ～に強く促す　>> urgent　緊急の
The doctor **urged** him to stop smoking.
医者は彼に禁煙を勧めた。

761. ★ convince
他 ～に確信させる、納得させる
\>> convincing　説得力がある（≒compelling, persuasive）
\>> conviction　信念、説得／有罪判決
He failed to **convince** the jury of his innocence.
彼は自分の無罪を陪審員に説得できなかった。

762. caution
他 ～に（…について）警告する〈about, against〉（≒warn）　名 警告、用心
The report **cautions** business leaders against over-optimistic expectations.
その報告書は、ビジネスリーダーに過度に楽観的な期待を持つことについて警告している。

763. ★ recommend
他 ～を勧める
"Les Miserables" is a very popular musical, so we **recommend** making reservations early.
『レ・ミゼラブル』は非常に人気のあるミュージカルなので、早めの予約をお勧めします。

764. determine
他 ～を決定する、決心する（≒decide）
Salary increases and promotions are **determined** based on evaluations made by supervisors.
昇給と昇進は上司の評価に基づいて決定される。

765. ★ implement
他 ～を実施する、履行する（≒carry out）
You are bound by law to fully **implement** the contract.
あなたは法律上、その契約を完全に履行しなければならない。

766. execute
他 ～を実行する、遂行する
\>> executive　重役、経営陣
They **executed** the plan well just as instructed.
彼らは指示通りにその計画を首尾よく実行した。

767. exert
他 ～を行使する（≒exercise）
The new CEO has **exerted** considerable influence over the Board of Directors.
新CEOは役員会に大きな影響力を行使している。

768. initiate
他 ～を新たに始める
\>> initial　最初の　\>> initiative　指導力、主導権
The mayor **initiated** legal proceedings against the weekly magazine.
市長は週刊誌を訴える法的手続きを開始した。

769. summarize
他 ～を要約する（≒sum up）　\>> summary　(～の)要約〈of〉
Can you **summarize** the main points of Mr. Ghosn's speech?
ゴーン氏のスピーチの要点を要約してもらえますか？

770. implication
名 言外の意味、暗示／影響
\>> imply　～をほのめかす、暗示する（≒suggest）
I understood the **implications** of what she had said.
私は彼女が言ったことの言外の意味を理解した。

771. exemplify
他 ～の良い例となる／～を実証する
This church **exemplifies** the most dominant style of architecture during the 17th century.
その教会は17世紀における主流の建築様式をよく表している例だ。

772. outline
他 ～の要点を述べる、概説する　名 概要（≒rundown）
The CEO **outlined** his new proposal in the speech.
最高経営責任者は、演説で新しい提案について概説した。

773. ★ profile
他 ～の概略を描く、人物評を書く　名 プロフィール
\>> high [low]-profile　目立つ[目立たない]
The new president was **profiled** in yesterday's paper.
新社長の人物評が昨日の新聞に掲載されていた。

774. ★ describe
他 ～を（…と）述べる、描写する〈as〉（≒depict, portray）
\>> description　叙述、描写
The compensation system is fully **described** on page four.
給与体系については4ページに詳しく述べられています。

775. portrayal
名 描写（≒depiction）
His latest novel won an award for its a realistic **portrayal** of Beethoven's life.
彼の新しい小説は、ベートーベンの生涯の現実的な描写で賞を受けた。

776. brief
他 ～の概要を伝える　形 簡潔な（≒concise）
\>> briefing　簡単な報告、状況説明
Faculty members were **briefed** on the research project last week.
教職員は先週、その研究プロジェクトの概要説明を受けた。

777. elaborate
自 （～について）詳しく述べる〈on〉
形 念入りの、込み入った
Walsh refused to **elaborate** on his reasons for resigning from the position.
ウォルシュはその職を辞める理由について詳しく述べることを拒んだ。

778. ★ detail
他 ～を詳述する　名 詳細
New study **details** effects of web advertising.
新しい研究はインターネット広告の影響について詳しく述べている。

779. particular
名 細目（≒detail）　形 特定の／好みのうるさい
\>> particularly　特に（≒in particular, especially, notably）
The article focuses on Mark Zuckerberg in **particular**.
その記事は特にマーク・ザッカーバーグのことを大きく取り上げている。

780. overview
名 概観、全体像（≒outline）

DAY 20

This booklet provides an **overview** of the project.
この小冊子はプロジェクトの概要を説明している。

☐ **781. opinion**
名 意見
What is your **opinion** of the latest 007 movie series?
最新の007の映画シリーズについてのあなたの意見は?

☐ **782. statement**
名 声明、陳述
A joint **statement** was issued by both companies involved in the merger.
合併に関わった両社によって共同声明が出された。

☐ **783. ★ announce**
他 ~を発表する >> announcement 発表
The multinational company **announced** a merger plan to its employees.
その多国籍企業は従業員に合併計画を知らせた。

☐ **784. vow**
名 誓い (≒ pledge, promise)
He made a **vow** to quit smoking.
彼は禁煙する誓いを立てた。

☐ **785. ★ disclose**
他 ~を暴露する、開示する (≒ reveal, uncover, unveil)
The Internet shopping site denied **disclosing** customers' personal information.
そのインターネットショップは、顧客の個人情報を開示したことを否定した。

☐ **786. on behalf of**
前 ~を代表して、~の代わりに
A lawyer issued a statement **on behalf of** the victim's family.
犠牲者の家族を代表して、弁護士が声明を出した。

☐ **787. ★ remark**
他 (簡単に意見を) 述べる   名 発言
>> remarkable 際立った
The designer was fired for making racist **remarks** during an interview.
そのデザイナーはインタビューで人種差別的な発言をしたため解雇された。

問題解決 | TROUBLESHOOTING

☐ **788. ★ incidence**
名 (病気・事件の) 発生 (率) (≒ occurrence)
>> incident (偶発的な) 事件、出来事
The **incidence** of computer-related crime is on the rise.
コンピューター関連の犯罪の発生が増えている。

☐ **789. occurrence**
名 出来事 (≒ event, incident, accident)
Keep in mind that computer errors are a common **occurrence**.
コンピューターのミスはよくあることだと覚えておきなさい。

☐ **790. obstacle**
名 障害 (≒ barrier)

We must remove all **obstacles** preventing women from gaining equal footing in the workplace.
女性が職場で対等な立場を獲得するのを妨げる障害はすべて取り除くべきだ。

☐ **791. hardship**
名 困難 (≒ difficulty)
Many families are facing financial **hardship** these days.
昨今では、多くの世帯が財政難に直面している。

☐ **792. ★ remain**
自 とどまる、~のままである
>> remainder 残り >> remaining 残っている
Overpopulation **remains** a serious problem in Bangladesh.
バングラデシュでは人口過多が依然として深刻な問題である。

☐ **793. confront**
他 ~に直面する (≒ face) >> confrontation 直面、対決
We had to **confront** a serious budget problem.
我々は深刻な予算の問題に直面せざるを得なかった。

☐ **794. encounter**
他 (困難などに) 直面する/~に偶然出会う (≒ run across)
The government has **encountered** strong opposition to its plans to raise the consumption tax.
消費税を値上げする計画に対して、政府は強い反対に直面している。

☐ **795. ★ prevent**
他 ~を妨げる (≒ deter, hinder, hamper, avert)
The blizzard **prevented** us from having the company picnic at the park.
猛吹雪のために、公園での会社のピクニックは中止になった。

☐ **796. induce**
他 ~を誘発する、引き起こす (≒ cause, trigger)
>> induction 誘発/就任
This drug inevitably **induces** drowsiness.
この薬は必ず眠気を引き起こします。

☐ **797. entail**
他 ~を伴う (≒ involve)、必要とする (≒ necessitate)
The merger will **entail** some job losses.
合併は失業を伴うだろう。

☐ **798. ensue**
自 結果として起こる
Matt accused Jack of being a liar and a bitter quarrel **ensued**.
マットがジャックを嘘つきと責めたて、激しい口げんかになった。

☐ **799. outcome**
名 結果、結末
The mayor refused to comment on the **outcome** of the last election.
市長は前回の選挙結果についてコメントすることを拒んだ。

☐ **800. ★ attribute**
他 ~を (…に) 帰する ⟨to⟩ (≒ ascribe)
Our president **attributed** the company's success to the employees' hard work.
社長は会社の成功を従業員の勤勉のおかげだと言った。

801. consequently
副 従って、それ故に
The shop increased the size of its staff and **consequently** service improved.
その店は従業員の人数を増やし、その結果、サービスが向上した。

802. oversight
名 見落とし（≒miss）／監督（≒supervision）
Employees were paid late due to an **oversight** in the Accounting Department.
経理部の見落としが原因で、従業員への給料の支払いが遅れた。

803. ★ overlook
他 〜を見落とす、大目に見る／〜を見渡す
Accidents will happen if safety checks are **overlooked**.
安全点検が見落とされると事故が起きるだろう。

804. ★ possibility
名 可能性
There is a strong **possibility** that they will win the contract.
彼らが契約を獲得する可能性は非常に高い。

805. occasional
形 時々起こる、時々の >> occasionally 時々
He makes **occasional** visits to Singapore.
彼は時々シンガポールを訪れる。

806. opportune
形 適切な、好都合の >> opportunity 好機、機会
Now is an **opportune** time to launch a new business.
今こそ新規事業を立ち上げる絶好のタイミングだ。

807. frequently
副 しばしば、たびたび
The five most **frequently** asked questions are listed below.
最もよく聞かれる5つの質問を下記に挙げております。

808. ★ inevitable
形 避けられない、必然の >> inevitably 必然的に、必ず
Make your readers happy, and they will **inevitably** browse the website.
読者を喜ばせなさい。そうすれば必ずウェブサイトも閲覧してくれるでしょう。

809. definitely
副 確実に
>> definitive 確実な
Global warming is **definitely** everyone's problem.
地球温暖化は確実に皆の問題である。

810. ★ identify
他 〜を確認する、同一視する
>> identification 身分証明（書）
>> identical (〜と)　全く同じの〈to〉
Our research team has already **identified** several key distribution problems.
私たちの研究チームがすでにいくつかの重要な流通上の問題を確認している。

811. ★ figure
自 (〜を) を考え出す、解き明かす〈out〉　名 数字／人物
I finally **figured** out how their personal information had been leaked.
私はついに彼らの個人情報がどのように漏えいされたのか突き止めた。

812. emergency
名 緊急（事態）
In case of **emergency**, please call the police.
緊急の際は、警察に電話をしてください。

813. rectify
他 〜を是正する、調整する
Matt wishes to **rectify** the situation as soon as possible.
マットはできるだけ早く事態を解決することを望んでいる。

814. ★ correct
他 〜を訂正する (≒rectify, redress：是正する)　形 正しい
(≒accurate, precise：正確な) ⇔ incorrect　不正確な
The imbalance between men and women's pay needs to be **corrected**.
男性と女性の収入の間にある不均衡は是正される必要がある。

815. modify
他 〜を (部分的に) 修正する
The customer feedback we have received will be used to **modify** the menu for next month.
我々が受け取った顧客からのフィードバックは、来月のメニューを修正するために使われます。

816. ★ revision
名 改訂、修正　>> revise 〜を改訂する (≒amend：修正する)
The budget plan needs drastic **revision**.
その予算案は抜本的な改訂が必要だ。

817. ★ address
他 (問題を) 扱う、取り組む (=tackle)　名 住所
The venture company has already **addressed** the potential environmental problems.
そのベンチャー企業はすでに潜在的な環境問題に取り組んできた。

818. cope
自 〜に対処する〈with〉
Nowadays, teachers have to **cope** with chaos in the classroom.
最近では、教師は学級崩壊に対処しなければならない。

819. contend
自 (〜に) 対処する〈with〉　他 主張する〈that〉
>> contention 主張、論争
There are a lot of issues to **contend** with.
対処しなければならない問題がたくさんある。

820. ★ solve
他 〜を解決する (≒resolve, settle, work out)
>> solution (〜の) 解決策〈to〉
The attorney will help you **solve** your legal problems.
その弁護士があなたの法的な問題を解決する手助けをしてくれるでしょう。

DAY 21

☐ 821. **suppress**
他 ～を鎮圧[抑圧]する (≒subdue)
>> suppression （暴動などの）鎮圧、制圧
These drugs will **suppress** your appetite.
これらの薬はあなたの食欲を沈静化させます。

☐ 822. **precaution**
名 予防措置
Back up your data routinely as a **precaution** against computer failure.
コンピューターの故障に備える予防措置として日常的にデータをバックアップしなさい。

☐ 823. ★ **measure**
名 対策、手段 (≒step, action)／寸法
Stronger **measures** have to be taken to bring down unemployment rate.
失業率を下げるために抜本的な対策が取られなければならない。

☐ 824. **reconcile**
他 ～を和解させる、一致させる
Management and the labor union are trying to **reconcile** their differences.
経営陣と労働組合は意見の食い違いを調和させようと努めている。

☐ 825. ★ **consult**
自/他 相談する (≒check with)
>> consultant コンサルタント
Before going on a diet, you should **consult** your doctor.
ダイエットをする前に、医者に相談すべきだ。

☐ 826. ★ **alternative**
形 代わりの (≒alternate)　名 代案、選択肢
We would like to request an **alternative** payment plan.
他の支払い方法をお願いしたいのですが。

☐ 827. **remedy**
名 治療法 (≒therapy)、救済策
There is no simple **remedy** for reducing the budget deficit.
財政赤字を減らす単純な解決策はない。

☐ 828. **extinguish**
他 （火を）消す (≒put out)　>> fire extinguisher 消火器
Firefighters fought for hours to **extinguish** the blaze.
消防士は火災を鎮火するのに数時間格闘した。

コミュニケーション | COMMUNICATION

☐ 829. **translate**
他 （～に）翻訳する (≒put)〈into〉
The Bible has been **translated** into over 100 languages worldwide.
聖書は世界の100カ国語以上の言語に翻訳されている。

☐ 830. **interpret**
他 ～を通訳する (≒translate：翻訳する)／～と解釈する〈as〉
>> interpretation 解釈　>> interpreter 通訳
The president's inaugural address was simultaneously **interpreted** into several languages.
大統領の就任演説は複数の言語に同時通訳された。

☐ 831. **fluent**
形 流ちょうな　>> fluently 流暢に
Candidates must be **fluent** in both English and Chinese.
応募者は英語と中国語の両方に堪能な人に限ります。

☐ 832. **eloquently**
副 雄弁に　>> eloquent 雄弁な
Brutus delivered his speech **eloquently** in front of the citizens.
ブルータスは市民の前で雄弁に演説をした。

☐ 833. ★ **disturb**
他 ～を妨げる、（平静などを）乱す
>> disturbance 妨害 (≒interruption)／（社会の）混乱 (≒turmoil)　>> disturbing 不安にさせる、憂慮すべき
Sorry to **disturb** you, but do you know where Ms. Watkinson is?
邪魔をしてすみませんが、ワトキンソンさんがどこにいるか知っていますか？

☐ 834. ★ **interrupt**
他 ～を中断する、～の邪魔をする
>> uninterrupted 絶え間ない (≒continuous, incessant)
Please don't **interrupt** me while I'm working.
仕事中は邪魔をしないでください。

☐ 835. **disrupt**
他 ～を中断させる (≒disconnect)、混乱させる
>> disruption 中断、混乱 (≒interruption)
Telephone service was **disrupted** for two hours.
電話は2時間不通になった。

☐ 836. **interfere**
自 （～を）妨げる〈with〉、（～に）干渉する〈in〉
>> interference 干渉、介入〈in〉
We believe that government has no legal right to **interfere** in corporate management.
我々は、行政には企業経営に口を挟む法的権限はないと思っている。

☐ 837. **periodical**
名 定期刊行物、雑誌 (≒magazine)　>> periodic 定期的な
The university subscribe to more than 100 **periodicals**.
その大学は100以上の定期刊行物を購入している。

☐ 838. ★ **press**
名 マスコミ、出版業
Michael Jackson received a lot of negative **press** coverage.
マイケル・ジャクソンは多くの否定的なマスコミ報道を受けた。

☐ 839. ★ **article**
名 記事 (≒account)
There was an interesting **article** in today's paper.
今朝の新聞に興味深い記事があった。

☐ 840. **issue**
名 発行物、～号　他 ～を発行する
>> volume （書物の）巻／量 (≒quantity)
The article appeared in the September **issue** of the Runway magazine.
その記事はランウェイ誌の9月号に掲載された。

841. publication
名 出版、発行
>> publish 〜を出版[発表]する >> publicize 〜を宣伝[公表]する >> publicity 知名度
The author became famous after the **publication** of his first novel.
その著者は最初の小説を出版した後で有名になった。

842. medium
名 (伝達の)手段 (≒means) ※複数形は media　形 中間の
Facebook has become an important **medium** of communication.
フェイスブックは重要なコミュニケーションの手段のひとつとなった。

843. browse
他 〜を閲覧する、立ち読みする
Cellular phones are now used to **browse** websites and to send text messages.
携帯電話は現在、ウェブサイトの閲覧やメールの送信のために利用されている。

844. ★ cover
他 〜を覆う、報道する／保証する
>> coverage 報道／補償範囲
You can see live **coverage** of the main Olympic events on the Internet.
インターネットで主要なオリンピック競技を生中継で見ることができる。

845. directory
名 住所録、名簿
>> direction 指示、方角 >> director 取締役
Can you look up the phone number of the hotel in the telephone **directory**?
そのホテルの電話番号を電話帳で調べてくれますか？

846. ★ introduce
他 〜を紹介する、導入する (≒adopt)
>> introductory 入門的な／紹介の
I would like to **introduce** you to my friend Dorian Gray.
友人のドリアン・グレイを紹介しましょう。

847. interact
自 〜と交流する〈with〉 >> interactive 対話式の
In this workshop, you can **interact** with people from other cultures and backgrounds.
この研修会では、文化や生育環境の異なる人々と交流することができます。

848. acquaintance
名 知り合い、知人 (≒associate)
Nowadays, people develop **acquaintances** over the Internet.
昨今では、人々はインターネットで知り合いを増やしている。

849. intimate
形 親密な、くつろげる (≒cozy)
It's a small restaurant with an **intimate** atmosphere.
そこはくつろげる雰囲気の小さなレストランだ。

850. ★ rely
自 (〜に) 頼る〈on〉(= count [depend, draw] on, turn to, resort) >> reliant 〜に依存した >> reliable 信頼できる

The National Museum **relies** on voluntary donations to stay open.
国立美術館は開館を続けるために任意の寄付金に依存している。

851. liaison
名 連絡 (係)〈between, with〉
Their Public Relations Manager serves as a good **liaison** with local communities.
広報部長は地域社会との良い連絡係としての役割を担っている。

852. ★ correspond
自 〜に一致する／〜と文通する 〈to〜〉
>> correspondence 通信、文通〈with〉
>> correspondent 特派員
Franca has been keeping a regular **correspondence** with her pen-friend.
フランカは文通相手と定期的な文通を続けている。

853. memorandum
名 覚書、事務連絡
We signed an official **memorandum** with the new client.
我々は新しい顧客と公式の覚書を交わした。

854. bulletin
名 掲示 (≒notice)、広報
A **bulletin** was posted on our website regarding next month's career fair.
来月の就職フェアに関して当社のウェブサイトに掲示が出されています。

855. exchange
他 ①〜を (…と) 交換する〈for〉 ②〜を (…と) 取り交わす〈with〉
I **exchanged** some e-mails with Mr. Wren last week.
先週、レンさんといくつかEメールのやり取りをした。

856. ★ attach
他 〜を張り付ける、添付する
>> attachment 添付ファイル／愛着 (≒love)
Please read the **attached** file for details.
詳細は添付ファイルをご覧ください。

857. ★ enclose
他 〜を同封する >> enclosure 同封物／囲い (地)
I **enclosed** my completed application form.
記入済みの応募用紙を同封しております。

858. ★ contain
他 〜を含む (≒include) >> container 容器
The envelope **contained** a few pictures.
その封筒には数枚の写真が入っていた。

859. forward
他 〜を転送する (≒transfer)
Please **forward** my bill to my new address in Chiba.
私の請求書は千葉の新しい住所へ転送してください。

860. ★ recipient
名 受取人 (⇔sender : 差出人)、受賞者
>> receive 〜を受け取る >> receipt 領収書
>> reception 受付／歓迎 (会)／受信 (状態)

DAY 22

The number of welfare **recipients** is increasing.
生活保護を受けている人の数が増えている。

☐ **861. postage**
名 郵送料（≒ shipping charge）
When advertising a book on your website, please include **postage** in the price.
ウェブサイトで本を広告する場合は、郵送料を価格に含めてください。

☐ **862. disregard**
他 ～を無視する（≒ ignore, defy, neglect）
Please **disregard** my previous e-mail.
前回のメールは無視してください。

☐ **863. as per**
前 ～の通り（≒ according to）
>> per ～につき、～ごとに >> per capita 1人当たりの
As per my previous e-mail, we will reconsider the budget plan.
先のメールの通り、予算案の再検討を行います。

☐ **864. circulate**
自 (噂などが) 広まる（≒ prevail, disseminate）
>> circulation 発行部数／流通
Ridiculous rumors **circulated** that the company was going to be bought out.
その会社が買収されるという馬鹿げたうわさが広まった。

☐ **865. relay**
他 ～を(…に) 伝える〈to〉
David immediately **relayed** news of the accident to his boss.
デイビッドは事故の知らせをすぐ上司に伝達した。

☐ **866. convey**
他 ～を運ぶ、伝える
Please **convey** my appreciation to Ms. Stuart.
スチュアートさんに私の感謝の気持ちをお伝えください。

☐ **867. ★ appreciate**
他 ～を感謝する 自 価値が上がる（⇔ depreciate: 価値が下がる）>> appreciative（～に）感謝している〈of〉／grateful）／鑑識眼がある
We **appreciate** your interest in our company.
当社に関心をお寄せくださり、ありがとうございます。

☐ **868. satisfactory**
形 満足できる >> satisfy ～を満足させる
The explanation I received from the Customer Service Department was far from **satisfactory**.
カスタマーサービス部から受けた説明はとても満足できるものではなかった。

☐ **869. ★ apologize**
自 (～を) 謝罪する〈for〉 >> apology 謝罪
We **apologize** for the delay of the delivery.
配送が遅れましたことをお詫び申し上げます。

☐ **870. token**
名 しるし、証拠
He brought her some flowers as a **token** of his gratitude.
彼は感謝のしるしとして彼女に花を持ってきた。

☐ **871. gratitude**
名 感謝（appreciation, testimonial）
We would like to express our **gratitude** to everyone for all your combined effort.
すべての皆さんのご協力に感謝の意を表します。

☐ **872. ★ hospitality**
名 もてなし（の心）
We were delighted by the wonderful **hospitality** of the local people.
私たちは地元の人々の素晴らしいもてなしを嬉しく思った。

思考態度｜MIND-SET

☐ **873. ★ morale**
名 意気込み、士気 ※ moral（道徳）と区別！
Management seems to be worried about low employee **morale**.
経営陣は従業員の士気の低さを心配しているようだ。

☐ **874. ★ attitude**
名 態度（≒ behavior）、姿勢
You have to improve your **attitude** in this company if you want to get promoted.
昇進したければ社内での態度を改めるべきだ。

☐ **875. ethic**
名 倫理、道徳（≒ moral）
>> ethical 倫理の（⇔ unethical：倫理に反する）
A high work **ethic** filtered down through the corporation.
強い勤労意欲が、その会社の上から下まで浸透していた。

☐ **876. principle**
名 原理、主義
It's against corporate **principles** to accept any gift from a client.
顧客から贈り物を受け取ることは社の方針に反します。

☐ **877. decent**
形 きちんとした（≒ polite）／着衣の
It was **decent** of Paul to offer to pay.
支払いを申し出るなんて、ポールは礼儀正しい人だ。

☐ **878. aggressive**
形 積極的な（≒ affirmative）、攻撃的な（≒ belligerent）
We need to be more **aggressive** in our marketing strategy.
我々はマーケティング戦略においてより積極的である必要がある。

☐ **879. ambitious**
形 野心的な
Mr. Nakamura is a young and **ambitious** new employee.
中村氏は若くて野心的な新入社員だ。

☐ **880. ★ committed**
形 (～に) 専心した、に取り組んでいる〈to〉
>> commitment 献身／公約、誓約
We are **committed** in our promise to meet individual customer needs.
我々はお客様一人ひとりの要求に応えられるよう、専心しております。

881. conservative
形 保守的な (⇔ liberal : 自由主義の)
>> conserve 〜を保存する (≒ preserve)
People become more **conservative** with age.
人は年をとると、より保守的になる。

882. ★ accustomed
形 慣れている (≒ familiar)
He is **accustomed** to dealing with customer complaints.
彼は顧客の苦情を処理することに慣れている。

883. withstand
他 〜を耐える (≒ bear, endure, tolerate : 容認する)
The athlete had to **withstand** the intense media pressure.
そのスポーツ選手は、厳しいメディアの圧力に耐えなければならなかった。

884. ★ voluntarily
副 自発的に
>> voluntary 自発的な >> volunteer ボランティア、有志
The manufacturer **voluntarily** recalled its latest microwave model because of defects.
メーカーはその最新型のレンジを品質不良のため自主的に回収した。

885. spontaneous
形 自然発生の、自発的な
He made a **spontaneous** decision to drop in at the law firm this morning.
彼は今朝、弁護士事務所に立ち寄ろうと自発的な判断をした。

886. ★ diligent
形 勤勉な (≒ hardworking, industrious) (⇔ lazy, idle)
Kris is **diligent**, but he isn't very good at troubleshooting.
クリスは勤勉だが、問題解決があまり得意ではない。

887. ★ integrity
名 誠実、正直 (≒ honesty) / 無傷の状態
The candidate is a man of high **integrity**.
その志願者は非常に誠実な人物だ。

888. negligence
名 怠慢 / 過失 (≒ lapse)
>> neglect 〜を無視する、(仕事を) 怠る (≒ defy)
>> negligible ごくわずかな (≒ nominal)、無視できるほどの
The clerk was dismissed for repeated **negligence** of his duties.
その事務員は度重なる職務怠慢のために解雇された。

889. strive
自 〜しようと努力する (to do) (≒ try, endeavor)
Though we **strive** to be accurate, some mistakes are inevitable.
正確であるように努めておりますが、ミスは避けられません。

890. attempt
他 〜を試みる (to do) 名 試み
We have **attempted** to contact you more than twice.
そちらに 2 回以上連続して試みました (が通じませんでした)。

891. pursue
他 〜を追求する (≒ seek after)
>> pursuit 追求
He wants to **pursue** a career in sound engineering.
彼はサウンドエンジニアリングの仕事を追求したがっている。

892. concentrate
自 (〜に) 集中する 〈on〉
Stop talking and **concentrate** on your work.
話をやめて自分の仕事に集中しなさい。

893. optimism
名 楽観 (論)
>> optimistic 楽観的な (⇔ pessimistic ; : 悲観的な)
Our president is always **optimistic** about the future of the company.
わが社の社長はいつも会社の将来について楽観的だ。

894. positive
形 肯定的な、積極的な (≒ affirmative)
⇔ negative 否定的な
If you want to succeed in business, you must maintain a **positive** attitude.
ビジネスで成功したければ、前向きな態度を持ち続けなければならない。

895. bold
形 大胆な
The vice president of the venture company came up with a **bold** plan.
そのベンチャー企業の副社長はある大胆なプランを思いついた。

896. ★ hesitate
他 〜をためらう
Don't **hesitate** to call me if you need any help.
もし援助が必要なら、ためらわず電話ください。

897. ★ reluctant
形 〜したがらない 〈to〉 (≒ unwilling)
Most people are **reluctant** to reveal their personal information.
ほとんどの人は個人情報を明かしたがらない。

898. protective
形 保護する、保護の
>> protect 〜を保護する (≒ safeguard)
Carla is very **protective** of her privacy.
カーラは自分のプライバシーを注意深く守っている。

899. tolerant
形 (〜に) 寛容な 〈of〉
>> tolerate 〜を大目に見る、許容する
>> tolerable 耐えられる (≒ bearable)
I'm not very **tolerant** of my coworker's smoking habit.
私は同僚たちの喫煙習慣にあまり寛容ではない。

900. generous
形 寛大な (⇔ mean : けちな)
The gentleman paid a **generous** tip to the porter.
その紳士はポーターに気前よくチップを払った。

901. enthusiasm
名 情熱、熱狂 (≒ zeal, eagerness)

DAY 23

Mr. Yodogawa's **enthusiasm** for movies stayed strong throughout his entire lifetime.
淀川氏の映画に対する情熱は一生を通じて揺るぎなかった。

902. ★ concern
名 心配事、懸念 他 ～を心配させる、～に関係する
>> concerned 関係した〈with〉、心配している〈about〉
>> concerning ～に関して (≒ regarding, as to, as for, in regard to)
Many people expressed **concern** about the pollution caused by the factory.
多くの人が工場による汚染に懸念を示した。

903. ★ motivate
他 ～に意欲を起こさせる
Mentors should be aware of how to **motivate** employees.
メンター (助言者) は、従業員に意欲を起こさせる方法を知っていなければならない。

904. ★ discourage
他 ～を落胆させる (⇔ encourage : ～を励ます)
>> discouraging 思わしくない、落胆させる
This year's sales of our flagship product were very **discouraging**.
わが社の主力製品の今年の売り上げはとても落胆させるものだった。

905. intimidating
形 威嚇的な、怯えさせるような
>> intimidate ～を脅す (≒ threaten)
Interview situations are very **intimidating**.
面接の状況は非常に威圧的だ。

906. ★ inspire
他 ～に活気を与える、～を触発する
The project is designed to **inspire** students to pursue careers in engineering.
このプロジェクトは学生を触発して技術者の道を目指すよう意図されている。

907. intrigued
形 ～に興味を抱いた (≒ interested)
At the session, Eric was quite **intrigued** by the history of the company.
説明会でエリックはその企業の歴史に非常に興味を抱いた。

908. indifferent
形 無関心な／公平な
Rita was **indifferent** to the new policies set forth by her managers.
リタはマネージャーが説明した新しい方針に対して無関心だった。

909. frustrated
形 (～に) 不満を持っている〈with, at, by〉
He was **frustrated** by the slow Internet connection at the hotel.
彼はそのホテルのインターネット接続の遅さにイライラさせられた。

910. ★ confident
形 (～について) 自信がある〈about〉
Brad was **confident** that he'd win the contract.
ブラッドはその契約を取る自信があった。

911. sincere
形 誠実な、心からの (≒ cordial)
We want to express our **sincere** apologies for the inconvenience caused.
ご不便をおかけしたことを心からお詫び申し上げます。

912. skeptical
形 (～に) 懐疑的な〈about, of〉
I'm **skeptical** about the results of the Internet survey.
私はそのインターネット調査の結果に対して懐疑的です。

913. critical
形 批判的な、決定的な
>> critic 批評家 (≒ reviewer, pundit)
>> criticize ～を批判 [批評] する
That economist is always **critical** of the government's economic policies.
そのエコノミストは政府の経済政策に対して常に批判的だ。

914. anxious
形 心配した (≒ concerned, worried) ／熱望した
Are you **anxious** about your first day at work?
職場での初日を心配していますか？

915. annoying
形 気に障る、イライラさせる
It's **annoying** that he always arrives late for dinner.
彼がいつもディナーに遅れてくるのにはイライラする。

916. ★ courteous
形 礼儀正しい (≒ polite) (⇔ rude, impolite: 無礼な)
>> courtesy 礼儀
You must treat our customers with kindness and **courtesy**.
お客様には親切心と礼儀をもって対応しなさい。

917. restless
形 落ち着かない (≒ uneasy)
I spent a **restless** night before the day of the product launch.
製品販売の前日、私は落ち着かない夜を過ごした。

教育 | EDUCATION

918. undergraduate
名 大学生 >> graduate 卒業生
>> postgraduate 大学院生 (≒ graduate student)
He is an **undergraduate** at Birmingham University.
彼はバーミンガム大学の学生だ。

919. tuition
名 授業料
Tuition for this particular law school is $9,000 per year.
この法科大学院の授業料は年間9,000ドルだ。

920. mentor
名 助言者、指導役 ※tutor: 個人指導教授
At the beginning of the training week, each intern was assigned a **mentor**.
研修の週の最初に、それぞれのインターンはメンターがあてがわれました。

921. ★ degree
名 学位／程度（≒ extent）
Successful candidates should have a Bachelor's **degree** in Economics.
採用される候補者は経済学の学士号を持っていなければならない。

922. bachelor
名 学士（号）／未婚の男性　※master（修士）、doctor（博士）
He received his **Bachelor's** degree in Business Administration from Harvard University.
彼はハーバード大学で経営学の学士号を取得した。

923. diploma
名 卒業証書（≒ certificate）
Chen received his **diploma** from Los Angeles High School.
チェンはロサンゼルス高校の卒業証書を授与された。

924. major
形 主要な　**名** 専攻／成年 ⇔ minor　重要でない、副専攻／未成年、〜を専攻する〈in〉　>> majority　大多数
She's **majoring** in Business Administration.
彼女は経営学を専攻している。

925. enrollment
名 登録［入学］者数
>> enroll　〜に登録［入学］する〈in, at , for〉（≒ register）
Enrollment in geology courses are down again this year.
地質学コースの登録者数は今年もまた落ち込んだ。

926. ★ registration
名 登録
>> register　（〜に）登録する〈for〉（≒ sign up for）
There's a **registration** fee of £40.
40ポンドの登録料金がかかります。

927. foster
他 〜を養育する（≒ nurse）
This film will **foster** an understanding of environmental issues.
この映画は環境問題に対する理解を育むだろう。

928. appropriate
形 (〜に) 適切な〈to/for〉　**他** 〜を充当する
This movie isn't **appropriate** for children.
この映画は子供には適していない。

健康医療 | HEALTHCARE

929. pharmacist
名 薬剤師
>> pharmacy　薬局　>> pharmaceutical　製薬の、製薬会社
My niece wants to become a **pharmacist**.
私の姪は薬剤師になりたがっている。

930. ★ diagnose
他 〜を(…と) 診断する〈as, with〉
>> diagnosis　診断　※複数形は diagnoses
She was **diagnosed** with cancer when she was only twenty.
彼女はまだ20歳になったばかりでがんと診断された。

931. ★ prescription
名 処方箋
>> prescribe　〜を(…に) 処方する〈for〉
The doctor gave her a **prescription** for antibiotics.
医者は彼女に抗生物質の処方箋を出した。

932. ★ medication
名 医薬品、投薬（法）
>> medicine　薬、薬剤
She was under strong **medication** while the surgeon was operating on her legs.
外科医が彼女の足の手術を行っている間、彼女には強い薬が効いていた。

933. dose
名 (薬の) 一服、服用量〈of〜〉(≒ dosage)
If you feel pain, increase the **dose** of painkillers.
もし痛みがあるなら、鎮痛剤の服用を増やしなさい。

934. ★ effective
形 有効な（≒ valid)、効果的な
>> ineffective　無効な（≒ invalid, void)
>> cost effective　費用対効果の高い
That cold medication was very **effective**.
その風邪薬はとても効き目があった。

935. supplement
他 〜を補う　**名** 栄養補助食品／付録（≒ appendix）
The doctor advised me to take vitamin **supplements** every day.
医者はビタミンの補給剤を毎日服用するよう私に助言した。

936. vaccination
名 予防接種　>> vaccine　ワクチン
Have you received a flu **vaccination** yet?
もうインフルエンザの予防接種を受けましたか？

937. undergo
他 〜を経験する、(検査などを) 受ける
I **undergo** a medical checkup every 6 month.
私は6カ月ごとに定期検診を受ける。

938. obesity
名 肥満（≒ fatness）　>> obese　肥満の
Obesity is one of the leading causes of preventable death.
肥満は予防可能な死因のひとつである。

939. persist
自 (〜を) 主張する〈in〉／持続する
You must see a doctor if the symptoms **persist** for more than three days.
症状が3日以上続くようなら医者に診てもらいなさい。

940. fitness
名 健康（≒ health)／適合性〈for〉
Moderate exercise is good for both mental and physical **fitness**.
適度な運動は心と体の両方の健康にとって良い。

DAY 24

941. longevity
名 寿命、長生き／長い勤務期間
Japanese **longevity** is attributed to their low calorie diet and low sugar intake.
日本人の長寿は低カロリーの食事と砂糖の摂取量が低いことに帰されている。

942. allergy
名 アレルギー〈to〉
>> allergic　～にアレルギーがある〈to〉
I have had an **allergy** to cedar pollen since childhood.
私は子供のころからスギ花粉アレルギーだ。

食事 | FOOD

943. ★ diet
名 常食、食事療法／国会
>> dietary　食物の
The doctor advised him to change his **dietary** habits.
医者は彼に食習慣を変えるように助言した。

944. luncheon
名 (正式な) 昼食会　※「晩さん会」は banquet
The **luncheon** is scheduled for next January in Chicago.
昼食会は来年1月にシカゴで予定されている。

945. ★ ingredient
名 材料
Jamie is very selective when it comes to purchasing **ingredients**.
ジェイミーは食材を買うことになると、非常に目が肥えている。

946. nutrition
名 栄養
>> nutritious　栄養のある　　>> nutrient　栄養素
Good **nutrition** and moderate exercise are keys to keeping fit.
十分な栄養と適度な運動は健康でいることの秘訣だ。

947. ★ beverage
名 (水以外の) 飲み物
The **beverage** company has developed a vanilla-flavored tea.
その飲料会社はバニラ風味の紅茶を開発した。

948. dilute
他 ～を薄める　形 薄めた、希釈した
If the whiskey is too strong, **dilute** it with water.
もしウイスキーが濃過ぎるなら、水で薄めてください。

949. leftover
名 食べ残し、残り物　形 食べ残しの
I can just eat tonight's **leftovers** for lunch tomorrow.
今夜の食べ残しは明日の昼食で食べればいい。

950. microwave
名 電子レンジ　他 ～を電子レンジで加熱する
You can heat up the chicken under the grill or **microwave** it.
鶏肉はグリルで加熱してもいいし、レンジにかけてもいい。

951. ★ preference
名 好み
>> prefer　～を (…より) 好む〈to〉

>> preferably　できれば、希望を言えば (≒ ideally)
Either French or Italian is fine for me. Do you have a **preference**?
私はフランス料理でもイタリア料理でもいいです。ご希望はありますか？

952. grocery
名 食料雑貨店 (≒ grocer)
Health foods were stacked on **grocery** store shelves.
健康食品が食料品店の棚に山積みされていた。

953. authentic
形 本格的な
Are there any **authentic** French restaurants near here?
このあたりに本格的なフランス料理店はありますか？

954. ★ cuisine
名 (地方に特有の) 料理、料理法 (≒ cooking)
Chef Andre was famous for his Italian **cuisine**.
シェフのアンドレはイタリア料理で有名だった。

955. specialty
名 (レストランなどの) 特別料理／専門
>> specialize　(～を) 専門に扱う〈in〉
Turkish provincial cuisine is a **specialty** of the restaurant.
トルコの田舎料理がそのレストランの得意料理だ。

956. ★ beneficial
形 (～にとって) 有益な〈to〉
>> benefit　(～から) 利益を得る〈from〉、～に利益を与える、手当、給付金
>> beneficiary　(遺産、年金などの) 受給者、受取人
Jogging is highly **beneficial** to your health and to the environment.
ジョギングは健康と環境にとって非常に有益だ。

環境・気候 | ENVIRONMENT & CLIMATE

957. environment
名 環境 (≒ surroundings, circumstances)
We need to create a safe working **environment** for all our employees.
社員全員のために、安全な職場環境を作る必要がある。

958. heritage
名 遺産 (≒ asset, legacy)
This structure is listed as a World **Heritage** site.
この建造物は世界遺産に登録されている。

959. eco-conscious
形 環境保護に意識の高い
>> conscious　意識がある　　>> eco-friendly　環境にやさしい
Eco-conscious consumers are changing their cars to hybrid vehicles.
環境に配慮する消費者はハイブリッド車に乗り換えるようになってきている。

960. ★ vulnerable
形 (～に) 脆弱な〈to〉
Steve is very sensitive and **vulnerable** to criticism from others.
スティーブは他人からの批判にとても敏感で傷つきやすい。

315

961. ★ preserve
他 ～を保存する (≒ conserve)
The NPO works to **preserve** the district's historic buildings.
その非営利団体はその地区の歴史建造物の保存に取り組んでいる。

962. safeguard
他 ～を保護する 名 保護手段
World leaders should agree on a plan to **safeguard** the environment.
各国の首脳は環境を保護する計画に同意すべきだ。

963. sustainable
形 持続可能な、環境を破壊しない
≫ sustain ～を維持する、養う / 損失を被る
The government should promote **sustainable** agriculture.
政府は持続可能な農業を促進すべきだ。

964. trash
名 ごみ (≒ litter, rubbish / garbage：生ごみ)
The average British family produces about three pounds of **trash** a day.
平均的なイギリス人の家庭は一日におよそ3ポンドのごみを生み出す。

965. discard
他 (不要なものを) 捨てる (≒ throw away)
If you **discard** cigarette butts on the street, you will be fined.
たばこの吸い殻を道に捨てると、罰金を科されるでしょう。

966. ★ waste
他 ～を浪費する 名 廃棄物、浪費〈of〉
≫ wasteful 無駄な
I don't want to **waste** time in commuting anymore.
これ以上、通勤で時間を浪費したくない。

967. household
名 世帯、家族
We must reduce **household** waste for the environment.
環境のために家庭ごみを減らさなければならない。

968. hygiene
名 衛生 (状態)
≫ hygienic 衛生上の (≒ sanitary)
The key to healthy teeth is proper dental **hygiene**.
健康な歯にとって重要なことは、きちんと歯の衛生状態を保つことだ。

969. adversely
副 不利に、悪く
≫ adverse 不利な、不都合な ≫ adversary 敵 (≒ enemy, opponent) (⇔ proponent：支持者)
The drought **adversely** affected the rice harvest in the area.
干ばつがその地域の米の収穫に悪影響を及ぼした。

970. ★ expose
他 (光・危険などに) ～をさらす〈to〉
Nobody should be **exposed** to tobacco smoke at work.
職場では誰ひとりとして煙草の煙にさらされるべきではない。

971. infectious
形 感染性の (≒ contagious) ※接触による伝染性は contagious、間接的な伝染性は infectious
≫ infect ～を感染させる
SARS was the first serious **infectious** disease of the 21st century.
SARSは21世紀最初の重大な感染症だった。

972. hazardous
形 有害な (≒ harmful)、危険な (≒ dangerous)
The chemicals in the paint are **hazardous** to human health.
その塗料に含まれる化学物質は人の健康にとって有害である。

973. toxic
形 有毒な (≒ poisonous) ≫ toxin 毒素
Toxic chemicals were spilled into the river.
有毒な化学薬品が川に流出された。

974. ★ pollute
他 ～を汚染する (≒ contaminate) ≫ pollution 汚染
The huge oil spill last year has **polluted** the ocean.
昨年の大量の原油流出が海を汚染した。

975. emission
名 放出、排気
≫ emit ～を放出する (≒ discharge)
The **emission** of CO_2 is linked to global warming.
二酸化炭素の放出は地球温暖化と関連づけられている。

976. ★ detect
他 ～を検知する
≫ detection 検知 ≫ detective 探偵
Radiation can be **detected** with a Geiger counter.
放射線はガイガーカウンターで検知できる。

977. shelter
名 避難 (所)、保護
This hazard map includes emergency **shelter** locations.
この災害予測地図には緊急避難場所が記載されている。

978. ★ dispose
自 (～を) 処分する〈of〉
≫ disposal (～の) 処分〈of〉 ≫ disposable 使い捨ての
Please **dispose** of all litter in the containers provided.
ごみはすべて備え付けの容器の中に捨ててください。

979. disaster
名 大惨事、大災害 (≒ catastrophe)
A series of **disaster** forced the company to close down.
一連の災難がその会社を倒産させた。

980. barren
形 不毛の (⇔ fertile：肥沃な)
Soil contamination made the land **barren**.
土壌汚染によって、その土地は作物ができなくなった。

981. humidity
名 湿度
≫ humid 蒸し暑い、湿気の多い (≒ muggy)

DAY 25

※程よい湿気には moist、寒い湿気には damp を使う。
I can't get over the summer **humidity** in Japan.
私は日本の夏の蒸し暑さを乗り切ることができない。

☐ **982. precipitation**
名 降水（量）
The weather forecast says today's chance of **precipitation** is 50 percent.
天気予報では、今日の降水の可能性は50％だと言っている。

☐ **983. inclement**
形（天候が）荒れ模様の
Due to the **inclement** weather, there will be a week delay in delivery.
悪天候のため、配送が1週間遅れます。

☐ **984. drought**
名 日照り、干ばつ
The **drought** killed a lot of livestock.
干ばつによって多くの家畜が死んだ。

政治・選挙 | POLITICS & ELECTION

☐ **985. ★ vote**
自 投票する　名 投票（≒ ballot）
I **voted** for the opposition party in the last election.
私は前回の選挙で野党に投票した。

☐ **986. turnout**
名 出席者（数）、投票率、人出
The **turnout** for the local elections was very low.
地方選挙の投票者数は非常に少なかった。

☐ **987. mayor**
名 市長、町長　※知事は governor
Former New York City **Mayor** Guliani participated in the event.
ジュリアーニ前ニューヨーク市長がそのイベントに参加した。

☐ **988. council**
名 地方議会（≒ congress）
The city **council** passed the bill.
市議会はその法案を可決した。

☐ **989. ★ municipal**
形 市［町］の、自治体の
>> municipality　地方自治体
Municipal elections will be held on August 28.
地方議会の選挙は8月28日に行われる。

☐ **990. privatize**
他 ～を民営化する（≒ denationalize）
>> private　民間の（⇔ state owned：国有の、public：公共の）
The Prime Minister's goal was to **privatize** the postal system.
首相の目標は郵便制度を民営化することだった。

☐ **991. federal**
形 連邦（政府）の
The warning on cigarette packages is mandated by **federal** law.
たばこの箱に警告を記すことは連邦法によって義務づけられている。

☐ **992. sanction**
名 制裁〈against, on〉／認可（≒ approval, permission）
Sanctions against the country were lifted after the peace agreement was reached.
和平合意に達したあとで、その国への制裁措置は解除された。

☐ **993. ★ reform**
他 ～を改革する　名 改革
The healthcare system must be radically **reformed**.
医療制度は根本的に改革される必要がある。

☐ **994. dissolve**
自／他 ～を解散する［させる］、溶ける
The prime minister offered to **dissolve** the Lower House.
首相は衆議院を解散すると申し出た。

☐ **995. contingency**
名 不慮の出来事、不測の事態
>> contingency bill　有事法案
Government officials have met to discuss a **contingency** plan in case the peace talks fail.
政府首脳は和平交渉が失敗した時に備えて、緊急時対応策を議論するために集まった。

☐ **996. tariff**
名 関税（≒ customs, tax）〈on〉
The government lowered **tariffs** on imported rice.
政府は輸入米にかかる関税を下げた。

☐ **997. evasion**
名 回避
>> tax evasion　脱税
The company CFO was convicted on five counts of tax **evasion**.
その会社の最高財務責任者は、5件の脱税の訴因において有罪判決を受けた。

☐ **998. ★ waive**
他（権利などを）放棄する、撤回する
>> waiver　権利放棄
She **waived** her right to have an attorney present before the police questioned her.
警察が尋問する前に、彼女は弁護士を立ち会わせる権利を放棄した。

☐ **999. inherit**
他 ～を相続する
>> inheritance　相続
Derek **inherited** a lucrative business from his father.
デレクは父親から儲かる事業を相続した。

☐ **1000. exemption**
名 控除（額）（≒ deduction）／免除
>> exempt　～を（…から）免除する〈from〉　免除された〈from〉（≒ immune）
Travelers enjoy the privilege of tax **exemption**.
旅行者は免税の特典を受けられる。

INDEX

文法関連の用語などは50音順に、
「完全攻略ナビ」で取り上げた基本単語はアルファベット順に配列しています。
太字の数字は主要な解説のあるページです。

あ

因果関係 ……………………… 170

か

過去 …………………………… 179
過去完了形 …………………… 092
過去形 ……………… 091, 182, 186
過去分詞 ……… 077, 080, 081, 169
可算名詞 ……………………… 028
活用 …………………………… 170
仮定法 ……………… 124, 175, **186**
仮定法過去 …………… 186, 189
仮定法過去完了 ……… 187, 189
仮定法現在 …………………… 191
仮定法未来 …………………… 189
関係詞 ……………………… 084, 86
関係代名詞 …… 095, **097**, 098, 108
関係副詞 …………… 096, **104**, 108
冠詞 ………………… 042, 056, 100
間接疑問文 ……………………… 89
カンマ ………………………… 101
完了形 ……………… 080, 175, 179
完了進行形 …………………… 184
機能 …………………………… 086
機能語 ……………… **084**, 088, 115
疑問詞 …… 084, 086, 089, 102, 107
疑問文 ………………………… 229
句 ……………………………… 62
句動詞 ……………… 195, 201, 206
グループ名詞 ………………… 032
形式主語 ……………… 039, 049
形容詞 …………… 014, 031, 035, **047**
原級 …………………… 222, 227
原形 …………………………… 192
現在 …………………………… 179
現在完了形 …………………… 182
現在形 ………………… 121, 122
現在分詞 …………… 077, 081, 169
限定詞 ………………………… 100

さ

再帰代名詞 …………………… 037
最上級 ………………… 225, 227
使役動詞 ……………………… 167
時制 ………………… 091, 093, **179**
自動詞 ……………… **016**, 020, 181
修飾 ………………… 047, 052, 058
修飾語 ……………… 052, 118, 155
従節 …………………………… 091
主語 …………………… 14, 16, 27, 45,
49, 68, 72, 84
主節 …………………………… 91, 112
受動態 ………………………… 164
準動詞 ………………………… 062
状態動詞 ……………………… 180
助動詞 ………………… 172, 188
所有格 ………………………… 099
進行形 …………………… 179, 185
接続詞 …… 84, 86, 103, 107, **110**,
115, 121, 126, 128, 137, 224
接続副詞 ……………………… 55
接尾語 ………………………… 48
先行詞 ……………………… 98, 104
前置詞 …… 017, 22, 56, 101, 128,
136, 145, 155, 195, 213
前置詞の目的語 …………… 27, 72

た

代名詞 ………………………… 037
他動詞 ……………… **016**, **019**
単数 …………… 029, 033, 034, 041
知覚動詞 ……………………… 166
抽象名詞 …………… 144, 148, 149
直接疑問文 …………………… 089
直説法 ………………………… 186
定冠詞 ………………………… 130
動作動詞 ……………………… 180
動詞 …………… 014, **016**, 018, 019, 021,
023, 045, 073, 084, 164,
180, 195, 213
倒置 …………………………… 228
動名詞 ……………… 062, 065, **072**

な

能動態 ………………………… 164

は

比較 ………………… 218, **222**
比較級 ………………… 222, 227
否定 ………………… 055, 059, 228
否定形 ………………………… 174
否定の副詞 …………………… 054
品詞 …………………… **014**, 026
頻度 …………………………… 054
不可算名詞 …………… 028, 030, 032
複合関係詞 …………………… 115
副詞 ………………… 014, **052**, 195, 227
複数 ………………… 032, 033, 034, 041
不定冠詞 ……………………… 130
不定詞 …………… 062, **064**, 072, 075,
150, 166
不定代名詞 …………………… 042
文型 …………………………… 026
分詞 ………………… 062, 076, 081
分詞構文 …………… 062, 079
補語 …………… 014, 018, 023, 027, 047,
050, 051, 072

ま

未来 …………………………… 179
未来形 ………………… 123, 173
無冠詞 ………………………… 135
名詞 …………………… 014, **027**, 137
目的格 ………………… 099, 149
目的語 …………… 014, **021**, 027, 072

や

ユニット・リーディング …… 011

a[n]	133	over	161
about	157	place	207
across	156	put	196
after	158	run	203
against	148	see	208
as	112	since	128
as far as	127	stand	202
as long as	127	take	197
at	138	that	099, **103**
beyond	160	the	132
both	044	through	154
break	200	to	022, **153**
bring	198	to do	062, **064**, 075
by	147	turn	199
call	205	under	162
come	212	what	095
do	207	whatever	118
doing	062, **072**	when	107
done	062, 079	whenever	119
either	044	where	107
for	022, 068, **151**	wherever	119
from	152	whether	126
get	210	which	099, **102**
give	200	whichever	117
go	212	while	113
have	204	who	099, **102**
how	096	whoever	117
however	120	whom	099, **102**
if	125	whomever	117
in	142	whose	099, **102**
into	158	why	107
it	040, 041	with	144
keep	209	work	205
let	202		
look	208		
make	211		
neither	044		
of	022, 068, **149**		
on	140		
one	041		
oneself	038		
other	043		
out of	159		

松岡浩史　まつおかひろし

1974年熊本県生まれ。TOEIC専門学校トランスワールドイングリッシュスクール講師。ロンドン留学後、2001年より同スクールの主任講師として社会人、大学生を対象にTOEIC講座を担当。TOEIC®テスト990点（満点）取得。企業内研修、産業翻訳等も多数手がける。麻布大学、学習院大学、東京工芸大学、東京工業高等専門学校等非常勤講師。専攻はシェイクスピア。著作に『TOEIC®テスト対応 英文法ネイティブ・アイ』（ジャパンタイムズ、2011年）、共著に『ヘルメスたちの饗宴』（音羽書房、2012年）、『シェイクスピアの広がる世界』（彩流社、2011年）、『世界の鏡としての身体—シェイクスピアからアニメーションまで—』（身体表象文化学出版会、2008年）。

厳選！TOEIC重要単語
Power Words 1000

音声とPDFを下記よりダウンロードできます。

音声
http://www.trans-world.co.jp/
（トランスワールドイングリッシュスクールHP）
PDF
http://www.asahipress.com/visualnavi/

【注意】
本書初版第1刷の刊行日（2013年5月10日）より1年を経過した後は、告知なしに上記ダウンロードサイトを削除したりダウンロードサービスをとりやめたりする場合があります。あらかじめご了承ください。

実践｜TOEIC® TEST 対応 英文法 ビジュアルNAVI

2013年5月10日　初版第1刷発行

著者	松岡浩史
ネイティブ・チェック	Tony Smyth, Jose Garcia
ブックデザイン	石島章輝（イシジマデザイン制作室）
DTP	プールグラフィックス
発行者	原 雅久
発行所	株式会社 朝日出版社
	〒101-0065　東京都千代田区西神田3-3-5
	Tel:03-3263-3321　fax:03-5226-9599
	http://www.asahipress.com
印刷・製本	凸版印刷株式会社

©Hiroshi Matsuoka, 2013, Printed in Japan
ISBN978-4-255-00714-4 C0082

乱丁・落丁本はお取り替えいたします。
本書の全部または一部を無断で複写複製（コピー）することは、著作権法上での例外を除き、禁じられています。